U0623939

本书为福建社会科学院一级科研课题

大航海时代的
台湾海峡与周边世界

（第一卷）

海隅的波澜——明代前期的华商与南海贸易

徐晓望◎著

九州出版社
JIUZHOUPRESS

图书在版编目（CIP）数据

大航海时代的台湾海峡与周边世界. 第一卷，海隅的
波澜：明代前期的华商与南海贸易／徐晓望著. -- 北京：
九州出版社，2018.7

ISBN 978 - 7 - 5108 - 7502 - 1

Ⅰ.①大… Ⅱ.①徐… Ⅲ.①航海—交通运输史—东
亚—明代 Ⅳ.①F551.9

中国版本图书馆 CIP 数据核字（2018）第 226281 号

大航海时代的台湾海峡与周边世界. 第一卷，海隅的波澜：明代
前期的华商与南海贸易

作　　者	徐晓望　著
出版发行	九州出版社
地　　址	北京市西城区阜外大街甲 35 号（100037）
发行电话	（010）68992190/3/5/6
网　　址	www.jiuzhoupress.com
电子信箱	jiuzhou@jiuzhoupress.com
印　　刷	三河市华东印刷有限公司
开　　本	710 毫米×1000 毫米　16 开
印　　张	23.5
字　　数	422 千字
版　　次	2019 年 1 月第 1 版
印　　次	2019 年 1 月第 1 次印刷
书　　号	ISBN 978 - 7 - 5108 - 7502 - 1
定　　价	85.00 元

★版权所有　侵权必究★

总目录

内容提要

　　《大航海时代的中国东南港市与周边世界》是一部以中国海商为线索的东亚海洋史。本书第一卷"海隅的波澜：明代中前期的华商与南海贸易"研究郑和远航及明代初期闽粤交界处海商崛起的过程。郑和时代海上贸易的扩大化，使海上丝绸之路沿线国家民众的消费观念趋向一致，丝绸、磁器、香料、宝石成为亚、非、欧诸国共同的消费品，从而开启了人类相互需要的全球化过程。明朝下西洋活动停止的金融原因是白银流失过多，无以为继。不过，郑和七下西洋终结之后，郑和时代形成的商业网络并未消失。如同郑和远航依赖东南滨海民众的支持一样，郑和死后，以往支持他下西洋贸易的滨海民众继续传统生活方式，他们以漳州、潮州边海民众为核心，冲破海禁的封锁，维持和发展了中国与南海诸港的商业网络。这一网络构成大航海时代全球贸易的先声。对于海禁，本书强调明代的海禁在各地执行程度不一，因闽粤交界处海上武装力量强大，明朝从未在这里彻底海禁，私人海上贸易是从闽粤交界的漳潮一带向东南各省扩散的。东南三省发达的渔业是海洋商业再度兴旺的基础。

　　本书第二卷"东亚的枢纽：晚明环台湾海峡区域与周边世界"论述晚明台湾海峡西岸民众与海外国家贸易的历史。和以往著作不同的是：本书将晚明东亚的海上贸易分为三个阶段，分别研究了闽粤海商与葡萄牙、日本、西班牙的贸易，从而证明：明代中国市场对白银的渴望，是这一时代国际市场运作的原动力。葡萄牙人进入东方市场是在正德年间，迄至嘉靖中期有了一定规模。葡萄牙人不断前进的原因在于欧洲巨大的黄金、白银储备和东西方之间银价的巨大差异。葡萄牙人只有将欧洲的白银花在东方市场,才能实现较高的经济价值。这一阶段欧洲与东方的香料贸易是重复郑和时代中国与南海的贸易内容,就亚洲市场而言,与郑和时代相比进步不太明显。从嘉靖后期到隆庆年间是晚明对外贸易的第二个阶段,这个阶段最为突出的是中葡商人发现日本的白银市场,从而引发了大航海时代以白银为主题的东方贸易浪潮。这一贸易浪潮的出现,主要是中国与日本经济互动的结果,即使没有葡萄牙人参与,这一高潮的出现同样是不可避免的。由于出现了倭寇等问题,才使葡萄牙人在晚明的中日贸易中起了重要作用。万历、天启、崇祯是晚明对外贸易的第三个阶段。受到中国与日本之间白银贸易的吸引,在马尼拉经营的西班牙人携来美洲的巨额白银,介入中国对外贸易。其时,葡萄牙人在澳门建立巩固的贸易据点,荷兰人进入爪哇岛的巴达维亚,三个欧洲国家商人相互争斗,争相垄断对华贸易,而闽粤商人长袖善舞周旋于各大势力之间发展自己。这一切都证明中国市场对白银的渴求,是拉动这一时期国际贸易的原动力。其时,位于东亚交通枢纽的台湾海峡区域是国际势力争夺的焦点。它作为中国经济圈的海洋枢纽在与环北海贸易圈及环南海贸易圈的互动过程中,促进东亚海洋世界的发展,并拉动环球贸易,将世界经济带入以中国、印度为重心的白银时代。

嘉靖年间的倭寇活动在中国海洋史上产生了巨大的负作用,它导致明代晚期海禁政策的延续,对外贸易被严格地约束在闽粤的两个口岸,福建月港允许商人出海,广东澳门允许外商进入。这种格局不利于中国对外贸易的全面发展。也使东亚出现欧洲商人主导海上贸易的情况。

本书第三卷"白银和生计:晚明环台海区域的泉漳模式"研究晚明东南边海区域市镇经济的深化,及其经济模式向周边区域的扩张。晚明对外贸易最发达的是漳州、泉州区域。泉漳民众一面进口粮食和纺织品这两项基本生活用品,一面出口蔗糖、陶瓷、丝绸等本地特产及外购商品,从而形成了以"大进大出"为特点的"泉漳模式"。"泉漳模式"对市场的依赖度较高,漳泉民众由海上贸易中得来的白银,使他们可以大量购买产自江浙的棉花、生丝,产自广东的粮食,以及来自福建各地的土特产,同时将本地的土特产推向国际市场,进而拉动了内地市场的变化。漳泉商人在外地带来的巨额白银在贸易中流向周边省份,促进了江南以纺织业为核心的各项产业发展,也促进了广东粮食市场的变动。江南及岭南经济的活跃,消费水平的提高,又拉动了全国各地市镇经济的发展,从而使中国城镇化进程上升到较高的阶段,奠定了中国近代城市化的基础。这一阶段的一个重要成果是闽南的市镇模式推及台湾岛,使台湾岛上悄然出现北港、淡水、鸡笼等商港,环台湾海峡经济圈由此形成。它属于中国经济圈的一个部分,又在东亚贸易圈中起了重要作用。

海盗史的研究也是第三卷的一个特点。嘉靖末、隆庆、万历初年的海盗一度猖獗于闽粤沿海,但在闽粤官军的压力下,不得不退入远海,并向南洋和台湾海峡发展。他们对台湾港口的探索,是台湾卷入东亚海洋浪潮的开始。

本书第四卷"潮起潮落:明末清初东亚的发展与危机"研究十七世纪环台湾海峡区域的经济危机、社会危机、政治危机和外部危机,这些危机产生的原因与市场的扩张有关,但是,它之所以成为危机的根本问题在于官府应对政策有误。危机导致环台海区域的动荡,也引发了中国海洋力量的升华。以郑芝龙、郑成功、郑经为代表的中国海商武装力量一度扬威于台湾海峡,但其最终命运是被清朝招安并且官僚化,失去进取的意志。各种危机迫使海峡周边诸国经济收缩,东亚国际贸易因而衰退。随着世界贸易重心从东亚转到北大西洋,世界由中国、印度为中心的"白银时代"逐步进入以英国为中心的"黄金时代"。虽有武夷茶贸易让台海商人享有一定的利益,但是,贸易主动权渐渐掌握在英国商人手中。对台海地区来说,对外贸易中心向广州的转移,使台湾海峡在国际贸易中的地位下降。各种商品更多地依赖国内市场而不是国际市场。总之,十七世纪以来中国经济的内向塌陷,导致它在环球国际贸易中的被动。随着国际贸易重心的转移,中国经济被边缘化并且逐步落后。"潮起潮落自有时",这是本书对李约瑟之问的回答。不过,"潮落"之后,必然会有大潮再度涌起之时。

序

徐晓望同志的著作《大航海时代的中国东南港市与周边世界》即将付梓,因此书是其根据2003年的博士论文修改扩充而成,而我是他写作博士论文时的导师,所以他请我作序,我也觉得义不容辞,欣然应允。当年审阅博士论文时,我的印象是全文内容丰富,自成体系,并有相当研究深度。此次再读,愈觉其风生万壑,水落高崖;冶史料于一炉,笼春容于笔端。读之感慨良多。我以为,从大处说,该书视野开阔,以下三点可证:

第一、切入国际贸易大环境,指出:大航海时代,环台湾海峡区"成为中国与国际市场的交汇点。大量的丝绸、瓷器、乌白糖从这里运到世界各地,美洲及日本的白银、南海香料也从海外运到中国,从而引起明代中晚期环台湾海峡区域深刻的变化。"事实上,本书所论述的环台湾海峡区域市场是16世纪开始的世界经济的中心。美国著名学者彭慕兰、史蒂夫·托皮克在《贸易改造世界》一书中认为:"以亚洲为中心的这一世界经济,自七世纪伊斯兰兴起就开始形成",经过历代穆斯林、印度人的活动,出现了"贸易商与更广阔的世界贸易。贸易商在广东、马来西亚购买中国的瓷器和丝织品。"①众所周知,广东、马来西亚的中国瓷器和丝织品很多来自环台湾海峡区域的福州、泉州、漳州和潮州等地。因此,从这个意义上说,环台湾海峡区域是16世纪开始的

---

① 彭慕兰、史蒂夫·托皮克《贸易改造世界》,台北,如果出版事业股份有限公司,2012年,第40页。

世界经济中心的中心,正如本书所阐明的,欧洲葡、西、荷、英等国都在这一地区从事贸易竞争、追逐利润。

第二、把握明清历史转折的关键,对海上丝路兴衰过程做出正确的论断。如从明代中叶福建输出外省的商品看,"民营手工业发展起来,构成了晚明商品经济发展的主力。"的论断;"总的来看闽南区域内的交换特征,是山区与沿海的大流通。山区的粮食、木材、茶叶等商品顺流而下,而沿海的食盐、糖、水果、咸鱼等商品逆流而上,形成了山海物资交流。"的论断;"明朝的海禁是十分严厉的,在这一背景下,为何漳泉的走私屡禁不止?这是因为,漳泉的经济对工商业依赖性较大,但闽南的地形又造成内陆市场的有限",所以,"闽南人无法安分地在本地谋生,他们必须寻找更为广阔的市场,才能获得发展。""在这一背景下,海外市场进入他们的视野,于是,他们不顾朝廷的禁令,到东北亚、东南亚去贸易"的论断;"明代前期中国进入了使用银两的时代,但市场上白银流通的不足,使国家与民间都需要银矿的开采。福建的北部为国内三大银矿区之一,闽北银矿的开采使白银流入市场,给予当地经济很大的刺激。采矿业的发展,促动了闽江流域消费市场的扩大,从而使闽江流域的商品经济活跃起来"的论断;"晚明是东亚经济圈发生巨变的时代,中国与日本、葡萄牙、西班牙、荷兰之间的互动,导致东亚海域进入了一个新的海上贸易时代。闽粤商人抓住这一时机,发展与日本、葡萄牙、西班牙等国商人的关系,来自日本与美洲的白银通过他们的活动涌入台海市场,而又流向大陆各地,从而引起了中国区域经济的连锁性变化"的论断;"明代中前期的琉球是东亚贸易枢纽之一"的论断;葡萄牙人在前往琉球贸易中发现在可以漳州沿海"进行了极为有利的贸易",其后广东方面厉行海禁,于是漳州取代广州"成为海上私人贸易的中心"的论断;"晚明东亚经济的发展与来自日本的白银有很大关系","晚明日本市场是闽粤商人与葡萄牙人共同运作的结果"的论断;"明末福建作为中国的输出口岸之一,已经与东亚诸港形成固定的贸易联系。这一联系为福建商人带来了极大的利润。"荷兰势力到来后,"力图将福建商人转化为他们的附属集团,并获得本该属于福建商人的东亚贸易利润大部分"，当然会遭到福建商人的反抗，这才出现以郑芝龙为核心的拥有武力"海盗商人集团"的观点；"17世纪台湾的市镇属于欧洲贸易体系还是属于中国大陆贸易圈？"作者的回答是：台湾市镇与大陆市场的联系密切，完全靠大陆的商品生存，西班牙人因得不到中国商品而萧条，荷兰人则因中国商品的涌入而大发财，台湾"实际上是中国商品的一个国际贸易站而已"的论断；明代晚期东亚的国际市场发生巨大变化的根本原因"与其说是欧洲国家对世界的发现，不如说是中国市场对白银的渴望"的论断；"晚明一个新气象是：有许多地方有外来租地农进行商业性作物种植"的论断等等，均表明作者对海上丝路东段（环台湾海峡）的兴衰联系明清市场经济发展过程，做出有见地的论断，其中不乏中的之论，实为可贵也。

第三、作者对一些有争议的论点，尽可能加以辨正，不避争鸣，体现了传统史学的优良作风。如他不同意"自明穆宗隆庆元年允许月港的对外贸易之后，明朝废除海禁、开放对外贸易"的观点，指出："明朝的新政策仅适用于海澄一地，不要说其他省份，就连福建的其他地区，仍都维持着海禁令。也就是说，除了海澄一口之外，福建其他口岸都不允许民众从事海外贸易。"还有"福州、宁波、广州等口岸只是允许海外进贡国到中国贸易，并不允许中国人从这里去海外贸易，直到明末，这一情况仍未变化。""海澄的特殊性在于：它是全中国惟一允许商人去海外经商的口岸。"又如他认为："欧洲许多学者认为，是欧洲人将中国卷入世界市场中。强调欧洲人对东方发展的作用。然而，我们分析东亚贸易的构成，可知中国与日本之间的贸易才是最重要的。这证明推动世界贸易运转起来的第一股力量，其实来自中国与日本的贸易。由于中国市场对白银的渴望，才使日本的白银有了经济意义，也使西班牙人有了常年横渡太平洋的决心，从而建立了中国与美洲之间的市场联系。中日贸易实际上是大航海时代世界市场起动的原动力。"类似辨正不一而足，值得肯定。于此可见学问贵在认真做也。

　　当然对历史过程的解释往往见仁见智。我们评价一种学术著作，重在其论断的内在逻辑和论据，而不完全拘泥其论点。所以说，徐晓望同志的《大航海时代的中国东南港市与周边世界》一书值得一读。

　　谨此为序。

郑学檬

于厦门大学海韵北区

"新点涛斋"寓所,2017,2,17

第一卷目录

绪　论

法国历史学家费尔南·布罗代尔(Fernald Braudel)的名著《菲利普二世时代的地中海和地中海世界》①是研究大航海时代地中海历史的经典著作。这一时代的东方与地中海地位相当的是台湾海峡区域。从十六世纪到十八世纪,台湾海峡是以中国为中心的东亚历史车轮的枢纽。在这里发生的一切决定了东亚历史的方向,它是中国人的海洋史,也是大航海时代中国历史与东亚历史及欧洲人的东方史交汇的大历史,研究这一时代的台湾海峡史,必须具有世界性的海洋史视野。

一、台湾海峡史与海洋文化研究

台湾海峡史是东亚海洋史的一个部分,它是东亚海洋文化的历史结晶。不过,学界对于东亚有没有海洋文化一直存在不同的看法。

海洋文化一词最早出现于欧洲,德国哲学家黑格尔在其著名的《历史哲学》一书中,曾对海洋文化进行了精炼的概述和表达。在黑格尔看来,海洋文化是属于欧洲的文化形态,它与东方的江河文化、内陆文化形成了明显的对立。② 黑格尔之所以这样说,与十九世纪的欧洲控制了世界多数海域有关。在欧洲人看来,海洋是人类活动最重要的空间,东方多数国家却对这一巨大的空间视而不见,满足于发展大陆的江河平原及内陆的旷土,从而将地球十分之七的海洋空间让给了欧洲人。欧美人长达几个世纪的世界霸权,便建立在海洋霸权之上。应当说,黑格尔相当精准地切入东西文化的区别,和西方国家相比,东方国家缺少向海洋发展的意识。但是,虽说东方国家向海洋发展的动力不足,并不是说东方没有海洋文

---

① 费尔南·布罗代尔:《菲利普二世时代的地中海和地中海世界》,唐家龙、曾培狄等译,北京,商务印书馆 1996 年。

② 徐晓望:《妈祖的子民——闽台海洋文化研究》第一章,海洋文化理论的定位,第一节,黑格尔与西方海洋文化理论,上海学林出版社 1999 年第 1－9 页。

化! 1988 年,我在《论中国历史上海洋文化与内陆文化的交征》①一文中提出中国历史上也有发达的海洋文化,这是国内学术界最早提出中国海洋文化系统概念的论文。② 进一步而论,我认为世界上许多地方都有海洋文化。如果我们将人类的历史从东西方初步接触的十六世纪向前延伸,就会发现:在东方的中世纪,已经有发达的海上贸易,后人称之为"海上丝绸之路"。这条丝绸之路从东亚海域到印度洋西北,自古以来一直有旺盛的海上贸易。十五世纪的明朝派出庞大的舰队远航印度洋,其船队规模远超人们的想象之外。事实上,在人类五千年文明史里,许多民族都有海洋活动的历史,而且各有灿烂的创造。欧洲人的海洋史,只是近五百年来从欧洲向外扩散并吸收世界各民族海洋开发成就发展起来的一种海洋文化,它最早仅是欧洲的地方文化,而后逐步扩展到世界各地。它富有特色,成就巨大,在经济上、科学技术上领先于其他国家,但它不是人类海洋文化的全部。其他民族在不同的时代、不同的空间,都有杰出的海洋文化创造。对于人类世界各地的海洋文化,我曾有专文探讨。③

中国海洋文化展现的是中国人的海洋历史。中国人的海洋发展史,大多发生在特定的海洋范围,即中国濒临的东亚之海,我们又可将东亚之海划分为两大海洋贸易圈,即环南海贸易圈和环北中国海贸易圈。此外要关注的是环中国贸易圈,或说大中国经济圈。中国是濒临海洋的国家,它的内陆交通以江河为主干,自成贸易体系。自秦汉以来,中国经济圈是相当成熟的。我们有时称之为环中国贸易圈,是相对环南海贸易圈及环北中国海贸易圈而言的。这样,东部亚洲以海洋为线索,可以分为三大贸易圈,如前所述,这三大贸易圈是:环南海贸易圈,环北中国海贸易圈和环中国贸易圈。环中国贸易圈又可以它的高级形式表达:环中国经济圈。

我在这里使用了贸易圈和经济圈两个概念,在我看来,古代许多国家和地区之间存在着贸易,但这种贸易的联系还不够紧密,所以,它们之间的关系只能称之为贸易圈。被称为经济圈的国家和地区,相互之间的经济联系十分密切,已经达到不可离开另一方的地步,在这个基础上,我称之为经济圈。贸易圈是经济圈出现的前提。经济圈是贸易圈发展的高端形式。

从自然环境而言,中国大陆海岸线的外围,还有一条岛链,将中国内海与太平

---

① 徐晓望:《论中国历史上内陆文化和海洋文化的交征》,《东南文化》1988 年第 3 - 4 期。

② 按,此前也有一些考古学界的研究者称台湾海峡的海底遗存为海洋文化,其意义与本文不同。

③ 徐晓望:《论古代中国海洋文化在世界史上的地位》,广州,《学术研究》1998 年第 3 期。

洋、印度洋分开。这条岛链在东面是日本列岛、琉球群岛、台湾岛、菲律宾群岛，在南面是印度尼西亚群岛；属于印度尼西亚的苏门答腊岛与马来亚半岛隔海相望，形成了马六甲海峡，这是一条通向印度洋的海上通道。由东亚大陆及东亚、东南亚岛链包围的海洋，习惯上称之为中国海，它是世界上最大的内海之一。中国人将其分为四个海洋，由北到南是渤海、黄海、东海、南海。其中南海最为辽阔。将四海合称就是"中国海"。这是西方人给出的概念。对于中国四海海域，我经常用"东亚之海"一词，是因为这个概念可将我国海疆之外的海域包括进来，例如印度尼西亚群岛周边的海域，日本濒临太平洋的海域。东亚之海，即东部亚洲之海。

　　属于东海的台湾海峡是中国海最狭窄的部分，宽度在 70 海里至 140 海里之间。因台湾海峡位于中国海的中部，它的地理条件十分重要。从商业贸易的角度而言，台湾海峡北面的中国海域有四大经济中心，属于中国的是两大经济中心：长江三角洲经济圈，环渤海经济圈，中国之外，还有朝鲜经济圈和日本经济圈，东北亚经济圈实际上是世界上最强大的经济圈之一；在台湾海峡之南面，则是环南海贸易圈，这里有属于中国的珠江三角洲经济圈、环海南岛经济圈、闽台经济圈，以及南海周边东南亚国家，例如菲律宾、马来西亚、新加坡、越南、印度尼西亚、文莱、泰国、柬埔寨诸国构成的东南亚贸易圈，其经济总量不可小视。从东亚经济的高度鸟瞰环南海区域诸多的国家和经济圈，他们其实都是环南海经济圈的一个部分。在这里尤其要注意的是：中国东南沿海的广东省、福建省和台湾岛、海南岛，都是环南海经济圈内重要的组成部分，事实上，东南亚的历史从来离不开福建人和广东人。台湾海峡的独特地位在于：它既属于环中国经济圈，也属于环南海贸易圈、环北中海海贸易圈，成为联系这三大贸易圈的枢纽。

　　在东亚世界，除了两大海洋贸易圈之外，还有一个以中国大陆为主体加上沿海诸岛构成的经济体，也可称之为环中国经济圈。中国是一个伟大的东亚国家，它 960 万平方公里的领土位于欧亚大陆的东部，并拥有漫长的海岸线，习惯上称之为万里海疆。在大陆之外，中国还拥有许多岛屿。历史上的环中国经济圈以长江和运河为主要运输干道，由此串联起各地的江河，构成一张遍及中国的水运网络。这张网络贴近边缘的都市又有多条陆路通向周边国家和地区，例如昆明与南方丝绸之路就是南中国联通南亚国家的通道，又如西安是北境丝绸之路的起点，这里的通道一直伸向亚洲腹地。总之，环中国经济圈是一个兼有海洋陆地的大范围经济圈，它将东亚大陆主要区域联系在一起。加上两大海上贸易圈，构成了东亚的商业网络体系的三大贸易圈。

　　有必要说明的是，东亚三大贸易圈不是分离独立的，而是相互重叠的。例如，北中国海的天津、大连、青岛等港市不仅属于环中国经济圈，同时也属于环北中国海经济圈。同时,环南海的中国城市,例如广州、厦门既是环南海区域的重要港口,也是环中国经济圈的交通枢纽。

在历史上,东亚三大经济圈相互渗透,相互促进,构成三环互动的模式。而这三大经济圈相互重叠的区域,是以台湾海峡为中心的环台湾海峡区域。它具有沟通三大经济圈的作用。尤其是环北中国海经济圈和环南海经济圈之间的海路往来,都要经过台湾海峡。在历史上中国与海外国家的交往,也曾以台湾海峡为主要通道。来自福建与广东潮州的海商,从这里北上日本、朝鲜、琉球,也从这里南下东南亚诸国。所以,台湾海峡在东亚具有交通枢纽的地位,在中国和东亚海洋发展史上极为重要。

以上是我在2003年博士论文《16-17世纪环台湾海峡区域市场研究》提出的观点。① 当然,此处的表述更为完整些。学术界往往将东亚贸易圈表述为以中国为核心的朝贡体系,但我认为,明代东亚两大海上贸易圈的建立,更多地是由私人海上贸易造成的,而由明朝中枢主导的进贡贸易体系只是它一个侧面的反映,并非具有主导地位。历史,是人民的历史。

我曾登上马祖列岛的最高峰展望台湾海峡,令我想不到的是,台湾海峡犹如古代的长江水道,往来的船舶像穿梭一样永无停休。由南向北的船只,驶过台湾海峡后,分向宁波、上海、天津、釜山、东京等大港;由北南下的船只,跨越台湾海峡之后,分向高雄、厦门、香港、马尼拉、雅加达、新加坡等港口。如果这些船只不走台湾海峡,就得走台湾以东的太平洋航道,那里风急浪高,有时数千里没有可依托的海岛,往来船只会出现更多的事故。在历史上,往来于东亚的船只多走台湾海峡,还因为这里有更多的贸易对象。台湾海峡其实是一条黄金贸易通道,它是东亚世界的经济动脉。在历史上,台湾海峡的历史牵涉东亚经济的发展道路,同时也是环球经济的要点。只有从世界史、亚洲史、中国史的角度来看台湾海峡,才能明白它的意义,写好台湾海峡贸易史。

二、有关区域史研究的理论

21世纪的史学强调整体性研究,尤其重视大航海时代以来的全球化过程。人类全球化的基础是经济,经济全球化的体现是:世界每个角落人群的生活都与国际市场有关,他们食用、使用来自世界各地的商品,也为得到这些商品付出劳动成果,用来交换来自市场的商品。

大航海时代就是世界各区域经济互动导致环球贸易体系形成的过程。世界

---

① 徐晓望:《16-17世纪环台湾海峡区域市场研究》,厦门大学历史系博士论文2003年。

经济史的变迁,经常表现为区域经济的变化和互动。十六世纪以来,世界各大区域板块的互动,使其相互之间有了最基本的联结,这就促成环球贸易体系的建立。尽管这种体系在其萌芽阶段看起来时断时续,它的发展趋势却是不可扭转的,导致环球贸易体系初成。今天的世界,是环球贸易体系进一步发展造成的。

在环球贸易体系中,各个国家在世界上的地位,往往体现了它在世界市场上的地位。那些位于贸易主通道枢纽的国家,往往是发展最快的国家。但是,一切都是不稳定的。随着各国经济的发展,环球贸易体系中心也在不断变化。它随着贸易重心的变化而转移,而环球贸易的重心又随着区域板块的互动而转移。那些领先世界其他区域的国家,往往是一个时代环球贸易的中心区域,但它不是永久的,是随着交通手段的变化而变迁的。一个国家和一个地区的兴衰,永远是经济史关注的主题,而区域板块经济中心的漂移,体现为板块互动的结果。区域经济史研究的重要性,就是立足经济展现区域市场互动的历史,说明经济中心漂移的原因。全球化则在不断循环的区域互动中逐步升华。

一些新起的区域取代传统区域成为经济最发达的地方,本是历史上常见的现象。在中国传统哲学里,一个区域不可能永远长盛不衰,潮起潮落、三十年河东三十年河西,都是正常的历史循环。所以,所谓的李约瑟之问:宋元时期中国经济和科技是世界上最发达的,为什么现代化发源于欧洲而不是中国?这对深谙中国哲学的学者而言不是问题。按照中国传统哲学观念,每个民族的发展,都会有盛衰轮回。那些自以为可以永远强盛的国家,肯定历史较短,尚未看来本身衰落的一天。对历史学家而言,真正的问题是:为什么有些区域盛极而衰,有些落后区域迅速崛起,为什么有些区域可以衰而后起?为什么中国经历了那么多次的盛衰轮回仍然可以长时期保持世界前列的地位?这之中有什么规律可以总结?这就要追溯区域史研究大家的成果。

关于区域史研究的具体方法,傅衣凌、布罗代尔、施坚雅、滨下武志各有其独特的风格。我在1982年至1985年跟随傅衣凌先生学习明清史硕士课程,傅衣凌先生沿袭乾嘉学派的治学传统,十分重视史料的收集和分析,"采用训诂、校勘、辨伪、类推、辑佚等方法,从历史文献中探寻历史真相。"[1]不过,乾嘉学派的研究,较多地侧重语言文字和经典的还原,重视历史典章制度,而较少关注下层社会。二十世纪初,新史学传入中国,中国新一代历史学家开始呼吁:向欧洲史学学习,关注下层社会的研究。然而,真正将这一理念付诸实践的并不多见。傅衣凌先生的独特之处在于:他的研究就从民间契约开始,从出契、帐簿、族谱、方志等民间文献

---

[1] 陈支平:《中国古代史研究的创新与回归传统》,《史学月刊》2016年第4期。

中研究明清时期的农村社会,进而研究明清时期的工商业。傅先生更让人佩服的是脚踏实地的史学实践,他每到一个地方,都会想方设法搜集方志与民间文献,从中搜索该地的社会经济史资料,集腋成裘,汇成论文的基本史料。因此,看他的论文,几乎每一篇都有新史料问世。他研究大问题,多从小处入手。有系统地解决小问题,每一个细小的观点,都有史料证明,数个小问题连贯成篇,从而完成一篇有分量的论文。这种注重细节的风格,使其论点立于不败之地。和乾嘉学派不同的是,乾嘉学派不弃小问题,但很少关注其间的系统性,傅先生受新史学影响,心中总是存在史学终极关怀的大问题,在对世界史、中国史都有系统看法的基础上,细心地考证民间社会的小问题,从而使自己的论证导向社会重要问题的关注。他的实践和方法展现了超越时代的新学风。迄今为止,傅先生重视史料发掘的史学方法是笔者奉行的基本方针。不管研究什么问题,必须有厚实的史实为基础,在史料辨析的基础上分析事物的本源及其发展规律。史学观点不求惊人,但求证据扎实,任何观点,尽量用史料来说话。如果想超越前人的观点,就比前人看更多的史料,一倍两倍,也许不会有发现,但五倍十倍地看书,自然会有疑点产生。在疑问的导引下,从复杂的史料中整理出线索,厘清其中承前启后的演变关系,新的观点也就产生了。注重细节,深掘史料,系统论证,力求在细节上说服他人。

我的博士导师郑学檬先生指出:傅衣凌先生对区域史研究的特点在于:"他时时将某一区域放在世界的大环境中,放在全中国的大环境中去研究它的外在联系和意义。"中国史学北派的宏大,南派的细腻,其实在某一程度上是可以结合的。这就是"大处着眼,小处着手"的史学方法。在理论上,傅衣凌先生关注商品经济、资本主义萌芽等重大史学问题,他的区域史研究,一向是以欧洲同时代历史作为比较对象。在他看来,明清中国社会转型之际,江南(包括福建等东南区域)的商品经济发展是一个突出的现象,这里的变化预示着中国的未来。因此,他的多数论文都是围绕着江南和东南区域的研究而展开的。他的研究,为中国当代区域史研究奠定了基础,也意味着中国史研究的一个转折。在傅衣凌之前,中国史大都是全国性的整体研究,而受到傅衣凌影响的学者,将区域史研究看成历史学深入发展的表现,并坚持与海外学术界新成就相比较,这与国际史学脉搏是相通的。八十年代以来,中国的区域史研究首先从福建、广东、江南崛起,向全国扩散,从这里可以看到傅衣凌先生深层次的影响。

二十世纪以来,区域史研究的最杰出成果是法国历史学家布罗代尔(Fe r nand braudel)的名著《菲利普二世时代的地中海和地中海世界》。他立足于西班牙、意大利等地中海国家的细节研究,又以长时段的理论深度考察地中海世界经济的变迁。布罗代尔受马克思历史唯物论影响很深。自马克思以来,研究经济史的学者共同特点是相信经济结构演变是人类历史中最为重要的变化。李伯重认为：

> 由于经济史研究的特殊性，马克思主义与经济史学关系极为密切。这种密切关系源自经济史研究的特殊性，即经济史研究以社会的物质生产方式及其变化为主要对象，并强调这是人类社会演变的基础。这一点，还是唯物史观的主要内容。正因如此，唯物史观对经济史学具有重大影响，实际上构成经济史学的基础，以至二十世纪西方社会经济史学的主要代表人物之一，年鉴学派旗手布罗代尔明确说："就像二加二等于四一样清楚，马克思是当代历史科学的奠基人。"[①]

在经济史研究的基础上，布罗代尔关注各区域经济的互动。他的方法是突破国别史的范畴，将所有的地中海国家放在统一的历史背景下，强调从整体上去研究、把握历史，注意他们的相互关系。布罗代尔的研究重点是关注地中海和周边区域的互动。布罗代尔从来不是就地中海而研究地中海，他也研究地中海与周边世界的联系，例如：地中海与欧洲的联系，与黑非洲的联系，与阿拉伯东部世界的联系，与海上丝绸之路的联系。他对地中海史有独特的看法，尽管传统史学家都认为葡萄牙发现新航路之后，欧洲贸易的重心从地中海转移到北大西洋。但布罗代尔指出，实际上，由于各种因素的影响，地中海贸易在十六世纪下半叶还是十分重要的。欧洲贸易中心的转移要比大家所想的迟一些，一直到1588年（万历十六年）西班牙远征英国失败，地中海贸易还延续了一段时间的繁荣。直到十七世纪，欧洲贸易重心才真正转向大西洋，由荷兰和英国扮演欧洲贸易的主角。从后人的眼光来看，这是全球史研究的一个部分，也是一部代表性的杰作。

布罗代尔属于发源于法国的年鉴学派，相近的研究方法和努力，使战后欧洲史学展现新的面貌。布罗代尔在战后欧洲史学界影响很大。但也不是没有反对意见。英国历史学家霍登和珀塞尔发表于2000年的名著:《堕落之海:地中海史研究》，反对布罗代尔自然环境赋予地中海的统一性的观点。作者关注地中海的两个方面：其一，地中海是联系之海，交往之海，便利的海上联系是地中海的特点；其二，地中海沿海和岛屿存在着支离破碎的微观生态。以上二点矛盾并存。[②] 以辩证的观点看，这是一个认识的否定之否定过程。早年布罗代尔从地中海表面的纷杂看透了其中的统一性，从而将对地中海的研究提升到一个新的阶段。霍登和

---

① 李伯重:《理论、方法、发展、趋势——中国经济史研究新探》浙江大学出版社2013年，第231页。

② 夏继果:《探索区域史研究的新路径——霍登和珀塞尔的地中海史研究》，光明日报2018年6月4日理论版。

珀塞尔的反对，又使学人侧重地中海各区域的个性。这是矛盾的统一。霍登和珀塞尔对布罗代尔不是完全否定，实际上是一种发展。

二战之后的学术界变化的一个特点是学术中心渐渐从欧洲转到美国。美国学术界对中国史的研究理所当然受到中国学者的关心。

早期美国汉学家的观点以费正清为代表。他认为，"中国社会是长期停滞的，只在1840年以后受到西方的冲击，才开始发展"。这种观点是黑格尔历史哲学的延续，从根本上否定东方社会有其发展规律，并且将东方社会在近代的变化归之于西方社会的冲击。然而，这一传统观念终于在二十世纪后半期受到挑战。中国学者对资本主义萌芽的探讨，实际上是想找出明清以来中国经济的发展规律，尽管结论并非完美，但不能否定那一代人的探索。在海外学术界，费正清的"中国停滞论"也在70年代受到挑战，这就是中国中心观在美国的兴起。新一代的学者认为：在十九世纪西方全面入侵之前，中国已经发生了具有重大意义的变化，这些变化在西方入侵中国以后仍然存在，并成为中国近代化的重要动因之一。① 基本立场的转变，使欧美的东方学带有新的因素。美国历史学家柯文总结了美国研究中国史的最新潮流——"中国中心观"的四个特征：(1)从中国而不是从西方来着手研究中国历史，并尽量采取内部的（即中国的）而不是外部的（即西方的）准绳来决定中国历史中哪些现象具有历史重要性；(2)把中国按"横向"分解为区域、省、州、县与城市，以展开区域性与地方历史的研究；(3)把中国社会再按"纵向"分解为若干不同阶层，推动较下层社会历史的撰写；(4)多学科协作研究中国史②。他所讲的这些内容与中国的新史学潮流是相通的，反映了史学的进步。近30多年来，新一代汉学家着力于区域史、城镇史等方面问题的研究，其代表人物有施坚雅（G·W·Sinner）等人。

施坚雅在经济史学界应用的"中心地学说"，最早源于德国地理学家克里斯塔勒《南德的中心地》一书，克氏对第一次世界大战后西欧工业化和城市化的研究，使他提出了这一理论。这一学说的基本框架是：城镇是人类社会经济活动在空间的投影，是某一区域的核心。由城镇向四面八方延展的道路，将周边乡村纳于自己的经济统治范畴，使其成为自己的原料来源地与商品销售地。因此，以城镇为核心，在历史上逐渐形成了区域市场。城镇的建设，必然体现出：市场最优原则、

---

① 柯文：《在中国发现历史——中国中心观在美国的兴起》，林同奇译，北京，中华书局1989年。

② ［美］柯文：《在中国发现历史——中国中心观在美国的兴起》，北京，中华书局1989年版，林同奇译序，第4页。

交通最优原则以及行政最优原则。他的这一理论体系较为妥善地处理了城市与乡村的关系,并将区域史研究提到较高的位置。①。

施坚雅和布罗代尔的研究有一些共同特点。第一,从生态环境的角度,描述某一地区生态环境对人类生活的影响,并总结出这一地区人类活动的一般性规律;第二,每一个经济区域包括三个要素,首先,一定的地理范围;其次,一个中心:城市或是港口;再次,每一个地区都有核心地区及以外的中间地区和边缘地带。心脏与边缘是不平等的关系,是剥削与被剥削的关系。对每一个地区的研究,都要揭示区域中心与周边地区。只有这样,才能对某一区域的内在联系有深刻的了解。第三,必须从交通与商业联系的角度,力图勾勒这一地区与周边区域的商业关系,写出其互动作用,这样才能使区域史的研究超越地方史,并展示深刻的内在原因与外部联系。

在区域互动方面,日本史学界的滨下武志提出了以中国为中心的朝贡贸易圈理论。滨下武志是日本史学界"中国中心观"的主要提倡者之一,他从发表于1976 年的《对近代中国贸易金融的考察》,迄至 1985 年发表《近代亚洲贸易圈中的白银流通》,逐渐形成了以中国为核心的亚洲朝贡贸易圈理论。1990 年,滨下武志专著《近代中国的国际契机——朝贡贸易体系与近代亚洲经济圈》发表,使他的地域圈理论产生了较大的影响。滨下武志认为:"近代亚洲史不应被视为西欧近代发展阶段所规定的对象,而应探求如何在亚洲史的地域圈内的各种关系中,亦即从对亚洲自己的认识中寻找本身的位置。"②滨下认为:早在西方人到达东方以前,东方国家之间就存在着广泛的贸易联系,他将这一贸易体系称之为"朝贡贸易圈"。③ 朝贡贸易圈是围绕着中国展开的。西方人到达东方之后,并没有改变这一贸易圈,而只是加入这一贸易圈,并成为其中的一分子④。"一方面采取加入和利用亚洲原有的朝贡贸易形成的网络,另一方面则通过介入朝贡关系的一角,并试图使其改变的做法来达到自己的目的"⑤。滨下武志的新意在于:亚洲的近代史,首先应是亚洲自身的历史,西方因素的加入,并未改变这一基点。他的研究和美国的"中国中心观"汉学家有类似之处。

---

① 李洵、赵毅:《施坚雅教授中国城市史研究评介》,引自施坚雅:《中国封建社会晚期城市研究》,王旭等译,吉林教育出版社 1991 年版,第 3 页。

② [日]滨下武志:《近代中国的国际契机——朝贡贸易体系与近代亚洲经济圈》,朱荫贵、欧阳菲译本,中国社会科学出版社 1999 年,第 6 页。

③ [日]滨下武志:《中国近代经济史研究——清末海关财政与通商口岸市场圈》,高淑娟、孙彬译,江苏人民出版社 2006 年。

④ [日]滨下武志:《近代中国的国际契机——朝贡贸易体系与近代亚洲经济圈》,第 6 页。

⑤ [日]滨下武志:《近代中国的国际契机》,第 5 页。

滨下武志第二个重要观点是强调地域经济圈的作用。他认为以往的贸易史研究,往往将国与国的关系作为研究框架,实际上,这一框架并不能很好地描写亚洲国家之间的内在联系。地域圈往往超越国与国的关系,而且有时会突出某些地区的枢纽作用。要研究地域圈内在的关系,也就是亚洲国家之间的真实关系。这是布罗代尔观点的发展,但也具有亚洲特色。可以说突破了西方学者以往的亚洲研究体系,开拓了新视野的研究途径,这对亚洲海域史的研究有震聋发愦的作用。

滨下武志的贸易圈理论也有其局限性。滨下的朝贡贸易圈理论主要着眼于政治关系,在他的理论体系中,明清朝廷位于中央,即为朝贡体系的核心,而其他地区根据政治关系的不同,一层又一层的向外扩展。它外围的六个层次分别是:其一,中国地方;其二,中国边疆省份的土司、土官;其三,进贡中央的少数民族藩部;其四,朝鲜、越南、琉球等朝贡国;其五,日本等互市国家;其六,有贸易关系的其他地域圈,如印度圈、伊斯兰圈、欧洲圈等等。[1] 这一理论体系的弱点也在这里,他主要是根据政治关系来划分经济圈,而在亚洲的实际关系中,经济关系远比政治关系重要。以中国为例,明清时代真正作为经济核心的不是中央朝廷所在的北京,而是以长江与大运河交叉点为核心的水运枢纽,即以苏州、南京、杭州为核心的江南区域。而江南与周边区域的关系,并非通过朝贡关系来发展贸易,而是通过商业联系形成自然的地域经济关系。其次,如果说在历史上存在着以中国为核心的朝贡贸易圈,那么,它也只存在于十五世纪以前,迄至十六世纪,这一朝贡贸易圈便在私人海上贸易的浪潮中被摧毁。这一时代中国、日本、琉球、葡萄牙、西班牙、荷兰、英国及东南亚国家之间的贸易,都不是朝贡贸易圈所能容纳的。实际上,中国对外贸易中心的产生,往往与当地商品经济的发展有关,华商在海外的商业网络主要依赖海上私人贸易,而不是朝贡制度。这是我博士论文的观点。本书第一卷将论证的是:明代前期,朝廷虽有海禁政策,但其贯彻力不足,后世的地方官员有意放松了对海上渔业、商业的管制,因而给民间海洋经济的发展留下空间。实际上,在闽粤边境的海域,从明初到明末,海上武装力量强大,明朝无法在这里实行海禁。东南的海上走私在这里萌芽,逐步扩展到东南诸省,形成强大的海洋力量。他们在东北亚、东南亚的活动,编织了广阔的商业网络,并且对环南海贸易圈和北中国海贸易圈的形成做出巨大贡献。总之,我认为东亚贸易圈的形成,主要是民间力量造成的。

德国学者贡德·弗兰克(Frank,G.)的《白银资本——重视经济全球化中的东方》一书,在"中国中心观"的基础上,有了新的发展。传统汉学家的中国中心

---

[1] [日]滨下武志:《近代中国的国际契机》,第39页。

观,和中文学者的理解有所不同。严格地说,美国汉学家所说的中国中心观,不是将中国当作世界的中心,只是说中国自有不同于欧美的发展线索,而近 500 年以来世界发展的中心当然是在欧美。贡德·弗兰克反对这一观点,他认为世界早在5000 年前就存在着一个世界体系,这一世界体系中,西方才是边缘。在西方人到达东方的 500 年前,世界就存在着以中国与印度为核心的全球经济体系,而西方人于十六世纪到达东方,不过是加入这一体系,并从中捞取残羹剩饭而已。近代世界的变化,仅是世界体系内部中心的转移,以及中心和边缘周期性的置换。①可以说,弗兰克给明清时代中国的评价是最高的,也是历史的事实。然而,这一评价也给旁人带来新的迷惑。如果说当时的中国具有世界中心的地位,为什么这一地位不能长期延续而在近代转移到欧美国家? 这样,"李约瑟之问"重新浮现。对这一问题做出回答的是加州学派的中坚彭慕兰、王汉斌等人。

彭慕兰(Kenmeth pomcranz)的名著《大分流——欧洲,中国及现代世界经济的发展》②是一部还没有出版就在学界引起广泛兴趣的著作。彭慕兰认为 16——18世纪的中国并不落后于西欧的英国、荷兰等国家。"迟至 1750 年欧亚大陆的许多地区在农业、商业和原始工业(即为市场而不是为家庭使用的手工业)的发展中仍存在关一些令人吃惊的相似之处。"关键在于,欧洲和中国、印度、日本等国家在十九世纪出现了经济发展模式的"大分流",欧洲在英的率领下,走上大工业之路,其发展方向与中国、印度大分流。③ 该书出版后,获美国费正清经济史奖、世界历史最佳著作奖。当然这些新观点的提出,也遭到许多批评。尽管彭慕兰给予明清时期的中国较高的评价,让人想不到的是:对其著作最多的批评来自最大的东方国家——中国。当代中国学者是在 1978 年之后开始有个性地史学探讨,从"文革"中走出的中国学者深感自我封闭的危害,正在大力批判所谓的"封建传统"。这种批判将他们导向另一面:将中国看成一个超稳定系统! 他们认为中国自从秦始皇以来没有大的变化,明清社会是封建制度的晚期,它是衰退性的。这是超级"明清停滞论"。因此,当世界东方学者都在着力研究彭慕兰等人的新观点之时,中国史学界出现最多的反弹:明清中国社会是停滞的;彭慕兰可能过高估计了明清时代中国发展了吧? 他们认为:彭慕兰、弗兰克都不是第一手研究东方历史的

---

① [德]贡德·弗兰克(Frank,G.):《白银资本——重视经济全球化中的东方》,刘北成译,北京,中央编译出版社 2000 年。

② 彭慕兰(Kenmeth pomeranz):《大分流——欧洲、中国及现代世界经济的发展》,(The Great Divergence:Europe,Chima,amd the Making of the Moderm World Economy),普林斯顿大学出版社 2000 年原版,史建云译本,南京,江苏人民出版社 2010 年。

③ 彭慕兰:《大分流——欧洲、中国及现代世界经济的发展》,第 8 页。

学者,他们只是在前人研究的基础上进行概括,而滨下武志的研究重点一直是近代中国,而不是明清时期的中国等等,不一而足。

然而,在局外人看来,明清衰退论实际上又回到了费正清东方停滞论的怪圈里。这种观点将东方看作古不变的一潭死水,变化只能来自外部,明清以后中国的变化,来自外部的刺激。这些观点和我们所感受的东方社会变化的脉动完全不同。实际上,当今中国社会变化之快似乎更胜于欧洲。也许,中国近四十来年的进步过快,像一股突现的潮流,理论界不太适应,才会出现东方停滞论回潮的情况。假使中国二千年来都是停滞的,怎么解释近代中国社会的快速发展,它没有内在的动力吗? 实际上,中国文化历来鼓励个人在经济方面的发展,它是明清时代经济发展的动力,也是现代中国大发展的动因。换一个角度看,明清时期中国多数时间位于世界的前列,这不像一个停滞的国家。我们可以说中国社会有兴衰轮回,但说它是停滞的,好像失去了焦点。其实,中国今天的高速发展,有其深厚的历史基础。因此,彭慕兰的观点也得到一些新锐历史学家的赞成。从大局看,重评古代东方世界正成为一股潮流,它的背景是二十世纪下半叶以来日本、韩国、中国、印度的高速发展给东方学者的自信。东方学者需要解释东方国家的发展内在的原因,以及它不同于西方的原因。回答这些批评,需要我们更深入研究大航海时代东方历史。

三、大航海时代台湾海峡的历史地位

台湾海峡的两岸是福建、台湾及广东的潮州。台湾海峡的历史与福建人、潮州人以及后来的台湾人关系密切,事实上,它是福建人、潮州人以及他们的移民台湾人的历史。闽潮民众充分利用了台湾海峡的地理优势向海外发展,建立了遍及东北亚、东南亚以及中华经济圈的商业体系。所以,他们是台湾海峡史的主人公,是台湾海峡史过程每一个细节的参与者。本书研究十六世纪至十八世纪的台湾海峡史,主要围绕着闽粤商人的历史展开。

在台湾海峡两岸的福建省、台湾省和潮州的三个地区中,台湾的开发较迟,福建和潮州位于大陆,早期都是闽越人的区域。潮州发展的大趋势与福建略同,因此,台湾海峡史的早期主要围绕着福建展开,兼及潮州。潮州在明代之后扮演了极为重要的角色,本书对潮州的描述主要从明代开始。而台湾成为东亚贸易体系中的重要角色,则是从明末清初开始的。本书将逐次展开研究这三个区域。

我的博士论文《16－17世纪环台湾海峡区域市场研究》就是围绕着台湾海峡的这三个区域展开研究,该论文完成于2003年5月,主旨是从环球贸易体系的高度看大航海时期台湾海峡区域市场的变化。全文的内容提要如下:

环台湾海峡区域主要是指台湾岛及海峡西岸闽江流域与韩江流域之间的福建省与广东潮州区域。1500 年前后(明代中叶),在贡徭制崩溃、佃农经营权扩大、商业资本进入农业的背景下,当地的商品经济已有相当的发展,山区与沿海的长距离贸易发生,但因海路不通,国内市场与海外市场有限,明中叶闽潮商品经济的发展也是有限度的。从 16 世纪中叶开始,随着西方殖民者的东来,日本金银矿的开发,月港开放与闽潮商人独占对外贸易,使环台海区域的商品生产与商品流通都有很大发展。江南的丝绸、江西的瓷器从外省流入闽潮口岸,加上本地生产的白糖及仿冒的丝绸、瓷器,在闽潮商人的操作下,纷纷涌入海外市场。海外输入的白银又活跃了中国的市场,长距离贸易兴起,闽潮民众采伐与制造木材、香菰、笋干、荔枝、龙眼、蓝靛、纸张、钢铁、红白糖、烟草等商品向国内市场输出,并从江南与广东、江西等地输入棉布、稻米、生丝等商品。商品流通使闽潮市场日益活跃,并向台湾扩张,形成环台湾海峡区域市场。商品流通也造成闽潮经济结构的变更,消费扩大、商人阶层发展、农民谋生方式多元化,以及地方经济结构市场化的趋势,使晚明环台海区域的城镇与墟市有很大发展,福州、泉州、漳州、建宁府城、南平、邵武、汀州、潮州等城市的城区都有较大的扩张,厦门湾与潮州平原出现了城镇群落,城市商业繁荣,农村的墟市数量有很大的增长。福建的城镇人口达到全部人口的 19%。不过,从 17 世纪开始,闽潮商帮在海外日益受到殖民者的排挤与东道国的限制,迄至 17 世纪后期,这些限制已经发展到相当严重的地步。他们的利润率下降,有时出现亏本,海外流入的白银受到限制,环台海区域市场的发展日益依靠国内市场而不是海外市场。清朝统一南方后,海禁政策松动,环台海区域的对外贸易逐渐向江南与珠江流域转移,环台海区域在对外贸易领先的时代已经不再,而台海区域市场的发展,也逐渐落后于江南与广东。

《16－17 世纪环台湾海峡区域市场研究》博士论文的目录如下:

绪论

第一章　明代中叶环台海区域的商品生产与市场网络

第一节　明代中叶环台海区域经济社会的变革

第二节　明代中叶环台海区域的商品生产

第三节　闽南区域的物产与市场网络

第四节　闽江下游及沿海区域的物产与市场网络

第五节　闽江上游区域的物产与市场网络

第六节　韩汀流域的物产与市场网络

第七节　台湾、澎湖区域

如上所述,这篇博士论文的主旨是环台湾海峡区域内部的变化。当时我看到环台海区域的特殊性,它位于环北中国海贸易圈、环南海贸易圈、中国大陆经济圈等三大贸易圈同时覆盖的区域,实际上在明代成为三大贸易圈运作的枢纽。因此,大航海时代环台海区域的地位十分重要,受外界环球的影响,该区域经济构成出现了明显的变化,并对国内经济产生影响。清代初年,因中国对外贸易中心转移,台湾海峡经济内向化,它的重要性就不如广东与江浙了。

博士论文完成几年后反思该书,我感到我的论文虽然自成体系,但其缺憾在于:我将论文重点放在台海区域的内部,实际上,这一时代东亚海域最精彩的是东亚诸国之间的贸易,三大贸易圈的交互作用推动这一时代的台湾海峡成为世界上最受关注的区域。要对这一时代的东亚贸易加深研究,才能在更高的层次理解晚明的台湾海峡。从那时候到现在,十五年的时间使我对许多问题的考虑更为成熟,并从多方面展开研究。可以说,多年来我的研究成果虽多,大都围绕这一区域展开,因而有了撰写一部四卷本大书的想法。这就是本书《大航海时代的中国东南港市与周边世界》的由来。

对于大航海时代的定义,传统史学将其看成欧洲殖民者探航世界的时代。大致起于十五世纪末年葡萄牙人向东方航行,迄至十八世纪主要地理发现完成。在这个时代,欧洲人引导了人类世界的全球化。针对这一观点,东方学者中有人提出:全球化始于蒙古人的征服。蒙古人打破了各区域不同的管辖范围,将其联系在一起。然而,全球化更为看重的是贸易、消费等问题。全球化时代的一个特征:是人类生产消费的全球化! 在全球化时代,人类不论生活在世界的哪一个角落,都要消费来自世界其他地区的商品。各地区的人类生活都建立在相互联系交换之上。从这个角度看,蒙古时代欧亚联系主要是陆路的丝绸之路,然而,这条艰难的陆上贸易之路,难以运载较多的物资,所以,蒙古时代各国经济联系不强。其实,人类全球化的发端是在郑和远航的时代。在得到郑和远航加强的亚洲非洲诸国联系,海上丝绸之路的贸易渠道给他们送来各种商品,东南亚的香料和中国的丝绸、磁器得到西亚南亚民众的热爱,印度的棉布、宝石进入中国市场,东南亚生产的各种香料成为中国印度等国人民食物的基本添加剂。即使你生活在东南亚的某个偏僻的岛屿上,路过该岛的商队会为你带来中国的大瓮、铁锅,以及印度的棉布、中国丝绸等物品。可见,那些引起欧洲人远航世界的物资,诸如香料、丝绸、磁器、棉布,早在郑和时代就是中国人远航的动力。因此,可以将郑和船队下西洋看成世界大航海时代的一个部分,全球化的发端。如果认可这一点,大航海时代的来临,应是东方民族西进和西方民族东进共同构成的历史。当然,西方民族在大航海方面的贡献更大一些。在大航海时代,以台湾海峡为的东亚贸易圈是非常重要的。

　　台湾海峡区域是大中华经济圈的一部分,并与环南海贸易圈及环北海贸易圈都有联系。由于台湾海峡在东亚贸易体系及世界贸易体系中具有重要位置,史学界的相关研究较多。不过,以往的研究大都是国别史的研究和区域性的研究,例如,对东南亚诸国经济的研究,对中国经济的研究,对日本经济的研究等等。甚至是对东南亚整体性的研究,也没有将中国因素考虑进去。至于区域史研究,往往是就福建研究福建,就台湾研究台湾,就潮州研究潮州,将其当作一个整体研究,是我的博士论文《16 – 17 世纪环台湾海峡区域市场研究》开了个头。在博士论文之后,我于 2006 年发表了《早期台湾海峡史研究》①,探索了远古至明代后期的台湾海峡史;其后又有《早期台湾海峡史考证》②一书,汇集了近 20 年来发表的台湾古代史相关考证论文。这些论文与专著,目的是想解决台湾海峡历史上的一些事实,为明代台湾海峡史的研究打基础。其中涉及明朝的主要观点是:明代晚期,福建沿海的商民将台北南部的北港建成贸易据点,福建官府的管理权已经伸及台湾本岛。对台湾海峡史的研究,使我更重视晚明台湾海峡的国际地位。我将晚明台湾的发展看成闽粤海洋文化的延伸,因此,要研究晚明台湾海峡的历史,又要加深对福建史的研究。2016 年,我发表了三卷本的《福建文明史》③,该书着力从环境、物产、海洋、民俗、宗教、信仰、教育、出版、科举、思想、艺术等多方面研究福建文明史的形成和特点,有了这本书为基础,使在我研究台湾海峡史的过程中,可以略去有关福建社会结构、文化特点的研究。2017 年我还撰写了《中国福建海上丝绸之路发展史》④,历述海洋文化在福建等东南区域的起源和发展,以及福建海上丝绸之路从丝绸贸易到武夷茶贸易的发展历史。总之,我对中国海洋史的研究以明代福建史为核心,向两个方面拓展,其一是纵向发展,即从古至今的福建海洋史,这

---

① 徐晓望:《早期台湾海峡史研究》,福州,海风出版社 2006 年。
② 徐晓望:《早期台湾史考证》福州,海风出版社 2014 年。
③ 徐晓望:《福建文明史》,中国书籍出版社 2016 年。
④ 徐晓望:《中国福建海上丝绸之路发展史》,九州出版社 2017 年。

一项目由《中国福建海上丝绸之路发展史》完成;其二,横向发展,即明朝整个时代的海洋史,并以福建为核心,拓展到广东、浙江、苏州等地共同的海洋史。这就是《大航海时代的台湾海峡及周边世界》。

对我来说,进一步需要解决的核心问题是:大航海时代台湾海峡的独特地位。如果说以往的著作主要关注欧洲殖民者在东方的表现及其影响,新的著作应当解释台湾海峡的主人——当地民众在大航海浪潮中的特殊作用和应对。明代台湾海峡的主体民众是海峡西岸的福建与广东潮州民众,他们在大航海时代并非消极的一方,而是促进大航海时代国际贸易的重要力量。实际上,是由闽粤民众与东南亚诸国民众共同建立了具有悠久传统的环南海贸易圈,欧洲殖民者抵达东方,是在传统的环南海贸易圈的基础上发展,而不是新创一个贸易圈。

海上丝绸之路实际上是亚非诸国的海上商品贸易路线。对海上丝绸之路的研究,不仅要关注各个港口贸易的内容,还要关注港口背后各地经济的发展。没有工商业发达的沿海经济,各区域的对外贸易就不可能走远,或者成为发达区域的附庸。因此,发达的沿海经济是研究海上丝绸之路的一个观察角度。中国经济中心自唐宋以后向东向南转移。南宋以后,福建沿海的泉州、兴化、福州相继成为人口较多的区域。随着沿海工商业的发展,对外贸易也兴盛起来。宋元时期的泉州是东亚海上贸易的枢纽,海上贸易相当繁荣。迄至明初,明朝实行的海禁给这一区域带来很大的问题。其后,闽粤一带的私人海上贸易中心转到闽粤边境的漳州和潮州。明代的私人海上贸易,围绕着漳潮人的海上活动而兴起。

宋元时代的中国是世界经济中心,它的发展水平远远高于其他国家。不过,高度发展的中国也遇到继续前进的障碍。这就是元明时期以纸币为核心的金融制度,它导致中国金银的大量流失。中国冶金史告诉我们,中国在唐宋时期开始有规模地开采银矿,数量可观的白银进入市场后,在海外市场尤其受到欢迎。迄至宋代,中国的金银、铜钱都是向海外流失的。由于缺乏白银黄铜,中国在宋元时代发明了纸币,它一度解决流通领域的问题。但纸币最大的缺点是:长时期使用纸币,肯定会导致通货膨胀。宋朝使用纸币相当严谨,朝廷备有大量的金银铜等贵金属,以备兑换使用。元朝早期仍然延续这一政策,可是,到了元代中叶,朝廷储备的贵金属货币用完,元朝开始用新印制的大元钞按一定比例换旧钞,这使民众十分吃亏。然而,官僚们为了从中谋利,还经常扣留新钞,要等旧币贬值到一定程度后才肯兑换新钞。元朝的政策导致民间财富大幅度缩水,民众厌恶元朝也就可想而知。可以说,元朝的灭亡与其货币政策有相当关系。此外,元朝在汉地实行纸币政策相当彻底,这导致元朝贵族可用纸币换取汉地的金银。元军远征西域,花费大量的金银,从而引至中国金银大量输入西域,这使中国的金银失去平衡。过去,不论北方政权得到多少金银,随着和平的到来,汉人都有办法将这些金银赚回来。但是,元朝实行纸币制度后,中国金银大量流入西域,一去不返。宋元时代中国银矿开采积累的白银大都流失,这给明朝实行货币制度带来很大困难。

明朝取代元朝之后,仍然实行纸币制度。不过,明朝缺乏贵金属储备,而是沿用元朝后期的新币兑换旧币的制度,这使明朝的货币一开始就走上贬值之路。于是白银逐渐成为明朝的主干货币。不过,这一时代的世界,除了中国之外,还有许多国家都使用金银为货币,中国进入白银时代,便与世界上其他国家发生更为密切的关系。

以上为《大航海时代的中国东南港市与周边世界》第一卷,《海隅的波澜:明代前期的华商与南海贸易》的历史背景。

明代前期台海西岸的城市化进程。欧洲人来到东亚之前,中国是世界上经济最发达的国家。明代前期,福建等沿海省份的经济结构发生很大变化,许多领域的官营经济崩溃,农村的佃农获得田面权,商业资本深入农村形成高利贷,这都使东南诸省的私有经济获得发展。日益活跃的私有经济促进沿海城镇之间以及中国与南海之间传统的商品交换,导致中国东南滨海城市工商业发展,出现了东南福州、泉州、漳州、潮州一线城镇化的倾向。这类城镇的经济对海洋有依赖性,必须在海洋经济发展的基础上获得自身前进的动力。中国人强烈地趋向海洋的动力,最早出现在他们身上。

郑和远航与全球化的发端。郑和下西洋是中国海洋发展史的一个顶峰。它不是偶发事件,应当是宋元时期中国人向海外开拓的必然。当时的明朝作为世界经济文化最发达的大国,想将儒学文明传播于世界,建立以中国为核心的朝贡体系,因而选择了向海外发展道路。明朝的朝贡体系在洪武年间就有一定的规模,早期受中枢倚重的福建市舶司在引导东洋诸国朝贡方面有一套成熟的模式,并取得不少成果。因此,郑和远航便将重点放在西洋诸国,因为,东洋诸国的进贡不需要再考虑了。关于郑和所乘的船舶有多大?史学界一直有争议。我的观点是:明成祖为了炫耀中国的富强,有意为郑和舰队制造这一时代最大的船舶,它的模式、尺度可从中国传统造船业窥视一二。郑和航海是成功的。在儒学文明的主导下,远航的郑和舰队实行"协和万邦"的友好行动,因而得到各个国家的欢迎,他促使西洋诸国前来进贡,使大明的声望扩及印度洋周边国家。在朝贡贸易体系中,明朝的皇商与海外国家之间进行了大规模的贸易,刺激了海上丝路的繁荣。然而,由于明朝白银流出过多,财政上无法支持长期贸易。明中叶以后,逐渐成长壮大的北方游牧民族再次成为威胁明政权安稳的力量,这一时期明朝更多地关心本国的利益,对外经营已是有心无力了。明初费尽力量建立起来的朝贡体系逐渐崩溃。

郑和七下西洋的实践。郑和下西洋在外交活动之外,也向海外国家出售丝绸、磁器等中国商品。鉴于南海诸国的香料在国际贸易中极受欢迎,而且具有很高的利润,郑和积极参与香料之路的贸易。郑和下西洋所历诸国航线的确定,和国际香料贸易有很大关系。这是从郑和下西洋的细节分析中得到的结论。郑和下西洋之时,船队过了占城之后,不是就近到马六甲海峡的旧港、满剌加,而是继续向东南航行二三千里,来到爪哇岛东部港口,就是为了采购丁香、肉豆蔻、胡椒等香料。为了购足香料,郑和船队往往在东爪哇停留数月,然后才返回马六甲海峡的旧港,继续印度洋之旅。① 在马六甲海峡,郑和还会在另一个胡椒产地停顿,这就是位于苏门答腊西部的"苏门答剌港"。在印度西部的港口中,本来与明朝有联系的是柯枝港,而郑和前三次下西洋的终点选在柯枝以北一千多公里的古里,看来也是为了香料。总之,除了中国自产的丝绸、瓷器外,香料贸易是郑和选择下西洋航线的重要因素。

对于郑和下西洋的具体航程,仔细比较《明实录》《明史》及各种野史的记载,会发现还是官方的史料经得起考验。偏信野史,容易夸大郑和航海的成就。因此,我在郑和航海具体考证过程中,所掌握的原则是不轻易否定官书的记载,看似矛盾的官方史料,一定有我们不了解的因果关系,尽量在更深的层次解剖事件的相互关系,才能在看似矛盾的史料下找出事件发生的内因和外因。

郑和时代海上丝绸之路的贸易。从贸易的角度来看郑和时代的历史,这一时代中国的发展与一百年以后的欧洲有相似之处。郑和到东南亚和印度洋周边国家,一个重要目的是采购胡椒、丁香、肉豆蔻等食用香料,这都是欧洲人喜欢的食用香料,曾经引起欧洲的巨变。欧洲人为了得到这些香料,不远万里,探航东南亚,付出了无数的生命代价。这种历史,在欧洲人东进的一百年前也在中国发生。那个时代,曾经引起欧洲人兴趣的胡椒等香料,也引起了中国人的兴趣。从海外输入中国的胡椒,其价格是本土花椒的八倍!"东南海外诸货犀、珠、香、药,古称富甲天下,近代尤重胡椒、苏木之利。"②对民众而言,胡椒就是财富的象征。元明时代的中国富豪往往藏有数百石至数千石的胡椒。可以说,胡椒同样是驱动中国人跋涉远洋的动力。相较而言,中国人使用的香料种类比一百年后的欧洲还要多,因为,除了食用香料外,中国人还进口檀香、速香之类用以供神的可燃烧的

---

① 我形成这一观点是在 2018 年 2 月底。

② 吴鼎:《过庭私录》卷七,征南四策,四库全书存目丛书·集部,第 75 册,齐鲁书社 1995 年,第 303－304 页。

香料。

郑和远航印度洋,除了出售丝绸、瓷器、香料等西亚民众喜欢的商品外,还采购大量的印度洋商品。唐宋时期的中国人主要喜欢玉石,元明时代的中国人渐渐爱上了印度的钻石、宝石。其时,西亚人戴金戒指的习惯也感染了中国的民俗,不少国家向中国进贡金戒指。东南亚的香料折服了所有尝试过的人们。这样,亚洲的东端和西端出现了消费习惯趋向一致的时代特点。共同的消费习惯带来的是商品互相流通,东亚的中国购取西亚及南亚的宝石和黄金首饰,西亚民众购取中国的丝绸、磁器。东南亚的香料是所有人都追求的高尚消费。这一趋势始于宋元时期,但在郑和时代达到一个标志性的高峰,所以说,全球化始于郑和的远航。

郑和时代的全球化未能延续下去,与中国的白银外流有关。在当时的西洋贸易中,印度是中国最大的贸易对手。印度工业文化发达,各种商品很多。在特色生产方面,印度很早就引进了中国丝织业,元明之际,印度人生产的丝绸数量巨大。所以,畅销全世界的中国丝绸在印度的销量不是太好,印度人对中国瓷器的喜欢程度也不如西亚各国,中国商品在印度的市场始终是有限的。印度市场另一个特点是金银比价较低,通常是一比五,而中国在宋元时期的金银比价是一比十!远高于印度。这样,在中印贸易中,中国商人会感觉到输出白银而输入黄金比较合算。中国对印度贸易,丝绸、磁器的输出量都是额定的,带来的东南亚香料利润有限,于是,郑和只能用白银购取印度的各种宝石。中国方面的史料表明,郑和出海贸易的前十年,就将皇家私藏的七百万两白银花去六百万[①]!中国的金银比价也向印度靠拢,从一比十降至一比五左右!尽管郑和从海外带来的财富同样惊人,但缺乏白银的财政压力一直困扰着明朝的户部。从明代前期中国白银流失速度来看,最好限制郑和等人的海外采购的规模,想来这是郑和远航最终停止的原因之一吧。

郑和对海上丝绸之路香料贸易的参与,扩大了东方向欧洲运输香料的总量,并将中国的丝绸、瓷器等商品带到海丝重要转运港——古里。由东亚输往印度、阿拉伯港口的商品多了,输入欧洲的商品也就多了。而欧洲人消费东方香料、丝绸、瓷器的人多了,形成向往东方的舆论氛围,最终转化为探险东方的行动。

郑和远航与明代东南滨海区域。明代初年,中国人已经将海外世界划分为西洋和东洋,郑和远航,将其主要精力放在西洋,其时,东洋世界主要由福建市舶司负责。洪武永乐年间,福建市舶司派出船只和人员到东洋诸港,招揽诸国进贡。他们的成绩不错,因此,永乐年间的郑和可以专门致力于西洋,不必兼顾东洋。东

---

① 王士性:《广志绎》卷一,方舆崖略,第5页。

南福建省的航海力量强大,自古以来有到海外贸易的传统。在郑和远航的过程中,东南滨海民众起了重要作用,郑和船队中最大的船只,应当造于福州的长乐港。福建漳州籍的水师人员是郑和航海的骨干力量。现在可以证明,与郑和并列为正使的王景弘是明代漳州的宁洋县人。

虽说郑和远航停止了,但民间贸易并没有停顿。郑和远航之时,为郑和驾船的火长、水手主要是福建漳州人。郑和航海使他们对海外世界更为熟悉,早在郑和七下西洋的后期,他们就开始冒充明朝的使者"出使"海外国家,进行冒名的海上贸易。郑和航海停止后,他们在东南亚海上更是为所欲为,他们不仅冒充中国的使者到海外贸易,还成为许多国家的使者到中国进贡。在漳州人、潮州人的口岸,不断有东南亚的商船来访,广州渐渐沦为海上走私贸易的重要港口。当然,反转一个角度看问题,人们要感谢明代前期的海上私人贸易,它活跃了中国对外贸易,并使宋元以来的海上贸易网络一直维系下来。明代中期,遍及东南亚港口的商业网络主要由漳州人控制。

明代前期的海禁政令与海洋产业。郑和航海结束之后,明朝的私人海上力量受到更多的关注。通常认为,这些力量受到了明朝海禁政令的制约。有些人以为,海禁阻止了中国人的海上事业。实际上,明朝的海禁政令在执行中不断调整,东南三省的近海渔业是被允许的。明中叶,随着倭寇入侵事件的减少,海禁逐渐松弛,渔民的近海渔业发展到远海。这都反映了中国海上事业的发展。所以说,明中叶以后,海禁政令实际上已经不起作用。因此,观察这段历史,不要轻易地说海禁使中国对外贸易断绝,实际上,这一时代中国海上力量相当强大,它的基础是海洋渔业。东南诸省拥有数千艘海船,这是明代海上贸易发展的基础。

明代万里海禁线的断点——漳州、潮州。对于明朝的海禁,不止要看到本身政策的演变过程,还要看到它的地区不平衡性。明初海禁之令执行较严,但在各地区执行力度也有不同。一般说,在江苏、浙江及福建的福州、泉州,官府的海禁政令执行较好,而在福建的漳州以及广东的潮州执行较差。其原因在于:自唐宋以来,闽粤赣三省交界处的山区就属于暴动事件频发的区域,山区的动乱影响到沿海,造成漳州、潮州滨海区域的动乱。而这些区域的动乱的结果,导致大批民众下海为盗。因此,漳州、潮州境内常有海上武装横行,动辄有数十上百船舶与官军作对。这些海上武装经常击败明朝的水师,实际上,明朝的海禁之令在漳潮沿海无法执行。漳潮民众乘机下海贸易,并在海外形成了较为可观的力量。漳潮民众的海上活动,保存和延续了中国民间的海洋文化传统,成为私人海上贸易发展的基础。

明代中叶私人海上贸易的发展。由于漳潮一带海禁政令无法有效执行,从明代前期开始,漳潮民众就在东南亚许多港口贸易,由于当时传统海贸区域如泉州、福州下海人数都大幅度减少了,漳潮民众的活动奠定了他们在明代海洋史上的特殊地位。郑和航海之时,漳州水师人员成为舰队导航的主力。郑和航海结束后,他们继续下海航行,延续了宋元以来中国海洋文化的传统。明代前期,私自下海贸易的现象以漳州九龙江出海口一带最为突出。随着明代中叶私人海上贸易重点转到广州近海,漳州人的活动也延伸到广州的外海,并在香山县外岛建立了一些贸易据点。在这些漳州人中,于正统天顺年间来到广东贸易的漳州人严启盛最为典型。

明代中叶闽粤民众的海上网络。漳潮人的活动不止是在中国的沿海,以漳潮人为核心的华商还乘着帆船到南洋诸港贸易,维持了南海广泛的商业网络。这一事实说明郑和及宋元以来中国的航海的成果为后人所继承,并非像一些西方学者说的那样:郑和航海停止后,中国人就不再向南海发展了。事实上,以漳州人为核心的闽粤商人继续活跃于南海港市,几乎在任何一个南海国家,都可看到福建人的身影。闽粤人在东南亚的经营,其经济意义在于将东南亚和中国融为一体。中国与东南亚两贸易圈的互动,双方各自获利,并向前发展。这些事实表明,远在欧洲人抵达东南亚之前,东南亚的华人商圈已经很发达,郑和远航的成果也得到了继承。

总的来说,明代初年,中国东南从福州到泉州、漳州、潮州的滨海区域人口增长,城镇经济初步繁荣,从而产生了向海洋发展的强烈需求。这是闽粤沿海区域与其他地方不同之处。不过,明朝初年,海禁十分严厉,随之有所调整。这是因为:明朝海禁主要面对海上贸易,生怕民众到海外贸易时带来倭寇与其他海盗,但是,朝廷又要面对沿海有上百万疍户的事实,不得不采用较为灵活的方法。因此,东南沿海以渔业为主的海洋力量渐渐增加力量。换一个角度看问题,应当说,明朝的海禁在多数地区都很成功,唯独在闽粤边界的漳潮区域遇到了问题。这里的民众历来有反抗官府的传统,朝廷的政令在这里很难贯彻。由于漳潮地形复杂,官府的舰队经常被打败,因此,漳潮民众对朝廷政令不管不顾。最早的海上私人贸易在闽粤边境发展起来,迄至明代中叶,九龙江下游的月港、海沧都成为主要走私港口。明朝被迫加强了对海沧的管理。明代海沧人有"海沧打手"之名,他们是明朝水师的主要来源,以强悍好斗著称,在生活无着落之时,也会当海盗。明代前期和中期,以海沧人为核心的漳州人到东南亚贸易,建立了一个遍及东南亚诸港的华人贸易网络。在这个时代,东方海洋主要属于以福建海商为核心的华商。

第二卷之后,我主要关心的是晚明中国与海外的联系和互动。明正德年间,葡萄牙殖民者来到中国广州要求贸易,从此展开了西方殖民者与中国打交道的历史。正德末年，葡萄牙人与广东水师发生冲突，葡萄牙人失败后，跟随一些到马六甲贸易的漳州商人到九龙江口贸易，一度进入海沧、月港。由于中国丝绸主要出自太湖周边区域，葡萄牙人又跟随漳州人抵达浙江宁波的双屿港进行贸易。可见，在嘉靖前期，葡萄牙人在中国海口的贸易与他们在印度的贸易不同。葡萄牙人基本掌握了印度西海岸的国际贸易，但在嘉靖前期，他们在中国对外贸易并非占据垄断地位。其时，双屿港不仅有华商、葡萄牙商人及东南亚各国商人贸易，还常有日本人的船队出没，这样，双屿港渐成为东亚最大的贸易港口。

嘉靖年间的漳州人还到日本贸易，由于日本人以中国传来的技术开采银矿，导致白银突然增加，充斥日本市场，物价昂贵。因此，到日本贸易的漳州商船出售丝绸、瓷器、蔗糖之类的商品而大发其财。消息传回漳州后，漳州掀起了一个到日本贸易的热潮，成千上万的漳州商人，不顾生死到日本贸易，仅失事漂到朝鲜的就有上千人。大量的白银还使泉州人、福州人及浙江、广东的沿海民众都卷入对日本贸易。从贸易的角度看，嘉靖年间中国与日本贸易的兴起，是东亚对世界贸易的贡献。它促成了一个中国输出商品并从海外输入白银的贸易模式，从而吸引了欧洲和美洲商人前来参加这一贸易，这样，国际贸易便兴盛起来。

在中日贸易兴盛之前，环球贸易体系已经形成，但因海路艰险，周转的商品不多。世界贸易不温不火，总量有限。中日贸易掀起环球贸易体系的第一个疯狂时代，也将世界贸易推进到一个新阶段。从其贸易发展的历史来看，是中国与日本经济结构的互补性导致中日之间的贸易发展，而不是葡萄牙人来到掀起了中日之间的贸易浪潮。以上事实表明，即使没有葡萄牙人参加，嘉靖年间的中日贸易也会按照东亚的贸易规律而出现。然而，倭寇问题的出现，使中国与日本之间良好的贸易关系中断。其后，明朝严禁日本商船来华贸易，也禁止中国商船到日本贸易。葡萄牙人趁机垄断了中国与日本之间的贸易，澳门因而成长为东方有名的城市。葡萄牙人的介入，是欧洲人掌握东方贸易的开端。

中国与葡萄牙的亚洲贸易比较。明代中叶，位于欧洲西南的葡萄牙开始探航通往亚洲的海路。他们被西非的黄金吸引，渐次探航非洲西南岸的贸易点，终于绕过南非的好望角，进入印度洋，逐次建立了欧洲人在东方的贸易网络。和郑和远航相比，葡萄牙人的航海成本很高，坏血病导致三分之一以上的人员死亡，伤亡率大大超过郑和舰队。葡萄牙人能够坚持远航，与欧洲本土丰富的金矿、银矿有关。在欧洲迈进近代之初，欧洲因金银产量较多，金币、银币流行于欧洲各国，欧洲人人均拥有金银数量要高于中国。对欧洲来说更为有利的是：拥有众多金矿的非洲近在咫尺，走出非洲，不需多少路，就可以得到非洲的巨额黄金。欧洲本土的银矿开采也达到很高的水平，白银开采如此之多，使欧洲金银比价达到一比十六这样惊人的水平！在郑和时代,印度洋金银比价是一比五上下,因此,只要将欧洲的白银拿到印度使用,就可得到丰厚的利润。事实上,欧洲拥有大量白银迫使欧洲人向东方发展,只有在那里,他们的白银才能实现较高的价值。对欧洲人而言,恰好这个世界以金银为基本货币,而欧洲人拥有比其他地区更多的金银！对世界而言,既然选定了金银为基本货币,就只好接受欧洲拥有更多的金银这一事实。葡萄牙人能够在伤亡巨大的背景下不断向海外派出远航船只,与葡萄牙人掌握大量黄金有关。扩而言之,近代欧洲发展较快,与其黄金储备惊人有关。与其相比,中国历代的黄金、白银储备总是损失于游牧民族南下的战争中,当中国的发展达到一定程度时,总会感到资金的缺乏。纸币的流行是一个补充,但对明朝而言,纸币无法进入(或是很少进入)国际贸易。在国际贸易市场上,只有金银是硬通货。这是中国的不利之处。

隆庆年间,朝廷开放漳州月港对外通商,起到了化盗为商的作用。漳泉一带的商人造船下海,到东南亚各个港口贸易。他们尤其受到刚刚到达东方的西班牙人、荷兰人的欢迎。闽商在葡萄牙人占据的澳门也有很大的影响,这样,闽粤商人延续了宋元以来在东南亚的地位,扩展了他们在东南亚的网络。这一时期的东南亚,还是中国与日本交换商品的地方。由于闽粤商人为东南亚港口带来产自中国的丝绸、瓷器、蔗糖等商品,闽粤商人到处都得到欢迎。他们凭借独特的位,在几乎所有重要的港口都建立了华人居住区。对东南亚各地而言,欧洲殖民者及华人的活动,引发东南亚各地的城市化运动,形成了一批重要的港市。

在明代中叶以前,中国海上丝绸之路的主要贸易对象是南洋和西洋国家。那时东洋国家较贫穷,所以,郑和到海外贸易,一路下西洋,基本不考虑东洋。明初中国进入了白银时代,因本土银矿开采量急剧下跌,白银的购买力大增。明中叶以后,日本和美洲的白银开始流入中国,这使东洋贸易利润大增。由于美洲白银主要由西班牙人带到菲律宾群岛,所以,日本和菲律宾这两个东洋国家成为中国商人主要贸易对象。在白银滚滚西来的背景下,中国的商品也向东洋国家输出,西班牙人又将马尼拉的中国商品运到美洲,加上欧洲消费的中国和美洲商品,这个世界就这样旋转起来,这是世界市场发展的动力之一。

华商的海上活动,逐渐将台湾纳入自己的活动圈。从渔民到台湾沿海捕鱼开始,渐渐有人将鹿肉、鱼籽、鱼干等商品运到福建来出售。再后,台湾的鹿皮在日本找到市场,台湾成为中国与日本私下贸易的一个场所。不过,其间转辗于福建月港、台湾北港、日本长崎之间贸易的商人主要是华商。他们对台湾的开发构成了华人进入台湾的基础。其时,来自漳浦县的赵秉鉴纠合厦门水师军官诸人在台南的"赤勘"筑寨,而后又有袁进、李忠、郑芝龙等海盗以台湾为巢穴。万历末年,袁进投降官府,福建官府的管辖权一度伸及台湾。闽粤商人的活动已经将台湾纳入福建、潮州与台湾构成的环台湾海峡经济圈。这一经济圈在明末清初成为东亚航线的枢纽,也使台湾成为荷兰、西班牙人窥视的重镇。

东洋的崛起使台湾的地位得到提升。在宋元以前,台海地区主要贸易对象是东南亚诸国,这些国家大都处于"下西洋"的海路上。其时中国发展海外贸易,主要是下西洋。这一状况在明代晚期发生变化。晚明的日本和菲律宾成为海外白银最多的地方,闽潮民众到日本和菲律宾群岛做生意,大都要经过台湾海面。从漳州月港出发的船只先到台湾南部港口停泊,而后顺北风南下菲律宾。东去日本的福建商船有两条路线,其一是从月港出发,抵达台湾后,沿着琉球群岛构成的岛屿线北上,一直到日本九州岛的港口。另一些船只是由台湾向正北航行,抵达浙江的双屿港之后,再驶向日本。这些交错而行的航线都将台湾的北港、鸡笼、淡水当作重要的补水港口,它们在这里停泊,促成当地港口的发展。于是,渐有人在台湾的港口周边开荒种地,种植甘蔗和水稻,或是围猎鹿豚,获取鹿肉与鹿皮。当时在台湾贸易的商人将鹿肉卖到中国,将鹿皮卖到日本。明代后期,中国严禁日本人到大陆港口贸易,于是,有一些商人将来自福建的丝绸、白糖、瓷器带到台湾港口出售,另一有批人专门从事台湾与日本之间的贸易,台湾的港口就这样卷入亚洲的贸易体系。荷兰和西班牙为了争夺对华贸易的优势地位,相继占领了台湾南北的港口,从而使台湾成为东亚诸个势力竞争的大舞台。

明清世界市场形成的过程中,中国与世界市场就结下了不解之缘。中国商品在国际市场上的销售,给中华经济圈带来源源不断的白银,全国经济因而活跃起来。值得注意的是,明清时期中国的对外商品主要来自东南诸省,产自福建的武夷茶、白糖、瓷器,产自浙江的丝绸、绿茶,产自广东的生丝和白糖,来自台湾的黑白糖,以及产自江西的景德镇瓷都成为国际市场上的畅销商品。所以,明清时期中国的对外贸易,主要是东南数省的对外贸易,而不是整个中国的对外贸易。来自海外的白银使东南数省繁荣起来,外贸在中国经济中所占地位越来越重要,东南经济在中国历史上的重要地位进一步加强。

自晚明以来,中国经济的积极变化一直来自东南区域。明代中叶最令人激动的变化始于泉州、漳州一带农商贸易的发展。泉州和漳州的城市程度较高,泉漳生产的黑白糖、漳州平和瓷、泉州德化瓷远销海外市场和江南,他们消费的粮食则来自广东、浙江,布匹、生丝来自江浙二省,这就形成了大进大出的"泉漳模式"。这在中国是首创,建立在发达的贸易基础上。随着泉漳经济的发展,对内地的影响越来越大。泉漳贾人到江南村镇购进生丝、棉花,在本地发展加工业,这就促进江南村镇缫丝业及棉花种植的发展,并且导致白银大量流入江南市镇。漳泉民众带来的各种美洲物种,也使国内农业发生翻天覆地的变化,烟草、番薯、玉米、花生的种植,改变了中国农业的结构。最重要的是,白银流入活跃了国内的市场,各地之间的物流规模扩大,重新塑造了中国经济的面貌。

在中国经济占绝对优势的明清时代,远道而来的欧洲殖民主义者,为了发展对华贸易,都想在台湾海峡寻找贸易的据点,从而造成明末清初台湾海峡的独特地位。那一时代,台湾海峡不仅是东亚贸易中心,同时还是世界贸易的重点区域之一。放眼世界,这一时代的世界更是海洋的时代,决定世界富裕程度是环球贸易体系,控制海洋的国家获得最大的利益并相继建立世界霸权,它们在海上得到财富,在海洋贸易中发展,诸如葡萄牙、西班牙、荷兰、英国等欧洲国家都是如此。明代的台湾海峡本是东亚贸易的热点区域,而东亚贸易在世界贸易体系中占据重要地位。

那么,晚明经济的提升,是中国经济推动了世界,还是世界经济推动了中国?按照费正清"冲击-反应"的理论,正是十六世纪葡萄牙等西方势力来到东方,才造成对东方世界的冲击,从而带动东方世界的发展。晚明的经济发展,是葡萄牙、西班牙、荷兰等国带来的美洲白银造成的。在日本,也有一派史学家认为,是葡萄牙人带来的贸易,才使日本经济活跃起来。不过,换一个角度也可以这样提问题:假使不是明朝极度渴望海外白银,美洲及日本的白银对明朝会有作用吗?要知道中国从宋朝到元朝及明朝前期,都实行纸币制度。宋代的交子、会子,元代的大元钞,明代前期的大明钞,都是流通全国的货币。由于元朝的威望的影响,大元钞的个别种类还可以在东南亚部分国家使用。明代大明钞的废弃,其主因是经营者的管理水平太差,如果他们能够吸取宋朝人的会子管理方法,大明钞完全可以重振雄威。所以,白银进入市场成为主要货币,它不是不可逆的。明朝完全可以重兴历史上的纸币制度,以抵消白银的作用。问题在于,明代的学者尚未想到这一点时,白银已经进入千家万户,明代户部的官员得过且过,就不考虑重兴纸币一事了。

从明朝对白银的渴望来看,可以说,是中国对白银的需求才使日本、美洲的白银有了货币的意义。在明中叶以前,贵金属已经成为许多国家的货币,在欧洲与北非,流行的是金币,也有一些银币。在印度,金币、银币都出现了,但数量有限。经过郑和时代的白银流失之后,中国的白银的价格上升,且成为基本货币之一。明代中叶的对外交流中,各式欧洲、印度的银币流向中国,不过,由于贸易量有限,流入中国的白银并不太多。

葡萄牙人于十六世纪向远东航行,后在印度洋及南海建立了多个商业据点。葡萄牙人在亚洲的贸易和郑和远航相比,驱动力相似,都建立在对香料、丝绸、磁器、棉布的巨大需求之上。同样,这类商品的贸易导致欧洲的白银像流水一样向印度洋输送。和郑和时代中国不同的是,欧洲草莽初辟,刚刚开发了许多金矿、银矿,因此,欧洲黄金白银之多,远远超过东方。欧洲诸国很早就开始发行金币、银币,金银比价高至一比十六!巨大的差价导致葡萄牙人将白银运到印度洋来采购商品,引发欧洲的白银向东方流动。不过,欧洲幸运地得到美洲白银的补充,而其白银之多,引起物价革命,只有向外大量输出白银,才能抵制通货膨胀的速度。因此,葡萄牙的任务就是在东方花掉白银,以减轻欧洲物价上涨的速度。这一金融背景决定了葡萄牙人的航海得到欧洲全面的拥护,因而带领欧洲进入一个新的时代。

明正德年间,葡萄牙人抵达中国的港口,开始与中国贸易。葡萄牙人的到来,无疑扩大了中外贸易的规模,然而,葡萄牙人对航路垄断的做法,也使亚洲贸易受到打击。早期直接的中葡贸易量不大,葡萄牙人每年可向欧洲发一艘商船,带去东方的丝绸、瓷器、白糖等商品,带回白银。由于运输量有限,葡萄牙人每年给中国带来白银也不多,大约是二十万两白银。这笔白银对中国经济不无小补。葡萄牙人做得更多的是从东南亚运来中国人喜欢的香料和印度的一些商品。葡萄牙人占据印度果阿后,随着他们统治的巩固,开始保护印度洋的海上贸易,行走于东亚及南亚的商品,带来东方的商品,又将其运到阿拉伯海与欧洲有贸易的港口,这样,欧洲人仍然可以从地中海得到的商品,但是,这种贸易规模也是有限的。

真正震撼中国经济的是日本的白银,嘉靖时期的日本吸纳了中国的炼银法,每年可以开采上百吨白银。嘉靖年间,在日本贸易的漳州人发现日本的白银非常便宜,掀起了一个到日本贸易的热潮,每年都有几十艘至上百艘帆船到日本港口贸易,带回大量的白银。这一秘密被葡萄牙人知道后,葡萄牙人也开始介入中国与日本的贸易。他们以广州附近的澳门为据点,派出大船往来于日本及澳门之间。随着明朝海禁日益严厉,明代后期去日本贸易的华商减少了,中日贸易主导权转到葡萄牙人手中。日本的白银通过澳门这一渠道进入中国。随着来自日本的巨额白银流入中国,并转化为货币,中国经济活跃起来。嘉靖、隆庆、万历年间,中国经济的发展相当出色,各种产业都有巨大的增长。中国的兴旺也带动了亚洲诸国,日本和东南亚诸国纷纷进入大发展时期。在东亚市场上,中国的丝绸和日本的白银也吸引了诸多欧洲国家前来介入中日贸易,1571 年,西班牙的大帆船开始出现在菲律宾的马尼拉,并将马尼拉建设成西班牙人在东方的殖民地。西班牙人同样喜欢中国的手工业产品,他们以高过中国大陆数倍的价格购买中国商品,尤其关注丝绸、瓷器、蔗糖等商品,于是,马尼拉成为漳州月港商人最好的贸易对象。从漳州月港出发的商船给马尼拉带去丝绸、瓷器、白糖,带回白银。转手之间,获得巨大的利润。其后,又有荷兰人、英国人介入东方的贸易。荷兰和英国是大西洋国家,与欧洲市场联系密切,因此,荷兰人及英国人来到东方之后,中国与欧洲的贸易更上一层楼。值得注意的是,尽管他们从欧洲带来数额不小的白银,仍然不够他们在东方的运营。因此,不论是西班牙、荷兰还是英国,都很注重中国与日本之间的贸易,他们与葡萄牙人、西班牙人一样介入中国与日本的贸易,他们的商船往来于台湾海峡及日本的平户、长崎诸港,想方设法得到日本白银,用以换取中国商品,从而维持他们的贸易。

就此而言,大航海时代中国与日本的贸易,实际上是环球贸易体系初成时期的第一个贸易高潮,它吸引世界主要贸易国家来到以台湾海峡为枢纽的东亚贸易圈,从而大大提升世界贸易的水平。事实上,中国与日本之间的贸易,也使世界航运线路发生变化。在伊比利亚人垄断世界贸易的时代,国际贸易体系是畸形的,那时,葡萄牙人经营自中国、日本向西的贸易线路,他们将东方的商品运到印度、伊朗的港口,再由西亚的商人将其运到地中海港口。葡萄牙人自己,每年会发一二艘船只从远东回归葡萄牙本土。国际航线的另一半由西班牙人控制。他们从西班牙的塞维利亚港出发,西进美洲的殖民地,而后将货物运到太平洋沿岸港口,再从太平洋沿岸港口运往马尼拉。由于航线多次转折,其中还有陆运,所以,运费昂贵,往来的船只不多。更为重要的是,这不是一条自由的航线。不过,当荷兰人与英国人抵达东方之后,冲破了伊比利亚人的垄断,环球航线开始混乱并且自由地发展。荷兰人开辟从万丹向西南直抵好望角的航线,从而使远东商品以较低的价格直达欧洲。英国人德雷克发现美洲与南极洲之间的海峡,这条航线的适航性超过险峻的麦哲伦海峡,从此,从大西洋到太平洋的航线不再那么困难。

总的来说,从十六世纪到十七世纪前半叶,中国与日本的贸易是世界贸易体系中最为重要的一环,有了中日贸易,才有了其他国家的介入。那么,中国与日本的贸易是怎么形成的? 葡萄牙人的介入是决定性的吗? 事实上,有一些欧洲及日本的著作就是这样写的。他们认为,是葡萄牙人的到来,带给中国与日本的巨额国际贸易。当我们深入研究中国与日本贸易这一段历史之后,就会觉得这种观点有其问题。首先,中国与日本自古以来存在着贸易关系,明代日本与中国之间有稳定的朝贡关系。宋元时代,日本从中国进口大量的铜钱,并以中国铜钱为国内主要货币,这说明日本已经融入中国贸易圈。明代,白银的使用越来越广泛,有一些日本的矿工潜入中国,获得了以铅置换白银的技术。嘉靖年间,日本白银生产突然大发展,与引进中国这一技术有关。其次,就日本白银市场的发现而言,也是漳州商人最早发现日本市场有大量白银。早在嘉靖二十一年(1542 年),就有漳州商人到日本贸易,带回大量白银。而后十年间,漳州人到日本贸易成为一种潮流,每年都有数十艘船只赴日本。至于葡萄牙人到日本贸易,虽然有一些早期探航的例子,有规模的贸易始于嘉靖二十九年(1550年)。其后,是因为倭寇入侵的关系,使明朝严厉禁止赴日本贸易,这才使葡萄牙人获得去日本贸易的专利。就中国与日本的经济联系来说,中国缺银,日本需要中国的各种商品,所以,中国与日本的贸易高潮肯定会到来,不论有没有葡萄牙人的中介,中国与日本的贸易都会发生,事实上也是如此。葡萄牙人介入中日贸易真正的作用在于:它使中日贸易有了一条合法的渠道,从而缓解了闽浙一带沿海混乱的景象。实际上,明代后期中国与日本的贸易是无法停止的,如果不是葡萄牙占据的澳门成为中国与日本贸易的中介港,其他南海港口也有可能成为中国与日本贸易的中介港。所以,明代中后期中国与日本的发展是历史的必然。不论有没有葡萄牙人成为中介,中国与日本的贸易都会发展起来。

认定这一点有什么意义呢?它说明东方国家没有西方的影响,也会有大的变化。郑和远航时期的日本,缺乏手工业,也不知道有大规模的银矿,无法大量生产白银。因此,日本对中国的贸易比较一般。但到了嘉靖年间,中国的冶金术流传到日本,日本银矿开采,中国与日本的贸易从此发达起来。这一时代,即使没有葡萄牙人来到东方,东亚的贸易也会不同于以往。

中国的商品和日本的白银,这两种"商品"中,又以那样为重要?应当说是中国的商品。因为,除了成为贸易的中介,白银的"使用价值"很小。如果没有中国商品的输入,日本的白银只能使国内的物价飞涨。至于中国,如果没有日本的白银那又如何?中国有取代白银的手段,那就是纸币,虽说明初的纸币已经被老百姓拒绝,如果没有大量白银流入,它迟早会被人重新记忆发行,引导中国进入新纸币时代。不过,纸币的缺点是它很难成为国际信用货币,在国际贸易中,白银的作用远胜于纸币。

对于日本来说,用白银采购中国商品,更是日本战国时期经济飞跃发展的前提。日本人通过引进中国的采银术开采银矿,使日本白银产量骤增,然后,日本人用白银采购中国的商品,引进中国各种技术,导致自身国家的起飞。在与中国交往之前,日本的发展水平落后于朝鲜,在明朝的史册上,朝鲜一直排在日本之前。然而,在明代中期,朝鲜因其财力有限,与中国的交往一直保持明代初期的水平,日本却因为有世界上数一数二的白银,并用以购进中国的商品和技术,商品经济发展程度远高于朝鲜。江户时代的日本,城市化水平世界罕见,手工业也达到很高的水平。试想,如果当年中国不接受日本的白银,日本可能有这样大的发展吗?

对欧洲来说,中国的促进作用也是很明显的。十六世纪的欧洲刚刚从中世纪的黑暗中走出来,对他们来说,已经有数千年文明的中国恰似一盏夜空的明灯,中国华丽的丝绸、瓷器以及精美的食物,超脱神学的理性思维,精致的艺术品,都是那么优雅、高尚。从此,欧洲人在与中国的贸易中学习中国文化,为其国家的转型打下良好的基础。

对东南亚来说,晚明以后大量南下的福建人和广东人,也是其城市建设的基础力量。例如马尼拉、雅加达、新加坡、吉隆坡、会安、西贡等城市的崛起,都离不开华人的力量。这些城市的早期商业中心都是唐人街,一个个华人小商贩的努力,使这些城市成长起来,成为国家的经济中心。

可见,不论对欧洲、日本、东南亚来说,晚明的中国都是一般积极力量,给他们带去发展。回顾这一段历史,可以说,是中国对白银的渴望带动了世界的发展,晚明的中国与日本的贸易是世界贸易体系中的一个重要现象,它掀起了世界贸易第一个浪潮,不论是中国、日本,还是东南亚及欧洲国家,都在介入中日贸易中获得巨大的发展。

由此看来,人类近一千年来的历史,东亚之海扮演了重要角色。它长期是世界贸易的中心,中国因在东亚之海贸易中占据优越地位,经济上长期位于世界前列。

欧洲的崛起也和金银成为国际货币有关。欧洲人因到美洲寻找金银而闻名于世界。实际上,欧洲的金银数量远比其他大陆要多。大航海时代的初期,葡萄牙人每年可从西非的黄金海岸得到七百公斤的黄金! 七百公斤至少折算22400两,这个数量的黄金是明代中国无法想象的。明军曾因士兵误杀的问题与爪哇国西王发生冲突,爪哇国王答应赔偿六万两黄金,不过,后来爪哇国搜尽国库,也只能向中国赔偿一万两黄金。约与明代相当的欧洲已经使用金币很久,许多商品都以金币标价。而同时代的中国只能使用银两贸易,在日常买卖中大都使用铜钱。欧洲在明代中叶又可得到来自美洲的白银,这些白银大都由西班牙人控制。都说西班牙人运到中国的白银数量多,实际上,西班牙人运到欧洲的白银更多。两者之比约为1:4! 巨额黄金和白银使欧洲人可以不断派出大船到世界各地贸易,并大量进口中国商品,由此可知,近代欧洲的优势,与欧洲盛产金银有关。刚好这个时代选择金银为国际贸易货币,刚好欧洲囤积了大量的黄金,这是欧洲人无畏远航的经济基础。

总之,因为地理原因,欧洲自古以来积累了丰富的黄金和白银,这一优势又因为非洲、美洲的贵金属流入欧洲而加强。当世界各国之间经济联系很弱的时候,欧洲人占有的这些金银只能在欧洲使用,它使欧洲的物价高昂,和中国人主要使用铜钱相比,并没有太多的意义。但是,在大航海时代,环球贸易体系建立,恰好金银成为主要交换媒介,这才使欧洲人的金银有了扩大使用的市场。由于这个世界公认金银是衡量商品价值的标准,这使欧洲人在世界贸易中大占便宜,因为,他们拥有像石头一样便宜的金银,现在可以到东方购买无穷无尽的商品。表面上看,欧洲贵金属在环球贸易体系形成后不断向东方流动,使欧洲人在经济上遭受重大损失。实际上,相较那些缺乏金银的国家,欧洲占有许多优势。例如李氏朝鲜,它本是中国的近邻,物质发展水平接近中国。可是,由于缺乏金银矿,在崇尚金银的大航海时代无所作为,只能看着日本迅速发展。欧洲人拥有较多的金银,使他们可以购取世界各地的商品,并开发技术,加快经济发展。这是十六世纪欧洲人向全世界发展的原因。迄至十七世纪,重金主义在欧洲兴起,欧洲人开始节制黄金、白银的流出,抵制海外商品。为了抵制来自远东的商品,欧洲开始仿制东方的工业品,由于资金充足,他们的工业渐渐获得成功。人们称之为工业革命。

我认为工业革命,是欧洲世界针对东方世界的革命!在工业革命之前的世界市场上,英国及欧洲的工业品一直无法与中国及印度的商品竞争,中国与印度的优势在于无穷无尽廉价的劳动力,可以将手工业商品的价格降到最低点。在价格革命之后的欧洲,英国及欧洲人在同等技术的条件下,无法生产出比中国印度更为便宜的商品,在世界市场上节节败退,许多传统工业被东方工业品摧毁。白银像滚滚洪流趋向东方,欧洲却无法回笼这些贵金属,只能通过关税等非市场手段制约这股洪流。因此,欧洲需要借助煤炭、石油等自然动力降低劳动成本,以便与东方经济体竞争,这是瓦特蒸汽机在英国发明的原因。

工业革命成功后,借助新动力的工厂在英国和欧美逐渐普及,欧美终于生产出比中国、印度更为便宜的商品,从而击败中国传统手工业,一项又一项夺占中国商品的优势产业,称霸世界市场,最终取代中国与印度,成为世界经济的中心。于是,中国渐渐落后于世界先进国家。中国的传统工业面临欧洲产品的竞争,不得不进行痛苦的转型,只要这些产业未能达到理想的境界,转型引发的社会震动就不会停止。

我们可以这样回答李约瑟之问:世界文明中心一直随着经济重心而转移。历史上,各大文明区域相继领先于世界其他地区,潮起潮落,如同太阳东升而西落一样平常。文明最发达区域总是处在经济最发达的区域,在地理大发现之前的数百年里,世界经济中心长期位于东亚之海的中国东南区域。东亚之海的国际贸易,给中国带来了大量的财富。即使欧洲人来到东亚之海,在很长一段时间内,都未能改变这一形势。然而,三十年河东,三十年河西,东亚之海不能永远占据世界贸易核心的位置。从十七世纪后期开始,日本开始限制白银的流出,而美洲的贵金属流向也发生了转变,从主要流向远东转而主要流向欧洲。这使东亚之海的贸易发展受到限制,如果不说它衰落的话,可见的发展也是有限的。相形而言,这一时代欧洲蓬勃发展,令人瞩目,最后推出了工业革命,取得相对于东方的生产优势。于是,世界经济中心转向北大西洋,欧洲文明因而崛起,逐步取代中国成为世界经济中心,在此基础上,欧洲成为世界的文化中心。

台湾海峡区域作为东亚之海的关键枢纽,它见证了中国东南区域一步一步走向的繁荣,成为世界经济重心;也见证世界贸易重心离开东亚之海的转移。事实上,它是东西文化经济转变的关键点,大航海时代各大经济区之间的互动、彼此的兴衰,都与台湾海峡息息相关。

四、学术界关于明清海洋史的研究

中国人有文字记载的海上交通史著作在汉晋时代就出现了,迄至宋元时代又有《诸番志》《岛夷志略》之类的著作。明代月港通商之后,张燮的《东西洋考》问世,清代陈伦炯的《海国见闻录》和魏源的《海国图志》也被西方学者视为海洋史研究的重要成果。不过,有关海洋史的现代史学研究,则始于伯希和、梁启超等人的提倡。

欧洲学者研究海洋史成就突出。由于葡萄牙、西班牙、荷兰、英国、西班牙、法国都在东南亚有自己的殖民地,诸国的学者很早就展开对东南亚殖民者的研究。不过,最早展开东南亚历史研究的多为教会的布道者,因此,早期研究常由教士们来做。例如,曾德昭的《大中国志》①在欧洲被翻译成为多国文字。其后渐有纯粹学者的研究。例如瑞典人龙思泰的《早期澳门史》②初版于 1832 年,该书被誉为以现代史观研究澳门史的开山著作。欧美学者对大航海时代东南亚的研究,成果颇多,无法尽述。以下主要着眼于与中国有关的海洋史研究。

著名的法国汉学家伯希和早在 1904 年就发表了《交广印度两道考》③,以南洋交通史为主要研究对象。伯希和另有《郑和下西洋考》,将有关郑和的史料介绍给西方。④ 在他的影响下,欧洲有不少汉学家投入海上丝绸之路历史研究。布尔努瓦夫人(lucette Boulnois)、于 1963 年出版了《丝绸之路》一书,其中第四章讲述丝绸的海路传播。该书的法文版很快就重版三次,并有德文、西班牙文、英文、波兰文、匈牙利文、中文、日文等多种译本。该书的中文译本由耿昇翻译,出版于

---

① [葡]曾德昭(Alvaro Semedo):《大中国志》,何高济译,上海古籍出版社 1998 年。
② [瑞典]龙思泰(Anders lljungstedt):《早期澳门史》,吴义雄、郭德炎、沈正邦译,章文钦校,北京,东方出版社 1997 年。
③ [法]伯希和:《交广印度两道考》,冯承钧译,中华书局 1934 年原刊,2003 年重刊。
④ [法]伯希和:《郑和下西洋考》,冯承钧译,中华书局 2003 年重刊本。

2001 年。①

　　日本是一个岛国，与海外国家一定要通过海洋，所以，日本的海洋史研究很早就兴起了。不过，日本早期有关海洋史的研究侧重于唐宋，对大航海时代的海洋史研究略迟。村上直次郎于 1937 年出版了日文版的《巴达维亚城日记》，在该书中，他将荷兰人占据雅加达时期有关中国的东南沿海、台湾岛以及日本的材料翻译成日文，从而成为研究东洋史的第一手资料。在二十世纪前半叶，岩生成一有《荷郑时代台湾与波斯间之糖茶贸易》②一文，这是早期台湾贸易史研究的开山著作。他尚有《明末日本侨寓中国人甲必丹李旦考》③一文，以明末厦门商人李旦为对象，探讨了他在台湾、厦门及日本平户之间的贸易活动。其后，岩生成一著《朱印船贸易史的研究》，探索了日本和南洋的贸易。④ 此外，石原道博的《郑芝龙的日本南海贸易》，是对明末清初福建海商郑芝龙经营海外贸易情况最早的探讨。

　　日本学者小叶田淳的《明代漳泉人的海外通商发展》，是最早研究漳泉商人的名篇，也在国际上产生较大影响⑤；旅日台湾学者李献璋在 1962 年发表了《关于嘉靖年间浙海的私商及舶主王直行迹考（上）》⑥，提出浙海私商中，著名的邓獠、金子佬都是福建人。其他著名海商有：阮其宝、洪獠（洪迪珍、洪泽珍）、林獠、郭獠、魏獠等。木宫泰彦的《日中文化交流史》⑦用相当力量研究了明清时期中国与日本的贸易和文化交流。中村孝志对荷兰占据台湾时期的研究，更是成果累累，他的名著《荷兰时代的台湾史研究》，探讨了荷据时期台湾的主要产业，如农业、鹿皮生产、鲻鱼业、探金事业，从而成为早期台湾史研究的里程碑。⑧ 日本学者的成功在于：他们很早就重视对荷兰史料的翻译，《巴达维亚商馆日记》《平户商馆日记》《长崎商馆日记》等荷文原始资料的翻译，使他们很早就从荷兰商人对台湾、福建的原始记载中研究台湾的早期历史。中村孝志之后，松浦章对中国海域的研究着力最多，就明代及明末清初这一阶段而言，他的主要著作有：《明清时代东亚

---

①　[法]布尔努瓦(luce Boulnois)：《丝绸之路》，耿昇译，山东画报出版社 2001 年。
②　许贤瑶译：《荷兰时代台湾史论文集》，台湾，佛光人文学院 2001 年。
③　[日]岩生成一：《明末侨寓日本中国人甲必丹李旦考》，《东洋学报》第 23 编第 3 号，1936。
④　岩生成一：《朱印船贸易史的研究》，东京，弘文堂，1958 年。
⑤　小葉田淳：《明代漳泉人の海外通商発展》，台北，野山书房 1942 年。
⑥　李献璋：《嘉靖年间における浙海の私商及び舶主王直行迹考（上）》，日本，《史学》34 卷，第 1 号（1962 年）。
⑦　[日]木宫泰彦：《日中文化交流史》胡锡年译，商务印书馆 1980 年版。
⑧　[日]中村孝志：《荷兰时代的台湾史研究·上卷·概说·产业》，台北，稻乡出版社 1997 年。

海域的文化交流》①、《清代台湾海运发展史》②、《清代帆船与中日文化交流》③、《清代帆船东亚航运与中国海商海盗研究》④,《清代福建的海外贸易》⑤《中国的海贼》⑥等论著。三木聪的研究重点是明清时期的福建农村社会,许多篇章涉及明清时期福建的商业活动。⑦ 上田信的《明清时代的海与帝国》⑧一书,概述了明清时代中国的海洋历史变迁。岸本美绪的《康熙萧条与清代前期的地方市场》(1984 年)一文探讨了清代前期地方市场的收缩。欧美与日本的学者都对《中国与十七世纪危机》进行了全面的探讨。⑨

日本的汉学研究在世界学术界的地位颇高,甚至有人提出:海外国家主要是通过日本人的研究认识中国社会的。这是中国学术界必须面对的挑战。我们不会否定日本学术界以往的贡献,但也不必在日本学者的研究成果面前感到气馁。毕竟,身为中国人,我们要比外国人更能感受中国社会的微妙之处。历史上,清代乾嘉考据学的方法别具一格,也曾是世界学术界的顶峰成就。我们应该做的是在继承传统的基础上,认真学习日本学术界的优点,在两三代人之间逐步赶上和超越日本的学术水平。尤其是在中国史研究方面,应当较早取得突破。

华人对海洋史的研究在二十世纪发展起来。1905 年,梁启超在《新民丛报》第三卷第二十一期上发表《祖国大航海家郑和传》⑩一文,开现代海洋史研究先河。早期的明清海洋史研究有三个热点,即:郑和、倭寇、郑成功。近来较热的课题有华侨史、台湾史、澳门史、广州史、漳州史等。

由于郑和是一个国际性人物,所以,海外学术界对郑和研究早就展开了。梁启超之后,冯承均、许道龄、李晋华、吴晗、童书业、向达、郑一钧等人都投入了很大的力量研究郑和,成绩斐然。由中国航海史研究会编纂的《郑和研究资料选编》,收录了老一代学者的主要论文。⑪ 郑和研究的一个特点是群体的参与,不止是历

---

① ［日］松浦章:《明清时代东亚海域的文化交流》,郑洁西等译,江苏人民出版社 2009 年。

② ［日］松浦章:《清代台湾海运发展史》,卞凤奎译本,台北:博扬文化事业有限公司 2002 年。

③ ［日］松浦章:《清代帆船与中日文化交流》,上海科技文献出版社 2012 年。

④ ［日］松浦章:《清代帆船东亚航运与中国海商海盗研究》,上海辞书出版社 2009 年。

⑤ ［日］松浦章:《清代福建的海外贸易》,厦门,《中国社会经济史研究》1986 年第 1 册。

⑥ ［日］松浦章:《中国的海贼》,东京,东方书店 1995 年。

⑦ ［日］三木聪:《明清福建农村社会的研究》,北海道大学图书刊印会 2002 年。

⑧ ［日］上田信:《明清时代的海与帝国》广西师范大学出版社 2014 年。

⑨ 董建中主编:《清史译丛》第十一辑,《中国与十七世纪危机》,商务印书馆 2013 年。

⑩ 梁启超:《祖国大航海家郑和传》,中国航海史研究会编:《郑和研究资料选编》北京,人民交通出版社 1985 年,第 20－28 页。

⑪ 中国航海史研究会编:《郑和研究资料选编》北京,人民交通出版社 1985 年。

史学家,军事学家以及来自理工科的工程师也多有论著。二十世纪八十年代以来,中国大陆几乎每年都有召开郑和研究会,发表论文数十篇,所谓"众人拾柴火火焰高",正是郑和研究的最好说明。百年以来,国内外发表的郑和研究专著和论文达三千多种。黄慧珍和薛金度对大陆的郑和研究八十年进行了梳理。① 不过,这一研究也有另外的问题,就是争议观点多,权威论著少,倾力于郑和研究且有成绩的专著不太多。较著名的有徐玉虎对郑和航程地名的考订②,还有多篇相关论文。③ 郑和研究开展一百年来,在史料发掘方面成绩显著。自伯希和将《瀛涯胜览》《星槎胜览》等书介绍到法国之后,冯承钧对二书有详细的考证,初步勾勒出郑和七下西洋的全貌。长乐郑和下西洋碑刻发现以来,南京等地发现过多通参加郑和下西洋人员的墓志铭,这对推动郑和研究起了重要作用。④ 在文献搜集方面,郑一钧早年有《郑和下西洋资料汇编》⑤,而后,郑鹤声、郑一钧合力完成了368万字的《郑和下西洋资料汇编》增编本⑥,虽说不无遗珍,编辑系统性也有一些问题,但从总体而言,这是一部目前最大的郑和史料汇编,具有一定的参考价值。

对倭寇的研究一直受到关注。这个领域群雄并起,作品甚多,据说已经有一千多篇论文了。在抗日战争前后,学界研究倭寇的成果密集。陈懋仁发表于1934年的《明代倭寇史略》是现代史学家中倭寇研究的奠基之作。郑梁生对倭寇的研究全面而扎实,他的《明代中日关系史研究》是全面探讨倭寇问题的大著。⑦ 二十世纪八十年代以来,林仁川⑧、李洵⑨、戴裔煊⑩、田中健夫⑪认为,这些倭寇主要成份是中国东南沿海的岛民,其中真倭很少。我也赞成这一观点。⑫ 据安乐博、余康力的介绍,早在1975年,苏群伟(Kwanwai - So)便以英文撰写论文,提出嘉隆

① 黄慧珍、薛金度:《郑和研究八十年》,时平、朱鉴秋:《上海与郑和研究》,北京,海洋出版社2016年。
② 徐玉虎:《明郑和之研究》,高雄,德馨出版社1980年。
③ 徐泓:《二十世纪的明史研究》,第92页。
④ 胡正明、范金民:《郑和下西洋研究二题——基于洪保寿藏铭的考察》,《江苏社会科学》2015年第5期。
⑤ 郑一钧编:《郑和下西洋资料汇编》,上册,齐鲁书社,1980年。
⑥ 郑鹤声、郑一钧编:《郑和下西洋资料汇编》上册,北京,海洋出版社2005年。
⑦ 郑梁生:《明代中日关系史研究》,台湾,文史哲出版社1985年版。
⑧ 林仁川:《明代私人海上贸易商人与倭寇》,《中国史研究》1980年第4期。
⑨ 李洵:《公元十六世纪的中国海盗》,《明清史国际学术讨论会论文集》,天津人民出版社1982年。
⑩ 戴裔煊:《明代嘉隆年间的倭寇海盗与中国资本主义的萌芽》,北京,中国社会科学出版社1982年。
⑪ 田中健夫:《倭寇》东京,教育社1982年,第15 - 20页。
⑫ 徐晓望:《福建通史·明清卷》福建人民出版社2006年。

年间的倭寇多数是中国海盗,只有 30% 是日本人。① 不过,有关倭寇的问题还有许多方面,期待大家的努力。

有关郑成功的研究是另一个学术热点。台湾学者有关郑成功的论文达三百多篇。大陆学者对郑成功的研究也是一贯的。数十年来,有关郑成功的研讨会经常召开,早年每次开会都会出一本论文集,合计论文也有数百篇。它的问题有点类似郑和研究,就是参与的人多,观点分歧较大,权威性论著少,将在有关部分综述讨论。

除以上三大问题之外,涉及明代海洋史的研究还有很多。

海洋史研究较早引起多人关注的是南洋交通史。冯承钧留学比利时、法国,曾跟随伯希和学习法国的东方学。通晓多种文字,著有《中国南洋交通史》②,与此同时,刘继宣、束世征的《中华民族拓殖南洋史》问世。③ 二书同为中国人研究南洋史的开山之作。从华侨史开始,国人渐及其他问题研究。张维华早年留学美国,在二十世纪的三十年代著有:《明史欧洲四国传注释》④后来还有《明代海外贸易简论》问世。⑤ 朱杰勤在华侨华人历史研究方面被视为学科开创者,发表论文多篇,著有《东南亚华侨史》⑥。饶宗颐对潮汕史的研究,也是海洋史研究的先河。早期在北京大学工作的向达是中西交通史研究专家,尽管他的研究主要集中于陆路,但他对《顺风相送》等航海书籍的发掘、对郑和下西洋的研究,都影响了后世。梁嘉彬的《广东十三行考》⑦一书,结合文献及民间史料,对著名的广州十三行商人进行研究,在商人史研究方面具有重要意义。此外,秦佩珩著有《明代的朝贡贸易》⑧,张德昌著《明代广州之海舶贸易》⑨。薛澄清⑩和萨士武⑪着力研究明代的

---

① 安乐博(Robert Antony)、余康力(Patrick Connlly):《中国明清海盗研究回顾——以英文论著为中心》,广东社会科学院编:海洋史研究中心《海洋史研究》第十二辑,北京,社会科学文献出版社 2018 年。
② 冯承钧:《中国南洋交通史》,上海古籍社 2005 年。
③ 刘继宣、束世征:《中华民族拓殖南洋史》商务印书馆 1935 年。
④ 张维华:《明史欧洲四国传注释》,上海古籍出版社 1982 年。
⑤ 张维华:《明代海外贸易简论》,上海人民出版社 1956 年。
⑥ 朱杰勤:《东南亚华侨史》,中华书局 2008 年。
⑦ 梁嘉彬:《广东十三行考》,广东人民出版社 1999 年。
⑧ 秦佩珩:《明代的朝贡贸易》,《经济研究季报》第一卷,第二期(1941 年)。又见,《秦佩珩学术论文集》,中州古籍出版社 1999 年。
⑨ 张德昌:《明代广州之海舶贸易》,《清华学报》第七卷二期(1932 年)。
⑩ 薛澄清:《明末福建海关情况及其地点变迁考略》,《禹贡半月刊》第五卷七期(1936 年)。
⑪ 萨士武:《明成化间福建市舶司移置福州考》,《禹贡半月刊》第七卷一、二、三合期(1937 年)。

福建市舶司,分别著有专文。

傅衣凌一向重视私经济的研究,海洋经济史中的商人活动一向是他注重的要点。他的主要论文有:《明代福建海商》、《清代前期厦门洋行》、《福州琉球通商史迹调查记》①,这些篇章后收录福建社会科学研究所编纂的《福建对外贸易史研究》一书。其后,傅先生还发表过《十九世纪五十年代福建金融风潮史料》(《中国经济问题》1962 年 1、2 - 3 期);《明代泉州安平商人史料辑补——读李光缙〈景璧集〉何乔远〈镜山全集〉两书札记》(《泉州文史》第 5 期)等论文。傅衣凌重视史料的挖掘,关注海洋贸易给明清社会带来的变化。他的风格和方法给后学极大的启示。全汉昇对中国的海洋经济倾注大力,在明清史方面,他主要关注明清时代中国与葡萄牙、西班牙、荷兰等国的贸易关系②,他和梁方仲对美洲白银进入中国的研究是最早的。主要论文汇成《中国经济史论丛》③、《中国经济史研究》④二书。梁方仲的研究涉及白银、美洲作物等方面,他的主要著作汇成《梁方仲经济史论文集》⑤、《梁方仲经济史论文集补编》⑥,他倾力编成的《中国历代户口、田地、田赋统计》⑦,是中国经济史研究的基本参考资料。韩振华对海上交通史的研究坚持数十年,成果累累。香港大学亚洲研究中心为其编成《韩振华选集》,已经面世的有《中外关系历史研究》、《航海交通贸易研究》等书,其中也有多篇论文讨论郑和、郑成功的相关问题。田汝康的《十七——十九世纪中叶中国帆船在东南亚洲》一书在海洋史领域受到广泛的好评,可称之为早期海洋史研究的典范之作。⑧ 姚贤镐编成《中国近代对外贸易史资料》的第一卷,有清代前期对外贸易史资料。⑨戴裔煊的研究着重于倭寇问题和葡萄牙人。他的《明史·佛郎机传笺证》⑩对葡萄牙人占据澳门问题进行了详细的考证,其影响至今。郭松义探讨了清代国内沿海的海运贸易⑪,耿昇早年翻译《丝绸之路》,并在书中概述法国汉学发展史,产生

① 萨士武、傅衣凌等《福建对外贸易史研究》福建省研究院社会科学研究所 1948 年,又见:傅衣凌《明清时代商人及商业资本》,中华书局 1956 年。
② 全汉昇:《明清经济史研究》台北,联经出版公司 1987 年。
③ 全汉昇:《中国经济史论丛》,香港,新亚研究所 1972 年。
④ 全汉昇:《中国经济史研究》,北京,中华书局 2011 年。
⑤ 《梁方仲经济史论文集》,北京,中华书局 1989 年。
⑥ 梁方仲:《梁方仲经济史论文集补编》,中州古籍出版社 1984 年。
⑦ 梁方仲:《中国历代户口、田地、田赋统计》,上海人民出版社 1980 年。
⑧ 田汝康:《17 - 19 世纪中叶中国帆船在东南亚洲》,上海人民出版社 1957 年。
⑨ 姚贤镐:《中国近代对外贸易史资料》北京,中华书局 1962 年。
⑩ 戴裔煊:《明史·佛郎机传笺证》中国社会科学出版社 1984 年。
⑪ 郭松义《清代国内的海运贸易》,载《清史论丛》第四辑,中国书局 1982 年。

较大影响。陈高华和陈尚胜共同完成了《中国海外交通史》。① 德国学者普塔克近年有《亚洲海峡历史导言》《亚洲海峡的地理、功能和类型》②,也是从整体上研究台湾海峡史的论文。

　　大陆各省研究明清海洋史以广东和福建最为突出。广东学者最早的研究大都围绕着广州市舶司展开,而福建学者多着重私人海上贸易。这与两省不同的历史环境有关。

　　岭南学者对海洋史的研究成绩颇著。在潮州史研究方面,饶宗颐无疑是开拓者,《饶宗颐潮汕地方史论集》一书汇集了他在这方面的主要著作。他对南澳港及柘林港的研究,都是具有启发意义的。全汉昇、梁方仲的研究成果累累,如前所述。梁嘉彬的《广东十三行考》③一书,结合文献及民间史料,对著名的广州十三行商人进行研究,在商人史研究方面具有重要意义。戴裔煊的研究着重于倭寇问题和葡萄牙人。他的《明史·佛郎机传笺证》④,对葡萄牙人占据澳门问题进行了详细的考证,其影响至今。

　　五十年代以来,广东学者对海洋史的投入越来越多。李龙潜著有《明代广东对外贸易及其对社会经济的影响》等论文⑤,叶显恩的《移民与珠江三角洲的海洋经济化》,⑥探讨了明清时期珠江流域的海洋经济化过程,主要论著尚有《珠江三角洲社会经济史研究》⑦等。黄启臣的历史著作编成《黄启臣文集》三卷⑧,其中多有涉及中外贸易史的内容。他和陈柏坚合著的《广州贸易史》三卷,共计150万字,由黄启臣承担上、中两册的撰写,该书全面论述了广州历史上的对外贸易。近年,广东新一代学者兴起,李庆新的《明代海外贸易制度》,是其博士论文,⑨资料丰富,下了功夫。李庆新尚有《濒海之地——南海贸易与中外关系史研究》⑩,其

① 陈高华、陈尚胜:《中国海外交通史》,台湾,文津出版社1997年。
② 普塔克:《亚洲海峡历史导言》《亚洲海峡的地理、功能和类型》,广东省社会科学院、广东海洋史研究中心主办,李庆新主编:《海洋史研究》第二辑,北京:社会科学文献出版社2011年。
③ 梁嘉彬:《广东十三行考》,广东人民出版社1999年。
④ 戴裔煊:《明史·佛郎机传笺证》中国社会科学出版社1984年。
⑤ 李龙潜:《明清广东社会经济研究》上海古籍出版社2006年。
⑥ 叶显恩:《移民与珠江三角洲的海洋经济化》,《中国海洋发展史论文集》第八辑,第23-71页。
⑦ 叶显恩:《珠江三角洲社会经济史研究》,台北,稻乡出版社2001年。
⑧ 《黄启臣文集——明清经济及中外关系》,香港,天马图书出版有限公司2003年;《黄启臣文集——明清社会经济及文化》,中国评论学术出版社,2010年。
⑨ 李庆新:《明代海外贸易制度》,社会科学文献出版社2007年。
⑩ 李庆新:《濒海之地——南海贸易与中外关系史研究》,中华书局2000年。

研究重点仍然是岭南的对外贸易。王川专攻《市舶太监与南海贸易——广州口岸史研究》①,作者将宦官看作是市舶司制度的破坏者。以上研究主要围绕着广州对外贸易展开。黄挺与陈占山的《潮汕史》,对明代的潮州经济进行了全面的研究②;黄桂的《潮州的社会传统与经济发展》③,对明代潮州的贸易也进行了探讨。

近年广东社会科学院编著《海洋史研究》,吸引各方学者参加,产生了较大影响。

福建学者的海洋史研究在1978年之后有较大发展。厦门大学尤为突出。在郑学檬的主持之下,厦门大学历史系的学者完成了《福建经济发展简史》(厦门大学出版社1989年)一书,该书的前身是《福建经济史发展综合报告》,油印本刊出于1984年。该书是对福建经济史最简练、概括的论述。其中明清福建商业、手工业、外贸部分由陈铿、徐晓望、林仁川等人担任。林仁川的《明末清初私人海上贸易》(上海华东师范大学出版社1987年)一书全面论述了大航海时代明清海上私人贸易,受到多方面的重视。其后,林仁川又有《福建海关暨贸易史》(鹭江出版社1991年)一书发表,展示了对海洋史的开拓。李金明是韩振华的学生,主要著作有:《明代海外贸易史》④,对明代海外贸易兴衰进行了探讨。近年他的研究着重海外交通与文化交流。⑤ 李金明与廖大珂的合著有《中国古代海外贸易史》,简练系统地描述中国海外贸易史的发展。⑥ 廖大珂另著有《福建海外交通史》,其中明清史也占了相当比例。⑦ 陈支平着力从族谱等民间史料中挖掘明清时期商人的活动,其中不少史料涉及海商。⑧

厦门大学的杨国桢教授是中国海洋文明史研究的开创者。1996年杨国桢发表了《关于中国海洋社会经济史的思考》(《中国社会经济史研究》1996年第2期),提出要以海洋为本位、站在海洋的角度来看社会经济问题。该年,杨国桢及其所带博士与江西高校合作,出版了《海洋与中国丛书》⑨八册,其时,杨国祯发表了《闽在海中——追寻福建海洋发展史》。⑩ 2003年,杨国桢与江西高教出版社再

① 王川:《市舶太监与南海贸易——广州口岸史研究》,北京:人民出版社2010年。
② 黄挺、陈占山:《潮汕史》,广东人民出版社2001年。
③ 黄桂:《潮州的社会传统与经济发展》,江西人民社2002年。
④ 李金明:《明代海外贸易史》,中国社会科学出版社1990年。
⑤ 李金明:《海外交通与文化交流》,云南美术出版社2006年。
⑥ 李金明、廖大珂:《中国古代海外贸易史》,广西人民出版社1995年。
⑦ 廖大珂:《福建海外交通史》,福建人民出版社2002年。
⑧ 陈支平:《民间文书与台湾社会经济史》,长沙:岳麓书社2004年。
⑨ 杨国桢主编:《海洋与中国丛书》,江西高等教育出版社1996年。
⑩ 杨国祯:《闽在海中——追寻福建海洋发展史》,江西高校出版社,1998年。

度联手,出版了《海洋中国与世界》十二册,其中杨国桢撰写了《东溟水土——东南中国海洋环境与经济开发》。① 这两部著作突破了福建海洋经济史的多个难点。2016 年,杨国桢与人民出版社合作,出版《中国海洋文明专题研究》十册,在杨国桢自撰的《海洋文明与海洋中国》一书中,作者展现了对中国海洋文明史理论的全面探讨。杨国桢所带 30 来名博士多选择海洋史课题,近三十部著作发表,形成了海洋史研究团队,对中国海洋史展开全面的研究,从而构成海洋史研究的重要力量。

福建师范大学历史系是研究福建经贸史的另一个重镇。1986 年朱维幹的《福建史稿》下册②出版,其后,唐文基领衔的《福建古代经济史》(福建教育出版社,1995 年)和林庆元领衔的《福建近代经济史》(福建教育出版社,2001 年)都是整合福州历史学界力量的大部著作,对福建贸易史投入较多的力量。唐文基研究商业史的专著有《16—18 世纪中国商业革命》③,该书展现了他对中国对外贸易的观点。福建师范大学历史系福建地方史研究室编纂了《鸦片战争在闽台史料选编》④。此外,林金水和谢必震主编《福建对外文化交流史》(福建教育出版社1997 年)。福建师大对中国琉球交通史倾注较大的力量,从徐恭孙、谢必震到新一代赖正维⑤等人的崛起,师大学者有关琉球的著作较多。

徐晓望为傅衣凌、郑学檬的学生,后在福建社会科学院工作。他的研究方法承袭傅衣凌开拓的南派史学道路,注重地方志等地方和民间史料收集,关注下层社会的经济生活,多从下层社会关注经济的变化,尤其注重海洋史的开拓。1988 年,徐晓望的《论中国历史上海洋文化与内陆文化的交征》⑥一文发表,文中提出中国历史上也有发达的海洋文化,历史上海洋文化与内陆文化之间的相互促进与纠葛是不可忽视的线索。在许多人以为海洋文化是欧洲文化特色的背景下,作者又发表《论古代中国海洋文化在世界史上的地位》⑦一文,给中国海洋文化较高的地位。1999 年,徐晓望的《妈祖的子民——闽台海洋文化研究》⑧一书在上海学林

---

① 杨国桢:《东溟水土——东南中国海洋环境与经济开发》,江西高校出版社,2003 年。

② 朱维幹:《福建史稿》下册,福建教育出版社1986 年。

③ 唐文基:《16—18 世纪中国商业革命》,北京:社会科学文献出版社,2008 年。

④ 福建师范大学历史系福建地方史研究室主编:《鸦片战争在闽台史料选编》,福建人民出版社1982 年。

⑤ 赖正维:《东海海域移民与汉文化的传播——以琉球闽人三十六姓为中心》,社会科学文献出版社2016 年。

⑥ 徐晓望:《论中国历史上内陆文化和海洋文化的交征》,《东南文化》1988 年第 3 - 4 期。

⑦ 徐晓望:《论古代中国海洋文化在世界史上的地位》,广州:《学术研究》1998 年第 3 期。

⑧ 徐晓望:《妈祖的子民——闽台海洋文化研究》,上海学林出版社1999 年。

出版社出版,作者以海洋文化的视野观察台海两岸的海洋史,开篇探讨了中国海洋文化的结构、特点、历史地位,并对闽台海洋文化的地理环境、起源内因、航海文化、海外贸易、沿海贸易、海商集团、海路移民、海神崇拜、海外文化交流等多方面展开了论述。2000 年,徐晓望在郑学檬老师的指导下开始博士课程研究,郑学檬先生在其研究生涯中,始终关注国际学术界对东方史研究的最新动态,跟踪经济史理论前沿的发展,在分析市场理论方面有独特的视野与成就。2003 年徐晓望完成《16—17 世纪环台湾海峡区域市场研究》,从此将研究重点放在大航海时代的台湾海峡史研究方面。徐晓望在明清海洋经济史方面的著作还有《福建经济史考证》(澳门出版社 2009 年)、《闽商研究》(北京:中国文史出版社 2014 年)、《明清东南海洋经济史研究》(北京:中国文史出版社 2014 年)、《商海泛舟——闽台商缘》(社会科学文献出版社 2015 年)等,《商海泛舟》一书的主要内容就是闽台商业贸易史。近著有《福建文明史》、《中国福建海上丝绸之路发展史》。

福建社会科学院历史所研究福建史的代表作是徐晓望主编的五卷本《福建通史》(福建人民出版社 2006 年),其中明清部分由徐晓望撰写,近代史部分作者是杨彦杰、刘大可。2010 年,福建社会科学院历史所团队完成了《福州台江与东南海陆商业网络研究》(福州,海峡书局 2011 年),这是第一部福州经济的专门史,尤其着重福州海港与内陆、海洋的联系。参加本书研究的专家除了徐晓望、罗肇前之外,还有潘健、黄洁琼、许莹莹、张燕清等新一代专业研究者。其中徐晓望、潘健、黄洁琼、许莹莹的合著还有《闽台商业史新探》(经济日报出版社 2015 年)。

近来,福建史坛新一代人逐渐崛起。张侃研究闽台两岸关系,有《互补联动》一书。① 王宏斌研究清代前期有关海防的思想与制度。② 何锋著《明朝海上力量的建设》③,王日根著有:《海润华夏:中国经济发展的海洋文化动力》④等,新的成果陆续出现,不一而足。

泉州和漳州学者相当注重本地海港史及对台关系史的研究。庄为玑和王连茂编著《闽台关系族谱资料选编》⑤,庄为玑等人尚有《泉州谱牒华侨史料与研究》⑥。1983 年厦门和漳州学者编辑出版了《月港研究论文集》⑦,泉州学者编成

---

① 张侃:《互补联动》,福州,海风出版社,2004 年。
② 王宏斌:《清代前期的海防:思想与制度》,社会科学文献出版社 2002 年。
③ 何锋:《明朝海上力量的建设》,厦门大学出版社 2015 年。
④ 王日根:《海润华夏:中国经济发展的海洋文化动力》,厦门大学出版社 2015 年。
⑤ 庄为玑、王连茂《闽台关系族谱资料选编》,福建人民出版社 1984 年。
⑥ 庄为玑等:《泉州谱牒华侨史料与研究》,北京,中国华侨出版社 1998 年。
⑦ 福建省历史学会厦门分会编辑:《月港研究论文集》,1983 年自刊本。

了《安海港史研究》①。陈自强研究月港及漳州的海洋文化,发表多篇论文,著有《漳州古代海外交通与海洋文化》②。

除了福建、广东、台湾之外,北京、上海等其他各省的学者多有涉及海洋史。晁中辰研究明代的海禁与贸易发表论文多篇,后汇集成《明代海禁与海外贸易》③。晁中辰认为:明朝海禁最直接最主要的原因不是自然经济,而是海疆不靖,是政治原因,是为了阻止海内外敌对势力联合起来反对明王朝。他还有《明代海外贸易研究》一书。④ 江南是中国的文化中心,有关江南区域史的研究成果颇多,许多内容值得海洋史研究借鉴。陈学文著有《筚路蓝缕三十年——明清江南史研究的回顾与展望》对江南社会经济史研究有较为详细的概括。⑤ 陈忠平研究明清时期闽粤商人在江南市镇的贸易⑥。范金民探讨明清时期活跃于苏州的外地商人⑦。孙光圻关注郑和与航海等问题,著有《海洋交通与文明》论文集⑧。田培栋关注白银的生产和流动,探讨了当时流入中国的白银总量⑨。万明研究中外关系史多年,著有《明代中外关系史论稿》⑩,探讨明代海洋史的多个问题。张金奎著《明代山东海防研究》⑪。李伯重近著有:《火枪与账簿——早期经济全球化时代的中国与东亚世界》⑫,阐述这个时代东亚的变化,以及中国丧失历史机遇的原因。

台湾史作为中国海洋史的一个部分,很早就得到关注。中国社会科学院台湾史研究中心十分关注这方面的研究,先后有《当代中国台湾史研究》⑬和《中国大陆台湾史书目提要》⑭两书出版,笼括了大陆有关台湾史研究的大部分成果。

台湾学者中,方豪先生最早开始了中西交通和台湾史的研究,他的相关著作

① 《安海港史》研究编辑组编:《安海港史研究》,福州,福建教育出版社1989年。
② 陈自强:《漳州古代海外交通与海洋文化》,福建人民出版社2014年。
③ 晁中辰:《明代海禁与海外贸易》,北京,人民出版社2005年。
④ 晁中辰:《明代海外贸易研究》,故宫出版社2012年。
⑤ 陈学文:《筚路蓝缕三十年——明清江南史研究的回顾与展望》,王家范主编:《明清江南史研究三十年1978－2008》,上海古籍出版社2010年。
⑥ 陈忠平《明清时期闽粤商人在江南市镇的研究》,广东《学术研究》1987年第3期。
⑦ 范金民《明清时期活跃于苏州的外地商人》,载《中国社会经济史研究》1989年第4期。
⑧ 孙光圻:《海洋交通与文明》,北京,海洋出版社1993年。
⑨ 田培栋:《明史披拣集》,三秦出版社2012年。
⑩ 万明:《明代中外关系史论稿》,中国社会科学出版社2011年。
⑪ 张金奎:《明代山东海防研究》,中国社会出版社2014年。
⑫ 李伯重:《火枪与账簿——早期经济全球化时代的中国与东亚世界》,生活、读书、新知三联书店2017年。
⑬ 张海鹏、李细珠编:《当代中国台湾史研究》,中国社会科学院出版社2015年。
⑭ 李细珠编:《中国大陆台湾史书目提要》,中国社会科学院出版社2015年。

发表于《方豪六十自述》①一书中，而其弟子又将其有关台湾史的论文汇为《台湾早期史纲》②一书，成为中国学者研究台湾史的奠基性作品。曹永和先生是台湾学者中研究荷兰台湾史料的又一大家，他的《早期台湾史研究》③一书，汇集了他以荷兰史料为根据研究台湾史的主要论文，他对荷兰、西班牙占据时期台湾的研究，对荷据时期台湾的开发史略，对台湾近海的捕鱼业，对明郑时代台湾的垦殖，都有相当深入的研究。他还有《台湾早期史研究续集》问世。关于古代流求是指台湾还是冲绳，台湾学者之间争议颇多。梁嘉彬先生极力主张古代流求即为今日的琉球群岛，它从来不是台湾！④　不过，台湾有更多的学者认为元以前的流求即为台湾。陈文石很早就探讨了明洪武、嘉靖年间的海禁政策⑤。从 1984 年开始，位于台北南港的中研院的中山人文社会科学研究所（含其前身三民主义研究所）开始推出《中国海洋发展史文集》，两二年一次重要学术会议，然后结集成书。迄今已经有十几部文集问世。该书代表了台湾学界研究海洋史的顶尖成果，在某种程度上也代表了华人历史学家研究海洋史的创新成就。在明清海洋史方面，收入这部连续性海洋史研究的主要作者有：李东华、曹永和、张彬村、梁其姿、陈慈玉、张增信、朱德兰、王赓武、郝延平、王良行、廖风德、许雪姬、刘素芬、全汉昇、郑永常、邱炫煜、刘序枫、陈国栋、翁佳音、汤熙勇、黄中青、蔡采秀、王世庆、李毓中、陈信雄、陈宗仁、方真真。其中许多论文产生较大影响。例如：曹永和专门探讨了明太祖朱元璋的海洋政策如何从开放走向海禁。⑥　张彬村研究了十六世纪舟山群岛一带的走私贸易⑦，这就牵扯到葡萄牙人在华的沿海贸易，张增信对这个问题进行了讨论。⑧　张增信的《明季东南海寇巢外的风气 1567 – 1644》⑨，对明末在台

---

① 方豪：《六十至六十四自选待定稿》，台北，作者自刊本 1974 年。

② 方豪：《台湾早期史纲》，台湾学生书局 1994 年。

③ 曹永和：《台湾早期历史研究》，台北：联经出版事业公司 1979 年。

④ 梁嘉彬自 1954 年以来发表多篇论文，力主《隋书》的"流求"即为今日的琉球。其代表作有：《隋书流求传逐句考证》，台湾，《大陆杂志》第四十五卷，第六期，1972 年，第 1 – 38 页。梁嘉彬先生有关流求的论著很多，辑成《琉球及东南诸海岛与中国》一书。

⑤ 陈文石：《明洪武、嘉靖年间的海禁政策》，台湾《文史丛刊》之二十（1966 年）。

⑥ 曹永和：《试论明太祖的海洋交通政策》，中国海洋发展论文集编辑委员会编：《中国海洋发展史论文集》第一辑，台北，中研院 1984 年刊本。

⑦ 张彬村：《十六世纪舟山群岛的走私贸易》，中国海洋发展论文集编辑委员会编：《中国海洋发展史论文集》第一辑，台北，中研院 1984 年刊本。

⑧ 张增信：《十六世纪前期葡萄牙人在中国沿海的贸易据点》，中国海洋发展论文集编辑委员会编：《中国海洋发展史论文集》第二辑，台北，中研院 1986 年刊本。

⑨ 张增信：《明季东南海寇巢外的风气 1567 – 1644》，台北，中研院，张炎宪主编：《中国海洋发展史论文集》第 3 辑。

湾及东南沿海活动的海盗有较详细的探讨。刘序枫着力研究清代前期在日本长崎贸易的福建商人①,朱德兰重点研究清朝开海令之后中国与日本在长崎的贸易。② 陈国栋展开了清代中叶厦门的海上贸易的研究。③ 陈慈玉探讨十九世纪中国、印度、英国之间的三角贸易④。李毓中关注的重点是西班牙文史料。⑤

曹永和先生又有《中国海洋史论集》⑥问世。他的《环中国海域交流史上的台湾和日本》等文章,观点令人深省。台湾学者李东华的名著《泉州与我国中古的海上交通》由台湾学生书局出版于1986年,该书重点是宋元时期的泉州,不过,对明代前期泉州经济的论述也占一定分量。陈国栋的《东亚海域一千年》⑦讨论了中国与东南亚、日本的贸易,以及清朝的海关管理、茶叶贸易等多个问题。邱炫煜重点研究中国与东南亚关系史,对明代前后双方关系的变化有深刻的认识。⑧

除此之外,台湾学者在台湾史研究方面成果卓著,尹章义著有:《台湾开发史研究》,王世庆著有《清代台湾社会经济》,林满红的《茶、糖、樟脑业与台湾之社会经济变迁》,以上三部书都由联经出版公司出版,是研究台湾近代区域经济史的代表作。此外,翁佳音对荷据台湾的探讨⑨,卓克华对台湾郊商的研究⑩,鲍晓欧、李毓中对西班牙文涉台史料的探索⑪,陈宗仁对明代台湾港口与商业的研究⑫,林玉

---

① 刘序枫:《清代前期的福建商人与长崎贸易》,《九州大学东洋史论文集》,第16期,1988年。

② 朱德兰:《清开海令后的中日长崎贸易商与国内沿岸贸易》,录自张宪炎主编:《中国海洋发展史论文集》第三辑。朱德兰:《清初迁界令时中国船海上贸易之研究》中国海洋发展史论文集编辑委员会编:《中国海洋发展史论文集》第二辑,台北,中研院1986年刊本。

③ 陈国栋:《清代中叶厦门的海上贸易》,《中国海洋发展史论文集》第四辑。

④ 陈慈玉:《以中印英三角贸易为基轴探讨十九世纪中国的对外贸易》,中国海洋发展史论文集编辑委员会编:《中国海洋发展史论文集》第一辑,台北,中研院1984年刊本。

⑤ 李毓中于2011年在西班牙塞维利亚大学美洲研究所完成博士论文:《跳板与前线:西班牙人与艾尔摩莎岛(1626-1642)》,这是一部研究西班牙占据台湾北部的专著。主要著作有:《西班牙人与艾尔摩莎岛》,台北,台湾与西班牙文化交流学会、南天书局2006年;李毓中译著:《台湾与西班牙关系史料汇编》第一册,1565-1619,南投,国史馆台湾文献馆2008年。

⑥ 曹永和:《中国海洋史论集》台北,联经公司出版公司2000年。

⑦ 陈国栋:《东亚海域一千年——历史上的海洋中国与对外贸易》,山东画报出版社2006年。

⑧ 邱炫煜:《明帝国与南海诸蕃国关系的演变》台北,兰台出版社1995年。

⑨ 翁佳音:《荷兰时代——台湾史的连续性问题》,台湾:稻乡出版社2008年。

⑩ 卓克华:《清代台湾行郊研究》,福建人民出版社,2006年。

⑪ 鲍晓欧着、若到瓜(NaKao Eki)译:《西班牙人的台湾体验1626-1642》台北南天书局有限公司2008年。李毓中编注:《台湾与西班牙关系史料汇编I》台北,台湾文献馆2008年。

⑫ 陈宗仁:《鸡笼山与淡水洋——东亚与台湾早期史研究》,台北,联经出版公司2005年。

茹对清代台湾经济史的研究,都是出色的成绩。台湾史,严格地说都是中国海洋史的一个部分,有关台湾史研究的详细情况,将在本书第三卷相关部分详述。

由于华人在东南亚诸国的城市化过程中起了重要作用,他们既是城市建设者,与统治者有千丝万缕的关系,又是反抗者,有时与外来统治者发生冲突。因此,东南亚的华人很早就是欧洲学者研究的对象。二十世纪以来,欧洲学者的成果累累,例如德国学者傅吾康早期是研究明清史的汉学家,晚年在马来西亚大学开办中文系,发展了汉学研究。在他的主持和领导下,东南亚各国汉学家开始编纂华人碑铭集,已经出版的有马来西亚、泰国、新加坡等国的华人碑铭集。对东南亚华人历史研究起了很好的作用。又如荷兰学者包乐史的《巴达维亚华人与中荷贸易》①,以荷兰所藏巴达维亚档案为依据,研究当时华人与荷兰人的交往,从中了解巴达维亚华人的风俗及习惯法。后来,包乐史与吴凤斌合作编纂了有关华人的档案资料《公案簿》等书,并且出版了《十八世纪末吧达维亚唐人社会》②。雅加达唐人街的金德院是印度尼西亚著名的华人庙宇,一向吸引东南亚学术界的注意。克劳汀·苏尔梦等对此进行了相关研究,从而使学术界较深地了解了金德院的情况。③ 苏尔梦尚有《王大海与海岛逸志》等论文,对东南亚的华人社会研究具有独特的贡献。美国学者穆黛安研究了华南海盗与当地社会。④ 就大航海时代东南亚的经济而言,最具有代表性的著作应是澳大利亚学者安东尼·瑞德之《东南亚的贸易时代:1450 – 1680》⑤他认为,东南亚诸岛及诸国之间,很早时期就存在着贸易,而且在近代的早期获得巨大的发展。中国南方省份与东南亚诸国之间存在着旺盛的贸易。

在东南亚享有盛誉的王赓武先生早在 1958 年就有《南海贸易:南中国海华人早期贸易史研究》⑥,后来又有《南洋华人简史》(1959 年)、《南洋贸易与华人》(1988 年)等著作,是东南亚华人史研究的权威人士。新加坡的陈达生着力研究

---

① [荷]包乐史(L. Blussé):《巴达维亚华人与中荷贸易》,庄国土、吴龙、张晓宁译,广西人民出版社 1997 年。

② 包乐史、吴凤斌:《十八世纪末吧达维亚唐人社会》,厦门大学出版社 2002 年。

③ Claudine SALMON Denys LOMBARD:LES CHINOIS DE JAKARTA temples et vie collective; Claudine Salmon amd Anthony K. K. Siu CHINESE EPIGRAPHIC MATERIALS IN INDONSIA. Under the direction of Wolfgang Franke.

④ [美]穆黛安(Murray, D. H.):《华南海盗:1790 – 1810》,刘平译,北京,中国社会科学出版社 1997 年。

⑤ [澳大利亚]安东尼·瑞德:《东南亚的贸易时代:1450 – 1680》第一卷,季风吹拂下的土地(原版 1988 年),吴小安、孙来臣译本,北京,商务出版社 2013 年。

⑥ 王赓武:《南海贸易:南中国海华人早期贸易史研究》,香港,中华书局香港分局 1988 年。

郑和与东南亚伊斯兰教的关系。① 大陆的学者逐次加入东南亚史的研究,例如,吴凤斌主编了《东南亚华侨通史》②;1978 年以来,大陆的历史学界更是风起云涌,不断推出新的作品。孔远志著有:《中国印度尼西亚文化交流》③,庄国土著有《华侨华人与中国的关系》④,钱江对东南亚的陶瓷、海图的研究颇有特点。⑤ 陈希育对清代大帆船贸易的研究论文多篇⑥。段立生长期研究泰国,著有《泰国通史》⑦,向大有著《越南封建时期华侨华人研究》⑧,较详细地分析古代越南的华侨及华人。

在澳门史研究方面,早在十八世纪就有瑞典学者龙思泰的名著。葡萄牙学者的成果一向富含葡文史料。岭南的学者纷纷参与进去。韦庆远、黄启臣等人的研究,成果突出。从二十世纪九十年代开始,谭世宝和徐晓望之间关于澳门妈阁庙由福建人还是广东人建的讨论,引发了早期澳门史的探讨。金国平、吴志良探索葡文资料,汤开健对中文古籍的搜索,普塔克对澳门开埠前的研究,都促进了明清澳门史的研究。详细情况将在本书第二卷详述。

综上所述,自二十世纪以来,中国海洋史研究由微渐著,逐渐成为一股洪流。研究成果越来越多。当然,随着研究的深入,发现的问题也越来越多,尤其是在整体性研究方面,综合并超越各类学术成果,说清楚大航海时代的东亚海洋史,仍是一个重要任务。此外,中国学术界对欧美文字有关中国海洋史的研究,一向了解不多。好在渐有相关论文问世。例如安乐博等人介绍了英语著作中的明清海盗史研究。⑨

以上关于明清海洋史研究的学术史概述相当简略,涉及具体的问题将在本书相关部分进一步探讨,例如澳门史、月港史、华侨史等问题。

---

① 陈达生:《郑和与东南亚伊斯兰》,海洋出版社 2008 年。
② 吴凤斌:《东南亚华侨通史》,福建人民出版社 1994 年。
③ 孔远志:《中国印度尼西亚文化交流》,北京大学出版社 1999 年。
④ 庄国土:《华侨华人与中国的关系》,广东高等教育出版社 2001 年。
⑤ 钱江:《十七至十八世纪中国与荷兰的瓷器贸易》,《南洋问题研究》1989 年第 1 期。
⑥ 陈希育:《清代福建的外贸港口》,厦门,《中国社会经济史研究》1988 年第 4 期。陈希育:《清代中国与东南亚的帆船贸易》,厦门大学南洋研究所编:《南洋问题研究》1990 年第 4 期。
⑦ 段立生:《泰国通史》,上海社会科学院出版社 2014 年。
⑧ 向大有:《越南封建时期华侨华人研究》,中国社会科学出版社 2016 年。
⑨ 安乐博(Robert Antony)、余康力(Patrick Connlly):《中国明清海盗研究回顾——以英文论著为中心》,广东社会科学院:海洋史研究中心编《海洋史研究》第十二辑,北京,社会科学文献出版社 2018 年。

第一章

明代台湾海峡西岸的城镇化进程

台湾海峡西岸位于中国东南黄金海岸的中段。中国历史最早的城镇化进程于明代中叶展开于福州、莆田、泉州、厦门、漳州、潮州之间的海岸线上。早期城镇化推动了东南一线的长距离贸易,由这里出发的福建及广东潮州商人成为中国最重要的海商集团,他们的影响遍及中国沿海城市和东南亚。

第一节　明代台海西岸城镇化的背景

执意海外发展的国家和地区有一个共同的特点,它的沿海港市汇集大量人口,因而有了向海外发展的动力和经济来源。明代从福州到潮州的沿海一线即为人口较多的区域。它的出现有广阔的历史地理背景。

一、明代台海西岸城镇化的东亚背景

中国经济中心自唐宋之际向南转移①,南宋之后,中国东南的江苏省、浙江省、福建省、广东省、江西省、安徽省成为中国经济文化最发达的区域,其中又以长江三角洲城市群和珠江三角洲城市群最有名。从长江入海口到珠江入海口散布的城市有苏州、上海、杭州、宁波、温州、福州、泉州、厦门、漳州、汕头、香港、深圳、广州、澳门等著名城市,在台湾海峡的对岸,还有台北、台南、高雄等重镇。观察中国明清以来的历史,不难发现:这些地方是中国经济的发动机,大多数积极意义的变化首先出现在中国东南沿海的城市,然后向中国内地扩张,最终席卷全国,从而带动了全国经济的发展。因此,我将从中国长江口到珠江口的海岸线称之为"黄金海岸",这里是中国的精华所在。

如果说黄金海岸城市群的产生在中国历史上有重要意义,那么,探索黄金海

---

①　郑学檬:《中国古代经济重心南移和唐宋江南经济研究》,岳麓书社 2003 年。

岸城市群的成长历史就是很有必要的了。对这个问题进行初始研究后我发现：尽管今日中国的发动机主要来自长江三角洲的上海、苏州、南京、杭州构成的城市群和珠江三角洲的广州、香港、澳门、深圳、东莞城市群，但是，中国东南沿海最早的城镇化进程不是从长江或是珠江出海口开始，而是从黄金海岸的中段开始。这个中间阶段，即是由福州、莆田、泉州、厦门、漳州、潮州诸城构成的台湾海峡西岸！

台湾海峡西岸城市能够成为黄金海岸线城镇化的滥觞，是因为台湾海峡在东亚历史上具有重要作用。台湾海峡是沟通东北亚和东南亚的枢纽，在明朝它还是中国与海外联系的主要口岸。我将明代的东亚分成三大贸易圈，其一，东南亚贸易圈，又可称之为环南海贸易圈，它由南海周边国家和地区组成；其二，东北亚贸易圈，也可称之为环北中国海贸易圈；其三是中国贸易圈。

环南海贸易圈。今日南海周边有菲律宾、文莱、马来西亚、新加坡、泰国、柬埔寨、越南诸国和中国的广西、广东、福建、台湾、海南、香港、澳门。如果按明清时代的政区划分，中国沿海的港市大都属于福建和广东二省。这里要强调的是：我将中国濒临南海的省市都纳入南海贸易圈，这是布罗代尔和滨下武志打破国家体系划分贸易圈的办法。传统观念多将中国与东南亚分别讨论，但从贸易关系而言，中国南方的广东与福建两省从来就是南海贸易圈的一个组成部分，中国南方的广州、澳门、香港、福州、泉州、厦门等城市，一直是在南海贸易中成长的。而东南亚诸国港市的发展，几乎离不开福建人和广东人的作用。为什么会出现这种情况？这是因为明清时代环南海贸易圈港市之间的商船贸易，主要依赖季风。南海区域的季风很特殊，秋冬时节主要刮东北风，春夏季节主要刮西南风，风向决定了南海诸港中最有利于贸易的港口位于东南和西南两端，也就是闽粤的泉州、月港、广州和越南的占城、爪哇的雅加达以及马来亚的马六甲诸港，南北来回的贸易风会将南下北上的港口送到目的地港口。反之，横越南海的帆船航行十分困难，例如，要从越南的西贡航行到马尼拉，总是在与不利的风向作斗争，所以，历史上横穿南海的贸易反而不盛。由于季风的关系，闽粤的港口成为东南亚诸港运作的枢纽。由福建厦门出发的帆船，根据季风的不同，稍加调节，可以航行到东至菲律宾，西至占城，南至爪哇、文莱的任何港口，当季风转向之后，这些船只又可顺风返回厦门。加上中国的手工业历来领先于东南亚国家，所以，在历史上，闽粤商人成为环南海诸港市之间贸易的中介，他们穿梭于东南亚诸港之间，由他们带去中国的商品成为东南亚诸国不可缺少的日用品，东南亚诸港的香料等商品，也由他们运销亚洲各地。这样看来，福建与广东从来就是东南亚历史的一个组成部分，不能将其分开。事实上，我引入南海贸易圈的概念，就是要还原历史的真实，将福建与广东两省及其以后分出的省份及城市当作环南海贸易圈的一个不可缺的组成部分，甚至可以说,闽粤二省的港市是环南海贸易圈运转的枢纽。只有从这个角度去看,才能读懂南海的历史。

环南海贸易圈是历史最悠久的贸易圈之一,早在秦汉时期,南海周边国家和地区之间就有贸易往来。唐宋时期,环南海贸易相当兴盛。环南海区域还是海上丝绸之路的重要通道,中世纪时期中国与印度、西亚的海上贸易都要经过南海诸港。欧洲殖民者入侵之后,南海周边港市还成为中国与欧洲、美洲诸国贸易的中介城市,可以说,它是世界贸易的重要枢纽,自古以来就具有重大意义。①

在环南海贸易圈之外,还有两大重要贸易圈,即环北中国海贸易圈和环中国贸易圈,三大贸易圈构成东亚贸易体系。

环北中国海贸易圈。它的现今地理单位是:朝鲜、韩国、日本、琉球群岛和中国中北部的福建、台湾、浙江、上海、江苏、山东、河北、天津、辽东诸省市。环北海贸易圈的轴心是上海、宁波、长崎、东京,历史上的中国与日本贸易是这一贸易圈的主要内容,中国山东与韩国及朝鲜的贸易也曾兴盛一时,中国南北诸港之间的贸易,也可看成为东北亚贸易圈的重要贸易线路。

环中国贸易圈由整个中国组成,包括中国内陆,也包括中国沿海一线的省市。它和环北海贸易圈及环南海贸易圈有所交叉,相互覆盖。在这方面要说的是,划分贸易圈切忌将其切成互相断裂的几块,要允许重复。事实上,重复往往是精华所在,因为,在两个以上贸易圈都起重要作用的,大都位于枢纽地带。我认为,从区域经济史的角度看,历史上经济发展最快的地方,往往是位于枢纽之位的港市。例如,历史上位于地中海枢纽的威尼斯,位于欧洲交通枢纽的荷兰,位于大西洋枢纽的伦敦,位于中国出海口的上海和香港,以及今天位于东西交通枢纽的新加坡。台湾海峡的重要性在于:它位于东北亚和东南亚交通的枢纽,在明代还是中国与海外贸易的主要通道,在大航海时代的贸易带之上,它也有重要地位。

从东亚的贸易史来看,环中国贸易圈曾经只限于中国北方的黄淮区域,它与东北亚的朝鲜、日本的海上交通并不兴盛。汉晋时代,黄淮贸易圈与南海的来往主要通过内陆的江河水路,沿海一线的贸易不多。唐宋以后,汉文化向长江流域和东南沿海发展,经济重心南移,构建了以长江运河为枢纽的贸易网络。于是,黄淮经济圈发展成黄河、长江经济圈,也可称之为中国内陆经济圈。中国内陆经济圈的特点是水运,尤其是长江水运。长江贯穿中国东部与西部,拥有众多水流丰沛的支流,而且,这些河流大都可以航行,长江干流加上支流,因而形成了贯通南

---

① 关于明朝以前中国与南海的贸易,各位大师的成果颇多。我的观点主要体现于拙著:《中国福建海上丝绸之路发展史》,九州出版社 2017 年。

中国的水运网络。秦始皇为了向岭南运兵,修筑了联通湘江流域和珠江流域的灵渠。这一策略为历代统治者仿效。为了加强长江流域与北方的联系,历代王朝又修建了大运河,将北方的海河、黄河、淮河纳入统一的运河体系,加上南方的长江和珠江,从而建立了历史上罕见的水运网络。隋唐时期的运河通向河南腹地,造就了汴梁这一大城市;元明运河位置偏东,它的修成,造就了临清、济南、天津等北方城市,同时,它也是北京经济发展的基础。中国的水运网络是世界罕见的,以长江和运河为交通干线,联通了中国东部主要经济发达区。中世纪中国经济的发达,与这一广大的商业网络有关,它开拓了一个数千万至上亿人的广大市场,从而保证了中国商品经济的长期繁荣。与中国相比,西欧的内部多被崇山与河流分割,多瑙河之类的国际河流,只能贯穿少数国家,法国、德国、意大利等欧洲主要国家之间的陆路往来,主要靠马车而不是船舶。马车的运载量远逊船舶,这导致国家之间商品人员往来受到限制,这也许是西欧无法形成较大国家的原因吧。同时代的其他国家,阿拉伯世界各条河流分立,印度虽有恒河、印度河,二河之间却没有运河,两河流域形成各自不同的文化,最终导致印度和巴基斯坦的分立。长江和运河为主干的河流网络,是中国大一统的基础。

由于沿海交通的存在,中国内陆贸易圈在唐宋时期向东南沿海发展,逐渐将东南沿海城市和海南、台湾等岛屿纳入中国贸易圈。宋元以后,中国经济重心逐步东移,沿海城市和运河城市、长江下游城市都成为中国经济的支点,并对海外产生极大的影响。于是,环南海贸易日益兴盛,与环中国贸易的关系逐步加深。而东北亚崛起,也和中国东南区域的发展有关。东亚早期的海上贸易是南胜于北,北方的沿海贸易一向存在,但利用率不高。汉唐时期中国的海外财富主要来自南海国家。不过,唐宋时期,中国海岸线上的南北贸易兴起,来自福建、浙江的商船经常北上山东、辽东的海港。这些商人向海外国家发展,便形成了东北亚的国际贸易,宋代福建商人向朝鲜半岛、日本列岛的发展,将高丽、日本纳入环北中国海贸易圈。其中,福建商人与高丽的贸易十分突出。此外,更为兴盛的是南北商品交流,福建商人带着从南海获得的商品到山东半岛及辽东半岛贸易,给中国的沿海港市增添了一股积极力量。然而,由于当时的高丽和日本可进入海上贸易的商品不是太多,环北中国海的贸易不如环南海贸易兴盛。迨至明代中叶,中国与日本的贸易成为举世瞩目的贸易热点,各国商人争相参与这一贸易。从此以后,中国与日本成为亚洲经济的火车头,其经济力量更大于南海周边国家。①

明中叶之后东北亚的兴起,使东亚形势发生变化。过去,中国贸易圈与南海

---

① 徐晓望:《中国福建海上丝绸之路发展史》,九州出版社 2017 年。

贸易圈占据了东亚主要贸易内容,现在,由于环北中国海贸易圈的发展,东亚经济已经是三足鼎立。三大贸易圈之间的往来十分重要,中国的宁波和日本的长崎,都有到访的南海商船。台湾海峡独特地位在于:它恰好位于东亚三大贸易圈的中间,生长于此地的福建商人和广东潮州商人是中国海商的主要力量,自古以来,他们的商船航行于环中国海域的多数港口。时至明代中叶,东亚海上贸易的繁荣恰似给闽粤商人的赠礼,重要的海上贸易都要经过此地,这给台湾海峡周边港市带来繁荣。这是明中叶以后台湾海峡西岸城镇化兴起的东亚背景。[1]

二、明代前期的贡徭制及其崩溃

明代中国经济结构的变革,是明代中国经济和对外贸易大发展的基础。

明代前期的中国是世界上经济文化最发达的地方,它的社会变革速度更胜其他地方。唐宋以来的许多制度在明代前期出现了变化,这对明代海峡西岸区域经济发展是有利的。这些变革主要表现于三个方面:贡徭制的崩溃、佃农经营权的获得以及商业资本进入农业。这里首先讨论前两个问题。

明朝建立后,朝廷加强了对农村的统治,从鱼鳞册、黄册制度到里长制,这些制度的实行,将东南区域的农民纳入朝廷的直接管理之下,朱元璋凭着这一制度的实行,从农村获得大量的物资来源,从而完成了统一中国的大业。

在朱元璋实行的制度中,有一个很突出的现象:贡徭制在其总收入中占有重要地位。从《明实录》的记载来看,明朝每年在田赋方面的收入约为2700万石(粮食)、贯(钱)、两(丝绵),这比唐宋时代差了很多。北宋重视工商业,朝廷最高收入达到过一亿多贯石两,也就是说,明朝国家的正式收入不到宋朝鼎盛时期的三分之一。然而,明朝每年要办的事却比宋朝要多得多,朱元璋讨伐北元的战争进行了数十年,财政开支浩大。那么他是怎么解决财政问题的? 其一,朱元璋通过发行不兑换的大明钞,从中获得极大的利润。但这一制度的实行,最终导致钞制的崩溃,明代中叶,朝廷已经不可能从钞制改革中获得财政收入;其二,朱元璋通过贡徭制搜刮民间的财富。今人翻阅明代的方志,在其赋税这一章中,都会发现它载有密密麻麻的进贡品,这些进贡品并非专给宫廷使用,而主要是军用物资,例如箭杆一千枝、翎毛一万个等等。这些进贡品的生产,多是调发民夫进行。当时人的观念是:不论朝廷需要什么,都调发农民进行生产,其产品进贡朝廷。在福建影响较大的有官营织染局,官营造船厂,御茶园。而朝廷无论要建设什么项目,也是调发农民从事徭役,在这一基础上,明朝廷才可能以有限的财力办了许多事。

---

[1] 徐晓望:《16——17 世纪环台湾海峡区域市场研究》,厦门大学历史系 2003 年博士论文。

贡徭制的实行,反映官府对农民人身的占有,朝廷有了这一权力,便可任意向农民索取需要的物资,调发农民进行徭役,从而获得大量的物资。这是明朝田赋收入不多而能坚持长期战争的原因。①

朱元璋急于求治,明代初年,重大徭役项目很多。在闽潮境内,洪武二十年有调发民役大建沿海堡寨的事件。这一事件的起因是倭寇的入侵给东南一带的治安造成严重问题,朱元璋为了平定倭寇,下决心在沿海驻扎一支军队,并大建水师。于是,闽潮沿海三丁抽一,组建了一支数万人的防海大军,分别由各地卫所统帅。有了军队,还要船只,朱元璋造海船也是大手笔,洪武五年八月甲申,朱元璋下诏:"浙江、福建濒海九卫造海舟六百六十艘,以御倭寇"②。同年十一月癸亥,又下诏:"浙江、福建濒海诸卫改造多橹快船,以备倭寇"③。然而,经过十几年的斗争,倭寇尚未平定,朱元璋最终下决心在沿海港口大建堡寨,驻扎水师,建立一条海上长城。在实行贡徭制的前提下,朱元璋一声令下,福建方面调发大量民工进行建设,仅用不多的时间,福建从北到南,便出现了镇海卫、平海卫、永宁卫等几十座寨所。我们翻阅现存的卫所志与方志,可知这些卫所的寨堡大都建于洪武二十年。仰望崇武城、小埕寨等明代卫所城的遗迹,每每让人兴叹:在一年中建立如此规模的寨堡,一时要调动多少人力? 福建人民要为此付出多大的代价? 明代贡徭制的力量让人震惊。

朱元璋的继承者中,建文帝时期一直处于战争状态中,因此,建文时期的赋役也是相当繁重的④。明成祖朱棣也是一位有宏伟气魄的皇帝,他派遣郑和下西洋,为此调发福建民众大建战船,并派遣福建卫所军一万多人与南京卫所军一起下西洋。在此期间,他多次北征蒙元,南征安南。连绵不断的军事行动耗尽了国家大量的人力、物力,其中相当部分是靠贡徭制支持的。朱棣死后,三杨执政,在江西杨士奇、福建杨荣等的倡导下,最终停止了安南之役,天下从此休养生息,明朝进入了太平时期。

但是,后继的皇帝继续利用贡徭制为其服务。当时的官府不论需要什么物资,都通过贡徭制向民众调发。他们需要白银,便调发闽浙等地的民众开采银矿;宫廷要喝茶,便在武夷山设立御茶园,调发当地茶农生产茶叶。广大手工业者与农民,都受到贡徭制的约束。在这一背景下,其实不可能有真正自由的商品生产。

---

① 参见徐晓望:《明代前期福建史》,北京线装书局 2016 年。
② 《明太祖实录》卷七五,洪武五年八月甲申,台北,中研院历史语言研究所影印本,第 4 页。
③ 《明太祖实录》卷七六,洪武十一月癸亥,第 5 页。
④ 《明太宗实录》记载明成祖的一段话:"建文时赋役繁重,两江、广西、福建多有啸聚作乱为害乡里"。见:《明太宗实录》卷一一二,台北,中研院历史语言研究所影印本,第 1429 页。

在中国古代人身依附关系的变化中,人们多看到小农制的出现,使农民早在秦汉时期就获得了一定的人身自由,而较少注意到:唐宋以来日益加强的官营手工业制度,使手工业者与农民都受到了相当的人身约束。尤其是手工业者,他们的身份是不可变的,子孙世代中,都得有一人继承这一行业,随时必须应征官府的调遣。《漳浦县志》追忆:"明初定闽中,令民以户口自实,户目凡七,曰军,曰盐,曰匠,曰弓兵,曰铺兵,曰医,令其各以本等名色占籍。十年核老幼生死而更造之,曰大造。丁多者开析立户,民父母存若亡,或兄弟分居,赘婿、乞养子归宗,另爨之类,皆得别籍。惟军匠户不许。盖虑其借分异为规避也。"①明代中叶福建徭役之重是各部县志、府志共同的苦经,《政和县志》的作者车鸣时曾说:"古者税民不过十一,役民不过三日,今不啻数倍矣。"②又如漳平县,"漳平粮里稀微……供王赋者与法同,而给杂役者较之地方,不知倍蓰。十百均平之法,且司难一一以守,天下通弊也。"③明代福建的工匠常被调发到南京做事,每年路上往来就要二四个月。诸多工匠,有的三年一轮,有的两年一轮,甚至有一年一轮的。这对工匠是相当大的压力。其时工匠出行,由于开支浩大,其徒弟都得资助。"潘翁者,市井民,为长乐木工师。每行,众工助之。得直赢,则曰:此吾力作得之者,以归子妇。其众助者散之族亲。曰:'利岂可专也。'"④明代前期的工匠多有逃亡者。有时官府不得不赦免他们。"灾伤处所住坐及轮班匠失班者,自弘治二年七月为始,请容令自首。住坐者送原衙门收充,轮班者免其罚役。上从其议。"⑤于是,一些省份提出工匠向官府缴纳银两,便可免除匠役。浙江和福建同属南京工部,成化十一年四月,浙江提出征银的改革办法:"浙江布政司右参政夏寅奏,近议班匠令按月出银六钱解部,甚为便益。后因各匠违限年久,罚班数多,不能办纳,愈加迟误,遂令仍解本身。今杭州等府人匠欲得仍旧解银,其言未为不可,但今人匠四年一班,比之先年一年一班,已减去其四之三,遇有急用,不免雇人,其工食之费,每人一日原拟解部数目止是二分,今增至六分,出办似乎太重,依二分微解未免少轻,合定为三分,一月该银九钱,照数验收造册解部。中间若有谙晓本艺,自愿应当者,亦从其便。其江西、湖广、福建三处该隶南京工部者,亦宜照此例行。从之。"⑥

① 陈汝咸修、林登虎纂:康熙《漳浦县志》卷七,赋役志,康熙三十九年原修,民国十七年翻刻,第422页。

② 车鸣时:万历《政和县志》卷三,赋役,明万历二十七年刻本胶卷,第3页。

③ 曾汝檀:嘉靖《漳平县志》卷五,户赋,漳平图书馆1985年重刊本,第1页。

④ 陆采:《览胜纪谈》卷三,小民知义,明刻本,第12页。

⑤ 《明孝宗实录》卷二八,弘治二年七月癸酉。台北,中研院历史语言研究所影印本。

⑥ 《明宪宗实录》卷二六五,成化二十一年四月戊戌。台北,中研院历史语言研究所影印本。

实行班匠纳银制度后,工匠的人身就自由了。民间工匠摆脱旧的徭役制度,便可以自行发展,这使许多城市的手工业繁荣起来。另一方面,以贡徭制为基础的官营企业,也遇到了许多问题。以采矿场而言,明代福建的矿场多是征纳农民为劳动力,甚至所用器械也从民间征发。这是农民十分沉重的负担。明代中叶,闽北爆发了叶宗留为首的矿工起义,这场起义和邓茂七起义相互配合,一度攻占福建数十个县,后在官军镇压下失败。邓茂七、叶宗留起义之后,福建的官营采矿业逐步荒废。这一现象有普遍性,迄至明代中叶,福建官府的采矿场、织染局、御茶园等许多官营手工业都废弃了。① 这一趋势在明代具有普遍性。②

总之,明代中叶福建输出外省的商品中,有不少来自官营手工业,但这些官营手工业无不处在消亡的过程中。与此相伴,相关的民营手工业发展起来,构成了晚明商品经济发展的主力。从总体而言,明代中叶福建与外省的商品交换规模并不太大,但民间工商业已经兴起,为明代后期的大规模发展奠定了基础。

三、明代的租佃制度与佃农的经营权

中国的租佃制度在宋代已经相当盛行,不过,宋代的地主对佃农有相当的控制权,一般地说,佃农没有自主的田地经营权。元明以来,闽潮等地出现了地主城居化的趋势。正统十四年建阳县民言:"本县盐粮市民折钞,乡民纳米,缘乡民多耕市民田土,收成还租之余,仅足食用,盐粮不能办纳"③。此条史料表明:建阳县的地主多居于城市,而其田地在乡下。福建是一个多山的地区,山多田少,田散布于城外的乡村,少则十几里路,多则几十里路。在这一背景下,传统的主佃关系便很难维持了。对传统的乡居地主来说,佃户是其收入的来源,也是重要的投资对象。他们在春天将粮种与耕牛出借佃农,秋天收成时折收粮食。佃农遇到不可抗拒的自然灾害,他们也要相应减租,或是借钱。这一种主佃关系形成后,往往会使佃户对主人形成依附关系,佃户在农闲时要为主人做活打工,而主人也可役使他们做各种事情。但是,一旦地主迁往城市,这种关系便瓦解了。城居地主对几十里外的农田经营情况根本一无所知,他们只知道在收成的时候收回自己的定额租。而城居地主根本不了解农民的苦疾,只懂得剥削民众,连永乐年间的政县官员说:"甚矣,贫民之须恤也。夫贫民者,去年一人之食,今年二人之所种也,今年二人之食,明年四人之所种也。何以知之,彼指青苗而求借于富民也,及其秋成,

---

① 关于明代福建官营手工业的研究,可见拙著:《明代前期福建史》,线装书局2006年。
② 陈诗启:《明代官手工业研究》湖北人民出版社1958年。
③ 《明英宗实录》卷一七八,台北,中研院历史语言研究所影印本,第9页。

则必倍而偿之。夫故曰：一人之食，二人之所种也。二人之食，四人之所种也。是以贫民终岁勤劳而与富民营其财利，尚不无饥寒也。富民犹且奴视之，伤哉，贫乎！为民父母者，富民之民皆吾子也。吾不能均齐之。而又纵强以凌弱，是诚何心哉？"①在这一背景下，佃农便力图争取进一步的田地控制权，以减少城居地主的压迫。邓茂七起义事件，其起因是冬牲的缴纳与挑粮脚力费。在当地农民看来，过去的地主在乡村，他们挑担送租到地主家，付出不多。而后来的地主，都居住于城市，让他们挑担到城市交租，数十里的山路使他们付出成本大增，所以，他们会提出：地租让地主自己来挑运。这一争议的实质，在于佃农与地主对田地控制权的争夺。这一争议最终引起了大规模的邓茂七起义，这一起义席卷福建多数地区，它与广东境内的黄萧养起义相互呼应，震动了东南。邓茂七起义虽然最终被镇压，但佃农与地主的斗争却连绵不断，构成福建等东南区域一个很显著的特征，如傅衣凌先生《明清农村社会经济》一书所揭示，明代福建因租佃矛盾发生的斗争是非常普遍的。我认为：这类斗争最终导致佃农拥有较大的田地经营权。在邓茂七、叶宗留起义中，闽中的地主受打击很大，例如："永乐中，建安有岩叟先生李公，名垫，字士林，庄毅。质信之行，乡人式之。慎保俭逊之训，子弟服之。正统间，沙尤盗起，民避而奔山。遂相攘略。恶少聚谋，将犯高山。公居邻境，往叱之，曰：'汝欲得米，何乃蹈死'！指困示振，谕以典宪，恶少散去。又请诸有司抚而平之。有盗窃其廪，公止左右勿追，豪雠嗾其奴杀公之驴，乃馈以驴肩。贫者负息不责，得陶人昧赀直数万，不与争。疾革，语其子，勿作佛事，第焚逋券于乎，岂孔氏所谓造次颠沛，必于是者乎。"②这位李垫绅士，原来是很富有的。但在大乱之中，他的粮仓"捐给"暴动的民众，某位欠其"数万"的制陶商人也不付账了，他不敢讨要。实际上，他处于破产边缘了。在大乱中被杀的绅士更是不可胜数。漳州的林京，为参政林瑜之子，在龙岩家中。邓茂七农民军杀至龙岩时，他先是想法守龙岩城，"力不能敌，偕其子绥间道走郡城请援。"后被农民军截获，被杀。与其同时死于邓茂七之乱的，还有王玄弼、庄伯和、唐孟元等人。③其他地方也是如此。明中叶何乔新说："八闽自沙尤之变以来，民桀骜，下凌上，贱犯贵，相师成风。"④这也就是说，邓茂七起义之后，明代的租佃关系发生变化，不是地主欺侮佃农，而是佃农欺侮地主了。实际上，这只能说明地主和佃户的斗争激化。在这一背景下，福

---

① 黄裳等：永乐《政和县志》卷二，恤贫，清抄本胶卷，不分页。
② 崔铣《洹词》卷七，岩叟先生李公墓表，文渊阁四库全书本，第 3 页。
③ 过庭训：《明分省人物考》卷七五，福建漳州府，第 6 页。周骏富辑《明代传记丛刊》第 137 册。明文书局影印本，第 17 页。
④ 何乔新：《椒丘文集》卷十六，寄彭学士彦实，文渊阁四库全书本，第 30 页。

建多数地方大土地制难以发展,而佃农的土地经营权越来越大。他们拥有这一权力之后,便有权决定在地里种什么庄稼,可以决定种一季还是二季,由于佃农在福建农民中所占比例较大,佃农获得经营权,从而加强了明中叶小商品生产发展的基础。①

总之,明代前期的社会经济制度出现较大的改革,拥有田面权佃农的出现、自由工匠的产生、商业资本进入农村,都是促进工商业发展的有利因素。在这些背景下,明代前期东南沿海的城镇化进程有明显的发展。

第二节　明代前期福建沿海的城镇化初步

南宋福建沿海的繁荣在元代初年和元代末年的大乱中被摧毁。明代前期,因为刚刚经历历史上罕见的大动乱,加上海禁的影响,福建城市不太景气。然而,为时不久,福建沿海农业经济得到恢复,城镇经济也有明显的发展。

一、人口、卫所和沿海城镇的繁荣

明洪武二十六年,福建省的人口为:815527 户,3916806 人。② 不要小看这个数字,当时福建人口可与广东、湖广等大省相比。福建省辖地要比广东、湖广少得多,这就使福建很早就出现人多地少的状况。福建位于东南丘陵山地最多的地方,境内多山少平原,如古人所说,"山林居其九,田亩但一分耳"③。人口压力迫使民众尽量地开发可耕地,"山非沙石,自麓至巅,尽耕治为陇亩"④。明初在全国进行了较详细的田地登记,洪武二十六年(1393 年),福建纳税田地为 1462.6 万亩。据官方的统计数字,北宋时福建已有 1109 万亩田地,经过 300 多年的开发,福建田地数仅增加了 350 万多亩,这充分说明山地限制了福建田地的开发。明代初年,福建省平均每户 18 亩、每人 3.73 亩,和北宋时福建每人 5 亩多田地相比,人均占地量下降了一亩多。和国内其他省相比,福建人多地少的情况更为突出,例如明代的湖广省(含今天的湖南省、湖北省)人均 47 亩地,人均占地要比福建多 11

---

① 徐晓望:《明代前期福建史》,北京,线装书局 2006 年,第 54 - 56 页。
② 梁方仲:《中国历代户口、田地、田赋统计》,第 204 - 205 页。
③ 苏民望、肖时中纂:万历《永安县志》卷三,建置志,疆域。书目文献出版社,1990 年影印本,第 20 页。
④ 张萱:《西园闻见录》职方典,卷六二,福建,上海古籍社 2000 年,续修四库全书影印民国二十八年燕京学社刊本,第 21 页。

倍。这表明福建发展粮食生产的条件远远不如外省。

既然粮食种植业受天然条件限制无法大发展,福建的前途就在于非农化经济,这就是明代中叶福建出现城镇化的背景。我们可以从人口分布来看明代前期沿海的城镇化。

明代洪武二十四年福建全省的人口为:816830 户,3293444 人①,平均每户 4人。但是八闽各府的人口数字不全。以下是所知洪武年间福建五府的人口数:

福州府洪武十四年人口数为:94514 户,285265 人;②

建宁府洪武十四年人口数为:140089 户,537024 人;③

邵武府洪武二十四年人口数为:56682 户,236710 人;④

汀州府洪武二十四年人口数为:60033 户,290977 人;⑤

兴化府洪武二十四年有 64241 户,口数无考。⑥

以上五府共计 351318 户。此外泉州府、漳州府、延平府人口数不可考。

以福建省总户数减去福州府等五府的户数,可知泉州府、漳州府、延平府三府的总户数约为 465.512 户,约占全省户口的 57%!在泉州、漳州、延平三府中,延平位于福建中部山区,就历史上的情况而言,延平府人口多于邵武府,少于建宁府,此处估计 75512 户,那么,泉州府和漳州府的总户数约为 39 万户!约占总人口的 47.7%,也就是说,接近全省人口的一半。

洪武年间福建全省人口最多的数字是洪武二十六年,该年福建省的人口为:815527 户,3916806 人。⑦ 如果泉州和漳州两府共占福建人口的 47.7%,应为186.8 万人。也就是说,明洪武年间泉州府和漳州府平均每府人口约为 93 万!在那个时代,这是相当高的人口数。

明代前期,泉州辖有七个县:晋江、惠安、南安、同安、安溪、永春、德化,而漳州辖有五个县:龙溪、龙岩、长泰、漳浦、南靖,总共 12 个县,平均每县拥有 15.6 万人。就传统的数据看,这些人口主要分布于沿海的晋江、惠安、南安、同安、龙溪、漳浦沿海诸县。

① 梁方仲:《中国历代户口、田地、田赋统计》,第 204 - 205 页。
② 喻政修、林烃、谢肇淛纂:万历《福州府志》卷二六,食货志,福州,海风出版社 2001 年,第 254 页。
③ 谢纯等:嘉靖《建宁府志》卷十二,户口,上海古籍书店 1963 年影印天一阁藏本,第 1 - 2 页。
④ 刑址等:嘉靖《邵武府志》卷五,版籍志,上海古籍书店 1963 年影印天一阁藏本,第 2 页。
⑤ 唐世涵等:崇祯《汀州府志》卷八,版籍志,明崇祯十年刊本胶卷,第 1 页。
⑥ 周瑛等:弘治《兴化府志》卷十,户口志,同治十年重刊本,第 2 页。
⑦ 梁方仲:《中国历代户口、田地、田赋统计》,第 204 - 205 页。

泉州、漳州之外,福州府与兴化府沿海的闽县、候官、长乐、福清、莆田诸县也以人口众多闻名。

以上是明初洪武年间的情况,而明代的福建沿海有一百多年的持续和平,和平年代的人口增长很快。《长乐县志》说:"民之生也,约三十年一倍,国朝承平三百年,户口之滋,当且数十倍,乃载于籍者不耗减为幸,何欤?增口则增赋,惧累民也。"①按照30年翻一番的比例,从洪武末期到明中叶的正德年间,福建沿海人口应当翻三番!从每县平均15万人理论上增至120万人左右!不过,古代社会影响人口增长的因素也不少,例如瘟疫、移民,小型的战乱,假设这些因素会使福建沿海减少一半人口,那就是60万!因此,从人口发展规律而言,迄至明代中叶,福建沿海人口密集,每县都有数十万人口!那么,福建山区县也可应用这一规律推算吗?不行!因为,福建的多数山区流行溺婴习俗,多数家庭保留两个男孩,一个女孩,加上天灾人祸的影响,福建山区人口很难大幅度增长。而福建沿海不同,这里的习俗以"添丁"为荣,不允许溺婴习俗泛滥,所以,自古以来,福建沿海人口增长很快。

这么多的人口是重大压力。福建沿海的农田质量不高,沙地很多,因此,种粮业没有发展前途。多余的人口只好向城镇集中,这是城镇化在福建沿海出现的原因。明代前期,朝廷在沿海修筑了许多寨堡,它往往发展成为居民点,于是,沿海的人口在这些寨堡附近定居,使之成为繁荣的城镇。

沿海寨堡的修建。洪武二十年(1387年)四月,朱元璋"命江夏侯周德兴往福建,以福、兴、漳、泉四府民户三丁取一为缘海卫所戍兵,以防倭寇。其原置军卫,非要害之所即移置之。德兴至福建,按籍抽兵,相视要害可为城守之处,具图以进,凡选丁壮万五千余人,筑城一十六,增置巡检司四十有五,分隶诸卫以为防御。"②嘉靖年间任职福建的卜大同记载:"国朝洪武二十年,江夏侯周德兴经略沿海地方,设立福宁、福州、左福州、右福州、中镇东、兴化、平海、泉州、永宁、漳州、镇海一十一卫,大金、定海、梅花、万安、蒲禧、崇武、福全、金门、中左、高浦、陆鳌、铜山、玄钟,一十三所。大筼筜,清湾、高罗延、白石、东洋、麻岭、北茭、五虎门、闽安、镇石、梁焦山、小祉、松下、泽郎、牛头门、璧头、迎仙、冲沁、青山、嵌头、吉了、峰尾、黄崎、小岞、獭窟、祥芝、深沪、乌浔、围头、官澳、田浦、峰上、陈坑、烈屿、塔头、高浦、濠门、海门、岛尾、井尾、青山、后葛、古雷、金石、洪淡四十四巡司。永乐年间,

---

① 夏允彝:崇祯《长乐县志》卷四,食货志,户口,崇祯十四年刊本,第1-2页。
② 《明太祖实录》卷一八一,洪武二十年四月戊子,第3页。

复设烽火、南日、浯屿三水寨。"①

　　如上所述，在朱元璋的命令之下，洪武年间，福建沿海共建设了 11 个卫，13 个所，还有 44 个巡检司。在这 11 个卫中，如福宁卫、福州卫、左福州卫、右福州卫、兴化卫、泉州卫、漳州卫都设在原有的城中。每个卫五六千军人，加上他们的家属，充实了当时福建沿海的城市。另有镇东、平海、永宁、镇海四大卫则是则是设在远离城市的海湾或海口，渐渐成为新的居民点。明代中叶，福清的镇东卫，莆田的平海卫，泉州的永宁卫，漳州的镇海卫都成为人口上万的城镇。至于明初福建所设 13 个所，全部安排于海口要地，大都发展为村镇。对城镇发展来说，卫所设置的重要性在于：它可以保障当地民众的安全，吸引当地人到卫所周边定居。以东山岛来说，当地原为荒岛，有些渔民定居。明朝在当地设置铜山所之后，光驻军就有上千人，加上迁居当地的移民，在铜山所周边形成了铜陵镇。铜陵镇是著名的渔港，许多人到海外打鱼。这样，铜陵所和铜陵镇便成为相当繁荣的沿海港市。

　　巡检司也一样，巡检司所在地，往往形成市镇。漳州的海沧（今属厦门）原为海门巡检司所在地，正德嘉靖年间，已经发展成万余人的海沧镇。又如泉州外围的小岞、獭窟、祥芝、深沪、乌浔、围头，大都成为泉州沿海的重要港口。

　　卫所巡检司的官兵首要任务是防御倭寇，然而，随着倭寇入侵事件减少，军事任务削减。普通军士便以打鱼和通商为生。莆田县的冲心巡检司，"在郡治东六十里。三面阻海，与崎头江澳港相接，即山为城，下多村落。海上烽起，则敛民入守。其民岁贩饴糖稻麦，浮温台潮为利。"②厦门岛在明代初年设置中左所，明初的中左所应当也有上千人。有了这个军寨，当地渔民就不怕倭寇来劫，他们定居于中左所之外，形成了早期的厦门港市。最早的厦门港在厦港，而后围绕着中左所发展，向北延伸到中山路沿海一带。明代中叶，明朝因粮饷困难，将厦门外岛浯屿的驻军撤至厦门岛，筑军寨于胡里山炮台内侧的山坡上。二十世纪七十年代厦门大学老图书馆的边上，尚可见到浯铜水寨的遗址。

　　除了工商渔之外，卫所官兵的大户人家往往教子读书。明代福建的镇海卫和平海卫等地，都是以文化发达出名的地方，而卫所学校教出来的子弟，当官的不少，甚至有一些大学者。明代大儒陈真晟和黄道周都与镇海卫学校有关。永宁卫文化发达是在成化年间。

　　陈用之，成化中永宁卫知事。永宁，海上地，弦诵声稀。用之访诸贵胄及戎籍

---

① 卜大同辑：《备倭记》卷上，置制，清道光十一年《学海类编》本，第 2 页。四库全书存目丛书，子部，第 31 册，第 81 页。

② 杜臻：《粤闽巡视纪略》卷五，文渊阁四库全书本，第 24 页。

子弟之秀者,劝使就学。时诣门谕之曰:古人虽在军旅,不废诗书道艺,人间惟此一种味最不可少。且为敦请兴化耆宿陈愈为诸生师。既三年,得可造者三十人。白当道,乞如民间俊秀例充附泉州府学,以均教育,以劝来者。自是永宁文风日进。学者德之,立祠祀焉。①

总之,明代前期以卫所巡检司据点为核心,发展起一批沿海港市,这些地方人口密集,大多以海为生。因此,这些居民点的出现和发展,是沿海早期城镇化的标志。

二、明代中叶福建沿海的城镇经济

福州城市在山海交汇中获得大发展。福州是全省的政治经济中心,也是闽江流域的核心城市。福建的省城福州是"山海奥区,五方杂处,膏壤衍而生齿繁,东南一大都会也"②。明初福州筑城,"广袤方十里,高二丈一尺有奇,厚一丈七尺,周三千三百四十九丈"③。福州以商业城市闻名东南,明代的诗人王恭咏福州:"七闽重镇旧繁华,九陌三衢十万家"④。明代的福州,是福建上游商品的汇聚之处,上游各县所生产的粮食、苎布、纸张、木材等商品,都汇聚于福州城郊市场,并转销沿海区域。同样,沿海区域生产的食盐、棉布、咸鱼等商品也通过闽江干流运销上游各地。福州城的建筑一向闻名于世,闽县知县陈敏曾说:"礼制榜文庶民房舍不得过三间五架,今福州街市民居有七架、九架,其架或过于五,而一间、二间,其间不至于三。"这是说福州的民居跨度较大,二间房子便有七架或九架房梁⑤。这是福州多木材的缘故。

泉州城的繁华不亚于福州,据《八闽通志》一书,弘治年间,泉州城内外已经有10个市:吴店市、东街市、西街市、南街市、会通市、通远市、车桥市、新桥市、浮桥市、安平市⑥,其中除了安平市和吴店市是在较远的郊区外,其他8市都在泉州城区与郊区。泉州所在的晋江县也是人口最密集的区域。晋江半岛上的永宁卫:"丁户二十余万,封家不下三万,官印七十二颗。弁目、缙绅、士吏不下千百。烟火

---

① 郝玉麟等:雍正《福建通志》卷三十,名宦,泉州府,文渊阁四库全书本,第 28 页。
② 王应山纂、王毓德编次:《闽大记》卷十,风俗考,福州,北京,中国社会科学出版社 2005年,第 187 页。
③ 何乔远纂修:《闽书》卷三二,建置志,福建人民出版社 1994 年,第 779 页。
④ 王恭:《南楼奇观为朱孔周赋》,引自王应山《闽都记》卷三,方志出版社 2002 年版,第 17页。
⑤ 《明英宗实录》卷一五三,正统十二年闰四月丙戌,第 6 页。
⑥ 陈道修、黄仲昭纂:弘治《八闽通志》卷十四,地理志,福建人民出版社 1990 年,第 269 页。

相辏,舟车络绎,古名都大郡,何以过哉!"①漳州在明代前期的发展已经相当可观,据《八闽通志》的记载,弘治年间漳州龙溪县境内即有8个市。漳州远郊的海沧、月港都是有万余人的市镇。

明代前期福建沿海的城镇化进程导致人口向城镇集中,以手工业、商业为基础的城市经济颇有发展。福建沿海城镇周边的各种产业初步繁荣。

中国古代经济一向以农业为主,农业中,又以水稻种植业为主。然而,随着明代城镇化进程的展开,城镇消费的增加,稻米之外的其他农作物和手工业产品往往取得较高的市场价值。于是,人们不再将稻米种植当作唯一的主业,而是考虑从市场获得生活资料。弘治年间周瑛等人讨论莆田县的出路时说:

> 吾莆地狭,然种植亦各有所宜,其近山地宜种荔枝、龙眼,此以二十年计,然夺枝而种者,四五年结果;近海地宜种柑橘与桃,柑橘以十一年计,桃以四年计,柑橘夺枝而种者,亦以四五年结果。近溪地宜种松,此以十年计,松十年未成材,而顽爨可落卖与窑户烧砖瓦,宜近溪者,以便于转载也。人家傍隙地种桑,此以十年计,桑有三利,叶可以养蚕,蚕矢可养猪,猪食桑最发,桑枝可炀炭;其墙下宜种棕,此以十年计,棕不占地,故宜墙下种,及成,每月收利;其阴地宜种大青草,近山人家最得此利,近城地宜种韭,以买者多;北洋近山去处宜种姜老,老即扶留薯芋(此其故业);南洋近山去处,访得宜种紫草、通草(今南寺有)、苎麻、麻,及南北二洋平地,皆可种青麻、黄麻、红花,此以上者皆以年计,其它可以类推,顾人力勤惰何如耳。②

这段文字最让人惊讶的是莆田人对种植业的精打细算,对他们来说,各类山地园地都可以种植种类不同的植物,即使种草也会有收入。他们还很注意市场,强调种植松树要在沿溪地带,虽说松树要十年成材,但是,干的松针却可以河运卖给窑户为燃料,那就有一笔收入了。莆田是福建人口最密集的区域,随着人口的增长,莆仙平原的粮食生产无法满足当地人食用,所以,明代莆田人只能精打细算,发展各种产业来谋生。"莆为郡,枕山带海,田三山之一,民服习农亩,视浮食之民亦三之一。"③这一句话,向人们展示了莆田县人口过剩的情况——当地从事农业的人口只有全部人口的三分之一!早在明代中叶,莆田就有三分之二的人口靠非农经济谋生!

---

① 佚名:《永宁卫纪事》,录自顾诚等:《永宁古卫城文化研究》,福建人民社2001年版,第86页。

② 周瑛等:弘治《兴化府志》卷十二,户纪,货殖志,第13页。

③ 周瑛等:弘治《兴化府志》卷十二,户纪,货殖志,第8页。

莫田的情况并不是个别的,又如福清县:"闽八郡其四祗海,民之半盐鱼以生。福清土益卤,海益患,其田下下,不蓄粟稷而蓄人,故四人外给恒十之七八焉。"① 可见,福清县外出谋生的人口更多于本地人口。

总之,由于田地不够耕种及人口的压力,早在明代中期,当地民众就在设想发展各种小商品生产,带动当地经济。明代的仙游县"生齿日繁,田畴有限。中产藉曲蘖以营生,细民莳蔗林以规利"②。可见,仙游的农民种粮之外,尚经营酿酒、榨糖等手工业。又如弘治《兴化府志》记载,莫田妇女擅长纺织。"亦有棉布,织吉贝为之。今所谓木棉花也。树三四尺,春种秋收,其花结蒲,蒲中有茸细如鹅毛茸,中有核大如豆,用输车绞出之。乃以竹弓弹碎碎,纺以为布。下里人家妇女治此甚勤。每四五日成一布,丈夫持至仙游,易谷一石"③。这说明莫田的棉布出售于仙游。再如正德《漳州府志》的物产部分中有"布货部",对当地的商品生产记载较为详细:

絁、绵布、绢纱、鸡皮罗、丝布、白苧布、生苧布、青麻布、黄麻布、葛布、蕉布、盐、矾、铁、酒、茶、纸、红花、紫草、油、糖、蜜、蜡、青淀、竹器、竹轿、描漆器、白瓷器、黑瓷器、青瓷器、羽扇、竹扇。④

沿海的其他物产中,以制糖业最有名,如兴化府种蔗煮糖:"甘蔗,以水田作垅种之……莆人趋利者多种之。"⑤明代前期兴化府已能制造黑糖与白糖。"白糖,每岁正月内炼砂糖为之。取干好砂糖置大釜中烹炼……及冷,糖凝定。糖油坠入锅中,二月梅雨作,乃用赤泥封之。约半月后,又易封之。则糖油尽抽入窝,至大小暑月,乃破泥取糖,其近上者全白,近下者稍黑,遂曝干之。用木桶装贮,九月各处商皆来贩卖,其糖油乡人自买之。"⑥《兴化府志》记载:兴化府原来不知白糖制造法,"正统间,莆人有郑玄者,学得其法,始自为之,今上下习奢,贩卖甚广"⑦。可见,兴化府的白糖是相当有名的。

沿海区域的果品也很有名。从福州到潮州的沿海一带,都是荔枝、龙眼、酸梅、柑橘的产区,《八闽通志》的物产志记载了数十种荔枝品种。酸梅是福建的特

① 郑善夫:《郑少谷集》卷十,清县复祥符陂记,文渊阁四库全书本,第9-10页。
② 陈迁纂修:弘治《仙溪志》卷二,风俗。福建省图书馆藏抄本。
③ 周瑛等:弘治《兴化府志》卷十二,货殖,第10页。
④ 陈洪谟修、周瑛纂:正德《漳州府志》卷十,诸课杂志,厦门大学出版社2012年影印本,第612-615页。
⑤ 周瑛等:弘治《兴化府志》卷一三,山物考,第10页。
⑥ 周瑛等:弘治《兴化府志》卷一二,货殖志,第11页。
⑦ 周瑛等:弘治《兴化府志》卷一二,货殖志,第12页。

产,"盐晒者为白梅,焙干者为乌梅"①。潮州与漳州都以出产柚子闻名天下,而漳州乳柑是福建的贡品,《八闽通志》记载了漳州柑橘的品种:"朱柑,色朱而泽,味甜而香,为诸柑之冠。乳柑,兴福间亦有之,而漳地尤宜。白柑,花香皮薄,亦曰银柑、胡芦柑,有脐,盖乳柑之别种也。"②

制盐业是沿海最重要的产业。明初福建共有七大盐场:上三场为福清海口场、福清县牛田场、莆田县上里场,这三大盐场的盐质较好,"办纳本色,召商开中,运盐出水口,征延建邵三府及所属县转鬻焉。有引、有课、有禁例,是为西路盐"。下四场为泉州府辖内的惠安县惠安场、晋江县浔美场、晋江县𬊤洲场、同安县浯洲场,其中三场的"盐低黑,商人不愿中纳,岁折银赡军"③。七大盐场共有盐户13910户,官方定额年产105340引,每引400斤,共计4213万多斤④。平均每户生产3029斤。除此之外,福宁州和漳州区域都有百姓私下设置盐场,制盐贩卖。可能是由于数量微小的缘故,官方并不认真对待。不过,随着漳州人口的增长,漳州民营盐场也增多,逐渐引起了官府的注意,嘉靖三十七年(1558年),漳州所属的漳浦、诏安二县也设场征税,"每方一丈征银三分,名曰丘税"⑤。袁业泗解释说:"泉漳俱非行盐地,无商引正课,及诸禁例,听民间从便贸易。或有司薄征其税以佐军食,是为南路盐。"⑥

以上史料表明,早在明代中期,台湾海峡西岸的城镇化进程已经展开,人口向城镇集中。非农产业发展,在沿海各地聚集了制糖业、制盐业、水果种植业等利润较高的产业。对小商品生产而言,重要的不是自给,而是将其商品推销到其他地区,从而获得市场及生活必需物资。所以说,城镇化区域有一种向外发展的张力。明代前期,与福建沿海联系最为密切的是福建各条河流的上游,从而形成山区与沿海的商品交流。

三、福建山区的白银生产

早在宋元时期,福建已是国内的重点产银区之一,明初福建形势稳定以后,便有商人申报开矿。洪武三年(1370年),有浙江丽水县民潘子芳等六名坑首,自备

---

① 叶溥等:正德《福州府志》卷八,食货志,福州,海风出版社2001年,第213页。
② 黄仲昭等:弘治《八闽通志》卷二六,第545页。
③ 袁业泗等修、刘庭蕙等纂:万历《漳州府志》,卷九,赋役下,盐法考,明万历四十一年闵梦得刊本,第2页。漳州市政协、厦门大学出版社2012年影印本。
④ 林烃等:《福建运司志》卷八,课程志,台湾中正书局1987年版,第381页、374页。
⑤ 陈寿祺:道光《福建通志》卷五四,明盐法,台湾华文书局影印本同治十年刊本,第20页。
⑥ 袁业泗等修、刘庭蕙等纂:万历《漳州府志》卷九,赋役下,盐法考,第3页。

工本,向明政府申请开采松溪县遂应场,户部讨论开矿税收时议论:"仿农田则例,每夫受田六十亩,岁纳粮米六石,准银六两,谋办银八十四两"①。这一税率是相当低的,查明初福建其他矿场,课税数量也很低,这表明朱元璋在理学家的影响下,在矿税方面贯彻不与民争利的思想,这有利于民营矿业的发展。松溪县在洪武年间陆续增银坑六穴,"课银一百六十八两"②,明人将这种矿场的承包视为"佃",据《政和县志》记载,早在宋元时期,当地的温洋矿场、横林银铅场都是民间自备资本租佃的,入明以后,官田银场也是由民间租佃③。

闸办银矿制。银坑的租佃制导致银矿的利润多在百姓,随着银矿开采丰厚的利润渐渐为人所知,明政府加强了对矿场的管制,商人想取得矿场经营权越来越不容易。虽说当时的银矿仍由商人经营,但官府拟定的矿税额越来越高,洪武二十三年(1390年)十二月,明朝在尤溪县银屏山银矿设置银场,"置炉冶四十有二座",岁收银课凡2295两,是其原额的数十倍!④ 其后,福建银坑的税收一年比一年多,王瑛说:银矿征收有岁办、闸办两种,岁办是每年征收一次,"闸办者,永乐、宣德中渐增差官,四季征纳"⑤。这就是说,在常年税额之外,还增加了四次季节税! 为了保证官府能收到这笔白银,朝廷向银矿派出官员,加强对银矿的监督。如政和县的官田银场,"永乐元年,中贵及余全公、监察御史欧公闸办银课,立坑首以掌之。凡六坑,有山前北炭山坑、三七坑、吴泮坑、乌岩坑、凤头坑,新置官舍华盖山"⑥。再如政和的谷洋银场,"永乐以来,县丞熊达、张雅言,主簿卢易,医学训科王梦祥,阴阳训述刘周,皆承监察御史欧公案验,相继监工采炼"⑦。可见,当地的许多地方官都被调去监工。官员们直接管理银矿的生产过程,说明福建银矿越来越成为一项官营企业,据梁方仲先生的研究,明初福建、浙江银矿所使用的器具皆出自民间⑧。有时矿场需要的劳动力也从民间调配,从而使银矿成为闽北农民最重的负担之一。松溪县在永乐年间实行闸办制以后,共有11座银坑矿坑穴,"每岁该银四千八百六十一两"⑨。实行闸办制度使福建的银矿税收大增,洪武间福建各场岁课银不过2670余两,"永乐间福建增至三万二千八百余两……宣德间

---

①　潘拱辰:康熙《松溪县志》卷六,第130页。
②　潘拱辰:康熙《松溪县志》卷六,第130页。
③　黄裳等:永乐《政和县志》卷三,坑冶。
④　《明太祖实录》卷二百〇六,第5页。
⑤　《明英宗实录》卷二四八,第4页。
⑥　黄裳:永乐《政和县志》卷三,坑冶。
⑦　黄裳:永乐《政和县志》卷三,坑冶。
⑧　梁方仲:《明代银矿考》,原发于1939年6月,此处引自:《梁方仲经济史论集》,第94页。
⑨　潘拱辰:康熙《松溪县志》卷六,第130页。

福建又增至四万二百七十余两",达到最高峰①。天顺四年(1460年)统计全国的矿产,云南银矿上缴102380两白银,位居第一;浙江第二,福建每年上缴28250两,排名第三②。据《八闽通志》的记载:明代中叶福建尚有13个县开采银矿,共有银矿13所,39条矿坑,明代中叶共纳白银23172两,比明初略减。梁方仲先生统计,明代前期福建银矿的开采约占全国的10.7% – 14.7%③。

明代福建银矿的上缴额只有数万两,看起来是不多的,但明代初年,中国的白银产量不高,因此,白银的购买力很强,这是笔巨大的财富。其次,在缴纳官府的税收之外,矿主也会有收入,主管官员会从中得到回扣,其数量应当不亚于上纳税收数量。所以,福建人在官府开矿过程中所得的经济利益,不是上缴数量所能体现的。大量白银流入市场,从总体上说,对福建经济是有利的。松溪遂应场银矿是由宋至明福建最大的银矿之一,当地流传着这样一句民谣:"八千买卖客,十万打银人。"一句话写尽了当年银矿开采使当地经济沉跃的状况。

明初福建的银矿开采历经百余年以后,纷纷因矿脉断绝而关闭。例如古田县的宝兴银矿,"宣德、正统、景泰、天顺等年累发累罢,成化年间照民丁粮岁输其课。"④这一情况是普遍性的。开采银矿原来是民众与官府的共同心愿,但官府将银矿的税当作固定的收入,即使各地的银矿已无银开采,也不肯免除税收。于是,银矿税额成为当地民众极大的负担。迄至明代中叶,朝廷发现各地银矿开采日益困难,其政策也有变化,明孝宗弘治五年(1492年)三月初八日,"诏书一款,浙江、福建等岁办银课,近来矿脉微细,亦有尽绝,累及百姓,办纳十分艰苦,诏书到日,所司踏勘明白,应除豁者即与除豁。"⑤明孝宗是明代中叶最为人们称道的皇帝,许多不合理的赋税在其时代被豁免,福建早期的一些荒废银矿,应是凭着这道诏书而停办的。可惜的是,明中叶的其他皇帝对银子的兴趣高过对民众痛苦的关心,所以,明代中叶福建尚有相当数量的银矿,一直维持到《八闽通志》修撰的明武宗时期。不过,明代后期的福建方志中大都不记载福建的银矿,无论是《闽书》还是《闽大记》,在其中都找不到类似《八闽通志》的银矿记载。详细查阅明代福建有银矿的县志,大都说到嘉靖、万历时期,当地的银矿都因矿脉断绝、矿少利微等因素而废罢。为什么开采数百年的银矿到这一时期都变得利微矿绝呢?其中有两个因素是决定性的,一方面,因福建银矿开采数百年之久,有利的富矿都被采

① 《明英宗实录》卷一一九,第1页。
② 《明英宗实录》卷三一四,第1页。
③ 梁方仲:《明代银矿考》,氏著《梁方仲经济史论集》,北京,中华书局1989年,第130页。
④ 刘日昉等:万历《古田县志》卷五,银矿,第86页。
⑤ 郑庆云等:嘉靖《延平府志》卷一三,第8页。

尽,尚存银矿的开采成本越来越高;另一方面,明代后期美洲低价白银开始流入福建沿海,所以,相对而言,福建自己开矿就变得不合算了。在当时美洲白银源源不断流入福建的背景下,开采古老的废矿肯定是没有利润的。①

四、明代中叶福建山区与沿海的商品流通

福建历史上山区与沿海的商品交流十分显著。沿海向内地输出糖、盐、咸鱼等海产,并从山区输入稻米、木材、纸张等商品,形成规模可观的物流。正德年间的《归化县志》有如下记载,"近溪之米,装鬻止于省城"②。这说明早在明代中期,福建山区的稻米便向下游的福州省城运输。由于明代前期的方志保留不多,对明代前期上游和下游的粮食贸易很难深入研究,但从明代后期福建粮食市场来看,福建山区产粮最多建宁府与邵武府诸县,因此,归化县能有粮食向省城输出,建宁府与邵武府应当也有粮食向下游输出,其运输量应当更胜于归化。总的来说,福建沿海的城市有赖于上游的粮食供应。

明代木材是主要建筑材料,福州等城市的发展,使木材的需求量大增。福建木材生产以杉木为主,它大多是由山区农民种植的。明代前期以"永春最盛,安溪、德化次之也。人生女,课种百株,木中梁栋,其女及笄,借为奁资焉"③。《顺昌邑志》说:"杉,木类松,而劲直,叶附枝生,若刺针然,土人作宫室,以此为上。"④延平府和建宁府是福建最重要的木材产区,李默在文章中写到建安县的士绅与木商的矛盾:"高阳之产杉木也,比于楚材,岁中所伐,以亿万计。狼藉溪涧。豪商利于速达,稍雨辄下木,奔放冲击,陂坝尽决。农甿苦之。先君具白于监郡,始立禁防,始作筏,相衔而下。田得无潲。惠行数十里。而先君常以身为豪商敌,至破己赀为之,乡人颂焉。"⑤如此巨量的木材运到下游,反映了当时沿海区域城市建设是可观的。

可以和杉木相比的是毛竹,福建最多毛竹,如顺昌县的毛竹,"大者径七八寸,高而坚实。"它的用处很广,"笋生于冬者,曰冬笋,不出土,味佳,生于春者乃成竹,可破篾为筐筐及织壁用。笋长将开叶,砍浸作竹丝造纸,民利之"⑥。毛竹林在福

---

① 徐晓望:《明代福建的银矿业》,《福建史志》2001 年 5 期。
② 杨缙等:正德《归化县志》卷一,风俗,明嘉靖刊本,第 4 页。
③ 黄仲昭:弘治《八闽通志》卷二六,物产,第 542 页。
④ 马性鲁:正德《顺昌邑志》卷八,物产,第 121 页。
⑤ 李默:《群玉楼稿》卷七,先考吏部府君行实,万历元年李培刻本,第 67 页。四库全书存目丛书集部第 77 册,第 776 页。
⑥ 马性鲁:正德《顺昌邑志》卷八,物产,第 121 页。

建分布非常广泛,将乐有笋的生产:"竹种类不一,亦有甜笋、苦猫笋、江南笋、观音笋、斑笋,有春生、夏生、秋生、冬生者。"①"绵竹,篾柔软可为诸般器物,竹中之最美者。"②

福建山区生产的商品还很多,例如香菰:《顺昌邑志》说:"香蕈,一名菌,俗谓之菰,其品不一。胭脂菰生山林平沃地面。鲜红而光泽,其底与茎俱白。香蕈菰生深林腐木上,味香美,木耳菰亦生木上。"③

油类商品是山区出口的一大宗商品,"菜油,菜子所压者;麻油,脂麻所压者;桐油,桐子所压者;柏油,柏子所压者。诸县俱出"④。又如茶油,《八闽通志》记载:"柏油、茶油,俱出德化、永春、安溪三县。"⑤桐油生产颇多,"桐子所压者,可以用油漆及烧烟造墨等用,有花桐、光桐二种"⑥。白蜡油也是明代的一项著名产品,"白蜡,虫置于树,至秋采为之。其树名冬青,一名万年枝,俗呼为蜡树。虫窠生树枝上,其枝即枯,蜡粘枝而生"⑦。

顺昌的造纸业相当著名,据正德《顺昌邑志》记载:"纸,竹丝所造,旧出池坑者佳,今靖安、西峰、义丰、宁安、石湖、黄源里等处皆造之,又有以楮皮浇造,大而方厚者,贫家以为卧被,仁寿都多造之。"⑧《八闽通志》评论纸的生产:"出顺昌者尤佳。"⑨顺昌的邻县也有纸的生产,如将乐:"出于义丰,地名挽船。"⑩

银矿是明代前期闽浙山区最重要的产业。黄仲昭的《八闽通志》说:"民之食,出于土田,而尤仰给于水利;民之货,出于物产,而尤取资于坑冶。凡是数者,非独民赖以生,而土贡财赋亦由是而出焉。"⑪明代前期福建浙江山区的银矿是东南沿海商品经济发展的坚强后盾。

福建山区与沿海的出产不同,市场需求上的互补性大,造成了山区与沿海商品流通的发展。明代中叶,山区生产的木材、纸张、油、蜡、香菰、冬笋、笋干乃至粮食等商品顺流而下,沿海生产的咸鱼、红白糖、果品逆流而上,上游与下游的贸易

---

①　何士麟、李敏:弘治《将乐县志》卷二,第56页。
②　马性鲁:正德《顺昌邑志》卷八,物产,第121页。
③　马性鲁:正德《顺昌邑志》卷八,物产,第116页。
④　黄仲昭:弘治《八闽通志》卷二五,食货,第513页。
⑤　黄仲昭:《八闽通志》卷二六,食货,第541页。
⑥　马性鲁:正德《顺昌邑志》卷八,物产,第114页。
⑦　马性鲁:正德《顺昌邑志》卷八,物产,第113页。
⑧　马性鲁:正德《顺昌邑志》卷八,物产,第114页。
⑨　黄仲昭:弘治《八闽通志》卷二五,食货,第550页。
⑩　何士麟、李敏:弘治《将乐县志》卷二,第56页。
⑪　黄仲昭等:弘治《八闽通志》卷二十,第389页。

逐渐活跃起来。穿越闽粤交界处的韩江(汀江)贸易相当典型。位于上游的汀州商人到韩江下游购盐,沿溪河上运,除了部分在汀州境内出卖以外,还将其运到江西境内出售。商人卖掉食盐之后,在江西购入粮食,将其运载到自己的家乡出售。于是,韩江(汀江)流域形成贯穿三省的跨境贸易。正德年间,王守仁在上杭抽税养兵,"每货一船抽银一钱一分五厘,岁无定额,以船之多寡定税之盈亏,每年多者约可得银四五千两"①。若以每年抽税 4500 两为计,平均每天约有 108 艘货船通过上杭。如前所述,汀江的小船载重量为八九担,也就是说每天运载量约为 918 担,合计每年运输量为 335070 担,即 16753.5 吨,这一运输量在古代是可观的。

总之,明代中叶福建沿海的城市化,使之对商品消费的需求大增。在这一背景下,福建山区商品生产有了较大的发展,山区商品沿河运到沿海诸城市,换取沿海各类商品再运回山区各地。全省的长距离贸易就这样兴盛起来了。要注意的是:福建沿海各城镇对上游的依赖程度各不相同。福州位于闽江的下游,它的上游有沙溪、建溪、富屯溪等三条支流,福建省三分之二的县城位于闽江及其支流的岸边,因此,福州市的内腹较广。福州所需各类物资,大都可在上游获得。闽南区域却不是这样。

明代的闽南区域有漳州、泉州两个府。泉州自宋以来就是较为富庶的区域。泉州的上游有晋江、洛阳江两条河流伸向山区的腹地。晋江、洛阳江的河谷,有许多适于种庄稼的水田,周边的丘陵山地上,覆盖着茂密的森林。当地民众自给自足,除了鱼盐外,没有什么要依赖外地。泉州山区农民为了换取沿海运来的鱼盐,输出木材、茶叶、瓷器等商品。总的来看泉州区域内的交换特征,是山区与沿海的大流通。山区的粮食、木材、茶叶等商品顺流而下,而沿海的食盐、糖、水果、咸鱼等商品逆流而上,形成了山海物资交流。明人说:"泉郡宅于海山间,闽越奥区也。山海之产视九州之得于山海者贸繁而异。山而居者岁食其山之入,犹出其余以贸易于海;海之居者亦食其海之入,举得而有焉。盖山海之利居田之半,其民亦偻然安其利以自足矣。"②明代初年,朝廷施行海禁政策,许多商业家族迁出泉州城,到沿海和内地发展。例如著名的泉州蒲氏家族,子孙散居各地,有些人将香料铺开到永春等上游诸县。又如陈氏回族定居于陈埭,以农业和沿海采集业为生。总之,泉州遵行海禁,没有出大乱子,与泉州经济的自给性有关。在晋江及洛阳江流域形成了自我循环的可持续发展经济。不过,由于晋江、洛阳江的内腹太小,而沿

---

① 唐世涵等:崇祯《汀州府志》卷九,榷政,第 39 页。

② 黄河清:《送太守李君之任泉郡序》,陈国仕集录:《丰州集稿》,南安县志编纂委员会 1992 年自刊本,第 277 页。

海城镇人口增加,迟早要打破自给自足的平衡,向海外发展。

五、明代前期福建的商业资本

明代前期商品经济在山区与沿海大交换的形势中发展起来,沿海的商业资本以高利贷的形式侵入农村。逐渐控制了山区经济。

1. 经营高利贷的福清叶氏族商。

福建福清是中国沿海著名的侨乡之一,当地人擅长经商、勤于入宦,自宋明以来,该县以出产大儒、巨商闻名于世。叶氏家族自宋以来出商入宦,也有人在内地经营高利贷,操控了当地的经济。

叶向高成名之后,作《家谱列传》一文,追述其祖先的创业史。明初官吏俸薄而罚重,所以,明初的叶氏家族成员多辞宦经商,家族里出现不少巨富。例如,叶康之弟叶宏:

> 家饶好施,里人有急,皆叩公。每夜辄治具,若迟。客者门晨启候者数十辈。予酒食予钱,各厌其意而去。时缠百金乘白马随所之。人望见白马辄喜曰:我公来邪? 竞延至其家,乐饮醉,则解金去矣。其贷公金者亦辄有天幸,能相偿,无负没者。没葬西岭下,形家云:葬此当斗量金,后益饶如其言。①

如其所言,叶宏其实是一个放高利贷者,但其经营十分顺利,乃至成为当地著名的巨富。而其成功之道,则在于收揽人心,乐于济人之急,并非是一个只顾赢利的人。这完全颠覆了人们对传统高利贷者的看法。

叶宏的第三子为叶赟,他也是一个高利贷者:

> 籍父业,客尤溪,贷子母钱。属邓茂七乱,子钱家久负。其后岁丰,争以谷尝钱。公悉听之。粟既多,又山谷阻绝,不能致,且红腐矣。越三岁,大歉,远近皆来受粟,倍其息。②

叶赟秉承叶宏注意收揽人心的特点,允许民众以较易得到的粮食偿还贷款,终获大富。

叶赟之子叶淮、叶汉则在闽清县放高利贷:

> 有恶公于闽清令者,令逐公。归未几,邑凶,赋逋,上官督之急,令窘甚。问计于三老,三老曰:此君逐叶某,邑人无所贷金,故逋耳。盍礼而招之。招之而来,使输赋可旦夕办也。令如其策招公,公立应之。令大喜,以鼓吹导公,而使其民次第为券纳君怀。公笑曰:自吾父子兄弟与邑人交至欢矣。今有急,吾固当拯,券何为

---

① 叶向高:《苍霞草》卷十五,家谱列传,扬州古籍出版社 1994 年景印本,第 1534 – 1535 页。

② 叶向高:《苍霞草》卷十五,家谱列传,第 1537 页。

哉?! 逾岁大稔,民争负粟偿公。直反浮于赋。①

按,从叶宏开始,叶家人在尤溪、闽清一带放高利贷已经有三代人了,这种经营的成功,一方面有叶氏几代人都注意收纳人心的因素,另一方面也和山区缺少货币有关。民众虽有粮食在手,却少有前来采购的人,因而他们往往缺钱向官家交赋。叶氏向他们贷款,给他们带来了急需的钱。所以,高利贷是活跃农村经济不可缺少润滑剂。当然,因高利贷者一向名声不好,有一些官员对他们带有天生的恶感,这是叶淮、叶汉在闽清遭逐的原因。但这个书生气十足的官员马上遇到闽清民众无钱交赋的难题,最后只好向叶家人屈服,组织了一支乐队去欢迎叶家商人。

除了闽清外,尤溪也是他们放高利贷的地方。叶家有人在尤溪经营,娶于当地。叶向高在《家谱宗鉴传》一文里写道:

尤溪有林阿环者,妻池氏,名玉娘,生子乌弟。阿环死,时淮公以独子谋置贰,或言池氏宜子,遂纳焉,并携乌弟来。②

按,闽清与福清同属福州府,但闽清县靠近内地,境内山环水绕,水稻种植发达。因此,不少福州人到闽清买田收租。每年秋收之后,来自闽清的溪船如过江之鲫,进入福州,给福州富人缴租。这是数百年来福州常见的现象。而福清叶氏则在闽清一带放高利贷,其经营方式独具一格。至于尤溪县,唐以前也是福州的属县,唐宋之际划给南剑州(延平府)。尤溪境内的溪流大都注入闽江,从尤溪运输粮食和山林产品到福州比较方便。但尤溪又是邓茂七起义发生的地方,民众富于反抗精神,与大户作对的人也多。例如,在尤溪放债的叶赟被抢劫:

娶于魏,魏贤而精女红,一苎布可当一金。魏之侄侃者,无赖尤甚,先后贷公钱多,犹不厌,纠海者四十二人围公宅,掠三千金,害公。

叶赟的妻子擅长纺织,所织苎布,一匹可值一两银子。叶赟取其为妻,看来是有算计的。但他想不到的是,妻族的后人却有一些无赖子,如魏侃者,不仅贷款不还,最后还与海盗勾结,攻袭叶家,杀死叶赟,夺得三千两白银。然而,没有不透风的墙,此事终于被叶氏家族知道。叶赟之子叶汉"讼侃于官,拷掠死,而余党悉逃,不能得。侃子玄郎袭盗赟以贿结吾门",后竟成巨富。③ 在这个故事之外,读者可以看到来自沿海的叶氏家族在闽清和尤溪放高利贷达百年之久。

---

① 叶向高:《苍霞草》卷十五,家谱列传,第 1538—1539 页。
② 叶向高:《苍霞草》卷十五,家谱宗鉴传,第 1589－1591 页。
③ 叶向高:《苍霞草》卷十五,家谱列传,第 1537 页。

　　明代前期叶氏家族的故事反映了沿海资本对内地的控制。① 明代前期,富户在粮食市场上的投机十分普遍,如永乐时的政和县:"故其田甚少,土甚瘠,获甚薄,民甚穷。雨旸时若,则中户仅裕一年之食,下户犹待贸易以足之。不幸荒歉之臻,则上户之粟,或有仓箱之积者,非十倍其常价不出也。是以富民遇荒歉则益富,贫民遇荒歉不免于死亡矣。"②当时这些投机者、放贷者对农民的压力其实更胜于地主,王守仁在平定韩汀流域的民众反抗后说:"本地大户,异境客商,放债收息,合依常例,毋得垒算,或有贫难不能尝者,亦宜以理量宽有等。不仁之徒,辄便捉锁、垒取,挟写田地,致令穷民无告,去而为盗"③。这段记录表明:迄至明代中叶,东南区域的社会矛盾已经很激烈,商业资本的进入,造成了两极分化,一方面是大商人地主的出现,另一方面,广大农民失去土地,成为流民,他们需要寻找新的谋生方式与谋生机会。

　　2. 经营土地的安溪巨商李森。李森,字俊茂,号朴庵,安溪感化里人。明末何乔远著《名山藏》一书,破例为富人立传,在其立传的明代六大富商中,其中之一是泉州安溪的李森。李森是清初名臣李光地的祖先,他的事迹在清代的《清一统志》和《福建通志》中,都有简单的记载。如《一统志》云:

　　李森,安溪人,慷慨好施。天顺中岁俭,出粟赈济,授漳州县巡检。④

　　李森,安溪人,慷慨好施。遇岁俭,尝出粟二千石以赈,诏旌义民。尤溪寇掠泉界,森募死士,擒其首长,安邑以宁。尚书金濂上其功,授漳州巡检。⑤

　　关于李森事迹可注意的有两点,其一,他曾经出粟两千石赈济百姓;其二,他被授予漳州巡检一职。李森以经商闻名。"席先世高赀,田数万亩,粟数万钟,计山百区,出数千万章,僮千指。及森之身,益尽力居积。"⑥根据这些资料,李家是兼营商业的大地主,拥有广阔的田地和山林,他卖出的木材以千万计,有上千名僮仆为其奔走。

　　李森的出名与平定流寇有关。明代中期,福建爆发了邓茂七起义和叶宗留起义,瞬间全省响应,主要来自尤溪和沙县的邓茂七部下横扫福建20多个府县,在历史上被称为"沙尤之寇"。这次大起义爆发之前,李森已经有预感,"念乡郡承平久,即萑苇不逞,曷应卒? 即复戒家僮饬兵仗,习拳勇。乡落盗先后发,悉擒斩之。

① 　关于叶氏的故事,可参见拙著:《明代前期福建史》北京,线装书局 2016 年,第 149 页。
② 　黄裳:永乐《政和县志》卷二,救荒,第 13 页。
③ 　王守仁《乡约教谕》,引自陈寿祺等:道光《福建通志》卷五八,风俗,第 34 页。
④ 　《清一统志》卷三百二十八,泉州府,第 44 页。
⑤ 　郝玉麟等:雍正《福建通志》卷四十九,孝义传,第 40 页。
⑥ 　何乔远:《名山藏》卷一○一,李森传,福建人民出版社 2010 年,第 2863 页。

邓茂七贼反,其党掠泉州,森率敢死士掩击之,生俘酉党百余人,招抚及夺回被虏亡算。宁阳侯陈懋等上森功,授漳州巡简。"①

李森组织乡族武装,击败名震一时的流寇,还能俘获百余人,显示了一代巨商的财力和能力。据乾隆《安溪县志》的记载,李森所任漳州巡检,其真实职务是:漳州九龙岭巡检。李森因功得到宁阳侯陈懋、保定伯梁宝、刑部尚书金濂共同保举。但因九龙岭距安溪太远,在安溪老百姓要求下,李森获调附近的源口巡检。其后,永春、德化缺县令,福建按察司推荐李森代理。可见,李森在官场和民众中间,都有很好的声誉。

李森将自己拥有的万贯家资投入公益事业和慈善事业。他对自己的家乡族人很关心,"乃计岁入,捐粟千斛别窖之。凡亲戚朋友,若里中矜人娶者,嫁者,病者,葬者,火若盗者,咸取给焉。他有缓急,随事赈赡,各极意去。"对公益事业投入更多。"郡太守欲修治堂,管库不给,以谓森,森慨然任之。无有简便,遂壮大观。则又佐修郡学,复治邑堂及学如本郡。一日过剑口渡,见行人病涉,森曰:'兹延建汀邵四郡所取道也。'庀匠石,酾水为二十梁。工未就,有老人语森曰:'盍塔诸'言已不见。森塔之。复建莆田江口桥,修郡中东岳行宫及玄妙观,创五帝殿寝,祀为檀越。复为本邑建龙津、凤池等二十五桥,清溪等宫、狮子等岩凡九所。复辇木浮海,助建福州芝山寺,前后费不赀,而李长者之名闻于闽中。天顺中,应诏出粟五千石赈济,又慕义输边三千石,朝旨旌为'尚义',锡文绮二。森诣阙进方物称谢,命运羊酒宴劳之。"②

如其所记,李森所做公益事业的范围,从安溪到泉州、兴化军、福州、南平,而其所做公益的内容,有建设官邸、学校、桥梁、寺院、宫观,在历史上很少见到如此勇于为善的巨商。他在天顺年间先后捐出八千石稻米济灾,连皇帝也被他感动,不仅给其旌表,而且还将他召至北京,一个商人获此荣誉也是罕见的。尽管他家资巨万,有时也会有周转不灵的时候,不得已之时,他也会向其弟借钱。③ 一个商人地主,为了做好事而使家产凋零,李森对社会所做的贡献,令人瞩目。

从李森的商业运作来看,他原本是一个山区商人,在经营山林产品中致富。他在山区和沿海都有投资,为福州、泉州所做的公益事业尤其显著。总之,在他的身上,体现了山区与沿海的共生关系。实际上,当时的山区已经成为沿海的外围了。这种情况同样出现于广东潮州。

---

① 何乔远:《名山藏》卷一〇一,李森传,第2863页。
② 沈钟等:乾隆《安溪县志》卷五,宦绩,第171–172页。
③ 沈钟等:乾隆《安溪县志》卷七,第235页。

第三节 明代前期广东潮州城镇的发展

从行政区划来说,台湾海峡西岸可分为福建省和广东潮州两大部分。隶属于福建省的沿海州县有福宁州、福州府、兴化府、泉州府、漳州府,隶属于广东的有潮州府。潮州与福建漳州相邻,在广东省属于经济文化较早发展的区域。明代潮州的发达程度仅逊于广州,在广东诸府中居于第二位。

一、潮州的地理和人口

潮州位于广东东部,此地已是热带。"县地地气卑湿,海气上蒸,四季长春,三冬无雪,一岁之中,暑热过半。 月之间,气候不齐,有时怒涛夜号,断虹儿现,则飓风大作。"①

潮州的前身是汉代的揭扬县。"大明洪武二年,省梅州改为潮州府",所以,明代的潮州管辖宋元时期的潮州及梅州,疆域较广。"置潮州卫守焉"。明代前期潮州管辖的县为:海阳、潮阳、揭阳、程乡。《元史·地理志》记载潮州人口为63650户、445550人,明代初年,尽管梅州已经划拨潮州,但洪武十年(1377年)潮州的人口仅有:60097户,214404口。② 人口减少一半多。战争对潮州的破坏由此可见。迄至洪武二十四年,潮州人口为80970户,296784口。③ 人口数量稍有恢复。明初余寅论潮州:"七闽路尽是潮州,莽荡风烟涨海头。溪洞水腥常作雾,桄榔叶暗不知秋。琵琶洲畔蛟为窟,甲子门前蜃是楼。只有罗浮山色好,萧斋长得破羁愁。"④可见,当时的一些官员还将其当蛮荒之地。不过,潮州天然条件较好,吸引了许多移民。永乐五年八月壬辰,"广东布政司言:揭阳诸县民多流徙者,近招抚复业凡千余户。户科给事中奏:此皆逃避差役之民,宜罪之。上曰:人情怀土,岂乐于迁徙? 必有不得已而去者。既复业,则当抚绥之,何忍复罪? 为近臣者,宜戒刻薄。逐敕广东布政司及郡县善抚辑之。"⑤永乐皇帝的宽大政策鼓舞了潮州的外来人口。潮州遇到荒年,也常得到救济。永乐十三年十一月己未,"行在户部言

---

① 林大春:隆庆《潮州府志》卷七,民赋物产志,隆庆刊本,天一阁明代方志选刊,上海古籍出版社1963年,第3页。
② 饶宗颐编:《潮州志汇编》,第1部,卷一,香港,龙门书店1965年,第32页。
③ 周硕勋:乾隆《潮州府志》卷二一,赋役,清光绪十九年珠兰书屋刊本,第9—10页。
④ 余寅:《送包明臣之任潮阳簿》《御选明诗》卷八十六,余寅,文渊阁四库全书本,第7页。
⑤ 《明太宗实录》卷七十,永乐五年八月壬辰。

广东海阳、潮阳、揭阳等县饥民千九百六十余户,命发所在军民仓粟赈之。"①

明代前期,潮州人口大增,见下表:

表1-1 明代潮州人口②

年代	户数	口数	统辖
洪武二十四年	80970	296784	领海阳、潮阳、揭阳、程乡四县。
永乐十年	83947	286177	
弘治十五年	90249	483513	此前添设饶平县
正德七年	90249	483422	
嘉靖元年	80549	461005	
嘉靖十一年	89116	519040	此前添设惠来、大埔二县
嘉靖二十一年	91972	524012	
万历二十八年	101558	540086	此前添设普宁、平远、澄海三县
崇祯十五年	98990	524785	此前添设镇平县

该表说明:明初潮州人口因战乱有所下降,总人口为80970户、296784口。而后潮州有很大发展。《潮阳县志》云:"太祖开疆以来,驯至孝皇(弘治)之盛,一时境内晏然,户口殷富,鸟兽草木咸若。百里之内,禾满阡陌,桑麻蔽野,牛羊不收。千里之内,鱼盐载道,行者不赍粮。当是时,以其土之所出,自足以供贡税、畜妻子而有余。"③"其小民则尽力农亩,其次则为工为贾,其妇女则勤于织纺。"④王士性评价潮州:"今之潮州非昔矣,闾阎殷富,士女繁华,裘马管弦,不减上国。"⑤潮州人口一路上扬,明中叶弘治十五年的潮州人口已经有90249户,483513口,晚明万历二十八年更上升到101558户、540086口。在周边各省官府掌握的人口数下降的背景下,潮州的人口增长十分显著。潮州在广东的地位排在第二位。"广东犹家,故号称富饶云。今之谈上郡曰广潮琼,其次莫如惠。广潮大而民健,琼富而

---

① 《明太宗实录》卷一百七十,永乐十三年十一月己未。
② 周硕勋:乾隆《潮州府志》卷二一,赋役,第9-10页。
③ 林大春:隆庆《潮州府志》卷二,县事纪,隆庆刊本,天一阁明代方志选刊,上海古籍出版社1963年,第11页。
④ 戴璟、张岳等纂修:嘉靖《广东通志初稿》,卷一八,风俗,北京图书馆古籍珍本丛刊第38册,书目文献出版社第335页。
⑤ 王士性:《广志绎》卷四,北京,中华书局1981年,第101页。

险,惠介潮广间。"①

二、潮州的经济

潮州的农业发达。广东的地势不像福建那样有太多的山陵,广袤的潮州平原连绵数县,这在福建是见不到的。嘉靖二十一年(1542)潮州府人口为453098口,而田地为327万亩,平均每人拥有7.21亩田地②,其人均土地占有量为福建的一倍多。潮州平原以富饶称,"方志南海十郡并列,潮独称古瀛洲云。其地多隰泽良田,宜稻谷。粳稌之美,溢于四方。山海所藏,百物流衍。贾人宾客,重茧而来"③。再如周瑛说:"饶平,潮始分县,其地东南接海,西北入于莲山,与惠及闽汀漳诸境壤接,民庶繁衍,物货富饶,不在潮揭诸县之下"④。潮州首邑海阳尤其繁荣·"市集,在城者不书。曰云步,曰塘湖,曰采塘,曰冠陇,曰辟望,曰梅溪。潮七县,称市集者亦繁多,特书海阳者,以其旧无者也。不尽书,特志其大者,以见居积多也。居积最者惟绅绢,往往杂以造丝,又稀薄不可衣而黠民以此昂其值于诸番,因而为患。潮阳云葛价逾五金,非所谓淫巧导者奢耶?"⑤弘治年间的车份《潮州府志》说:"明兴,文运宏开,风俗丕变。冠婚丧祭多用文公礼,故曰海滨邹鲁。"⑥可见,明代前期潮州大发展,不论在经济还是文化方面都达到很高的水平,从当时人们对潮州的评价来看,明代中期潮州的繁荣已经是公认的。明初潮州领海阳、潮阳、揭阳、程乡四县,后于成化十四年增置饶平县,府志记载:"成化十四年都御史吴琛朱英以饶去郡治远,又界于汀漳,民多顽梗,疏请拆海阳八都置今县。"⑦正德七年潮州又增置惠来县,嘉靖五年增设大埔县。明代后期还添设普宁、平远、澄海、镇平四县,明代的潮州从明初的四县到明末的10个县,新设县的增加,反映了潮州区域的繁荣。

要说明的是:潮州的富庶主要是沿海区域,在明代潮州的山区,也就是今天的

---

① 姚良弼等:嘉靖《惠州府志》卷五,地理志,上海书店景印天一阁藏嘉靖三十五年原刊本,第1页。
② 郭春震纂修:嘉靖《潮州府志》卷三,田赋。本文采自黄挺、陈占山:《潮汕史》,广东人民出版社2001年,第306页。
③ 翁万达:《翁万达集·文集》卷二,送郑长溪太守擢广西宪副序,上海古籍出版社1992年,第56页。
④ 周瑛:《阳公溪记》,吴颖纂修:顺治《潮州府志》卷十二,顺治十八年刊本。北京图书馆古籍珍本丛刊第40册,书目文献出版社,第1679页。
⑤ 郭春震:嘉靖《潮州府志》卷二,建置,嘉靖二十六年序本,第16页。日本藏罕见中国方志丛刊,书目文献出版社1991年,第192页。
⑥ 周硕勋:乾隆《潮州府志》卷十二,风俗,第4页。
⑦ 郭春震:嘉靖《潮州府志》卷一,地理志,第1-4页。书目文献本第164-165页。

梅州区域,情况有所不同。梅州山多地少,稻田多为挂在山腰的梯田。人口稍有增长,便会出现粮食不够吃的现象。因此,明代潮州的山区有多股反官府力量,他们常常袭击沿海富庶区域,导致连续不断的战乱。

明代中期,潮州的城镇化,使其对海外商品有较大的需求。在广州沿海厉行海禁的背景下,潮州人往往引导一些在广州进贡的商人到潮州做贸易,潮州与内陆市场有联系,他们可以通过韩江(汀江)水道将海外番货运销国内市场。尝到甜头后,潮州人的海上贸易越做越大,渐渐形成一股对抗官府的力量。

第四节　大视野的东南城镇化进程

中国的城市化进程已经是中国经济史研究的一个热点。通常认为,宋代是中国城市化的重要阶段,宋代中国南北分布着多个大城市,例如汴梁、临安、广州、成都都曾是可观的城市。不过,在中国历史上,许多城市有数次起落,并非永恒。以上宋代著名的四大城市,除了广州是一直发展的外,汴梁、临安、成都都有潮涨潮退的时候,与现代同名城市规模的关系不大。从大趋势而言,自明代中叶开始,中国的城市时起时落的现象减少了,多数城市有一个稳定地发展过程,从而成为现代中国城市的基础。这种稳定的、长时期的城市发展,我称之为城市化过程。

一、明清东南区域的城镇化进程

明清以来中国的城市化过程最为重要的是东南沿海城市群落的兴起。当代中国两大城市的都会区域:长江三角洲和珠江三角洲,都是起始于明代后期,而后逐步发展,成为两大城市群落,——或称都会区。但是,深入研究明代东南城市的崛起,会发现这两大都会区城市化的起步都比台湾海峡西岸略迟一些,这是有原因的。

首先来看广东的珠江三角洲。

珠江三角洲的核心城市是广州,广州是中国最早对外通商的城市之一,自汉晋以来,来自南海的各类物资多从广州口岸进入中国。广州珠江的码头,总有来自海外的番舶停靠,掌管征税的官员收入丰厚。因此,有些官员将广州当作发财之地。不过,除了广州之外,珠江三角洲的其他地方开发度不高。嘉靖《香山县志》第一卷风俗志记载当地民俗:"土旷人稀,生理鲜少,家无百金,取给山海田园。"香山县现称中山市,是广东最富裕的地方之一,但在明代前期,香山经济相对落后。如果观察广东自宋以来的人口变化,就可知当时广东的落后不是没有原因的。

宋朝统一岭南之初,得二广户口为:170263户,这说明宋代的广东和广西是当时中国人口最为稀少的区域之一;其后,二广人口缓慢增长,宋绍兴年间,广南东路户口为:513711户、784774口;元代广东为443906户、775638人;然而,直到明洪武二十六年,广东人口也只有675599户、3007932人①,尽管广东面积要比福建大一二倍,但明初广东的户口要比福建省少。可以说,当时的广东开发程度远远落后于相邻的闽赣等省。明永乐年间的官员评价广东:"广东地广民稀,盐课无商中纳。军民多食私盐。"②如其所说,由于广东人口较少,宋明以来一直流行于中原的食盐垄断制度在广东无法实行。在这一背景下,广东珠江三角洲的城市化起步较晚并非意外。

再来看长江三角洲地区。自从元代修成新的大运河之后,长江和运河交叉区域成为交通枢纽,迅速成为经济最发达的区域。在这一带的城市:南京、扬州、镇江、常州、无锡、苏州都有很大的发展。扩大范围看,当时中国发达的城市主要分布于长江沿线和运河沿线,尤其是运河沿岸,从北京到天津、济南、临清、淮安、镇江、杭州一线,有十来个发达的城镇。不过,运河沿线城镇的发展,建立在牺牲沿海城镇的基础上。从元代到明代,国内最重要的交通线位于北京至长江三角洲之间。元代大运河修通以前,从江南到北京的漕运是走海路,一直到明代前期依然如此。元朝修建大运河,未及付诸使用,元朝就灭亡了。明代初年,南北交通主要走海上道路。元明之际的海路交通使沿海城市初步繁荣,例如上海建县后的初步发展,天津市的萌芽,山东登州城市的扩大,都与这一时代的海运有关。桑悦的《太仓州治记》:"太仓,一名东仓,在元时宣慰朱清张瑄于此开创海漕,市民漕户云集雾瀽,烟火数里。久而外夷珍货棋集,户满万室。延祐元年遂徙昆山州治于此。"③"太仓本田畴之村落,濒大海,枕长江,阻三泖,恃五湖。籍朱司农营卜第宅,丘墟遂成街市,港汊悉为江河。漕运完艘,行商千舶,集如林木。高楼大宅,琳宫梵宇,列若鳞次,实为东南之富城矣。"④

以上史料都说元明之际的太仓因海运而发展。然而,迄至明永乐年间疏浚大运河之后,中国南北交通的重点转到大运河沿线。此后,运河沿线城市发达,而沿

---

① 〔清〕阮元修,陈昌齐刘彬华纂:道光《广东通志》卷九十,舆地略八,户口。上海古籍出版社1990年影印上海商务印书馆1934年影印本,第1753页。

② 《明太宗实录》卷二八,永乐二年二月戊子。

③ 桑悦:《太仓州治记》,桑悦著:弘治《太仓州志》卷十下,日本藏中国罕见地方志丛刊续编本,北京图书馆出版社2003年,第303页。

④ 桑悦:弘治《太仓州志》卷十上,诗文,第1页。

海发展相对迟滞。太仓失去海运中枢城市地位后,逐渐成为一个较为一般的城市。从大趋势来看,从天津到上海的沿海城市的发展,一直要等到五百年之后的晚清才有出色的成绩。

鉴于以上原因,我一度认为元明大运河是中国历史上的大浪费,因为没有运河的话,北方的沿海城市发展会提前五百年。以后进一步了解资料,才知道当时的北方海运死亡率极高。元代漕运海船经常遇到风浪毁灭,每年死亡数千至上万水手。极高的死亡率最终消灭了江南民众承包海运的热情。元代的漕运从元初二三百万石下降到元末的二十多万石,迫使元朝廷考虑修一条南北运河。① 明代朝廷也是同样的原因决定疏浚大运河。所以,大运河出现,是当时经济条件决定的。而大运河的修筑,使明代江南城市的发展主要集中在距离海洋还有数百里的内地,主要体现于南京到苏州一系列的城镇。它的发展不比台海西岸迟,但是,这些城市在发展初期,还没有向海洋发展的动力。

和江南及广东相比,福建沿海的自然条件较差。我注意到世界上所有城市都会的出现,都与发达的农业有关,而农业最发达的区域往往分布于大河三角洲。这类区域河流密布,交通方便,土壤肥沃,可以养活较多的人口,因此,它往往是该国人口最密集的区域。城市化出现在人口最密集的区域是理所当然的。福建沿海城市化的发展,也和福建东南沿线有一条狭长的沿海平原有关,在福州是福州平原,在兴化府是莆仙平原,在泉州是泉州平原,在漳州是漳州平原。这些平原都不大,大约每块平原有 400 平方公里,加起来也不过 1200 平方公里,但是,它构成了福建城市化的基础。福建沿海的水田产量很高,大量的沙地也被种上高粱、小米、黄豆等粮食植物。至于广东的潮州,也有一片可观的平原,成为广东粮食基地之一。自宋以来,台湾海峡西岸狭长的平原地带出现了一批较发达的城市,这些城市经历了元明之际的萧条之后,在明代中叶迎来了发展的时代,聚起较为可观的人口,成为中国城市化的先行区域。明代沿海的城镇化最早出现在福州至潮州的沿海,是有道理的。不过,由于这些城镇的腹地较小,它的发展受到限制,最终不如长江三角洲和珠江三角洲。此外还要注意的是:台海西岸的城市群落分布在相对狭小的区域,腹地有限,城市很难大发展,因此,这些地方城市人口的集聚,往往体现于乡镇的发展。例如晋江半岛的永宁卫,辖下多座港口都成为人口密集的港市,其中一个集市的后身即为曾经十分出名的石狮市。因沿海港市发展海上贸易的条件出色,当地人口大都居住于沿海的港市,而不是集中于邻近的泉州,因此,明代前期台海西岸城市化的发展,更多地体现于乡镇人口的增加。我称之为

---

① 徐晓望:《妈祖信仰史研究》第五章,明代官府与天妃信仰,福州,海风出版社 2007 年。

城镇化,它应是城市化的初步吧。

二、关于明代城市化进程的思考

从南宋到明代前期,中国经济在循环中出现迟滞的现象。如果说南宋中国经济领先全球,经历宋末元初和元末明初百年内两场大破坏之后,明代前期中国的经济尚在重返宋末经济繁荣的道路上,那时的中国对世界各国仍然保持一定的优势,但有些勉强①,因为,欧洲国家正在急速赶上。就中国历代经济比较而言,我常思考的一个问题是:明代经济比南宋经济更强吗?如果说晚明经济比之南宋有一个跃升,那么,造成这个跃升的原因是什么?应当说,晚明环球世界市场的初成,是晚明经济最终超越南宋的原因。但是,晚明环球世界性贸易的发展,其初始动力在哪里?传统观点一向认为是欧洲人开辟了环球航线,带动了东亚世界的发展。我认为,欧洲国家在大航海时代的贡献是可以肯定的,不过,假使没有葡萄牙人东进,亚洲就不发展了吗?大航海时代环球贸易体系的形成,除了欧洲人的贡献之外,亚洲的贡献在哪里?这促使我从亚洲的角度去考虑环球贸易体系。转换角度的思考,使我认定亚洲国家对此贡献也是巨大的。实际上,环球贸易体系初成,不仅有欧洲的贡献,也有东亚的中国、日本和南亚的印度做出的贡献。但是,要论证这一点要做许多工作。

分析人类社会的近代化,亦即从农业社会走向工商社会的道路,可知这是一个城市化的进程。沿海城镇工商业发展的需要,促使人们向海洋发展。这样看来,环球贸易体系的初成,与沿海港口城市工商业的发展有关。换句话说,导致环球贸易体系初成的动力,一方面来自欧洲城市化的发展,另一方面,也来自东方中国、日本、印度城市化的发展。不论东方还是西方,沿海一线城市的崛起,需要更多的原料和市场,是其将工商业延伸到海外的动因。

明代中国沿海的城市化萌芽最早出现在福州至潮州的沿海,因其主要体现于农村市镇人口的增加,或可称之为城镇化更合适。这些城镇的一大特点是:人们已经无法依赖传统农业生活,为了养活自己,他们更倾向于工商业。而工商业的发展,市场是最重要的。此外,沿海城镇工商业的发展,导致福建和广东山区商品向沿海流动,于是,长距离贸易出现。台海西岸与邻近山区的互动,又引起福建、广东与内陆省份的互动,从而带动了中国东南经济的活跃。明代中国城市化的另一个起点是以长江、运河为中枢的江南地区,它的发展特点与东南沿海不同,这一

---

① 按,许多学者认为明代中国经济不如南宋,甚至到了明代晚期,中国经济水平亦不如宋代。当然,也有许多人认为明代中国经济胜过宋代。

问题以后再研究吧。

那么,为什么福州至潮州的东南沿海在明代中叶会出现城镇化的倾向?它是葡萄牙人东进之后出现的吗?在本章的研究中,我严格鉴别史料的年代,主要用明代前期的史料来描述当时的经济。完成这一工作后,我才意识到:其实在葡萄牙人抵达东南沿海之前,台湾海峡西岸便出现了初始性的城镇化,这与宋元以来官营企业的破产有关。我们知道,宋元时期是官营企业大发展的时代,当时官府需要银子,就征发民众开矿,官府需要丝绸,就开办丝织作坊,征发民众缲丝织绸,皇帝爱喝的茶叶,也由御茶园生产。明代前期,福建、广东等地爆发的叶宗留、邓茂七、黄萧养起义,有大量的矿工参加暴动,导致明朝大量的官营企业废除。在农村,佃农与城市地主的斗争,导致佃农权力的增加。商业资本对农村的侵入,反映金融资本的对农村毛细管的渗透。这一切都促成了农村商品经济的发展,也就是城镇化的展开过程。实际上,早在明代中叶,福建、潮州一带的商品经济发展已经有一定水平,这造成大量人口集中于沿海一线的城镇。这些城镇人口极具活力,他们除了向山区发展外,还有向海外发展的动力。明朝三百年,进行海外贸易的商人主要来自台海西岸。最早进行海上走私贸易的是漳州人和潮州人。漳州区域本土市场狭小,海外市场广阔,有趋向海洋发展的本能。他们下海谋生的行动逐渐漫延到闽粤浙的许多地方,最终形成了全民性的运动,迫使朝廷改变改变海洋政策。可以说,明朝的海洋政策是从开放到保守,再从保守到开放,这一切都与台海西岸的民众利益纠缠在一起。

小结

明代前期,尽管官府的态度保守,但民间仍然保持着向海外发展的动力。事实上,在大航海时代的早期,当西方人努力寻找东方航路的同时,中国人也在探索世界。看到以上这句话,人们一定会说我是指明代初年的郑和下西洋。但在我看来,郑和下西洋主要是官府的行动,更大的动力在于聚集在台海西岸城镇的民间力量。明代前期东南沿海港市的发展,使其具有扩大城市经济圈的张力,它已经不能满足周边河流给它带来的财富,更向往海外的财富。所以,沿海的发达港市具有向海外扩张的潜意识。

明代前期,中国沿海港市不多,天津和上海还只是卫所,都是小城。山东境内,因海禁的关系,没有一座较大的港市。江苏最大的沿海港市是太仓,可惜的是,由于海运受限制,这座城市注定难以大发展。宁波作为浙江唯一的对外贸易港市略为可观,整体而言,浙江沿海城市不如内地的杭州、金华繁荣。就连明初的广州市,也只是一座一万多人家的小城。在这背景下,福建境内的福州、莆田、泉州、漳州及粤东的潮州就显得比较突出。这一带人口相当密集，不仅有十多万人的中等城市，而且有许多数千户人家的市镇。而且，闽潮港口城市拥有许多下海捕鱼的疍家，具备向海洋发展的潜力。

宋元以来，闽粤沿海的商人垄断了中国的海上贸易。由闽粤港市出发的商人在海外港口编织自己的商业网络，力图在中外贸易中获得利润，以养活城市，发展自己。郑和下西洋时期，他们的利益与官府是一致的，当官府结束下西洋的行动之时，生活迫使他们继续维持传统生活方式，这也是东南传统海洋力量内在张力决定的。

宋元以来迄至明代中叶，中国海洋力量的崛起也遇到了许多问题，首先是与官府的关系。东南海洋力量是民间性的，它在向海洋发展过程中，得到过官府配合，也被海禁之令苦恼。还是从东南海上力量与官府的关系来看明代海洋史的开端吧。

第二章

郑和远航与全球化的发端

　　明代初年,明朝是世界上经济文化最强大的国家,有意向海外发展,建立以中国为核心的朝贡体系。郑和七下西洋就是为了实现这一目标。不过,由于郑和下西洋开支过大及国际形势的变化,明中叶以后,明朝不得不放弃理想,回归现实,从而退出海洋大发展时代。其后,维护中国海外利益的重担,转到台海西岸民众的身上。

第一节　明朝走向世界的历史动力

　　明朝重视海外国家的外交承认,早在明朝正式建立不久,就开始向海外国家派遣使者,它是历史趋势的反映。

一、明朝走向世界的历史动力

　　在世界历史的中世纪,亚洲无疑是世界文明的中心,它的文明发展程度远远高于其他大洲。其原因应是相对较多的文化交流以及肥沃的土地。

　　文明最早孕育在亚洲和北非的大河流域,这是自然条件造成的。大河流域中下游肥沃的土壤十分适宜庄稼的生长。人类最早培育的粮食种类,如粟、稻、麦、菽都可在大河流域的平原上大面积种植,从而造就了早期的农业文明。人类农业文明主要起源地为尼罗河下游三角洲,伊拉克两河流域,印度河及恒河中下游,黄河中下游及长江流域。这些文明各自有独特的文明贡献,而又相互交流,从而促进各大文明区的发展。在亚洲,历史上主要的文化交流事件有:西亚麦子和青铜冶炼术的东传,东亚牛车及骑马技术的发明和西传,印度佛教文化的传播,中国指南针、造纸、刻版印刷术、活字印刷术的西传。各类技术和文化的交流,促进文明的发展。它的重要性可以美洲文化为例。美洲古文化是伟大的文明,培育了玉米、番薯、马铃薯、辣椒等今人无法离开的农作物。然而,由于缺乏交流,古代美洲人一直不知道制造车轮的技术。没有车轮就没有车,哪怕是最简陋的牛车,其运载能力也不是人类可以相比的。所以,古代美洲人的陆上交流只能让人类的双腿承载,这就制约了他们文明发展的高度。

就后人的角度看,车轮并非了不起的发明。当商朝人的祖先"牵牛服贾"的时候,人们最多只是赞叹他们的聪明。谁能想到:牛车及马车的出现,大大加速了人类之间的文化交流。旧大陆的优点就在于各大文明之间有较为频繁的文化交流,交流,促进了各大文明的发展。从而获得较高的文化成就。

文化在交流过程中相互融合,融合是深度的文化交流,通常会促进文明本体向高处发展。在历史的长河中,广袤的亚洲逐渐形成三个巨大的文明共同体,其一为以唐宋帝国为核心的东亚文明共同体,包括中国、朝鲜、日本和蒙古;其二为广义的印度文明共同体,亦即南亚印度河、恒河流域的印度、巴基斯坦、孟加拉国、尼泊尔等国;其三为西亚、北非文明共同体,包括波斯、两河流域、叙利亚、土耳其、埃及。这三大文明共同体分别具有较高的文明程度和不同的文化特点。其实,每个共同体中都有大致相同而又各有特点的文化起源,例如西亚北非区域中的埃及、土耳其、叙利亚、伊拉克、波斯,各有伟大的文明来源,不过,在中世纪的亚洲已经出现了走向巨型共同体的发展趋势。来自阿拉伯半岛的伊斯兰教两度统一西亚、北非,而后又形成奥斯曼帝国;东亚文明起源于黄河流域,而后向长江流域发展,并向海外传播,促进朝鲜半岛及日本诸岛的文明变化。唐宋时代的中国文明已经具有四大发明。至于中世纪南亚的文明共同体,表面上看是诸国分立,但婆罗门教、佛教、伊斯兰教都曾风行南亚的土壤,造成文化上的多元统一。在亚洲之外,欧洲国家形成了天主教和东正教两大系列国家,表明上群雄分立,但这些国家具有类似的文化价值观,也可视为一种文明共同体。

人类是一种群体动物,一向是在文化交流中发展。早期人类的族群是很小的共同体,各有不同的文化传统。所以,两个不同的族群相遇,便可交换不同的知识和技术,这样,他们各自获得发展。自从文明史展开以来,人类一直是在交流中获得发展,所谓落后的族群及共同体,大都是缺乏交流的群体。而人类在交流中,往往聚合成为较大型的共同体。各类大小文明共同体的不断凝聚,逐步形成了较大的文明共同体。这类大型共同体会给人类带来不可思议的机遇,并在交流中获得发展。到了中世纪,亚洲大陆许多地方的巨型文明共同体已经完成,中国、印度、阿拉伯三大文明共同体遥遥相望,还有东欧的及西欧雏形的文明共同体。巨大文明共同体的出现,体现了一种大趋势:人类是在聚合过程中获得发展,因为,人类的相互来往,可以交流文化知识,相互促进发展。哪个民族脱离这一趋势,便会孤立和落后。从某一角度看,人类的历史是从较小的生活空间走向大型生活空间的历史。在这一过程中,他们通过频繁的接触,形成了较大的人类文明共同体。

历史的节点往往表现于各区域文明共同体的相互接触。

然而,人类文明共同体的发展,在中世纪后期遇到空间阻隔的问题。各大文明共同体内部,各自有文化交流系统,但这一系统仅在共同体内部发挥作用,在各大文明共同体之间,存在着难以逾越的地理障碍。亚洲诸大文明共同体之间,虽然存在着丝绸之路,但是,沙漠、高山阻碍了他们之间的交流,丝绸之路时断时续,在那个时代,人类的陆上交通技术还不足以克服大自然造就的距离。

对亚洲腹地的骑马民族来说,陆路的艰险并非不可克复的困难。他们从蒙古高原、新疆向南、向西行动。在唐宋时期,西行的突厥人成为伊斯兰诸国的雇佣军,而后渐成为各伊斯兰国家的统治者。再后,蒙古人又开始了他们征服世界的行动。从宋朝末年开始,成吉思汗和其子孙率领蒙古高原的骑兵征服旧大陆多数地方,建立了历史上罕见的巨大帝国。除了少数国家之外,欧亚大陆多数地区都在蒙古的铁蹄下颤抖。蒙古帝国的出现,客观上促进亚洲各文明共同体之间的往来。许多历史学家从这个角度肯定骑马民族对亚洲文化交流的贡献。但是,遥远的空间距离及沙漠、冰山的阻隔,仍然使他们的努力化为乌有。蒙古帝国迅速破碎为四大汗国,即俄罗斯的金帐汗国,西亚的伊儿汗国,中国的元朝,中国西域的察合台汗国。这些汗国多有百年到数百年的历史,西亚的伊儿汗国和察合台汗国崩溃后,在中亚又出现了帖木儿帝国。帖木儿是成吉思汗的子孙,继承了蒙古人善战的文化传统。他东征西讨,百战百胜,以武力称著于中亚,建立了庞大的帝国。虽说这一帝国很快崩溃,但帖木儿的子孙又进入印度建立莫卧儿帝国,莫卧儿帝国在印度延续数百年,一直到19世纪中叶才被英国殖民者消灭。至于雄霸东欧的金帐汗国,也在俄罗斯广袤的土地上建立了延续三百年的霸权。当时能与蒙古系诸国对抗的,只是西亚土耳其高原上的奥斯曼苏丹国。奥斯曼苏丹曾与帖木儿帝国会战,虽然被帖木儿击败,仍然维持相当大的力量。帖木儿帝国崩溃后,奥斯曼苏丹乘机发展,占领了阿拉伯多数地区,建立了奥斯曼帝国。奥斯曼帝国的核心也是来自蒙古高原的突厥人。所以,从10世纪到19世纪,突厥和蒙古因素曾经影响亚欧大陆的许多区域。

骑马民族的文化特点是重视陆上交通。但是,受到沙漠、冰山的限制,亚洲内陆的交通十分艰难。各大文明共同体之间的交流已经无法满足时代的发展要求,也无法引发较大的化学反应。

然而,若是将视线从陆地转向海洋,就会看到一个完全不同的世界。地球上海的面积是陆地的两倍多,五大洋将旧大陆与新世界隔开,也为世界各地的沿海国家提供了许多港口。从原则上讲,每个地区只要有一个海港,就可以和世界多数港口通航。将这些港口联通在一起,需要的是航路的发现和建立。14世纪以前,世界各大文明区域被大洋分隔,太平洋西岸是中国与日本、朝鲜,印度洋周边是印度、波斯和阿拉伯世界,大西洋东岸和地中海是欧洲和北非、西亚国家,美洲的墨西哥、秘鲁分别具有独特的文明。在各大海洋文明中,太平洋西岸与印度洋沿岸文明之间往来较多,构成了海上丝绸之路的主体,各国之间的往来,培育了相互影响的文明世界。自隋唐以来,中国与印度及波斯、阿拉伯世界就是代表世界文明发达程度的国家。而元明时期的中国是当时世界上经济体量最大的国家,也是最富裕的国家。在那一时代的欧洲人看来,当时的中国有世界上最有营养的谷物:水稻;有世界上最美丽的衣料:丝绸;还有世界上最高雅的容器:瓷器。这些物质文明远超同时代欧洲的水平。其实,当时能与中国一较高下的不是欧洲诸强,而是印度的莫卧儿帝国和横跨欧洲、非洲、亚洲的奥斯曼帝国。莫卧儿帝国最终征服了印度河流域及恒河流域的主要国家,其物力不亚于东亚。奥斯曼帝国一统中东的阿拉伯世界,该国的陆军力量超越欧洲诸国,不断向欧洲内陆攻击,夺占东欧的许多地方,是欧洲诸国畏惧的对象。其弱点在于:该国的领土多为沙漠和山地,缺乏大面积的农田,农业和手工业都不是最发达。总的来说,这两大文明共同体的物质力量略逊于东亚的文明共同体。总之,东亚、南亚、西亚在海上丝绸之路上的文化交流,使之成为中世纪世界文明最发达的地方。促进这些区域的发展,应当是诸大文明共同体之间更多的贸易和文化交往。但到了元明时期,不仅陆上交通受到大自然的制约,即使是海上交通,也存在着许多阻碍,无法打通这些障碍,人类文明很难向前发展。

应当说,蒙古人也有向海外发展的雄心。但技术上的困难及文化上的距离,使他们的海洋征服屡遭失败。当他们征发民众在中国沿海港口造船的时候,他们不知道,因经费的限制,汉人工匠给他们造的船只,大都是薄壳河船,一遇风浪就会破碎,理论上不该用于海上。然而,蒙古人不但用了,而且还派出几十万大军远征日本诸岛,最后,因船只在大风中相互碰撞而灭亡。所以,日本击败蒙古入侵的胜利,与其说是日本的胜利,或是神秘台风作用,不如说是汉人工匠早就给其埋下失败的种子。

元代中叶,元朝将征服的对象转向南海。元军以泉州港为依托,在蒲寿庚等人支持下造出许多可靠性较强的大船。其后元朝派出多支大军乘船前往占城、安南、爪哇,这些军队虽然一度给南海诸国造成极大的破坏,但都因过于深入内地而最终失败。元军失败的原因在于:未能解决大军与始发港的关系。按照近人的军事观点,他们应当在登陆地点设置军屯,并保持与始发港之间的联系,在军屯之地扎下根之后再向内地发展。元军违反了海战规律,失败难免。但是,元军的海上远征也带来一定的好处,中国人在这些规模较大的行动中熟悉了南海。如果说宋代只有少数人下南海贸易,元代随着元军的活动,下南海贸易的人更多了。并为明朝的郑和七下西洋奠定基础。

总之,宋元之际蒙古人的远征,风云际会,造成亚欧大陆五大帝国并立的局面。蒙古帝国最西方是金帐汗国,它的后世为俄罗斯帝国;蒙古人未征服的亚非欧三角地带是突厥人的奥斯曼帝国;中亚是伊儿汗国和察合台汗国,中亚两汗国崩溃之后,又有帖木儿帝国出现;南亚是莫卧儿帝国;东亚是明帝国。五大帝国并列,实际上是人类共同体局部统一趋势的展现。在此基础上的进一步发展,最终形成亚洲三大文明共同体:中国、印度及奥斯曼帝国。在这一基础上,亚洲文明进一步的发展需要三大文明共同体之间的往来交流。然而,陆上交通的障碍使丝绸之路时断时续,而海上交通也因为种种因素难以大发展。诸大文明共同体之间的往来,需要有一个国家出面来整顿海上丝绸之路,为文明之间的交流开辟一个新天地。

这个国家,应当是世界上最富强的明代的中国。

同时,明代的中国也有向世界发展的内在需求。

元明时期中国的经济问题。蒙古贵族在中国建立的元朝是亚欧大陆最早被当地人推翻的蒙古政权,究其原因,通常说法是蒙古人进入中原后,受到中原腐朽文化的影响,逐步堕落,因而失去战斗力。在我看来,元代蒙古贵族的腐化堕落主要原因还是自己。蒙古兴起之时,号令严明,成吉思汗执法严厉而且公平,得到多数蒙古人拥护,万众一心,因而能够征服世界多数地方。然而,蒙古人未能及时建立一套细致的法律,妥当地处理社会矛盾。早期蒙古社会得以运行完全依赖优秀的首领。而蒙古的早期领袖去世后,后起的领袖受派别影响与控制,处事未必公平,便引发了许多问题,蒙古内部的矛盾日益积累,产生了毁灭自己的因素。

此外,就蒙古人的生活而言,他们进入中原后,多数人成为富翁,但蒙古人从来不擅长守住财富。在中原商品经济的影响下,蒙古人迅速分化为不同的阶层。少数蒙古贵族掌握权力,还能用权力换钱,维持富贵生活。多数蒙古人很快花光他们的财富,成为赤贫阶层。元世祖忽必烈时代,已经发现许多蒙古人因没有办法生活,出卖他们的子女。蒙古贵族一度对蒙古幼童被贩卖到海外感到吃惊,想方设法将他们买回来。但是,他们无法制止蒙古社会分化的趋势。虽然在耶律楚材等中原儒生的帮助下,元朝建立了一套统治中原的制度,但到了元代中叶,元朝的蒙古贵族大面积腐败,他们对财富的无限贪婪破坏了原来就脆弱的制度。于是,处于下层不堪忍受压迫的底层民众发动起义,经过20多年的战争推翻了元朝。在反元起义中建立强大武装的朱元璋开创了新的王朝,这就是明朝。据说,帖木儿大帝得知元朝被推翻,在结束中亚战事后,立志东征,想助北元的忽必烈子孙夺回中国。明成祖永乐三年(1405 年),帖木儿突然病死于东征的途中,他的子孙争权夺利,数十万大军一朝瓦解。在明朝还没有明确了解这场战争的对手之前,一场大祸化解于无形之中。许多历史学家得知这段历史之后,都为明朝政权感到万幸!帖木儿拥兵百万,东征西讨,从未败过。如果帖木儿帝国东侵战事真的发生,明朝能否抵挡还在未知之数。但从历史地理的角度去看,帖木儿东征也有其很难克服的困难,这就是帕米尔高原、塔里木盆地大沙漠和准噶尔盆地沙漠。穿越冰山及两大沙漠的道路非常荒凉,数千里道路上,有人居住的地区极少,可提供的粮食也非常少,通常只有百余人的商队路过。即使做好准备,历史上这条道路也只有上万人的军队通过。所以,如果帖木儿四十万大军真的东征,结果只有一个:多数人饿死、渴死于沙漠地区。倘若帖木儿将其东征大军缩小到数万人,那对强大的明朝又很难起作用。可见,中亚帝国很难对中国历史产生实质性的影响,其原因在于遥远的距离。

从历史发展的一般规律而言,要超越亚洲三大文明共同体时代,就得促进人类各大区域加强联系,在联系和融合中加强交流,从而推动各大区域的发展。人类加强融合的意志,往往通过各区域政治上的统一进表现出来。不过,亚欧陆上帝国之间一时无法克服地理的天然界限,蒙古带来的统一很快崩裂。人类另一种联合方式是:不求政治的统一,但追求经济和文化的渗透交流,从而达到同样的目的。这方面的范例以西欧最为典型。西欧诸国在政治上是无穷无尽的争霸活动,但在经济和文化两方面,各国之间却有密切的交流,因此,欧洲文明共同体具有许多共同的特性。蒙古帝国之后亚洲大陆的发展,其实可以借鉴欧洲的经验,不一定要政治上的跨界统一,但可以加强各大区域之间的经济文化交流,从而获得发展的动力。那么,怎样跨越陆地的地理障碍?现存最好的方式是航海,从中国海到印度洋,本来就有传统的海上航线,后人名之为"海上丝绸之路",促进海上丝绸之路的交通,便可加强各大文明共同体之间的互动。

因此,不论从科技发展来说,还是经济发展而言,中国有必要向世界发展,承担起她的历史责任。

二、明朝建立朝贡体系的构想

自汉唐以来,中国经济发达,文明昌盛,东亚国家羡慕中国文化,积极引进儒学因而造就了东亚的儒文化圈。不过,自唐末以来,中国陷入了近四百年的战乱,历经五代十国的分裂之后,又有宋、辽、西夏、金、西辽、大理诸个政权之间的纷争;即使元朝统一之后,仍有许多战争和动乱。于是,当统一昌盛的大明王朝出现于东亚世界,人们都感到这是中国又一个文明昌盛时代的到来,因而对中国寄有希望。

自唐宋以来,中国经济重心不断向东南转移,东南滨海区域迅速成长为中国经济最发达的地方。这些区域和海外有着天然的联系,自古以来海上贸易不断。南海周边国家十分欢迎中国的商人,宋元时期的南海,几乎每一个港口都有华商在活动。有些华商一生涉沧溟数十万里,南海、印度洋成为他们闲庭信步的地方。因此,从历史发展大势来看明朝发展与海外的关系,就可知道它是宋元以来中国南海周边国家交往的延续。

在后人眼里,明朝也许是一个闭关自守的国家吧? 其实,明朝的统治者十分在意与周边诸国的关系。朱元璋建立明朝之后,迅即派兵北上消灭元朝,占领北京。洪武元年十二月壬辰,朱元璋派遣使者"奉玺书赐高丽国王","遣知府易济颁诏于安南",告知这两个与中国最亲近的国家,中国已经改朝换代。[1] 洪武二年春正月乙卯,"遣使以即位诏谕日本、占城、爪哇、西洋诸国"。[2] 洪武三年八月戊寅,"遣使持诏往谕三佛齐、浡泥、真腊等国,赵述等使三佛齐,张敬之等使浡泥,郭徵等使真腊。"[3]这些外交行动的要点是宣告明朝的建立,要求诸国向明朝进贡,不要与元朝往来。用今人的观点来看,朱元璋急需周边国家承认大明王朝已经取代了没落的元朝,以便在政治上取得主动地位。在洪武建号后的几年内,明朝的使者出现在朝鲜、安南、占城、日本、琉球、爪哇、暹罗、浡泥等国家的领土上,与许多国家建立了外交关系。明代初年,许多国家都到中国进贡。经历一段波折后,洪武后期,明朝与外国的关系基本稳定。洪武二十七年四月庚辰,"更定蕃国朝贡仪。是时四夷朝贡,东有朝鲜、日本,南有暹罗、琉球、占城、真腊、安南、爪哇、西洋、琐里、三佛齐、浡泥、百花、览邦、彭亨、淡巴、须文达那凡十七国。"[4]嘉靖年间的漳州学者吴朴评论朱元璋:"圣祖起兵濠州……因驰檄海南、海北,九真、日南三十余城,皆纳印请吏……而安南、朝鲜,南海、西域等九十国,皆奉表入贡,而一统之业成焉。"[5]回顾历史,中国没有一个朝代这么主动地派遣使者到海外,建立广泛的国际关系,这体现了明朝不同以往的国际视野。

明朝与元朝不同在于:元朝经常对海外国家使用武力,曾派出大军征讨日本、

---

① 《明太祖实录》卷三七,洪武元年十二月壬辰。

② 《明太祖实录》卷三八,洪武二年春正月。

③ 《明太祖实录》卷五五,洪武三年八月戊寅。

④ 《明太祖实录》卷二三二,洪武二十七年四月庚辰。

⑤ 吴朴:《龙飞纪略·目录通例》,引自陈佳荣、朱鉴秋编著:《渡海方程辑注》,上海,中西书局 2013 年,第 193 页。

占城、安南、爪哇等国。但朱元璋对海外国家奉行和平的外交政策。朱元璋的《皇明祖训》云：

四方诸夷，皆限山隔海，僻在一隅。得其地不足以供给，得其民不足以使令，若其自不揣量，来扰我边，则彼为不祥。彼既不为中国患，而我兴兵轻伐亦不祥也。吾恐后世子孙倚中国富强，贪一时战功，无故兴兵，致伤人命，切记不可。但东北与西北边境，互相密迩，累世战争，必选将练兵，时谨备之。①

在明太祖的时代，世界各国之间征战不已，大欺小，强欺弱，几乎成为国际关系的"普遍规律"。明太祖却有超越时代的认识，将海外用兵当作大忌，用以教训子孙，这是儒家思想指导下中国外交传统的体现。明太祖又强调要警惕来自北疆的威胁。这表明朱元璋深深感到对明朝最大的威胁来自北方，他生怕继位者在海外滥用兵力，消耗中国力量，不利于抵挡北方游牧民族武装的南下。明太祖圣训使明朝历代皇帝都慎重地对待外海外世界。

明太祖提倡和平的另一面是积极经营海外世界。中国儒家的理想从来是天下大一统，"溥天之下，莫非王土，率土之滨，莫非王臣"！明代的儒者认为自己的治国方式是全世界最好的，要凭借明朝的力量，将明朝的影响扩及海外，建立"四海之内皆兄弟"的儒家理想世界。洪武三年，明军北伐蒙古高原，消灭北元军队大部，得知元朝最后一个皇帝已死。朱元璋"以平定沙漠颁诏：自古为天下主者，视天地所覆载，日月所照临，若远若近，生人之类，莫不欲其安土而乐生。然必中国安，而后四方万国顺附。"②可见，由儒者草拟的这封诏书自信明朝能给世界带来和平与安定。不过，在明太祖时期，明军的主要力量是对付北方草原的残元势力，朱元璋多次派遣大军北伐在大漠深处游击的残元军队，取得多次胜利，但因地理的因素，明军无法彻底消灭残元势力。除了来自北方传统的威胁之外，明军还要面对不断袭击中国沿海的倭寇，为了防止倭寇，明太祖一度提出海禁政策，在这个时代，明朝无法向大力向海外发展。

迨至明成祖的时代，中国内部已经稳定，对明朝北疆形成较大威胁的"北元"，经过明军的多次打击，大都逃往北疆深处，已经不能形成大规模的威胁。明朝若想有所作为，向南海进军的时代已经到来。明成祖朱棣上台后，结束内战，立刻恢复积极进取的海洋策略。"中官四出，实始永乐时。元年李兴等赍敕劳暹罗国王，此奉使外国之始也。三年，命郑和等率兵二万行赏西洋古里、满剌诸国，此将兵之

---

① 李东阳等：弘治《明会典》卷九六，文渊阁四库全书本，第9页。
② 张廷玉等：《明史》卷三二四，外国五，北京，中华书局1974年，第8402页。

始也。"①朱棣的海洋政策比朱元璋更积极,朱元璋不过是想取得周边诸国的承认,建立有来有往的朝贡关系。而朱棣的目标,是建立遍及四海的朝贡体系。因此,他要派出使者出使海外,促使那些遥远的国家向中国进贡。

关于明成祖朱棣为什么要派郑和远航海外?学界争议很多。《明史·郑和列传》这样解释:"成祖疑惠帝亡海外,欲踪迹之,且欲耀兵异域,示中国富强。"②可见,《明史》的作者认为有两种可能,其一,朱棣疑建文帝未死,逃亡海外,所以派郑和前去侦察;其二,明成祖想在海外炫耀中国的富强,扩大中国的威望。这都是后人的推测。从郑和航海行动的直接目的来看,它就是邀请更多的海外国家到中国来进贡,建立"万国来朝"的朝贡关系,从而将明朝的统治秩序推及天下。

三、明朝海上朝贡体系的初成

《明史》评价郑和等人:"当成祖时,锐意通四夷,奉使多用中贵。西洋则和、景弘,西域则李达,迤北则海童,而西番则率使侯显。"③可见,当时明成祖有几个主要使团,除了郑和、王景弘外,还有出使西域的李达,出使朔北的海童,出使西番的侯显。其中侯显五次出使异域。曾到过尼八剌(尼泊尔)、地涌塔、榜葛剌等南亚国家。他对明朝外交的贡献,可与郑和比肩。在这些著名使者之下,还有许多不太出名的中级使者。例如,宦官张谦多次往来浡泥国、麻剌朗国,迎接其国王到中国进贡,又护送他们回国。有一次,他在海上遇到数倍于己的倭寇船队,"时官军在船者才百六十余人,贼可四千。鏖战二十余合,大败贼徒,杀死无算。余众遁去。"④这些中级使者很多,他们所立功勋不如郑和等人显著,大都默默无闻。可是,若将他们的贡献累计,也不会亚于郑和。明宣宗时期有人说:"圣天子德加海外,间遣中贵人,总甲士,帆大舶穹舻,道海洋,抵暹罗、阿丹、爪哇、满剌加、古里、苏门、天方、真腊、锡兰山诸国,收其所谓麒麟、福鹿、狮、虎、象、犀诸异兽,驼鸡、口鹅、墩铎、莺哥诸珍禽,金砂、珠香、翠贝、齿角与凡彼产所有、此蓄所无之奇货以入中国、以为苑囿之寔,府库之藏,器玩服饰之用,使远方之人亦得因是以修其敬于朝廷。然必冒风潮,涉险阻,阅数岁而后至。"⑤正是在众多使者的共同努力下,明朝建立了遍及四海的朝贡体系。"自成祖以武定天下,欲威制万方,遣使四出招徕

---

① 张廷玉等:《明史》卷七十四,职官志三,第 1826 页。
② 张廷玉等:《明史》卷三〇四,郑和列传,第 7766 - 7767 页。
③ 张廷玉等:《明史》卷三〇四,宦者列传,第 7769 页。
④ 《明太宗实录》卷一百九十,永乐十五年六月己亥。
⑤ 刘球:《两溪文集》卷八,送礼部员外沈君还南京序,文渊阁四库全书本,第 16 页。

……又北穷沙漠,南极溟海,东西抵日出没之处,凡舟车可至者,无所不届。"①经过郑和七下西洋的努力,"自是殊方异域鸟言侏禽之使,辐辏阙廷。岁时颁赐,库藏为虚。而四方奇珍异宝、名禽殊兽,进献上方者,亦日增月盛。盖兼汉唐之盛而有之,百王所莫并也。"②可见,在郑和等人的努力下,前来中国进贡的国家东至日本,南到印度尼西亚群岛,西至东非国家。有些国家自古不通中国,是郑和的船队将他们带到中国,从而建立双方的关系。就明朝的角度来看,已知世界的国家都与明朝建立了关系。

按照儒者的理想,明朝在海外的作用是树立一个道德的标杆,逐步感化其他国家向中国看齐,从而带动世界走向和平的大同世界。在这一战略目标的指导下,郑和在西洋的行动十分谨慎,虽说他有强大的武力在手,但并不滥用。郑和几次用兵,大都是被迫出手。例如,平定陈祖义等海盗等。更多的时候,郑和是引导其他国家前来进贡,交换各种商品。东南亚的满加剌国和暹罗之间发生冲突,明成祖调解双方,使两国之间实现和平。从此,满加剌国和暹罗都成为对明朝最友好的国家。锡兰政权一时与郑和发生冲突,但郑和击败锡兰前来袭击的军队后,并未将其地化为殖民地,在明成祖的引导下,锡兰成为明朝的进贡国,国王家族多次到中国访问,双方友好关系延续上百年。总的来说,郑和凭借舰队为后盾,施展和平为主的外交手段,实现了中国统领海上世界的外交目的。在郑和七下西洋时代,南海及印度洋的海上交通较为安全,周边国家的往来更加频繁。到明朝来进贡的国家,先是南洋国家,而后有印度洋国家加入,再后,西亚的和东非的一些国家也到中国进贡。在郑和及其同侪的大航海时代,中国与南海国家的交通空前频繁。据郑鹤声、郑一钧的统计,明朝洪武年间,来自南海各地的使团计 183 次,永乐年间,来自南海的代表团计 318 次,洪熙年间 10 次,宣德年间 79 次,正统年间达104 次,明初五个朝代共计 694 次之多。③ 明成祖永乐二十一年,"西洋十二国遣使千二百人贡方物"④,此处的西洋指印度洋周边国家。如此辽远之地有 12 个国家向明朝进贡,可知中国在印度洋的影响。明宣宗时,明朝在海外的威望达到高峰。"伏睹皇明自太祖井业垂统,太宗、仁宗继宏,功德益远益隆。传至皇帝陛下,尤勤于任贤,急于劝职,以恢鸿图,以致环海内外,悉义悉和,旁洽百夷,遐荒莫不宾来易。所谓万国咸宁,诚惟今日为然也。"⑤可以说,明代前期中国已经建立了

---

① 张廷玉等:《明史》卷三三二,坤城传,第 8625 页。

② 张廷玉等:《明史》卷三三二,坤城传,第 8625 – 8626 页。

③ 郑鹤声、郑一钧编:《郑和下西洋资料汇编》上册,第 661 页。

④ 何乔远:《名山藏》卷一〇七,王享记,第 2012 页。

⑤ 刘球:《两溪文集》卷三,瑞应麒麟赋序,第 16 页。

所知世界的朝贡体系。

在明朝的朝贡体系下,明朝与海外国家实现了较大规模的物资交换。各国贡船带来土产进贡明朝,明朝慷慨地馈赠丝绸、瓷器等精美的产品。例如,洪武十六年八月乙未,明朝"遣使赐占城、暹罗、真腊国王织金文绮各三十二匹,磁器一万九千事。"①明朝出手不小。但是,真腊等国的进贡数量也不少。《明史·真腊传》记载,洪武十九年"遣行人刘敏、唐敬偕中官赍磁器往赐。明年敬等还,王遣使贡象五十九、香六万斤。"洪武二十年八月庚申,遣使往真腊国、暹罗斛国。赐真腊国王镀金银印一,织金绮缎二十八匹,彩绣绮缎十二匹,王妃文绮十四匹。暹罗斛国王文绮二十匹,王妃十四匹,余陪臣赐有差。② 以洪武十九年、二十年的交换为例,真腊国进贡的是 59 只大象,6 万斤香料,而明朝给真腊国的是高级绸缎 54 匹。一匹高级绸缎可换回一匹大象和一千多斤香料,明朝应不会吃亏吧。又如洪武二十年八月,占城国进贡"象五十一只及伽南木、犀角等物"。明朝的回赐是:"织金文绮二十四匹、锦四匹"。③ 一匹丝绸似可换两匹大象! 真腊和占城是热带国家,境内有许多亚洲象,而且有饲养大象的传统。因此,两国进贡中国一些大象,不算太费力。不过,这些国家虽然有自己的丝织业和陶器制造,却无法产出类似苏杭绸缎、景德镇瓷器等高级消费品,因此,这是一个有利于双方的交换。在郑和的主导下,明朝与东南亚国家之间的交换扩及印度洋周边国家。

第二节　福建市舶司与东洋岛国

明代的福建市舶司设于洪武初年,主要负责"东洋"国家的进贡事宜。当时的福建市舶司积极派遣使者到东洋各地招徕进贡国,取得很大成绩。其后,福建市舶司经历了洪武七年的废除,永乐元年的复建。福建市舶司前承宋元制度,在明初的对外交通中起了重要作用。永乐年间,它的主要交通对象是东洋的琉球、吕宋、浡泥诸国。福建市舶司在东洋的外交成就,使郑和可以专注下西洋,而无东顾之虑。

一、洪武年间的福建市舶司
市舶司是宋元以来的传统建置。明朝建立后,一度设市舶司于太仓的黄渡。

① 《明太祖实录》卷一五六,洪武十六年八月乙未。
② 《明太祖实录》卷之一八四,洪武二十年八月庚申。
③ 《明太祖实录》卷一八四,洪武二十年八月丁卯。

不久,因太仓市舶司过于接近南京而改设浙江、福建、广东三地。一般认为,福建接近东洋国家,广州接近西洋国家。洪武八年二月,"以外夷山川附祭于各省山川之次。……广东则宜附祭三佛齐、爪哇,福建则宜附祭日本、琉球、浡泥"。① 福建市舶司按宋元传统设于泉州。三个市舶司没有严格的分工,按照元代的传统,三个市舶司中,以泉州市舶司最为重要,元代出使船只,多从泉州出发。洪武初年,明朝刚刚建国,急于得到四周国家的认可,于是,使者四出,争取各国承认。浡泥国进贡与福建市舶司有关。"浡泥在西南大海中,所统一十四州。阇婆,属国也,去阇婆四十五日程。"②《明史·浡泥传》记载:洪武三年八月,"命御史张敬之、福建行省都事沈秩往使,自泉州航海,阅半年抵阇婆,又逾月至其国。王马合谟沙傲慢不为礼,秩责之。"宋濂写道:

> 濂承旨禁林日,福建行省都事沈,秩来谒曰:"洪武三年秋八月,秩与监察御史张敬元等奉诏往谕浡泥国。冬十月由泉南入海,四年春三月乙酉朔达阇婆,又逾月始至其国。国王马合谟沙僻处海中,倨傲无人臣礼。秩令译人通言曰:'皇帝抚有四海,日月所照,霜露所队,无不奉表称臣,浡泥以弹丸之地乃欲抗天威邪?'王大悟,举手加额曰:'皇帝为天下主,即吾之君父,安敢云抗'?秩即折之曰:'王既知君父之尊,为臣子者奈何不敬'?亟撤王座而更设芗几寘诏书其上。命王帅官属列拜于庭。秩奉诏立宣之,王俯伏以听。成礼而退。明日王辞曰,近者苏禄起兵来侵,子女玉帛,尽为所掠。必俟三年后,国事稍纾,造舟入贡尔。秩曰:'皇帝登大宝已有年矣。四夷之国,东则日本、高丽,南则交趾、占城、阇婆,西则吐蕃,北则蒙古诸部落,使者接踵于道,王即行已晚,何谓三年。'王曰:'地瘠民贫,愧无奇珍以献,故将迟迟尔,非有他也。'秩曰:'皇帝富有四海,使人善为辞,岂有所求于王。但欲王之称藩,一示无外尔。'"③

明朝官员甚至以武力威胁:"使者朝还。天兵旦夕至。虽欲噬脐。悔可及乎。"就这样,浡泥的国王被迫来中国进贡。《明史·浡泥传》又载:"乃遣使奉表笺,贡鹤顶、生玳瑁、孔雀、梅花大片、龙脑、米龙脑、西洋布、降真诸香。(洪武四年)八月,从敬之等入朝。表用金,笺用银,字近回鹘,皆镂之,以进。"不过,当时的明朝廷宽以待人,逐渐感动了浡泥的使者。明初浡泥是进贡最多的国家之一。他们多由福建入贡。《明史·浡泥传》记载,洪武八年,"命其国山川附祀福建山川之次"。这都加强了福建市舶司与浡泥的关系。而浡泥等国前来朝贡时,"内带行

---

① 《明太祖实录》卷九八,洪武八年二月癸巳。
② 《明太祖实录》卷六七,洪武四年秋七月癸巳。
③ 宋濂:《文宪集》卷四,浡泥入贡记,文渊阁四库全书本,第45－46页。

商"，顺便做些生意。① 除了浡泥之外，明朝与日本及琉球的关系都与福建市舶司有关。郑若曾的《使倭针经图说》记载了从福建到日本的针路，最后说明："已上针路乃历代以来及本朝国初，中国使臣入番之故道也。"② 著名的明朝使者杨载便是从福建出使日本，而其回程时发现了琉球国。据《明太祖实录》的记载，一直到洪武八年，明朝祭祀海外山川，是将日本的山川附属于福建省祭祀。③ 这表明自杨载出使日本建交之后，有几年时间对日本外交以福建市舶司为主。

明代的市舶司有三个，福建、浙江、广东。起先，因历史原因的关系，从东南亚来的国家多到位于泉州的福建市舶司。诸如：爪哇、三佛齐、占城诸国，明初都是经福建市舶司进贡。随着时间的推移，许多国家都就近选择市舶司，例如，日本多到浙江进贡，西洋诸国多到广东市舶司进贡。洪武八年明朝沿海诸省的祭祀山川名单中，安南、占城、真腊、暹罗、锁里被划归广西，爪哇、三佛齐归广东，这都使明代的福建市舶司削弱很多。

明朝市舶司政策的改变。为了吸引海外国家的进贡，明太祖朱元璋还大幅度改变了传统的市舶司政策，以免除税收的优惠招徕海外各国进贡。洪武四年，户部上奏："高丽、三佛齐入贡，其高丽海舶至太仓，三佛齐海舶至泉州海口，并请征其货。"朱元璋却下令"勿征"。④ 不久，他又诏谕福建行省"免征占城海舶，示怀柔意"。⑤ 其实，朱元璋对海外情况根本不了解，凡是来到中国进行海外贸易的国家，大多数是中国传统的朝贡国，例如占城、朝鲜等等，即使明朝照旧征收他们的税额，由于经济利益与政治利益所在，他们仍然会进贡明朝的，就像他们以往进贡唐朝、宋朝一样。朱元璋这一政策的变化，非常不利于中国的对外贸易。它使宋元以来沿用数百年的市舶司制度发生本质的变化，过去政府能从市舶司中得到可观的税收，并且成为国家财政中一个重要的来源，使国家不得不重视海外贸易的情况。现在，市舶司只是一个朝贡国的接待站，非但不能赢利，反而成为国家的一个负担，在财政紧张时，人们总是倾向于废除市舶司，甚至断绝对外贸易。所以，朱元璋的这一政策，使市舶司这一机构走上了荆棘重重的困难之路。洪武七年，朱元璋废除了浙江、福建、广东三大市舶司。不久，他还实行了海禁政策。朱元璋生活于内陆区域，对沿海民众的利益不太了解，他以为只要禁止对外来往，就可减少海寇的活动，有利于沿海民众回归农业。他不知道的是，农民并不喜欢他的政

---

① 　俞汝楫编：《礼部志稿》卷三十五，文渊阁四库全书本，第9页。

② 　郑若曾、胡宗宪：《筹海图编》，北京，中华书局2007年，第161页。

③ 　《明太祖实录》卷九七，洪武八年二月癸巳。

④ 　《明太祖实录》卷六八，第5页。

⑤ 　陈寿祺等：道光《福建通志》卷二七〇，明洋市，第6页。

策,而且,他的政策也将给明朝带来三百年的灾难。不过,这都是后话了。

二、明成祖时期的福建市舶司

明成祖继位后,明朝对外政策发生了巨大的变化。就在明成祖夺得政权的洪武三十五年(建文四年)九月丁亥,"遣使以即位诏谕安南、暹罗、爪哇、琉球、日本、西洋、苏门答剌、占城诸国。上谕礼部臣曰:太祖高皇帝时诸番国遣使来朝,一皆遇之以诚。其以土物来市易者,悉听其便。或有不知避忌而误干宪条,皆宽宥之,以怀远人。今四海一家,正当广示无外诸国。有输诚来贡者听。尔其谕之,使明知朕意。"①为了实现他的外交理想,明成祖恢复了市舶司制度。永乐元年八月,"上以海外番国进贡之使附带物货前来交易者,须有官专至之,遂命吏部依洪武初制,于浙江、福建、广东设市舶提举司,隶布政司,每司置提举司一员,从五品,副提举二员,从六品,更目　员,从九品。"②三大市舶司自此恢复。明成祖永乐三年,皇帝诏福建建立来远驿,浙江设安远驿、广东设怀远驿,以接待海外国家来宾。福建市舶司官历来是最能干的。

圣天子德加海外,间遣中贵人总甲士,帆大舶穹舻,道海洋,抵暹罗、阿丹、爪哇、满刺加、古里、苏门、天方、真腊、锡兰山诸国,收其所谓麒麟、福鹿、狮、虎、象、犀诸异兽驼鸡,□鹅、墩铎、莺哥诸珍禽,金砂、珠香、翠贝、齿角与凡彼产所有,此蓄所无之奇货,以入中国,以为苑圃之寔,府库之藏,器玩服饰之用,使远方之人,亦得因是以修其敬于朝廷。然必冒风潮、涉险阻,阅数岁而后至。至则礼部预请择属官之能且勤者,会中使、御史、给事中往莅苏、浙、闽、广诸海上,督群有司,集众工,备百器物资用以□其泊,而封启其舶,籍其物之多寡轻重而归之京师,重其事也。故滨海郡邑,每悉其民力,殚其地之财,恐恐焉,惟侧耳于礼部官之号召,以为进退、出纳。其事盖柄于礼部也。苟礼部官失人,则必至调度无章,以隳国家之事。必至于役用无纪,以重其民之忧。故礼部每难于得其人。而官礼部者亦恒难于副。是选宣德癸丑寔当其期,时南北京礼部行者十二人,独钱塘沈君孟珚以祠祭员外郎为众所推,得专其事于闽海之上。③

由于郑和的船队多以福建港口为驻地,随之而来的使臣常在福建登陆,所以,明代初年,有许多国家的使者进贡经由泉州港与福州港,而且,福建市舶司的官员,也常派员外出,引导海外国家进贡。他们的责任重大。

---

① 《明太宗实录》卷十二上,洪武三十五年九月丁亥。
② 《明太宗实录》卷二二,永乐元年八月丁巳。
③ 刘球:《两溪文集》卷八,送礼部员外沈君还南京序,第16－17页。

与福建市舶司既有关系的浡泥,是永乐年间最早来进贡的国家之一。明代初年的浡泥国是一个大国,"浡泥在西南大海中,所统一十四州。阇婆,属国也,去阇婆四十五日程。"①当时浡泥的领域广阔,今婆罗洲的大部皆属浡泥管辖。浡泥国有自行造船的能力,洪武四年明朝使者抵达浡泥时,浡泥国王便自称要造船进贡。明成祖时代,浡泥使者于永乐三年十一月丙午到京进贡。"浡泥国麻那惹加那遣使乃臣生、阿烈伯成等奉表贡方物。命礼部宴劳之,并赐文绮、袭衣。"②浡泥使者到京的前两个月,郑和刚刚出发,所以,这次进贡与郑和无关。永乐三年十二月癸亥,明朝"遣使赍诏封浡泥国麻那惹加那乃为王,给印、诰、敕、符、勘合,并赐之锦绮、彩币。"③明朝的主动在浡泥得到回应。《明史·浡泥传》:"永乐三年冬,其王麻那惹加那遣使入贡。乃遣官封为国王,赐印诰、敕符、勘合、锦绮、彩币。王大悦,率妃及弟妹子女陪臣泛海来朝。次福建,守臣以闻。遣中官往宴。赍所过州县皆宴。六年八月入都朝见。"由于浡泥国王是海外第一个亲自前来朝贡的国王,明成祖大喜,给予赏赐特多。浡泥国王麻那惹加那死于南京,明成祖赐葬安德门外,封其四岁的儿子遐旺为浡泥王。明朝的宦官张谦数次往返浡泥。永乐八年九月"中官张谦,行人周航使浡泥国还。其王遐旺,遣其叔蔓的里哈卢等等百八十人偕来,贡方物谢恩。赐文绮袭衣钞币有差。"④永乐九年二月"遣中官张谦等赍敕使浡泥国,赐其王遐旺锦绮纱罗彩绢百二十匹,并赐其头目有差。"⑤永乐十年八月辛酉,"礼部言,浡泥国王遐旺偕其母妻来朝,已至福建。命遣郎中高谦、行人柳昌往宴劳之。"⑥《明史·浡泥传》记载其国:"自十四年至洪熙元年四入贡,后贡使渐稀。"

张谦是一个十分能干的使臣,他还曾被派到西洋出使。永乐十五年六月,"遣人赍敕往金乡,劳使西洋诸番内官张谦及指挥千百户旗军人等。"⑦可见,他刚去了西洋某国。不久,他又到东洋的麻剌朗国。《明史》卷三二三外国传记载:"古麻剌朗,东南海中小国也。永乐十五年九月遣中官张谦赍敕抚谕其王干剌义亦奔敦,赐之绒锦纻丝纱罗。十八年八月王率妻子陪臣随谦来朝贡方物。礼之如苏禄国王。""乃赐以印诰、冠带、仪仗、鞍马及文绮、金织袭衣。妃以下并有赐。明年正

① 《明太祖实录》卷六七,洪武四年秋七月癸巳。
② 《明太宗实录》卷四八,永乐三年十一月丙午。
③ 《明太宗实录》卷四九,永乐三年十二月癸亥朔。
④ 《明太宗实录》卷一百八,永乐八年九月己卯。
⑤ 《明太宗实录》卷一一三,永乐九年二月癸巳。
⑥ 《明太宗实录》卷一三一,永乐十年八月辛酉。
⑦ 《明太宗实录》卷一百九十,永乐十五年六月己亥。

月辞还。复赐金银钱、文绮、纱罗、彩帛、金织袭衣、麒麟衣。妃以下赐有差。王还至福建遘疾,卒。遣礼部主事杨善谕祭。谥曰康靖。有司治坟,葬以王礼。命其子剌苾嗣为王,率众归。赐钞币。"《福建通志》记载福州古迹:"康靖王墓,在茶园山。明永乐间古麻剌国王入贡,以疾卒。赐谥及葬于此。"①

苏禄国前来进贡也是在永乐十五年。"永乐十五年八月甲申朔,行在礼部言,权苏禄东国巴都葛叭答剌,权苏禄西国麻哈剌咤葛剌麻丁,故权苏禄峒者之妻叭都葛巴剌卜,各率其属及随从头目,凡三百四十余人,奉金缕表来朝贡,且献珍珠、宝石、玳瑁等物。赐予视满剌加国王。"②其时,苏禄国王位未定,分为东西两大势力。明成祖乘势给其封王。"封巴都葛叭答剌为苏禄国东王,麻哈剌咤葛剌麻丁为苏禄国西王,叭都葛巴剌卜为苏禄国峒王。并赐诰命及袭衣、冠服、印章、鞍马、仪仗,随从头目三百四十余人,赐冠带、金织文绮袭衣有差。""庚戌,苏禄国东王巴都葛叭答剌、西王麻哈剌咤葛剌麻丁、峒王叭都葛巴剌卜辞归。人赐金相玉带一、黄金百两、白金二千两、罗锦文绮二百匹、绢三百匹、钞一万锭,钱三千贯,金绣蟒龙衣、麒麟衣各一袭。赐其随从头目文绮彩绢钱钞有差。"③

九月乙丑,"苏禄国东王巴都葛叭答剌归次德州病卒。讣闻,遣官赐祭。命有司营坟葬以王礼。上亲为文,树碑墓道。留其妃妾及仆从十人守墓,令毕三年还国。仍遣使赍敕谕其长子都麻含。"④三年后,明朝遵守诺言,送王妃一行人返回苏禄国。永乐十八年,苏禄国王派使者前来进贡。

在《明实录》的记载中,浡泥、苏禄、麻剌朗、吕宋、琉球等东洋国家的使者都到过明朝进贡。他们往来海道,多为福建市舶司接送。而爪哇、日本等国则有使船到过福建。

在这方面要注意的是,郑和舰队与福建市舶司有个分工,郑和舰队主要下西洋,而福建市舶司主要负责东洋国家。福建市舶司在招揽海外国家进贡方面,还是挺成功的。明永乐年间,多数国家向明朝进贡,都是派遣使者,福建市舶司在东洋方面,成功地劝说浡泥、苏禄、麻剌朗等国的国王来到中国本土进贡。即使在宣德年间,还在郑和再次下西洋之前,福建市舶司也曾独立招抚东洋国家。宣德二年十月壬戌,"赐奉使苏禄等国回还福州左等卫千户赵清等……钞彩币表里绵布有差。"⑤按,赵清等人于宣德二年回到福建,那么,他应是在宣德元年末或是宣德

---

① 郝玉麟等:雍正《福建通志》卷六二,古迹,第31页。
② 《明太宗实录》卷一百九十二,永乐十五年八月甲申朔,第1页。
③ 《明太宗实录》卷一百九十二,永乐十五年八月辛卯,第2-3页。
④ 《明太宗实录》卷一百九十二,永乐十五年九月乙丑,第4页。
⑤ 《明宣宗实录》卷三二,宣德二年十月壬戌。

二年初就到东洋去招揽苏禄等国进贡了！这应是明宣宗派遣郑和下西洋之前的一次试水,看看诸臣的反应。如果没有太多的人反对,他便可派大船队出发了。总之,福建市舶司在永乐、宣德年间总揽对东洋诸国的贡赐事务,多次派人到海外招揽诸国。他们的功绩虽然比不上郑和,但也获取可观的成绩。

其后,因广东更接近西洋,多数西洋国家的使者,改由广东市舶司负责。而福建负责的东洋国家,日本有能力自己进贡,其国离宁波较近,更愿意选择宁波为进贡港口。至于暹罗国,因其自备船只,他们的使者往往绕开广州和泉州,直接到宁波进贡。最初,也有少部分西洋国家循着老路到泉州贸易。宣德五年六月庚午:"上谕行在礼部臣曰:闻西南诸番进贡,海舟初到,有司封识,遣人入奏,俟有命然后开封起运。使人留彼,动经数月,供给皆出于民,所费多矣。其令广东、福建、浙江三司,今后番舡至有司,遣人驰奏,不必待报三司官,即同市舶司称盘,明注文籍,遣官同使人运送至京,庶省民间供馈。"①可见,一直到宣德年间,来自西南方向的贡船,都有到福建、浙江市舶司进贡的。当时各市舶司之间的分工不太显著。不过,随着时间的推移,西洋来的使者熟悉了东方的海路,更愿意到广东进贡。这使福建的市舶司只能负责琉球、苏禄、浡泥等东洋小国的进贡。这些小国中,积极进贡的只有琉球,但它重要性不能与日本与东南亚国家相比。这对泉州市舶司来说是非常致命的。过去的泉州相当于现代意义上的自由港,不论来自何方的船只,都可以到泉州进行贸易,泉州港因而繁荣起来。现在,大多数国家的来船都去了其他港口,泉州很快失去了它作为东亚及东南亚贸易中心的位置,成为地方性港口。而且,由于琉球位置更接近于福州港,泉州的市舶司最终于成化年间转至福州,泉州已不是一个国际港口了。②

三、杨载与琉球国的发现

明代初年的杨载是东亚著名的外交家,关于杨载的出使,明初胡翰有一篇名为《赠杨载序》的文章:"洪武二年,余客留京师。会杨载招谕日本,自海上至。未几,诏复往使其国。四年秋,日本奉表入贡。载以劳获被宠赉。即又遣使流球。五年秋,流球奉表从载入贡。"③如其所载,杨载二度赴日本,一度到琉球,都成功地建立了明朝与其所至国家的关系,可以说,他是一个成功的外交家。然而,《明史》竟然没有杨载的传记！求诸史册,杨载出使,其实历经波折。

---

① 《明宣宗实录》卷六七,宣德五年六月庚午。
② 李东华:《泉州与我国中古的海上交通》,台湾学生书局1986年。
③ 胡翰:《胡仲子集》卷五。文渊阁四库全书本,第9－10页。

1. 出使琉球、日本的大明使者杨载

《明史》记载："洪武二年三月,帝遣行人杨载诏谕其国,且诘以入寇之故……日本王良怀不奉命。"①据日方史料的记载,日本征西将军良怀以为中方的使者来自蒙元,杀死使者团中的五人,而将正使杨载、吴文华二人扣留三个月后送归明朝。洪武四年,杨载再次奉命出使,送还日本海盗、僧侣十五人,日本征西府派使者答谢,从此,明朝与日本之间有了外交关系。总之,当时杨载出使日本,其实是一桩有生命危险的差事。

杨载出使日本,按照当时的习惯是从福建市舶司出发的。所以,他是沿着小琉球、那霸这条线路北上,期间发现大琉球即中山国也就不奇怪了。事实上,他是在洪武四年回国的路程中发现了大琉球的中山国。《明史·琉球传》又载,洪武五年"正月,命行人杨载以即位建元诏告其国,其中山王察度遣弟泰期等随载入朝,贡方物,帝喜。"从此,明朝与琉球的外交关系建立。杨载所携诏书载于严从简的《殊域周咨录》第四卷,后人将其收入《明太祖实录》第七十一卷及《明史》第二卷时,都做了节录,尤其是《明史》所载,凡有"夷"字,都删去了。以下选择严从简《殊域周咨录》的记载:

昔帝王之治天下,凡日月所临,无有远迩,一视同仁。故中国奠安,四夷得所,非有意于臣服之也。自元政不纲,天下争兵者十有七年。朕起布衣,开基江左,将兵四征不庭,西平汉主陈友谅,东缚吴王张士诚,南平闽越,勘定巴蜀,北清幽燕,奠安华夷,复我中国之旧疆。朕为臣民推戴,及皇帝位,定有天下之号曰"大明",建元洪武。是用遣使外夷,播告朕意,蛮夷酋长,称臣入贡。惟尔琉球,在中国东南,远据海外,未及报知,兹特遣使往谕,尔其知之。②

文中直称海外民族为"蛮夷",难怪清朝正式收入《明史》时删去了。这篇诏书颇为傲慢,同类的诏书在日本碰壁,而在琉球通过,看来当时琉球国人不太计较。从另一方面来说,也可以说是使者杨载的外交技巧好,他将这么无礼的外交书带到海外,竟然完成了外交,使冲绳的中山国自愿来进贡。那么,明初的杨载是一个怎么样的人?为何他能取得外交成就?有必要对其专门研究。

2. 明初杨载即杨孟载杨基

关于明初杨载的原始资料不多,最重要的是明初儒者胡翰的文章:《赠杨载序》:

洪武二年,余客留京师。会杨载招谕日本,自海上至。未几,诏复往使其国。

---

① 张廷玉等:《明史》卷三二二,外国三,日本,第8341页。
② 严从简:《殊域周咨录》卷四,东夷,余思黎点校本,北京,中华书局1993年,第125页。

四年秋,日本奉表入贡。载以劳获被宠赉。即又遣使流球。五年秋,流球奉表从载入贡。道里所经,余复见于太末,窃壮其行。丈夫生不为将,得为使足矣。缓颊折冲之间,一言得之,足为中国重;一言失之,亦未尝不为夷狄侮笑。东南海中诸夷,国远而险者,惟日本;近而险者,则流球耳。由古以来常负固桀骜,以为中国不足制之。元入中国,所统土宇与汉唐相出入。至元中尝命省臣阿喽罕将兵讨日本,未及其国,而海舟多漂覆不利。其后又议取流球,用闽人吴志斗之言,不出师而遣使往谕其国。留泉南者虽久之,讫不能达而罢。岂二国果不可制乎? 亦中国未有以服其心也。今载以一介行李,冒风涛之险,涉鱼龙不测之渊,往来数万里如行国中。不顿刃折镞而二国靡然。一旦臣服,奉表贡方物,稽首拜,舞阙下,此非人力,盖天威也。天威所加,穷日之所出入,有国者孰不震迭。因其震迭,而怀柔之,行人之事也。非有陆贾之辩、傅介子之勇,莫膺其任。而载慷慨许国,奋不顾身者,吾不知其何所负也。窃求其故,而于驸马王公见之。公在闽中,尝取汉太尉家法,书以遗载,欲其不失为清白吏子孙。意者夷人饶于货宝,恒以此啖中国之使。中国之使受其啖而甘之。鲜不衃于利者。使载不衃于利,则奉天威命,安往而不济。苟衃于利,则虽奇丈夫,检狎小子之不若耳。幸加勉焉。今国家委重,非特使事,盖将授之以政矣。①

如其所云,杨载为元末明初之人,明初在朝廷做官,琉球的进贡,始于杨载出使,这是公认的。不过,关于杨载其人,因其名字太普通,很容易混淆。明朝以前有两个出名的杨载。其一为南宋初年的杨载,他曾奉南宋大臣张浚之名潜入刘豫部下,为南宋通消息。其二是元代中叶的杨载,字仲弘,他是福建浦城籍的杭州人,以诗文震撼京师,曾经在元朝的翰林院奉职。《元史》一百九十卷有传。他在大德年间已经有诗名,入选翰林院之后,与虞集、揭曼斯、范椁号称元诗四大名家。元仁宗延祐二年进士,曾在江西任官多年,仕至翰林院待制。杨载死于元代中叶泰定帝致和元年(1328 年),其好友武夷山杜本为其刊刻诗集,另一好友范椁为其写序,所以,此前杨载(仲宏)已经过世很久了。

这样看来,明代初年为明朝出使日本和琉球的杨载,肯定不是元代中叶的杨载。据《明史》的记载,出使琉球的使者其职务为"行人",这是礼部的职业外交官。明初曾聘用原元朝的许多官员,其中一些人受命出使外国,例如福建古田人张以宁便以出使安南出名,他原来也是元朝廷的官员。这样看来,明初的杨载,也有可能是元朝的旧官员,后被明朝接用,并让他出使远方。杨载两次出使成功,朝廷对他很看重,所以胡翰说:"今国家委重,非特使事,盖将授之以政矣。"看来此后

---

① 胡翰:《胡仲子集》卷五。文渊阁四库全书本,第 9 – 10 页。

杨载得到升迁。杨载与胡翰交往,看来也是一个文学家。

杨载与杨孟载,应为同一人。杨孟载,名杨基,他是元明之际著名的文学家,与高启、张羽、徐幼文等并称为吴中四杰。不过,不少史料称与高启等人并称的杨孟载,又名杨载。例如:王鏊的《姑苏志》记载陈则其人:

陈则,字文度,昆山人。洪武六年秀才,举任应天府治中。迁户部侍郎。左迁大同府同知,进知府。则文词清丽,与高启、杨载齐称。①

又如《江南通志》记载:"张羽,字来仪,浔阳人。元季寓吴中,与高启、杨载、徐贲称吴中四杰。洪武初征为太常丞,兼翰林院,同掌文渊阁事。"②

更多的史料称杨孟载与高启、徐贲、张羽并称四杰。例如《四库全书总目》说:"臣等谨案,眉庵集十二卷,明杨基撰。基字孟载,其先嘉州人。祖官吴中,因家焉。始为张士诚记室,洪武初起为荥阳县知县,历官山西按察使。寻以事夺官输作。卒于工所。明史文苑传附载高启传中。史称基少以《铁笛歌》为杨维桢所称,与高启、张羽、徐贲号明初四杰。"又如江朝宗的《眉庵集序》:"先生读书口记数千言,尤工于诗,与高启、徐贲、张羽为诗友,故时有高、杨、张、徐之称云。"③

李东阳说:"国初称高、杨、张、徐,高季迪才力声调远过三人远甚。百余年来亦未见卓然有以过之者,但未见其止耳。张来仪、徐幼文,殊不多见,杨孟载春草诗最传。"④

高启的《大全集》中有一些和杨孟载的诗,如:第十卷的"次韵杨孟载早春见寄",第十四卷的"次韵杨孟载署令雨中卧疾"。这都说明高启与杨孟载的关系极深。

《明史·姚广孝传》记载:"广孝少好学,工诗,与王宾、高启、杨孟载友善。宋濂、苏伯衡亦推奖之。"其中杨孟载作为著名文人与高启、王宾、姚广孝等人并列,应当就是同一人。

以上史料表明,与高、徐、张等人并称吴中四杰的杨载,即为杨孟载。那么,明初的杨载为何要改名杨基,字孟载? 我想这是因为与名家同名的缘故。浦城杨载是元代诗人四大家之一,杨孟载与其同名,容易被后世之人误会,所以,明初的杨载一定要改名。

---

① 王鏊:《姑苏志》卷五五,卓行。文渊阁四库全书本,第 27 页。
② 赵宏恩等:《江南通志》卷一百七十二,人物志,流寓,文渊阁四库全书本,第 14 页。
③ 江朝宗:《眉庵集序》,载杨基:《眉庵集》序。文渊阁四库全书本,第 1 页。
④ 李东阳:《怀麓堂诗话》,文渊阁四库全书本,第 10 页。

3. 明初杨载的神秘身世

杨孟载一生二仕,原为张士诚的记室,入明以后,虽为明朝官员,又曾出使日本。他的历史复杂,虽有《眉庵集》传于后世,但集中有诗无文。据写《眉庵集后志》的张习说:"然先生平日之诗甚富,皆率意为之,累不存稿。尝见先生自序一秩云:因吾友方君不得见予全集为恨,故留此以示之尔。则是先生盛年,稿已散失。今流传人间者,十无二三。况皆抄本,又无序志,家异而人殊。后至天顺间,郡人郑教授尝刊行。"由此可见,杨孟载的诗文,在其壮年时就已经散佚。其原因应与其做过张志诚的记室有关。以他这一职务,早年肯定为张志诚写过许多文章,入明以后,这些文章是可作为他的"罪证"的。他有意不收集自己的诗文,应与这一点有关。由于杨孟载诗文散佚过多,在其《眉庵集》中很难找到出使日本、琉球的记载,仅有一些诗可以作为参考。例如,他写过《应制送安南使臣杜相之还国都》的诗①,所谓"应制",说明此诗是奉帝命而写的。他应在礼部做过官,才会有这类诗留下。他又有《送郑与权之官七闽》一诗:"七闽地暖不飞雪,山路早行仍衣绵。黄金结客记昔日,白发上官非壮年。荔子晓风人似玉,桃榔春雨树如烟。还家定跨扬州鹤,流水寒松绕墓田。"②这首诗写福建的自然情况很对位,应有亲历福建的体会;而"黄金结客记昔日,白发上官非壮年"一联,也说明他确实到过福建,并与闽中的高官有交往。他还有《天妃宫赠道士沈雪溪》一诗:"帝遣神妃降紫芬,海波摇荡赤霞裙。月明贝阙金银气,日暖龙旗赑屃纹。青册简书天上锡,绀帷灵语夜深闻。方坛露冷三花绕,坐演琅函大篆文。"③明朝学者写到天妃的并不多,所以,这首诗反映了他对天妃信仰的兴趣,这在明代学者中是少有的。那些写天妃诗词的人,多乘过海船。而明代的习俗,出使日本、琉球的使者多会到天妃宫里祭祀。

对杨载历史的探讨,将会有助于我们理解杨载的琉球之行。由于其人原为张士诚的"记室",而张士诚是朱元璋眼里的大敌。所以,朱元璋虽然没有杀杨载,还任命他做礼部的官,其实不一定安好心。因为,他将出使日本的使命交给了杨载。当年明朝刚刚建立,日本因蒙古侵略日本的关系,对大陆来人抱有警惕。杨载第一次出使日本,其下属被杀多人。而洪武四年杨载再次出使,命运不可知。他到了福建后,还被镇守福建的驸马王恭告诫:出使之后,不可贪财,以免被"夷人"看轻!这样,发财的路也没有了。可以说杨载到日本出使,完全是一桩苦差,而且危

---

① 杨基:《眉庵集》卷八,第21页。
② 杨基:《眉庵集》卷八,第20页。
③ 杨基:《眉庵集》卷八,第12页。

机四伏。看来日本方面也看破朱元璋的动机，不想当明太祖的杀人机器，便放过了杨载。这样，明朝与日本建立关系的努力就此成功。也许，这一切都在朱元璋的计算中。对杨载来说，出使日本，可以说是在死神之前转了一圈，通过这次冒险，杨载扭转了自己在明朝的命运。

4. 杨载与琉球进贡

元明之际，"流求"应是东海岛屿共享的名字，从冲绳群岛到台湾诸岛，都被大陆人含糊地称为"流求"。元代《岛夷志略》一书所载流球，从方位而言，位于台湾南部。而冲绳列岛，应是"婆罗公"辖下。万历《温州府志·番航》记载了一条往事：元朝中叶，有一条海船遭遇台风失控，飘到温州岸边："元延祐四年六月十七日，黄昏时分，有无舵小船在永嘉县海岛中界山，地名燕宫飘流。内有一十四人，五人身穿青黄色服，九人并白衣。内一人携带小木刻字，长短不一，计三十五根，上刻圈画不成字样，提挈胡芦八枚，内俱有青黄白色成甲硝珠。其人语言不辨，无通晓之人。本路彩画人形船只图，差官将各人起解江浙行省。当年十月中书省以事闻，奉旨寻访通晓语言之人，询问得系海外婆罗公管下密牙苦人氏，凡六十余人，乘大小船只二艘，欲往撒里即地面博易货物。中途遇风，大船已坏，惟十四人乘小船飘流至此。有旨命发往泉南，候有人往彼，便带回本国云。"[①]这一批即非日本、亦非台湾的"婆罗公"手下，当为冲绳人，这是日本学者的研究成果。

可见，从元末中国沿海与东海岛屿的关系来看，杨载出使流求，其主要目标应是台湾岛，而不是冲绳群岛上的"婆罗公"领域。

《明史》上的杨载是一个成功的外交家，他出访日本两次，出访琉球一次，都成功地使日本和琉球向明朝进贡。他之所以会在洪武五年被派往琉球，是因为此前他两次访问日本取得很大成功。所以，洪武四年，他刚从日本回来，就被派到琉球去访问。可以想象，他的身上寄托着朝廷很大的希望，这种希望有时会成为很大的压力，就像屡次夺冠的体育明星，旁人以为他只要上场，就能得到胜利，其实未必如此。杨载到琉球访问，他所承受的压力和当代的体育明星一样，只许成功、不能失败。

然而，宋元时期的台湾，以不愿和大陆人往来而出名。宋代的《三山志》对流求（台湾岛）有所记载："每风暴作，钓船多为所漂，一日夜至其界。其水东流而不返，莎蔓错织，不容转柁。漂者必至而后已。其国人得之，以藤串其踵，令作山间，

---

① 刘芳誉等：万历《温州府志》卷十八，番航，中国书店"稀见中国地方志汇刊"，第 18 册，第 528 页。

盖其国刌木为盂,乃能周旋莎蔓间。今海中大姨山,夜忌举火,虑其国望之而至也。"①当时的台湾土著往往强迫外来人当奴隶耕地,"以藤串其踵,令作山间"。这类例子还可见于其他史料:"宣和间,明州昌国人有为海商,至巨岛泊舟,数人登岸伐薪,为岛人所觉,遽归。一人方溷,不及下,遭执以往,缚以铁缏,令耕田。后一二年,稍熟,乃不复絷。"②其实也有人漂至台湾得到善待,"其一男子,本福州人也,家于南台。向入海,失舟,偶值一木浮行,得至大岛上。素喜吹笛,常置腰间。岛人引见其主。主夙好音乐,见笛大喜,留而饮食之,与屋以居,后又妻以女,在彼十三年。"③从总体而言,台湾奴隶制盛行,是闽人少去台湾的主要原因。宋元时代的台湾南部生活着剽悍的毗舍耶人,他们经常袭击福建沿海岛屿。导致澎湖、唐屿一带的民众,至夜不敢举火,怕的是海上的毗舍耶人看到火光后,便来侵扰。在这种环境下,两岸关系很难大发展。

元朝的统治者兵威及于海外,很想琉球人也来朝廷进贡。大德元年(1297年),元朝再一次经营台湾。《元史·成宗纪》记载:"改福建省为福建平海等处行中书省,徙治泉州。平章政事高兴言泉州与瑠求相近,或招或取,易得其情,故徙之。"④该年十一月,"福建行省遣人觇瑠求国,俘其傍近百人以归"。⑤ 次年,元廷"遣所俘瑠求人归谕其国,使之效顺"。⑥ 但是,当时的台湾人始终不愿到大陆来进贡。关于这一点,留之后文再细述。

从元使及郑和在台湾碰壁一事来看,杨载于明初出使名为"流求"的地方,首要目标应是台湾,但他肯定在台湾遇到麻烦。因为台湾土著从来不愿到大陆进贡!台湾土著的固执,肯定让杨载很难堪,而且会让杨载有前途之忧。他本是一个"叛臣",因出使日本成功,才保住自己一命,他对明朝的价值就在于他是个成功的外交家。如果这次他不能带流求人前来进贡,朝廷对他的评价就会改变。他这时有两种选择,其一是无功而返,其二是选择其"流求"较小岛屿的民众到大陆进贡,以顶替"流求"之名。看来,他做了第二种选择。这是杨载方面的原因。从冲绳方面来说,中山国建于宋代后期,他们一直渴望接触大陆文明,因而,杨载的到来,给他们提供了一个机会,中山王抓住了这个机会,从此开启了琉球群岛大发展的时代。

---

① 梁克家编:《三山志》卷六,地理类,第3页。
② 洪迈:《夷坚志》,《夷坚甲志》卷十,昌国商人,北京,中华书局1981年标点本,第86页。
③ 洪迈:《夷坚志》,《夷坚乙志》卷八,无缝船,第251页。
④ 宋濂等:《元史》卷十九,成宗纪,北京,中华书局1976年标点本,第409页。
⑤ 宋濂等:《元史》卷十九,成宗纪,第414页。
⑥ 宋濂等:《元史》卷十九,成宗纪,第417页。

明朝洪武永乐年间,朝廷十分注意对外关系。除了海上交通外,明朝还派出许多使者进行陆上探险。他们北到黑龙江下游的建州女真族所在地,建立了奴儿干司,西南到乌思藏、尼泊尔,向西到帖木儿帝国,争取到帖木儿帝国的进贡。在海洋之上,明朝将其分为东洋和西洋两个部分,福建市舶司管辖的东洋诸国外交常被人们忽略,实际上,它是郑和下西洋的一个不可缺少的补充。

第三节 郑和宝船制造的相关问题

从19世纪末学界关注郑和七下西洋开始,郑和船队巨舰的容量就引起大家的兴趣,《明史》记载郑和的巨舰长四十四丈,宽十八丈,从现代工程学而言,这是个惊人的数字,那么,它是否真实? 一百多年来,众说纷纭,莫衷一是。不过,经过长期讨论,对个别问题,大家的观点也有趋近之势。总结这些观点,有利于研究的进一步深入。

"料"是古代船舶的容量单位,因此,对料的估算,可以让我们知道古代船舶的大小。然而,今人推算古船的"料",分歧颇大,乃至有的学者悲观地说,对找到"船料与船舶尺度或排水量的普适换算公式"根本不抱希望。笔者寻找一种新的路径破译船"料"容量并尝试测算郑和宝船的排水量,希望能为最终解决问题提供一个新的思考模式。

一、船"料"的原始概念

在宋元明三代,"料"是衡量船舶大小的基本计算单位,例如,四百料、六百料、一千料。然而,今人估算古代的"料",众说纷纭,莫衷一是。有说一料约相当于60斤的,有说一料相当于90斤、100斤、120斤、150斤、160斤、180斤的,如此悬殊的估差,在其他领域是很少见的。实际上,古人所说的"料"有原始概念和引申概念。

在我看来,古人所说的"料",最早是指造船所用木材的材积,以后才转化为容积单位。今人找木匠打制家具,木匠会报出打造一套家具大概要用多少"料",他们口中的"料",是家具的用料,也就是"材积"。不过,现代木匠口中的"料",已经和古人所说的"料"不同。现代木匠的一个料,是指一个立方米的木材,古人不会有"立方米"的概念,他们的料另有所指。我认为,中国传统木匠口中的料,其本义为一根木料。古人造船,首先要评估船舶用料,所谓四百料船,六百料船,其本义为:四百根木料造成的大船,六百根木料造成的大船。《明会典》记载:"木一根,围一尺,长一丈,六贯。"①四百料船的本意是:造这艘船要四百根"围一尺,长一丈"的木料。随着岁月的流逝,船料逐渐转化为材积单位。所谓一百料,就是要使用相当于一百根木料的木材,这些木材有一定的容积。于是,料的多少便可以用容量单位来衡量。所谓一百料船,就成了可以装载一百料粮食的船舶。总之,古人的船"料",至少有两种意思,其一为材积单位,其二为船只容量。因此,审核古人的史料,必须区别船舶的容积和用料的材积。

首先让我们寻找历史上记载"料"和尺度的相关史料。不要以为这是一个容易的问题,中国有关船舶尺度的史料不少,但是,多数情况下,有记载船料的,没有尺度,有记载尺度的,就没有"料"的记载。有些史料尺度和料并存,然而,尺度数字却不全。例如,宋代陆游《老学菴笔记》的记载:

建炎中平江造战船,略计其费,四百料八橹战船长八丈,为钱一千一百五十九贯;四橹海鹘船,长四丈五尺,为钱三百二十九贯。②

这是少见的船"料"与尺度并存的史料,可惜的是只有长度和"料",没有宽度和深度。光用长度估计郑和宝船,洪保五千料的船可以长到一百丈! 这是不可能的。平江所造战船是一种狭长的船舶,通常所用海船,应有一定的宽度。

同时占有长宽和料的史料,是元代沙克什所著的《河防通议》。但其中矛盾很多。例如《河防通议》记载:

船每一百料,长四十尺,面阔一丈二尺,底阔八尺五寸,斜深三尺。③

有了长宽深尺度,就可算出截面面积和总体积,经计算,这条史料中的一百料约等于一千立方尺,也就是说,一料等于十立方尺!

但是,且莫庆祝,再看同书的另一条史料:

若用三百料船,可载一百五十块,榷梢水手一十八人。船长四十五尺,阔一丈,除前后水仓占讫一丈五尺外,有三丈。每尺为一十料,每一料容重六十斤。④

对比两条史料,让人疑惑丛生。同一本书记载的两条船,宽度相差不远,长度接近,但其容积却相差很远,一百料的船,长40尺,宽12尺,三百料的船长45尺,宽10尺,不成比例。这一矛盾同样存在于明代的《龙江船厂志》,该书记载的四百料、二百料、一百五十料、一百料等四种战船的尺度并不构成比例关系,一百料船和二百料船的尺度相差不多。反复读这些史料才使我想到:其实这里所说的料,

---

① 《明会典》卷一三六,刑部十一,第18页。
② [宋]陆游:《老学菴笔记》卷一,文渊阁四库全书本,第7页。
③ [元]沙克什:《河防通议》卷上,造船物料,文渊阁四库全书本,第18页。
④ [元]沙克什:《河防通议》卷下,功程第四,第10页。

是料的原始意思,是指材积。发展地看,又可指"物料"。例如,《明会典》记载一千料海船所用物料:

> 每岁催督进纳备用一千料海船一只,合用杉木三百二根,杂木一百四十九根,株木二十根,榆木舵杆二根,枭木二根,檀坯三十八枝,丁线三万五千七百四十二个,杂作一百六十一条个,桐油三千一十二斤八两,石灰九千三十七斤八两,艌麻一千二百五十三斤三两二钱。船上什物,络麻一千二百九十四斤,黄藤八百八十五斤。①

如其所记,一千料的海船仅仅各色木材就要用 471 根,再加上桐油、石灰等其他物资,共使用一千料的物料。推而广之,所谓二百料,就是说,造这种船要用相当二百根标准木材的物料,所谓一百料,就是用一百料左右的物料造成的船舶。两种船舶大小相距不远,是因为二百料的多数配件,一百料船也要有,所以,尽管木料增加了一倍,但船只的容量没有成倍增加。再次回顾《河防通议》的两条材料:

> 船每一百料,长四十尺,面阔一丈二尺,底阔八尺五寸,斜深三尺。②
> 若用三百料船……船长四十五尺,阔一丈。③

可见,这两艘船用料差了三倍,但尺寸并没有三倍增长。其问题在于:所谓料,应是指船舶用料。就像制作衣服一样,尺码小的衣服和尺码略大一些的衣服,用料其实差不多。船只也是这样,小船和稍大一些的船只用料差不太多。反过来说,用料增加了,所造船只并不相应翻倍。例如,虽说三百料的船用料比一百料的船多了三倍,但三百料船只的容量未必会比一百料的船只增加三倍。我想理解这一点很重要,这使我们研究船料问题必须剔除一些指船舶建造过程中使用物料的概念。

二、作为容积的船"料"有多大?

在古人所用的料中,也有一些料是指船舶的容积。不过,要说清楚这点,还是要从古代船舶容量"斛"说起。古人计算大船的容量,最早是用容量单位"斛"。《南州异物志》载域外大船:"大者长二十余丈,高去水三四丈,望之如阁,载六七百人,物万斛。"南朝颜之推说:"昔在江南不信有千人毡帐,及来河北不信有二万斛

---

① 李东阳等:弘治《明会典》卷一百六十,工部十四,船只,诸司职掌,第2页。
② [元]沙克什:《河防通议》卷上,造船物料,第18页。
③ [元]沙克什:《河防通议》卷下,功程第四,第10页。

船,皆实验也。"①据考古发现,东汉一尺等于今23.5厘米②,比今天的尺要短0.65厘米,所以,汉代的容器也相对小一些。大致而言,一斛等于十斗,一斗等于十升,每升为200.24毫升,也就是20升。③ 有人测试,汉代一斛可容纳54市斤粮食。北宋徐兢记载客舟:"长十余丈,深三丈,阔二丈五尺,可载二千斛粟。"④若一斛载粮食重54市斤,二千斛就是54吨,二万斛也不过540吨。这在今人看来并不多。不过,当时的船舶的容量都不计算载人的重量,所以,这类船舶的真实排水量要比以上数字大得多,这个问题且留后再述。

南宋时期,人们多用"料"来衡量船舶的大小。吴自牧的《梦粱录》说:"浙江乃通江渡海之津道,且如海商之舰,大小不等。大者五千料,可载五六百人。中等二千料至一千料,亦可载二三百人。余者谓之钻风、大小八橹或六橹,每船可载百余人。"⑤从船只规模来看,宋代人们所说的"料",应当就是"斛"的转换。元代《河防通议》的记载似可证明这一点。

若用三百料船,可载一百五十块,橹、梢水手一十八人。船长四十五尺,阔一丈,除前后水仓占讫一丈五尺外,有三丈。每尺为一十料,每一料容重六十斤。⑥

装船斤重。河桥司渡船每只各长七十尺,口阔一丈八尺,系八百料。今比附定到三百料至八百料船,合装般运物数,合用橹梢埽兵如后。三百料一十五人,下水装一万六千二百五十斤,上水装六千斤;四百料一十八人,下水装二万一千六百五十斤,上水装八千斤;五百料二十一人,下水装二万七千五百斤,上水装一万斤;六百料二十四人,下水装三万二千四百五十斤,上水装一万二千斤;七百料二十七人,下水装三万七千四百五十斤,上水装一万四千斤;八百料三十人,下水装四万三千二百五十斤,上水装一万六千斤。⑦

以上第一段史料直接说:"每一料容重六十斤。"⑧这与一斛的容量差不太多。后一段史料表明,元代的河船不敢将船装得太满,下水船所载接近容量的极限,除了驾驶人员外,大约一料可载六十斤,上水船只能半载。这些都证明,元代的一料,也就容重六十斤。

除此之外,反复研究以上两条史料,有几点值得注意:

① 颜之推:《颜氏家训》卷下,归心篇第十六,文渊阁四库全书本,第13页。
② 丘光明编著:《中国历代度量衡考》科学出版社1992年,第55页。
③ 丘光明编著:《中国历代度量衡考》第245页。
④ [宋]徐兢:《宣和奉使高丽图经》卷三十四,海道一,文渊阁四库全书本,第4页。
⑤ [宋]吴自牧:《梦粱录》卷十二,文渊阁四库全书本,第16页。
⑥ [元]沙克什:《河防通议》卷下,功程第四,第10页。
⑦ [元]沙克什:《河防通议》卷下,功程第四,第9页。
⑧ [元]沙克什:《河防通议》卷下,功程第四,第10页。

其一,古代船舶的"料"是船舶扣除头尾长度及载人数量之外的载货容积,这与中国船只主要用于商人载货有关。了解这一点,就可知道,传统帆船的真实排水量要比载货容量大得多。

其二,元代的料约为长宽一尺,深度不明的容积。就其一料仅容六十斤物体来看,其标准深度应当也是一尺,也就是说,元代常规的"料"是长宽深各一尺的立方体。但是,这只是标准的情况。实际上,由于种种原因,古代税官很少计算船舶的深度,这就造成"料"容量的不同。理解这一点就可知道:为什么今人估算古代船舶"料"的容重会有那么大的差异!

其三,古人船只容积只算长宽,不算深度。这使我想到:古代市舶司征税时丈量船只,通常只有"修广",也就是长宽,不量深度尺寸。实行这一制度,应是为了方便那些数学知识不多的税吏。因为,衡量船只的长宽是容易的,但要计算船只的容积,则要相对复杂的计算知识,而且做起来十分麻烦。可是,实行这种制度,也给后人带来更多的困惑,因为,同样是五百料的船,因其吃水深度不同,真实容量可能相差巨大。例如,五百料的河船及五百料的海船吃水深度不同,它的载重也不同! 即使是河船,同"料"的战船与运输船的载重也不同。有时一料是 60 斤,有时一料可达 150 斤。前说学人估算"料"的容重形形色色,有:90 斤、100 斤、120斤、150 斤、160 斤、180 斤之分,似乎都有成立的可能。中国古代制度之混乱,我们只有面对,无力改变。

三、宋元明时期的船舶与"料"

元明多有载重数千料的大船,例如,元至元十四年,周文英在苏州看到:"刘家港南有一大港,名曰南石桥港。近年天然阔深,直通刘家港,见有船户杨千户范千户等三五千料海船于此湾泊,正系太仓嘉定南北之间。"①又如太仓殷九宰"元任海道万户,家造三巨舶,大者胜万石,中者八千,小者六千。岁以所得舶脚钱转往朝鲜市货,致大富。"②浙东沿海也有大船:"又尝观富人之舶,挂十丈之竿,建八翼之橹,长年顿指南车,坐浮庋上,百夫建鼓番休整,如官府令。拖碇必良,绋纆必精,载必异国绝产。"③

明初的文献表明,江南一带,通常以一石换算一料,所以,六千石、八千石乃至万石大船,都可折算为六千料、八千料、一万料。

---

① [元]周文英:《水利书》,归有光:《三吴水利录》卷三,文渊阁四库全书本,第 5 页。
② 郑文康:《平桥稿》卷一四,潘绍宗小君墓志铭,第 16 页。
③ 任士林:《松乡集》卷四,送叶伯几序. 文渊阁四库全书本,第 23 页。

以上史料说明,元代长江口一带有许多巨舶,三千料、五千料、六千料、八千料之类大船并不少见,可惜的是,这些船舶并无尺寸数字。如前所述,元代的一料等于一个立方尺,计算船舶的"料",主要看表面长宽,深度可以不管。以这个原则测算明代的册封舟会有什么结果呢?请看下表:

表2-1　明代出使琉球册封舟尺度与容积估算

年　代	使　者	册封舟尺度			估计载货容量
		长	宽	深	
嘉靖十三年	陈侃	十五丈	二丈六尺	一丈三尺	3380 料
嘉靖四十年	郭汝霖	十五丈	二丈九尺七寸	一丈四尺	3861 料
万历七年	萧崇业	十四丈五尺	二丈九尺	一丈四尺	3625 料
万历三十四年	夏子阳	十五丈	三丈一尺六寸	一丈三尺三寸	4108 料
崇祯六年	杜三策	二十丈	六丈	五丈	10800 料

以上嘉靖十三年到万历三十四年的四种册封舟尺度,相关史料出自陈侃等人写的《使琉球录》和《使琉球记》,属于众所周知的材料,这里就不多说了。推算船料时,我用《河防通议》的方法,将船的两头各刨去一丈,作为水柜。只计算客货仓的容量。例如,陈侃的册封舟减去两米后乘以宽度,得出料的数量。

推算表明,晚明出使琉球的册封舟大都在三千料至四千料之间。以此推算,郑和时代洪保所乘五千料的大船,大约长十七丈,宽三丈三尺。

第五条杜三策所乘册封舟的尺度,其史料来自杜三策自己的奏疏和其幕僚胡靖所著《杜天使册封琉球真记奇观》一文,其文中载三策之使船:"广六丈,长二十丈,入水约五丈。"按,此处"入水约五丈"的说法有误。闽江出海口水道有几处浅滩,水深仅3米,每天涨潮时,水深可达7米以上,约合两丈多一些。因此,闽江所造船不可能"入水五丈",因为,这种深度的船无法通过闽江口。按照崇祯二年杜三策给皇帝的奏疏,他计划制造的册封舟,"长十七丈,阔三丈有奇,曰稳、曰舵、曰桅,采自闽中,非数百年之木不用,非数万人之力不能运,闻往时船完或二年或三年,木植工价与臣等种种供应费皆不赀。"[①]崇祯六年该船造成之后,长二十丈,宽六丈,但是,深五丈是不可能的。以长二十丈,宽六丈计,这是一艘万石船。

此外,张燮的《东西洋考》记载月港的两种大船:一种长七八丈,宽二丈。另一

---

① 《明实录·崇祯长编》卷二三。

种长十余丈,宽三丈五六尺①,这两种船的船形较胖,两梢共减一丈五尺。经推算,上述第一种月港船容量约一千一百料,第二种月港船容量约三千料。这都是民间实用的船只。

这些史料说明明代福建实用海船在一千料至三千料之间,官府所制大号册封舟在三千料至四千料之间,不过,个别特大船也有容重万料的。可见,万料大船或说万石船是存在的。明嘉靖年间著名海盗王直造过巨大的联舫。"乃更造巨舰联舫,方一百二十步,容二千人,木为城为楼橹,四门其上,可驰马往来。"②不过,它不是一艘船,从文意来看,应是多艘巨舰相连。

实际上,民间还有两万石以上的大船。明末海瑞的孙子还造过长二十八丈的大船。《斛剩续编》云,海述祖"斥其千金家产,治一大舶,其舶首尾长二十八丈以象宿,房分六十四口以象卦,逢张二十四叶以象气,桅高二十五丈曰擎天柱。上为二斗以象日月。治之三年乃成。自谓独出奇制,以此乘长风,破万里浪,无难也。濒海贾客三十八人,赁其舟载货,互市海外诸国,以述祖主之。崇祯壬午二月,扬帆出洋。"③

这段文字没有记载该船的宽度,按前述比例计算,该船只要有八丈宽,全船容量就可超过两万料。按,明代广东制造的船比福建制造的船要大,这是因为,福建山林杉木的高度在 20 米至 30 米之间,个别高度可达到 40 米,福建山地马尾松最高也只有 45 米。古人造船最重视桅杆和龙骨,桅杆要支撑巨帆,龙骨要支撑船舶全体,最好是原木,所以,在福建造木船,大都在十丈以下,个别可以长达十五丈,这与原材料有关。早先闽江流域的木材多由河流运输,每年从上游顺流而下的木筏接连不断。在建瓯西门、南平延福门、福州上渡等主要木筏码头,都有巨杉编制的巨排。我的少年时代常在南平延福门码头游泳,赤脚在木排上跑来跑去,映象中那些巨木长约 20－30 来米,合抱粗细。除了那些早已被古人采伐殆尽的千年古木,这已经是杉木的极限了。至于松木,少年时我在浦城山区,确实见到过长四十米以上的巨木,那是我在临江公社寓所对面的大型水碓房,由巨轮推动水碓主轴胸径在一米以上!这应是千年古松制成的。所以,在福建以杉木造船,最为合适的是长十丈左右的大船,个别以巨松为龙骨的大船,可达十五丈以上。

广东珠江流域位于热带,多雨的热带雨林中,不乏高达二十五丈的擎天木。

---

① 张燮:《东西洋考》卷九,舟师考,北京,中华书局 2000 年,第 170 页。

② 万表:《海寇后编》第 2 页。原出金声玉振集,四库全书存目丛书,子部三一,齐鲁书社 1995 年,子 31－40 页。

③ 钮琇:《觚剩续编》卷三,事觚,海天行。中华历代笔记全集本电子版。

如海述祖所造长二十八丈的大船,它的桅杆高达二十五丈。中国木船,通常主桅的高度与龙骨相近,这艘传奇大船的桅杆有25丈,说明它的龙骨也许长达24丈以上。岭南雨林木材的另一个特点是木质坚硬,有铁力木之称。明代用铁力木制成的广东乌船被称为最好的战船,用以撞沉倭船。但是,乌船自身太重,也妨碍它进入远海航行,只能用于近海作战。明代远航舰船多为大福船,其原因在此。为了补充大福船的不足,自宋以来,福建就进口来自岭南的铁力木,以铁力木制作桅杆、龙骨、舵。所以,福建能否造二十丈以上的大船,要看能否得到来自岭南或东南亚雨林中的巨木。如果有人能够从岭南运来长十八丈的巨木两根,便可造一艘长二十丈的大船。

也有工匠认为,龙骨其实是可以用两根以上的木材衔接的,至于桅杆,则可以多列桅杆的方式解决。因此,光用福建自产的松杉,也可造出超级大船。福建历史上出现过多桅大船。

福建自古以来就有造大船的传统,可见证于中外记载。《马可波罗行纪》记载中国大船:"其船舶用枞木(即杉木)制造,仅具一甲板,各有船房五六十所,商人皆处其中,颇宽适。船各有一舵,而具四桅,偶亦别具二桅,可以竖倒随意。""每船舶上,至少应有水手二百人,盖船甚广大,足载胡椒五六千担。远见之时,行船用橹,橹甚大,每具须用橹手四人操之。每大舶各曳二小船于后,每小船各有船夫四五十人,操棹而行,以助大舶。"①阿拉伯旅游家伊本·白图泰在其《游记》中记述中国船:"中国船只共分三类……大船有十帆至少是三帆,帆系用藤篾编织,其状如席,常挂不落,顺风调帆,下锚时亦不落帆。每一大船役使千人,其中海员六百,战士四百……此种巨船只是中国的刺桐港建造,或在隋尼凯兰即隋尼隋尼建造"②。他的描述是否可靠呢?我们且看中方的记载。在福建任闽宪知事的著名诗人萨都剌咏道:"三山云海几千里,十幅蒲帆挂秋水"③。可见,他乘坐的是一艘有十面风帆的大船。这表明早在元代福建就有十帆大船。闽人为什么要造多帆大船呢?这是因为,古代的长距离航行不得不考虑季风的因素。以福州与北方天津港的联系而言,福建商船每年在春夏季节顺南风北上,每年秋冬乘北风南下。受制于风向,福建与北方每年只能往来一次。在这一背景下,商人考虑利益最大化,就会将商船造得大一些,争取在一年一次的航行中获得最大利益。元末,元朝统治的多数地区都被反元军队占领,福建是其不多的南方地盘之一。因此,元朝所需南方

---

① 冯承钧译:《马可波罗行纪》,第一五七章,上海书店出版社1999年,第382页。
② 马金鹏译:《伊本·白图泰游记》,宁夏人民出版社1985年,第490页。
③ 萨都剌:《过嘉兴》,蒋易《元风雅》卷十三,宛委别藏本,第397页。

物资多由福建商船载运北上。而元朝的官员，也走海路到福建履任。长期往来，使闽人所造商船越来越大，于是出现了十帆大船。"大福船"是在那个时代出名的。既然元代已经有十帆大船，以明成祖朱棣好大喜功的性格，怎么不会让福建造出更大的宝船？当时阿拉伯国家的船只也很大，中国只有造出更大的船只才能彰显明朝的威望。郑和第三次出航西洋时，费信的《星槎胜览》说郑和的舰船出闽江五虎门之际"张十二帆"，《西洋朝贡录》评郑和舰队："总率巨艅百艘，发自福州五虎门。维艄挂席，际天而行。"①这比元代的十帆大船更多二帆！

图 2-1　明代的郑和舰队图，原出于明代前期僧胜慧所刻《天妃经》②

　　郑和的十二帆大船，应是一种可载一千人至一千五百人的巨船，是那一时代不可比拟的巨舰。康熙《崇明县志》：永乐"二十二年八月，诏下西洋诸船悉停止。船大难进浏河，复泊崇明。"③按，明成祖永乐皇帝死后，明仁宗继位，曾下令召回分散在各地的下西洋宝船，封存于太仓浏河。著名学者叶盛回忆宦官陈芜到太仓封存船只的情况："御用监太监陈芜，交趾人。永乐丁亥入内府。宣庙为皇太孙，芜在左右。……尝记童稚时芜过太仓，封西洋宝舡，势张甚。此志所不具闻。"④可见，当时有些宝船因无法进入浏河而停泊在崇明。浏河是一个大港，早在元代就有些五千料至八千料的大船停泊，郑和的一些大船无法进入浏河，说明这是极其巨大的海船，至少容量在万斛以上。当时太仓刘家港是长江最大的港口，宝船无法进入刘家港，也说明郑和所乘顶级宝船不是南京造的。南京之外，制造巨舟

① 黄省曾：《西洋朝贡录》自序，中华书局 2000 年刊，第 2 页。
② 金秋鹏：《迄今发现最早的郑和下西洋船队图像资料——〈天妃经〉卷首插图》，《中国科技史料》第 21 卷，2000 年第一期。
③ 朱衣点修、吴标等纂：康熙《崇明县志》卷十四，逸事，康熙刻本，第 2 页。
④ 叶盛：《水东日记》卷三四，文渊阁四库全书本，第 1-2 页。

应是福建长乐的船厂。

资深航海史专家金秋鹏于 2000 年公布了刻于永乐十八年的一幅天妃经卷首插图。该经为随同郑和下西洋的僧人胜慧临终前命弟子所刻。图的内容是飘浮于天空的天妃神保佑着下方的下西洋船队。该图证明郑和下西洋所用的船多数为两头翘起的福船,其桅杆 3 支,张四帆或五帆。① 可能学者们出于谨慎,认为该图表明:由南京出发的郑和舰队大都只有四桅或五桅! 有的人进而推之,谓郑和最大的船也就是四五桅的中等海船。但是,早在郑和第三次出航西洋,费信的《星槎胜览》就说郑和的舰船出闽江五虎门之时"张十二帆",可见,早期的巨型宝船未必在南京生产,而是出自福建! 郑和每次下西洋一定要到福建,是为了在这里与福建水师会师,并换乘巨舰。这样看来,郑和下西洋所乘十二帆巨船,应当就是福建造的了。

四、郑和顶级宝船的估算

郑和航海时顶级宝船有多大? 它的上限自然是《明史》等书所说的长四十四丈,宽十八丈,对其下限学界的认识略有变化。就可靠的史料而言,1937 年发现的静海寺残碑记载参加郑和下西洋的南京卫所军人所乘船为一千五百料和二千料,鉴于这些史料,部分学者认为郑和最大舰只就是二千料大船,而且这类船有六十多米长。如前所述,若用元代一料约等于容重六十斤而计,二千料大船大约是长十二丈,宽约二丈。所以,我认为二千料的大船不可能长达六十米。

近年南京发现永乐时太监洪保的墓志铭,其中说到:"永乐纪元,授内承运库副使,蒙赐前名。充副使,统领军士,乘大福等号五千料巨舶,赍捧诏敕,使西洋各番国,抚谕远人。"②这条史料突破了以往所知史料的局限性,表明郑和舰队顶级宝船至少是五千料级别的。于是,许多学者认为,洪保所乘五千料船舶,就是郑和船队最大的船舶。以我的方式推算,这类五千料大船约长十七丈,宽三丈三尺,还没有达到明代大船的极限。

就明代史料的记载来看,明代是有万石船的。明初郑文康提到太仓殷九宰,"元任海道万户,家造三巨舶,大者胜万石,中者八千,小者六千。"③此外,杜三策的册封舟和海述船的超级大船,至少是万石(料)船,甚至是两万料(石)级的大

---

① 金秋鹏:《迄今发现最早的郑和下西洋船队图像资料——〈天妃经〉卷首插图》,《中国科技史料》第 21 卷,2000 年第一期。

② 周凤:《大明都知监太监洪公寿藏铭》,转引自:王志高:《洪保寿藏铭综考》,《郑和研究》2010 年第 3 期。

③ 郑文康:《平桥稿》卷一四,潘绍宗小君墓志铭,第 16 页。

船。这些都证明明朝是可以造出万石船的。

通过对明代造船能力的分析，使我们知道，明代福建制造洪保所乘五千料级别的大船没有太大问题，就其实力而方言，应可以造更大一些的船舶！要知道，洪保并非郑和船队中的顶级使者！

洪保是永乐、宣德年间出使西域的明朝使者之一，他有时独立出访其他国家，例如，永乐十年，明朝与暹罗国发展关系，"命中官洪保等往赐币"。① 有的时候，洪保与郑和等人一起航行。在长乐南山下的天妃碑记内，洪保被列为副使，说明他参加了郑和、王景弘的第七次远航。不过，洪保在郑和船队中仅任副使，排名并不靠前。据《西洋番国志》的记载，宣德五年下西洋官员的排序是这样的："太监郑和、王景弘、李兴、朱良、杨真、右少监洪保等"。② 长乐南山天妃碑的署名排列："宣德六年，岁次辛亥仲冬吉日，正使太监郑和、王景弘，副使太监李兴、朱良、周满、洪保、杨真、张达、吴忠，都指挥朱真、王衡等立"。以上两个署名，洪保都是排第六位。以他的身份，他所乘的船只不可能是最大的，应是次级大船。郑和及王景弘所乘巨舰才是最大的。

明成祖朱棣是一个好大喜功的人，所有的建造都要尽善尽美，以阔大为上。既然民间有八千料、一万料之类的大船，他为什么不为自己的使者造最大的船只？宋明以来官府出使的船只往往会造得大一些，这已经成为一个传统。宋代徐兢的《宣和奉使高丽图经》记载客舟长达十余丈之后又说："若夫神舟之长阔高大，什物、器用、人数皆三倍于客舟也。"此处的神舟是指官府制造的出使高丽的官舟。宋朝廷为了显示中华制造业之强大，往往会造一些巨船给使者，以让异国民众羡慕。宋代的客舟已经有十余丈，神舟是它的三倍，那就是长三十余丈！在古代，这可是超级巨舰。在古代应是两万斛巨舰。

因此说，郑和及王景弘所乘巨舰可能达到万料至两万料。明代中国船多用竹篾制成篷帆，可耐海雾侵蚀，多数情况下一桅一帆。以竹篾制成的船帆十分沉重，清代"耆英号"广船，主帆重7吨，要用40人转动绞盘才能将帆升起。郑和宝船所用帆更大。参加过第七次下西洋的巩珍说："其所乘之宝舟，体势巍然，巨无与敌。篷帆、锚、舵，非二三百人莫能举动。"③按此人数比例，郑和大船的巨帆应有"耆英号"的五到八倍！郑和的大船其实不止一面帆。费信的《星槎胜览》说郑和的舰船出闽江五虎门之际"张十二帆"，规模之大，令其同时代的人十分震惊。

---

① 张廷玉等：《明史》卷三二四，外国传，暹罗，第8399页。
② 巩珍：《西洋番国志》敕书，向达校注本，中华书局2000年，第10页。
③ 巩珍：《西洋番国志》自序，向达校注本，第6页。

　　再从宝船所乘人员来看,史载郑和船队第一次出发时有63艘,第三次出发时,仅有48艘,而其所载军队数量一直很稳定,为27800人!由此可知,郑和舰队每艘船平均人数为:448—579人,这大大超过二千料船的容量。如果郑和舰队皆为一千五百料至二千料的船只,每船载200—300人,以63只船计,仅能装载18900人,还有8900人无法上船!这说明郑和舰队除了一千五百料至二千料的实用船只外,应当还有还有二三十艘可以装载五百人至千人的巨舰!

　　按,关于郑和船队的数量,各书记载不同。康熙《崇明县志》:"明永乐三年,太监郑和下西洋,海船二百八艘,集崇明。"①此外,不论是长乐的天妃庙碑还是江苏刘家港的天妃碑,郑和等人在碑文中都自称率船百艘下西洋,然而《明史》的记载却只有62艘!产生差异的原因何在?嘉靖年间,上海人黄衷的《海语》说:"凡大舶之行,用小艍船一,选熟于洋道者数十人,驾而前,谓之头领。大舶之后,系二小船,以便樵汲,且以防虞,谓之快马,亦谓脚艇。"②可见,明代的大舶出行,或多或少,都要配备两三条中小船只,如果不算小船,每条大船配备一艘中等的船只,62艘大船,加上配备的中型船只,就是134艘。不过,这类中型船只每船只能载数十人,就算50人吧,62艘中型船也只能载3100人,剩下24700人分配到62艘大船,平均每船要载398人,接近400人!可见,郑和舰队若只有二千料以下的船只,会严重超载!另一种可能性是,郑和舰队有一些超级巨舰!

　　按照我前述方式推算:

　　一万料船约长二十二丈,宽五丈。

　　二万料船约长三十丈,宽七丈一尺。

　　以二千料船可载二三百人为基础,可以推算一万料的大船可载千人以上,二万料的大船可载二千人以上,这么大的船只要五艘就可载七八千人。剩下58艘巨舰装载2万人,如果每只大船乘载三百人,另有一只装载五十人的附属船,每对船全部装载三百五十人,就能装下全部随行人员。

　　总的来说,郑和舰队必有一些超级巨舰才能装下27800人。回顾《明太宗实录》记载:

　　永乐元年(1403年)五月辛巳,"命福建都司造海船百三十七艘"③;

　　永乐二年正月癸亥,"将遣使西洋诸国,命福建建造海船五艘"④。

---

① 朱衣点修、吴标等纂:康熙《崇明县志》卷十四,逸事,2页。
② 黄衷:《海语》卷下,畏途,文渊阁四库全书本,第3页。
③ 《明太宗实录》卷二十上,永乐元年五月辛巳,台北,中研院历史语言研究所影印本,第2页。
④ 《明太宗实录》卷二七,永乐二年正月癸亥,第4—5页。

福建是传统的造船大省,永乐元年才为朝廷造过一百多艘海运船,为何永乐二年只为郑和船队造五艘船?解释只有一个:这五艘船是十分巨大的船,耗工约相当于一百多艘普通的海运船,它应当就是郑和所乘顶级宝船。郑和每次下西洋都要到福州太平港,是为了换乘当地制造的巨舰。

就明代船舶的已知极限来看,郑和及王景弘所乘一万料或二万料巨舶长约二十丈到三十丈之间。至于《明史》所载长四十四丈、宽十八丈的巨船是否真实?我认为其宽度肯定不对,因为,福建所造大船中,长十八丈的船就很少见,而且闽江水道狭窄,宽十八丈的船只根本无法驶出闽江出海口。至于长四十四丈的船舶,理论上可以存在。不过,制造这么长的大船,明朝官府要从广东采伐两根长二十丈左右的擎天木对接作为龙骨,还要有十根以上长十丈左右的杉木作桅杆,耗费这么多材料,不如多造几艘五千料或是万料的大船。所以,尽管不能完全排除明代有长四十四丈的大船存在,但其可能性实在太小。

那么,这些大船的载重是多少?如前所述,古人的料是一种独特的船容量算法,折换成现代吨位,那是一种多大的船?可以参考欧洲的船式:

十四世纪英国等西欧国家造的"柯克船",有多种型号,例如:

长 30 米、宽 8 米,吃水 3 米,载重 200 吨;

长 43 米、宽 12 米,载重 800 吨,可载 350 名士兵。[①]

十五世纪葡萄牙人的克拉克船:

长约八十英尺,约合 24.38 米,三桅或是四桅,载重约为一百吨至一百二十吨。

按照欧洲船的比例,长十一丈、宽三丈多的船载重约为 800 吨,那些战舰偏狭窄,载重会少一些。

近年广东阳江沿海发现"南海一号"宋代沉船,该船长 41.8 米(14 丈),宽 11 米(3.7 丈),不计桅杆,高约 4 米,排水量约达 828 吨,载重 425 吨。按照本文公式推算,该船应为 4440 料。

又如晚清的"耆英号"。辛元欧的《中外船史图说》介绍"耆英号"广船,1846 年建成,长 48.8 米(约 16 丈),宽 10.1 米(约 3.33 丈),载重 800 吨,艏高 9 米,艉高 13.5 米,竖三桅,前桅高 22.87 米,后桅高 15.24 米,主桅高 29 米,围长 3.05 米,主帆重 7 吨,要用 40 人转动绞盘才能将帆升起。多孔柁,可升降,最低可下放至 7.32 米。锚由柚木制成,长约 10 米。[②] 按照本文的推算方式应为 4662 料的

① 辛元欧:《中外船史图说》,第 79 - 80 页。
② 辛元欧:《中外船史图说》上海书店出版社 2009 年,第 238 页。

大船。

以上两艘用现代技术实测的大帆船,大小接近,但对载重量估计却相差一倍。考虑到19世纪船只计算还不成熟,这里用南海一号的排水量828吨和耆英号的载重量800吨,那么,我可以得出一个极其粗略的估计:古人5料的船舶容积约等于1吨排水量,五千料的船舶排水量应为1000吨。一万料船的排水量应为2000吨。也就是说,洪保五千料的大船排水量约计1000吨。

按照上述比例,长四十四丈四尺,宽十八丈的大船会有多少料? 接近八万料! 排水量约为16000吨! 好像古人没有必要造这么大的船。事实上,闽江下游多礁石,航道不是太宽,横十八丈的船,可能根本走不出去吧。要么,这艘顶级宝船的尺度数字有错,假设其长四十四丈四尺是对的,而宽度仅有八丈,那么,其容量则是三万二千料。约相当于近代排水量6400吨的船。要造这么大的船,郑和要从南洋运来四棵长二十五丈的擎天木,其中两根对接,组成长四十丈的龙骨,另外两根作桅杆,各长二十五丈。但是,这仅是一种推测。

郑和已知宝船中,一千料的船排水量约为200吨;一千五百料船排水量约为300吨;二千料船排水量约为400吨,五千料船约为1000吨。设定郑和最大的船为万料或是二万料,其排水量约在2000吨至4000吨之间。李约瑟估计,郑和顶级宝船排水量约3000吨左右,与600年前西方所造最大木船相当。这可作为参考。①

这类船只应可乘潮出入长江和闽江,不论在福建长乐或是南京宝船坞都可制造。

因此,如果说前期的宝船制造在福建长乐港,后期也有可能在南京的宝船厂制造。

本文在总结郑和宝船研究各种观点的基础上,提出元明之际古人衡量船舶容量的"料",标准为一立方尺,可装粮食六十斤。然而,由于古代税吏丈量船舶时只量长宽,不计深度,造成"料"的概念扁平化。河船的"料"与海船的"料"容载量不等。郑和副使所乘五千料的宝船,大约长17丈,宽3.3丈,而郑和及王景弘两位正使所乘顶级宝船应是万石船以上的级别,甚至是两万石大船,其排水量可高达2000吨至4000吨。长度约为20~30丈。

小结

郑和下西洋是中国海洋发展史的一个巅峰。它不是偶发事件,应当是宋元时

---

① 转引自:辛元欧《关于郑和宇航尺度的技术分析》,上海,《郑和研究》2002年第2期。

期中国人向海外开拓的必然。宋代中国人大规模地参加海上丝绸之路的贸易,元朝的战舰出现在南海的占城、爪哇,都是中国人南进的体现。明朝开国之后,明太祖的梦想是将整个世界联系在一起,并将中国的儒学文化传遍世界。但是,他的行动十分谨慎。明成祖则将这一梦想付诸实践。明朝由官府派船队去海外进行贸易,主要目的是建立一个由中国控制的世界性的朝贡贸易体系。当年许多国家不知道明朝的建立和它的地位,因此,明朝有必要派出舰队载运海外使者前来朝廷进贡,并建立贸易关系。当这一进贡体系完成之后,海外国家应当自行前来进贡,只是因为许多国家不具备这一条件,明朝才继续派出船队帮助那些边远国家。这使明朝承担了巨大的财政开支。

从明朝的角度来说,通过郑和等人七下西洋建立了所知世界的贡属体系,从而将中华价值观展现于印度洋的彼岸。在儒学文明的主导下,远航的郑和舰队实行"协和万邦"的友好行动,因而得到各个国家的欢迎,促使西洋诸国前来进贡,使大明的声望扩及印度洋周边国家。在那个时代,奥斯曼帝国尚未将其统治权扩及印度洋沿海的港口,贴木儿帝国正在瓦解过程中,印度的莫卧儿帝国仅有雏形。因此,明朝的海外行动没有遇到对手,从而顺利地建立了遍及南海、印度洋的朝贡体系。在那个时代,中国人所认识的世界主要分布于东亚和印度洋周边,对当时的中国人而言,除了那些边远地区,这就是世界的全部!

郑和所乘船只大小的争议,是一个有趣而严肃的问题。本章通过对郑和船舶大小的考证,检阅了明代前期的造船业水平。我的观点是:郑和麾下的大型战舰应造于福州长乐太平港。东南民众对郑和航海贡献颇大。

洪武、永乐时代明朝的对外交通,其实不止下西洋,陆上有分赴东南西北各国的使者,海上还有福建市舶司拓展东洋诸国的行动,它反映了明朝全方位的外交努力。不过,在所有的外交使团中,朱棣最重视的是郑和、王景弘的下西洋团队。朱棣为这个使团配备了大型战舰,其主要目的是想通过威慑的力量解决大部分问题。明朝派这个使团进入印度洋,反映了明朝趋向全球化的努力。

第三章

郑和七下西洋的实践

　　郑和七下西洋是世界史上的重要事件。但是,关于郑和下西洋的具体过程各书描述不一,反映了学术界不同的看法。本着"注重细节、深入挖掘"的原则,本章研究郑和下西洋的具体过程,试图展现郑和下西洋的真实面貌。

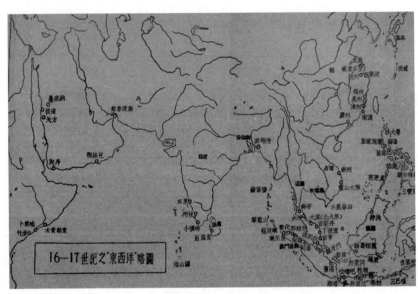

图 3-1　郑和时代的东西洋略图①

第一节　郑和下西洋的航线准备

　　明成祖朱棣在派遣郑和下西洋之前,已经对南洋海路进行了调查。他派出使者出使南洋和西洋的国家,初步探明了南洋海道与各国之间的贸易关系。郑和下

---

　　① 引自:巩珍《西洋番国志》,向达校注本,中华书局 1961 年,第 61 页。

西洋之初,郑和舰队主要经营从中国到爪哇再到古里的贸易线路。马六甲海峡诸国的物产,是郑和舰队选择马六甲海道的主要原因。

一、郑和下西洋主航线的确定

关于郑和第一次出使西洋,令人感兴趣的是,他一开始就是以印度西南的古里港为终点目标。古里是印度古城,也是印度洋上重要的贸易港口。元代汪大渊的《岛夷志略》就记载了古里,当时称之为"古里佛",这表明至少在元代,福建泉州就与古里有贸易关系。然而,元代的古里不太出名,说明当地的对外贸易不甚著名。明朝对古里国评价却很高:

古里,大国,西洋诸番之会。永乐三年,其酋长沙来的遣使朝贡。敕封为古里国王,给印诰。五年、七年,皆遣朝贡。贡物:

宝石、珊瑚珠、琉璃瓶、琉璃碗、宝铁刀、拂郎双刃刀、金系腰锡、阿思摸达泠儿气、龙涎、苏合油、乳香、檀香、木香、栀子花、胡椒、花檀单、伯兰布、苾布、红丝、花手巾、番花人马象物手巾、线结花靠枕。①

这些贡品除了香料外,多为精美的手工艺品,其中只有少数产古里国,大多是在和周边国家贸易中得到的。郑和的舰队抵达古里后,便能购得来自南亚、西亚、东非诸国的商品,像"拂郎双刃刀",当时阿拉伯人称欧洲基督徒为"佛郎机",这表明"拂郎双刃刀"很有可能是欧洲基督徒售给阿拉伯人的商品,可见,古里国不愧为"西洋诸番之会"。郑和选其为第一次西行的目的地,是有见识的。

古里还是印度主要胡椒产地。胡椒是一种辛辣的食物添加剂,在美洲辣椒引进旧大陆之前,胡椒又香又辣的独特味道,吸引了旧大陆各地的民众。据说南印度是胡椒的原产地,印度人吃的咖啡饭,都会放一些胡椒。印度之外,东南亚的爪哇岛、苏门答腊岛都有胡椒出产。中国的汉晋时期及欧洲的罗马时代,都有胡椒销售的记载。宋元时代的胡椒已经进入普通人的餐桌,同一时期的欧洲人在十字军东征之后,也被东方的胡椒迷上了。胡椒因而成为世界市场上最畅销的商品。胡椒颗粒较细,香味长久,既便于携带,也便于收藏,往往成为财富的象征。有人说,在欧洲市场上,胡椒可起货币的作用,用胡椒付账,没有店家会拒绝。因此,胡椒对海上丝绸之路上的商人有莫大吸引力。

不过,洪武年间的古里并非朝贡国。为什么郑和下西洋会将古里作为第一次下西洋的终点?也就是说,古里国是怎样进入明朝视野的?这与永乐元年明朝的外交活动有关。

---

① 俞汝楫编:《礼部志稿》卷三十五,第17页。

永乐帝登基后，派出许多使者到海外，宣告新皇帝登基。永乐元年冬十月丁巳："内官尹庆等赍诏往谕满赐、柯枝诸国。赐其国王罗销金帐幔及伞并金织文绮彩绢有差。"①这段文字中，提到了古里的邻国柯枝。尹庆是个能干的使者，永乐三年九月，尹庆回到南京，随行者有"苏门答剌国酋长宰奴里阿必丁、满剌加国酋长拜里迷苏剌、古里国酋长沙米的，俱遣使随奉使中官尹庆朝贡。诏俱封为国王，给与印诰、并赐彩币袭衣。"②尹庆带来的三国酋长中，苏门答剌和满剌加都位于马六甲海峡，这都是通向印度南部的必经国家。而古里国位于印度西南部。尹庆以出使柯枝为目的，后来却带来了古里国的酋长，这反映了尹庆的功劳和古里国酋长的灵活性。当然，所谓古里国的酋长，也许是古里国的一个商人。对明朝来说，官府可以从这位"古里国酋长"的口中了解印度洋的情报。尹庆实际上是为郑和打前站了。

在尹庆之后下西洋的还有闻良辅。《明太宗实录》：

永乐元年八月癸丑，遣官往赐朝鲜、安南、占城、暹罗、琉球、真腊、爪哇、西洋、苏门答剌诸番国王绒、绵、织金、文绮、纱罗有差。行人吕让、丘智使南安，按察副使闻良辅、行人宁善使爪哇、西洋、苏门答剌，给事中王哲、行人成务使暹罗，行人蒋宾兴、王枢使占城、真腊，行人边信、刘元使琉球，翰林待诏王延龄、行人崔彬使朝鲜。人赐纻丝衣一袭、钞二十五锭。使朝鲜者，加衣一袭及皮裘狐帽。③

这条史料使我们知道，永乐元年明朝派出多位使者，远赴各方。其出使规模很大。其中，闻良辅和宁善出使的国家是：爪哇、西洋、苏门答剌！这也是一条下西洋的路线。广东市舶司是明初重要口岸之一，明初不少使者下西洋都是从广东出发的。《广东通志》记载：

永乐改元，遣使四出，招谕诸番，贡献毕至。奇货重宝，前所未有。乃命内臣监镇市舶，设公馆于城南水滨，而税珰多纵恣为民害。三年九月大理寺卿闻良辅，初为湖广副使，坐事降行人，至是奉使西南诸番暹逻、爪哇，以至西洋古里诸国，还京奏事称旨，擢广东按察使。④

如果比较《广东通志》与《明太宗实录》有关闻良辅的记载，就会发现：《广东通志》记载闻良辅走过的国家会更多些。例如暹罗、古里，原来都不在闻良辅的出使计划中。出使古里，应该是闻良辅自行决定的吧？明成祖朱棣鼓励使者冒险，

---

① 《明太宗实录》卷二四，永乐元年冬十月丁巳。
② 《明太宗实录》卷四十六，永乐三年九月癸卯。
③ 《明太宗实录》卷二十二，永乐元年八月癸丑。
④ 郝玉麟等:乾隆《广东通志》卷五十八，外番志，第7-8页。

尹庆的原计划中没有古里,但其人到柯枝后,多跑了一千多公里,劝说古里的酋长前来贸易,得到朝廷勉励。闻良辅后来"奏对称旨",也得到皇帝嘉赏。于是,闻良辅不仅恢复原官并升为广东按察使。那么,闻良辅的特殊贡献在哪里?这应与他探险爪哇到古里航海线路有关。比较闻良辅和郑和下西洋的路线,不难发现二者是重合的。郑和下西洋,也是先到爪哇,然后才穿越马六甲海峡,最终抵达古里。换句话说,郑和第一次下西洋,实际上是按照闻良辅开辟的航线走的。总之,在郑和出航海之前,永乐帝派出的使者已经探险爪哇、古里等地的港口,为郑和远航做好铺垫。值得注意的是:闻良辅和尹庆都是在永乐三年九月到达南京复命,很可能是一起从古里返航。跟随他们的官兵也受到奖赏。"升金吾左卫千户李名道、林子宜俱为本卫指挥佥事,以奉使爪哇之劳也。"[1]

永乐元年,新皇帝登基,皇帝派出使者宣告各个国家。这时,皇帝的使者中有许多人是行政官员。永乐三年,郑和等人出发到海外,进行赏赐贸易,其主持人多为宦官。这是因为,行政官员出使有政治使命,而宦官们出使,则是为皇帝的需要服务。永乐皇帝让宦官出使,其目的就是为皇室挣钱,并采购罕见的西洋财宝。

二、郑和航路中爪哇国的重要性

郑和下西洋的航行路线有一个奇怪之处,那就是,郑和船队一定要先至爪哇国,然后再回航马六甲海峡的旧港等港口,逐步向西航行,从苏门答剌驶向锡兰山港口。从龙牙门(新加坡)算起,爪哇位于马六甲海峡东南三千里。那么,为什么郑和的主力舰队不是直接穿越马六甲海峡,而是绕道爪哇多走数千里,甚至在爪哇岛待上四个月,再向西行?郑和这样行走自有他的盘算。

东南亚的爪哇岛是印度尼西亚的中心,人口最为密集。爪哇国的文明悠久,历史上曾有婆罗门教与佛教传播,著名的婆罗浮堵与长城、金字塔齐名,为世界四大古迹之一。明朝与爪哇国的关系较好。早在洪武年间,爪哇就常到明朝进贡。洪武十五年春正月乙未,"爪哇国遣僧阿烈阿儿等奉金表贡黑奴男女一百一人,大珠八颗,胡椒七万五千斤。诏赐绮帛衣钞有差。"[2]其进贡的胡椒数量之多,使人眼睛一亮。明成祖于建文四年攻占南京,夺取政权,当年就有人出使远方。《锦衣卫选簿》记载何义宗其人:"(洪武)三十五年(即建文四年)往爪哇国,永乐元年回还。"[3]他们的出使带来了爪哇国的贡使。永乐元年"爪哇国西王都马校遣使阿烈

---

[1] 《明太宗实录》卷四七,永乐三年冬十月戊寅。
[2] 《明太祖实录》卷一四一,洪武十五年春正月乙未。
[3] 松浦章:《明清时代东亚海域的文化交流》,郑洁西等译,第35页。

罗佛达必期等奉表朝贺,贡五色鹦鹉、孔雀及方物。赐钞并袭衣文绮表里"。①

　　永乐年间,明朝的使者多次到爪哇。双方往来频繁。《明史·爪哇传》:"永乐元年又遣副使闻良辅、行人宁善赐其王绒锦织金文绮纱罗。使者既行,其西王都马板遣使入贺,复命中官马彬等赐以镀金银印。西王遣使谢赐印,贡方物。而东王孛令达哈亦遣使朝贡请印,命遣官赐之。自后二王并贡。三年遣中官郑和使其国,明年西王与东王构兵,东王战败,国被灭。适朝使经东王地,部卒入市。西王国人杀之,凡百七十人。西王惧,遣使谢罪。帝赐敕切责之,命输黄金六万两以赎。六年再遣郑和使其国,西王献黄金万两。礼官以输数不足,请下其使于狱。帝曰朕于远人,欲其畏罪而已,宁利其金耶。悉捐之。自后比年一贡,或间岁一贡,或一岁数贡。中官吴宾、郑和先后使其国。"如其所记,永乐三年郑和舰队到爪哇国时,恰逢爪哇西王与东王内战,郑和部下有 170 人在市场购物被西王手下误杀。爪哇西王感到事态严重,只好派人向明朝谢罪,最终赔偿了一万两黄金。这条史料说明郑和部下有经商的人,他们到爪哇市场中采购商品。

　　唐宋时代,爪哇已经是东南亚的一个贸易中心,以物产丰富著名。明代前期,万丹、巴达维亚等著名城市尚未出现。马欢的《瀛涯胜览》记载:"爪哇国者,古名阇婆国也。其国有四处,皆无城郭,其他国船来,先至一处,名杜坂,次至一处,名厮材,又至一处,名苏鲁马益,再至一处,名满者伯夷,国王居之。其王之所居,以砖为墙。"除了满者伯夷仅有数百户之外,其他三座居民点都有千余人家,而且多有闽粤人居住。厮材是贸易中心。"各处番人,多到此处买卖。其金子诸般宝石,一应番货,多有卖者,民甚殷富。"②费信的《星槎胜览》夸奖爪哇"地广人稠","其港口人去码头曰新村,居民环接,编茭樟叶覆屋,辅店连行,为市买卖。其国富饶,珍珠,金银,鸦石、猫睛、青红等石,琕瑓、玛瑙、豆蔻、荜芨、子花、木香、青蓝,无所不有。""苏鲁马益,一地名也,为市聚货,商船米粮。"③《西洋番国志》记载爪哇的货物是:"土产苏木、金刚子、白檀、肉豆蔻、荜芨、班猫、镔铁、龟筒、玳瑁"。④ 爪哇岛最吸引外人的是当地的香料。如前文记载,在爪哇岛可买到肉豆蔻、木香等香料。按,据一百年后来到爪哇的葡萄牙人记载,爪哇之东,是著名的香料群岛,而香料群岛又可分两个小的群岛。其中摩鹿加群岛盛产丁香,班达群岛盛产肉豆

---

① 《明太宗实录》卷二三,永乐元年九月庚辰。

② 马欢:《瀛涯胜览》爪哇,王云五主编:宋元明善本书十种,明刊本《纪录汇编》第七册,卷六二,第 7–9 页。

③ 费信:《星槎胜览》爪哇,王云五主编:宋元明善本书十种,明刊本《纪录汇编》第七册,卷六二,第 9–11 页。

④ 巩珍:《西洋番国志》爪哇国,向达校注本,第 7 页。

蔻,这两种香料只能在这两个群岛生产,所以,人们要购得丁香和肉豆蔻,一定要到爪哇或爪哇以东的岛屿购取。这样,我们就明白了为什么郑和船队七下西洋,每次都先到爪哇国,他是为了采购当地的香料等商品,以便在印度古里等港口出售。

从爪哇经马六甲海峡诸国再到印度西部的柯枝、古里,这条贸易线路,就是历史上著名的香料之路。明代的欧洲迷恋丁香、肉豆蔻、胡椒等三种香料,其中丁香和肉豆蔻的价格较高,售价最便宜的是胡椒。郑和之后,葡萄牙人所做生意就是从香料群岛和爪哇购进各种香料,然后运到印度古里之北的果阿,再由波斯和阿拉伯的船只载运到阿拉伯世界及转运地中海世界出售。这三种香料是让欧洲人疯狂的东西,可以售出很高的价钱。可见,在葡萄牙人进入东方之前,在东方丝绸之路上,胡椒贸易已经相当兴盛。

三、郑和下西洋与宗教的关系

印度洋北部诸国,伊斯兰教的影响很大。巩珍:《西洋番国志》提及多个阿拉伯国家,例如天方国(麦加)是伊斯兰教的发源地,麦加一带的圣殿、圣墓是伊斯兰教徒景仰的圣地。他如祖法儿国:"王及国人皆奉回回教门。"忽鲁谟斯国,"王及国人皆奉回回教门,每日五次礼拜,沐浴持斋,为礼甚谨。"[1]《瀛涯胜览》记载阿丹国:"王及国人皆奉回回教门。说阿剌必语。"总之,印度洋西北海岸是伊斯兰教的核心区域。

信奉伊斯兰教的阿拉伯、波斯诸国是擅长经商的国家。自阿拉伯帝国创建后,伊斯兰商人远去东方贸易,唐宋时期,他们的商船出现在东亚的中国、高丽诸国。郑和七下西洋的时代,伊斯兰商人在亚非许多港口都占据统治地位。例如印度主要贸易港古里:"王有大头目二人,掌管国事,国中俱是回回人,奉回回教。礼拜寺有二三十处,七日一次行礼拜。"[2]这种现象是普遍性的。除了阿拉伯、波斯本土外,印度和东南亚许多港口都有信奉伊斯兰教的商众。例如爪哇国"其国人有三等,一等西番回回人,因作商贾流落于此。";满剌加国"王及国人皆从回回教门",又如苏门答剌岛上的哑鲁国,"王及国人皆回回"。印度与印尼之间海上的南淳里国:"人民只有千余家,皆回回。"溜山国"国王臣庶皆回回人"。榜葛剌国"国

---

① 巩珍:《西洋番国志》,忽鲁谟斯国,第41页。
② 马欢:《瀛涯胜览》古里国,第29页。

中皆回回人"。① 柯枝国,"二等回回人"。柯枝国,"其国王亦锁里人,头缠黄白布"。② 可见,在丝绸之路贸易线上,到处都有伊斯兰商人。郑和等人要去海外做生意,当然要和信仰伊斯兰教的商人搞好关系。为了和伊斯兰教徒打交道,郑和聘请了马欢、费信、巩珍等能够翻译阿拉伯文字的专业人员。第四次出航前,郑和曾到西安,为清真寺大修捐款。第五次出航前,郑和来到泉州三贤四贤墓行香立碑:

> 钦差总兵太监郑和,前往西洋忽鲁谟厥等国公干,永乐十五年五月十六日于此行香,望灵圣庇祐。镇抚蒲和日记立。

郑和在海外,依托各地的伊斯兰商人网络,顺利地进行买卖。例如,他在古里国,与掌权的两位伊斯兰徒联络:"其二大头目受中国朝廷陞赏,若宝船到彼,全凭二人主为买卖。"③《西洋番国志》论古里:"中国宝舡一到,王即遣头目并哲及米纳凡来会。其米纳凡乃是本国书算手之名,牙侩人也。但会时先告以某打价。至期将中国带去各色货物对面议定价值,书左右合契,各收其一。哲地乃与坐舡内臣各相握手。米纳凡言过吉日,就中指一掌为定,自后价有贵贱,再不改悔。以后哲地并富户各以宝石、珍珠、珊瑚来看。惟是议论价钱最难,疾则一月,徐则两三月定。如某宝石若干该纻丝某物货若干,即照原打手价价无改。"④这是很平和的贸易。郑和灵活处置宗教的手段,是其畅行于海上丝绸之路的重要原因。

因为家世的原因,郑和通伊斯兰教,但他又是一位认真的佛教信徒。姚广孝题记的《佛说摩利支天经》载:"今菩萨戒弟子郑和,法名福善"。佛教大藏经有六百三十函之多,明代有官刻版本,供人印刷传播。郑和十次刷印宏篇巨幅的《大藏经》分献给南京灵谷寺、云南五华寺、天界禅寺、长乐南山三峰塔寺、镇江金山寺、静海禅寺、北京皇后寺、南京鸡鸣禅寺、牛首山佛窟寺等流通供养。其中南京牛首山是其埋骨之地,可见其人对佛教的信仰十分深刻。由于马欢、费信、巩珍等三部郑和时代的航海记作者都是穆斯林,因此,郑和在海外与佛教徒的联系在《瀛涯胜览》等书中留下痕迹不多,但是,他们在信奉佛教的占城、暹罗、真腊、锡兰诸国,也会得到某种方便。永乐七年二月,郑和第二次下西洋的返航途中,在锡兰山立佛寺施舍立碑纪念。其碑记云:"惟锡兰山介乎海南,严严梵刹,灵感翕彰。比者遣使诏谕诸番,海道之开,深赖慈佑,人舟安利,来往无虞,永惟大德,礼用报施。谨

---

① 巩珍:《西洋番国志》,第8、15、16、17、21、32、38页。
② 马欢:《瀛涯胜览》柯枝国,第26页。
③ 马欢:《瀛涯胜览》古里国,第29－30页。
④ 巩珍:《西洋番国志》古里,第29页。

以金银织金纻丝宝幡、香炉、花瓶、纻丝表里、灯烛等物,布施佛寺,以充供养。惟世尊鉴之。"①

郑和还是一个坚定的道教天妃的信徒。第一次航海归来,他就在南京奏建天妃宫,后来还在太仓、长乐修建天妃宫;福建莆田湄洲的天妃祖庙,也是郑和上奏重新修建的。宣德五年末和宣德六年,他和王景弘等人在太仓及长乐的天妃宫进香立碑纪念。其时,天妃庙在民间有两种形式,佛教称之为灵慈庙,道教称之为天妃宫,郑和在各地建天妃宫,使天妃信仰嵌入深深的道教因素。其中宣德六年仲冬日在长乐的立碑,是正使太监郑和、王景弘与正一住持杨一初共同"稽首请立石"。② 湄洲天妃首庙的《天妃显圣录》记载郑和及其部下多下得到天妃的保佑。③ 总之,郑和的信仰有多元宗教因素。

在欧洲宗教东传之前,东南亚、南亚是多种宗教山头林立的局面,各教教义不同,但基本上是和平竞争。一个国家中,两种宗教并存,是普遍性的。郑和具有多种信仰,方便了他与多国宗教周旋,这是郑和顺利完成使命的因素之一。

四、郑和七下西洋的规模

郑和的航行以规模大、时间长、航程远而震惊世界。关于郑和船队的组成,祝允明的《前闻记》记载了舰队的人数、船号和船名。例如,郑和舰队的船号有:清和、惠康、长宁、安济、清远之类;船名(式?)有大八橹、二八橹之分。舰队的成员有:官校、旗军、火长、舵工、班碇手、通事、办事、书算手、医士、铁、锡、木、舱、搭材等匠,水手、民梢人等,共二万七千五百五十名。④ 这是世界史上空前规模的远航舰队。

郑和、王景弘等人立于长乐南山三清殿的"天妃之神灵应记"碑载:

皇明混一海宇,超三代而轶汉唐,际天极地,罔不臣妾。其西域之西,迤北之北,固远矣,而程途可计,若海外诸番,实为遐壤。皆捧琛赍,重译来朝。皇上嘉其忠诚,命和等统率官校旗军数万人,乘巨舶百余艘,赍币往赍之。所以宣德化而柔远人也。自永乐三年,奉使西洋,迄今七次。所历番国,由占城国、爪哇国、三佛齐国,直逾南天竺锡兰山国、古里国、柯枝国,抵于西域忽鲁谟斯国、阿丹国、木骨都束国,大小凡三十余国。涉沧溟十万余里。观夫海洋,洪涛接天,巨浪如山,视诸

---

① 郑和在锡兰所立碑,巩珍:《西洋番国志》附录,向太校注本,第50页。
② 郑和等:《天妃之神灵应记》,该碑立于长乐县南山天妃宫。
③ 徐晓望:《妈祖信仰史研究》第五章,明代官府与天妃信仰,福州海风出版社2006年。
④ 祝允明:《前闻记·下西洋》,巩珍:《西洋番国志》附录,向达校注本,第56-57页。

夷域,迥隔于烟霞缥缈之间。而我之云帆高张,昼夜星驰,涉彼狂澜,若履通衢者,诚荷朝廷威福之至,尤赖天妃之神护佑之德也。①

天妃是产自福建湄洲的女神。郑和远航和福建结下了深厚的关系,每一次出发前,他的舰队都要到福州长乐的太平港停靠。在长乐南山"天妃之神灵应记"碑之后,郑和等人还附上了七次远航的始发时间:

一、永乐三年统领舟师至古里等国。时海寇陈祖义聚众三佛齐国,劫掠番商,亦来犯我舟师,即有神兵阴助,一鼓而殄灭之。至五年回。

一、永乐五年统领舟师往爪哇、古里、柯枝、暹罗等国。王各以珍宝、珍禽、异兽贡献。至七年回还。

一、永乐七年统领舟师往前各国。道经锡兰山国,其王亚烈苦奈儿负固不恭,谋害舟师,赖神显应知觉,遂生擒其王,至九年归献,寻蒙恩宥,俾归本国。

一、永乐十一年统领舟师往忽鲁谟斯等国。其苏门答剌国,有伪王苏斡剌,寇侵本国。其王宰奴里阿比丁,遣使赴阙陈诉,就率官兵剿捕,赖神默助,生擒伪王,至十三年归献。是年满剌加国王亲率妻子朝贡。

一、永乐十五年统领舟师往西域。其忽鲁谟斯国进狮子、金钱豹、大西马;阿丹国进麒麟(番名祖剌法)并长角马哈兽;木骨都束国进花福禄并狮子;卜剌哇国进千里骆驼并驼鸡;爪哇、古里国进麋里羔兽。若乃藏山隐海之灵物,沉沙栖陆之伟宝,莫不争先呈献;或遣王男,或遣王叔、王弟,赍捧金叶表文朝贡。

一、永乐十九年统领舟师遣忽鲁谟斯等国。使臣久侍京师者,悉还本国。其国王益修职贡,视前有加。

一、宣德六年仍统舟师往诸番国,开读赏赐,驻泊兹港,等候朔风开洋。思昔数次,皆仗神明助祐之功,如是勒记于石。

宣德六年岁次辛亥仲冬日

正使太监郑和、王景弘　副使太监李兴　朱良　周满　洪保　杨真　张达　吴忠　都指挥朱真　王衡等立。正一住持杨一初稽首请立石。②

这一时间表与《明史》记载略有不同,其差异在于:《明史》的记载往往是郑和离开南京的时间,或是颁给郑和命令的时间,而郑和真正踏上出国的使程,则是在离开福州港五虎门之时。因此,研究《明史》记载及长乐南山的《天妃之神灵应记碑》,辅之以其他史料,可对"郑和七下西洋"有整体性的了解。关于郑和远航所历

① 郑和等:《天妃之神灵应记》,张善贵:《长乐金石志》,香港文学报社出版公司 2005 年,第 160－161 页。

② 郑和等:《天妃之神灵应记》,张善贵:《长乐金石志》,第 162－163 页。

国家的地区。陆容的《菽园杂记》还列出了郑和出使"所历诸蕃地面"：

　　曰占城国，曰灵山，曰昆仑山，曰宾童龙国，曰真腊国，曰暹罗国，曰假马里丁，曰交阑山，曰爪哇国，曰旧港，曰重迦逻，曰吉里地闷，曰满刺加国，曰麻逸冻，曰彭坑，曰东西竺，曰龙牙加邈，曰九州山，曰阿鲁，曰淡洋，曰苏门答剌、曰花面王，曰龙屿，曰翠岚屿，曰锡兰山，曰溜山洋，曰大葛阑，曰阿枝国，曰榜葛剌，曰卜剌哇，曰竹步，曰木骨都束，曰阿丹，曰剌撒，曰佐法儿国，曰忽鲁谟斯，曰天方，曰琉球，曰三岛国，曰浡泥国，曰苏禄国。至永乐二十二年八月十五日，诏书停止。诸蕃风俗土产，详见太仓费信所上《星槎胜览》。①

　　以上共计 41 个国家地区。据陆容说，他的这段记载是参考了费信的《星槎胜览》。但是，比较《星槎胜览》原版，其中并无琉球、三岛国、浡泥国、苏禄国等四个东洋国家的记载！按，东洋国家的物产不如西洋国家多，而且，东洋国家的进贡多由福建市舶可负责，郑和远航的任务是下西洋，所以，《星槎胜览》只记西洋诸国。陆容为什么为其加入东洋诸国的名字，是一个疑问。要么，有一些飘散的舰队船只到了东洋诸国？这是一个尚待解决的问题。

第二节　郑和前三次下西洋的经历

　　在明朝以前，华商的活动多在南海周边，其间虽也有人到过印度洋周边国家，但并不经常。郑和前三次远航，扫除了远航路上的诸多障碍。

一、郑和第一次下西洋

　　关于郑和第一次下西洋，《天妃之神灵应记碑》载："永乐三年，统领舟师至古里等国，时海寇陈祖义聚众三佛齐国，劫掠番商，亦来犯我舟师，即有神兵阴助，一鼓而殄灭之，至五年回。"《明史》记载：永乐三年夏六月己卯，"中官郑和帅舟师使西洋诸国"②。永乐五年"九月壬子，郑和还"③。以上二者的记载相同，碑记的优点在于写明郑和出使的国家，以郑和为主的舰队主力至少抵达印度南部的古里国。《明史》的记载优点是载明郑和离开南京的出发时间和回归的时间。那么，郑和是直接驶向海外了吗？《明史·郑和列传》载郑和船队"自苏州刘家河泛海至福

---

① 陆容：《菽园杂记》卷三，北京，中华书局 1985 年，第 26 - 27 页。
② 张廷玉等：《明史》卷六，成祖二，第 82 页。
③ 张廷玉等：《明史》卷六，成祖二，第 85 页。

建,复自福建五虎门扬帆,首达占城,以次遍历诸番国。"可见,郑和船队肯定在长乐停靠了一段时间,否则《明史·郑和列传》不会说其"复自福建五虎门扬帆"。从航行的风向来说,郑和于永乐三年六月受命出航,但其舰队从长江口、长乐驶向南洋方向,一定要等候北风。而台湾海峡的北风,一般起于夏历九月,所以,郑和可能是九月从长江口抵达福州长乐,最迟在十二月离开闽江口的五虎门驶向占城。

值得注意的是,郑和每次航海之际,都会派出分舰队驶抵四方。当时郑和的舰队以马来半岛的满加剌国为主要基地。明朝与满剌加的关系也是永乐朝的外交成就之一。《明史·满剌加传》记载:"永乐元年(1403 年)十月,遣中官尹庆使其地,赐以织金文绮、销金帐等物。其地无王,亦不称国,服属暹罗,岁输金四十两为赋。庆至,宣示威德及招徕之意,其酋拜里迷苏剌大喜,遣使随庆入朝,贡方物。三年九月至京师。"《明会要》记载:"因封为满剌加国王,赐印诰。使者言,王慕义,愿同中国列郡,岁效职贡。请封其山为一国之镇。帝从之。"①如其所述,当时满剌加国之意是加入中国。明朝顺势推动两国关系,解脱了满剌加对暹罗的依附,而满剌加的港口成为郑和下西洋的基地。邱浚说:"其地在中国西南大海之外,旧属于暹罗斛国。永乐初命中贵驾巨舰,自福唐之长乐五虎门航大海,西南行,抵林邑,又自林邑正南行八昼夜,抵其地。由是而达西洋古里大国。"②满剌加与中国的关系日益加深,永乐七年,"中使郑和赍诏敕银印,封为满剌加国王。请定疆域,并封其国西山,俾暹罗无侵扰。"③可见,满剌加国是有心借助明朝的力量取得独立,而郑和会为其帮忙,应是在满剌加得到实质性的帮助。事实上,永乐初年,满剌加成为郑和水师驻地。

满剌加是郑和舰队在海外的重要基地。《瀛涯胜览》云:"中国宝船到彼,则立排栅,如城垣","盖造库藏仓廒,一应钱粮,顿在其内"。明代的满剌加是南海贸易的十字路口,其地位犹如今日之新加坡。郑和舰队到满剌加之后,稍事整顿,然后分出多支舰队分赴各岛。"八艅遍往支,阿舟、榜葛剌、忽鲁谟斯等处。逮其回也,咸至于是聚齐焉。"④这条史料的发现,说明郑和很早就以满剌加(马六甲)为归程集中港。郑和舰队出访时,也是在这里分出八支船队,分访西洋诸港。不过,郑和舰队第一次出航,不太可能到阿丹、忽鲁谟斯、榜葛剌等国访问。上文的列举的

① 龙文彬:《明会要》卷七八,外蕃,满剌加传。转引自郑鹤声、郑一钧编:《郑和下西洋资料汇编》增编本,第二册,北京,海洋出版社 2005 年,第 808 页。

② 邱浚:《重编琼台志》卷十一,送林黄门使满剌加国序,文渊阁四库全书本,第 3 页。

③ 茅瑞征:《皇明象胥录》卷五,满剌加,商务版四部丛刊影印芝园藏板,第 1 页。

④ 邱浚:《重编琼台志》卷十一,送林黄门使满剌加国序,文渊阁四库全书本,第 3 页。

"阿舟、榜葛剌、忽鲁谟斯"三国中,"阿舟"应当是"阿丹"的错写,阿丹,即为阿拉伯半岛也门的亚丹港;"忽鲁谟斯"是伊朗的重要港口,"榜葛剌"为今孟加拉国,在《明史》中又称"孟加剌国"。郑和第一次航海应当不会到过这三个国家,所谓"八艘遍往支",在第一次航海之时,郑和分艅舰队所到的国家,应以东南亚国家为主。其时,郑和的主力舰队过了马六甲海峡之后,直接前往锡兰山、古里等地。这条主线外的一些国家,应是由分舰队承担的。

郑和第一次出航期间的一件大事是处置海盗陈祖义。陈祖义盘踞旧港多年,而旧港位于马六甲海峡的咽喉之地,驻扎在此地的海盗,对往来南海及印度洋的船只危害很大。事实上,自宋以来,当地的豪强就以拦截过往船只为生,路过旧港的船只,经常被旧港的武装劫持。宋代泉州商船很少到印度洋,与这一点有关。明朝建立后,在旧港一带建都的三佛齐,仍然是阻梗东西交通的障碍。《明太祖实录》记载洪武三十年八月丙午的事:

> 礼部奏诸番国使臣客旅不通。上曰:洪武初,海外诸番与中国往来,使臣不绝,商贾便之。近者安南、占城、真腊、暹罗、爪哇、大琉球、三佛齐、渤尼(即浡泥)、彭亨、百花、苏门答剌、西洋、邦哈剌等凡三十国,以胡惟庸谋乱,三佛齐乃生间谍,绐我使臣至彼。爪哇国王闻知其事,戒饬三佛齐礼送还朝,是后使臣商旅阻绝,诸国王之意,遂尔不通。惟安南、占城、真腊、暹罗、大琉球自入贡以来,至今来庭。大琉球王与其宰臣皆遣子弟入我中国受学,凡诸番国使臣来者,皆以礼待之。我待诸番国之意不薄,但未知诸国之心若何? 今欲遣使谕爪哇国,恐三佛齐中途阻之,闻三佛齐系爪哇统属,尔礼部备述朕意,移文暹罗国王,令遣人转达爪哇知之。于是礼部咨暹罗国王。①

以上史料表明,旧港一带的武装,对穿越马六甲海峡的交通形成极大的威胁,已经成为诸国公敌了。明成祖要打开对印度洋的交通,一定要扫除这个障碍。建文四年(1402 年)明太宗朱棣刚刚登上帝位,"使臣有还自东南夷者,言诸番夷多遁居海岛,中国军民无赖者,潜与相结为寇。上遣使赍敕谕之。"②郑和第一次下西洋,开始也想用招安的方法解决问题,不料陈祖义另有其谋。永乐五年九月壬子,"太监郑和使西洋诸国还,械至海贼陈祖义等。初,和至旧港,遇祖义等,遣人招谕之。祖义详诈降而潜谋要却官军。和等觉之,整兵堤备。祖义率众来劫,和出兵与战。祖义大败,杀贼党五千余人,烧贼船十艘,获其七艘及伪铜印二颗,生

---

① 《明太祖实录》卷二五四,洪武三十年八月丙午。
② 《明太宗实录》卷十二上,洪武三十五年(建文四年)九月戊子。

擒祖义等三人。既至京师,命悉斩之。"①除去陈祖义之后,明朝着力安抚旧港华人另外两位华人领袖梁道明、施进卿,后来,明朝在旧港设立了"宣慰司",完全控制这一要害地带,保护南海去印度洋的交通线。

二、郑和第二次下西洋

关于郑和第二次出航,《天妃之神灵应记碑》载:"永乐五年,统领舟师往爪哇、古里、柯枝、暹罗等国,王各以珍宝、珍禽异兽贡献,至七年还。"对这条记载要注意:它只是记载永乐五年舰队出发,并没有说是谁率领的。郎瑛的《七修类稿》云:"永乐丁亥(五年),命太监郑和、王景弘、侯显三人往东南诸国,赏赐宣谕。今人以为三保太监下洋。"②实际上侯显另有所命。侯显于永乐元年出使乌斯藏,永乐四年十五月回归南京,永乐五年是他和随行将士休整之时,因此,他在永乐五年不可能与郑和、王景弘二人一齐乘船赴东南亚。那么,永乐五年统领舟师出航的谁?除了郑和之外,应是另一位与郑和齐名的正使太监王贵通!《明太宗实录》记载,永乐五年九月庚辰,"遣太监王贵通赍敕往劳占城国王占巴的赖,赐王白金三百两、彩绢二十表里,嘉其尝出兵助征安南也。"③这个太监王贵通,就是王景弘。因为,在著名的锡兰郑和碑中,王贵通的署名是与郑和并列的。《明史》记载,郑和及王景弘都是远洋船队正使,王贵通能与郑和并列,说明他就是王景弘。事实上,在《明实录》中,王景弘的名字和王贵通是可以互换的。至于为什么此人会有两个名字,我想,"贵通"是他的正名,"景弘"是他的字。王景弘年轻时,人们直呼他的名字"贵通",待其年纪大时,便以"景弘"称之。关于这个问题,且留作第五章做更深入的研究。

《明实录》记载王贵通于永乐五年被任命为赴占城正使,《长乐天妃碑》记载郑和的航程中也有占城,他们是一起去占城的吗? 不是的。《明史·占城国传》记载:"五年,(占城)攻取安南所侵地,获贼党胡烈、潘麻休等,献俘阙下。贡方物谢恩。帝嘉其助兵讨逆,遣中官王贵通赍敕及银币赐之。六年,郑和使其国。王遣其孙舍杨该贡象及方物谢恩。"可见,《明史》的记载证明王贵通与郑和是先后赴占城的,并不是一起去的。再看《明史·成祖纪》在永乐六年九月部分记载:"癸亥,郑和复使西洋"④。如其所载,郑和实际上是永乐六年才出洋的! 据各种史实研

---

① 《明太宗实录》卷七一,永乐五年秋九月癸亥。
② 郎瑛:《七修类稿》卷十二,三宝太监,上海书店出版社2001年,第124页。
③ 《明太宗实录》卷七一,永乐五年九月庚辰。
④ 张廷玉等:《明史》卷六,成祖二,第85页。

究,郑和应是永乐五年九月先王贵通离开南京,他先到福建,除了整修船只外,还另有使命。其时,郑和从海外国家带来的使者,都是由他带回本国的。永乐五年九月,这些使者到了南京,通常会被朝廷招待数月后再回国。所以,最好的情况应是第二年回归。就一般情况而言,郑和先行赶到福建,是准备送他带到南京的外国使者结束使命后踏上返程,同时,顺便完成与内廷有关的另一项使命,护送皇室赐给福建宁德支提寺的千尊铁冠菩萨到福建,完成故去皇后的遗命。关于这一点,且留到第五章研究。永乐五年九月,他只是离开南京,他真正出洋,是在等到各国使者回归之后的永乐六年。

再说明朝与占城的关系。永乐年间,明朝与占城的关系很复杂。永乐四年七月,明军出兵安南国,大败安南的军队,占城国乘机派兵北上,收复安南国侵占占城的国土,并向明朝进贡。因此,明朝廷派出王贵通出使占城,回报占城国的进贡。其时,占城与明朝的关系正处于“热恋”中。因王贵通的出使,占城国再派使者向明朝进贡,而明朝为了回答占城国这次进贡,于永乐六年又派郑和出使占城。这样一来一往,占城与明朝的关系大大加深了。从这一点看《明史·成祖纪》记载的永乐六年九月“癸亥,郑和复使西洋”,我相信这一记载是正确的。王贵通和郑和是先后赴占城,并非一起去的。此外,可以作为旁证的是:《明史·暹罗国传》记载郑和于六年九月出使暹罗,《明史·爪哇传》记载永乐六年郑和出使爪哇,问责士兵被误杀之事,这些事件都证明郑和确实是在永乐六年出使的。实际上,郑和于永乐六年出使,《明太宗实录》有明确的记载:永乐六年九月癸酉,“太监郑和等赍敕使古里、满剌加、苏门答剌、阿鲁加、异勒、爪哇、暹罗、占城、柯枝、阿拨把丹、小柯兰、南巫里、甘巴里诸国,赐其王绵绮纱罗。”[1]一般地说,《实录》的记载是可靠的。

弄懂王景弘与郑和的关系,我们就可以理解《明实录》和《明史》为何记载郑和第二次下西洋是在永乐六年,而刘家港及长乐天妃碑记载的郑和、王景弘自述,都是说永乐五年再次下西洋。就其整体而言,他们在永乐五年确实有一次下西洋的活动,就是由另一位止使王贵通率领的下西洋行动。因郑和有其他事情留在了福建,王贵通率大队人马先行下西洋,完成出使占城的使命之后,他应是继续向爪哇等国前进,完成他们下西洋的使命。《锦衣卫选簿》记载,南京锦衣卫驯象所的何义宗千户于永乐五年十一月“往爪哇西洋等处公干”陈熙于永乐五年“往爪哇等国公干”[2],将其人行动与王贵通出使联系在一起,就可知道,王贵通这次下西洋

---

① 《明太宗实录》卷八三,永乐六年九月癸酉。
② 松浦章:《明清时代东亚海域的文化交流》,郑洁西等译,第35、37页。

不是临时性的,抵达占城后,他不是回到南京,而是继续前进,到爪哇等国。可见,下西洋大队应当是在王贵通率领下于永乐五年十一月出海,前赴占城,再赴爪哇等国。郑和因有事滞留福州等地,后在永乐六年九月出海。由于人少,他们的行动很快。九月里,他们不仅到了占城,而且到了暹罗。离开暹罗后,郑和再度赴爪哇。在第一次下西洋之时,在爪哇发生一百多名下西洋士兵被爪哇西王误杀的事件,郑和要求其人赔款。永乐六年郑和抵达爪哇后,爪哇西王被迫交出一万两黄金。其后,郑和率大队继续前进,赶上王贵通所率大队,共同完成下西洋任务。

按,锡兰山有一块郑和与王贵通献给佛祖的碑。锡兰位于印度尼西亚与印度之间,是一个著名的岛国。郑和、王贵通第二次下西洋时,曾经布施锡兰山的立佛寺,并立碑纪念。"时为永乐七年岁次己丑二月甲戌",从时间推算,该碑立于郑和第二次航海回航期间。该碑起始第一句是:"大明皇帝太监郑和、王贵通等昭告于佛世尊曰"。按,王贵通即为王景弘,他和郑和一样是舰队的正使。这块碑证明郑和确实参加了第二次下西洋,也反映了郑和与王贵通平等的地位。

关于郑和第二次下西洋,我们可以总结如下:郑和于永乐五年九月壬子回到南京,没过几天,就因急事而率队先行南下福建。因郑和已经离京,当月朝廷决定派人出使占城时,郑和已经不在京城,于是,出使的任务落到王贵通(王景弘)的身上。九月庚辰,王贵通离开京城赴福州长乐,稍事休息后他于当年十一月率大队出发,首先去了占城,完成出使占城的任务。郑和因有特殊任务留滞于福建。永乐六年九月,郑和率领后续船队出发,先到占城访问,再出使暹罗,然后南下爪哇。其后,他们追赶王景弘大队,至少在古里与王景弘会合。永乐七年二月返航时,他和王景弘(贵通)在锡兰山给立佛寺施舍了一批财富,并立碑纪念。当年夏天,他们返回南京。

三、郑和第三次下西洋

郑和第三次远航的内容见载于陆容的《菽园杂记》:"永乐七年,太监郑和、王景弘、侯显等,统率官兵二万七千有奇,驾宝船四十八艘,赍奉诏旨赏赐,历东南诸蕃,以通西洋。是岁九月,由太仓刘家港开船出海。"[①]

如其所云,陆容的这段话节自费信的《星槎胜览》。它的开头部分与《星槎胜览》相同,但《星槎胜览》的记载会更详细些。费信云:"永乐七年己丑,上命正使太监郑和、王景弘等统领官兵二万七千余人,驾驶海舶四十八号,往诸番国开读赏赐。是岁秋九月自太仓刘家港开船,十月到福建长乐太平港停泊。十二月于福建

---

① 陆容:《菽园杂记》卷三,北京,中华书局 1985 年,第 26–27 页。

五虎门开洋,张十二帆,顺风十昼夜到占城国。"①可见,陆容的记载有遗漏。郑和船队在长乐港停靠了两个月左右才向占城出发,这是福州长乐太平港为郑和船队起航之处的重要证据。

郑和、王景弘的第三次远航,最大的事件是处理锡兰山的国王。《天妃之神灵应记碑》记载:"永乐七年,统领舟师,往前各国,道经锡兰山国,其王亚烈苦奈儿负固不恭,谋害舟师,赖神显应知觉,遂生擒其王,至九年归献,寻蒙恩宥,俾归本国。"关于这件事的详细记载,可见《明太宗实录》的记载。永乐九年夏六月乙巳(十六日):

内官郑和等使西洋诸番国还,献所俘锡兰山国王亚烈苦奈儿并其家属。和等初使诸番,至锡兰山,亚烈苦奈儿侮慢不敬,欲害和。和觉而去。亚烈苦奈儿又不辑睦邻国,屡邀劫其往来使臣,诸番皆苦之。及和归,复经锡兰山,遂诱和至国中。令其于纳颜索金银宝物,不与,潜发番兵五万余劫和舟,而伐木拒险绝和归路,使不得相援。和等觉之,即拥众回船,路已阻绝。和语其下曰:贼大众既出,国中必虚,且谓我客军孤怯,不能有为。出其不意攻之,可以得志。乃潜令人由他道至船,俾官军尽死力拒之。而躬率所领兵二千余,由间道急攻土城,破之,生擒亚烈苦奈儿并家属头目。番军复围城,交战数合,大败之,遂以归。群臣请诛之。上悯其愚无知,命姑释之,给与衣食,命礼部议择其属之贤者立为王,以承国祀。②

这段历史,在著名的锡兰山郑和碑中亦有记载。郑和果断出手,维护了南亚海上航行的安全。自此以后,由明朝所立的新王统治锡兰,多次向明朝进贡。锡兰山从此不是明朝舰队远航的障碍。

郑和第三次出航,最值得注意的还是明成祖对回归舰队的赏赐。《明太宗实录》记载:永乐九年六月庚戌(二十一日),"上以奉使西洋官军航海劳苦,且去家日久,其至京者,命礼部引见。赐劳凡七百四十五人,赐钞五千一百五十锭。"③永乐九年六月戊午(二十九日)"上以官军从郑和自番国还者,远涉艰苦,且有劳效,遣内官赵惟善礼部郎中李至刚宴劳于太仓。"④永乐九年七月己巳(初十),"赏官军使番国还者人钞十锭,凡二十万锭"。⑤ 第三次出航回归后,从六月十六日抵达南京,而后是各种赏赐、宴会,迄至七月初十给赏官军,郑和的舰队主力驻南京太

---

① 费信:《星槎胜览》卷一,占城国,王云五主编:宋元明善本书十种,明刊本《纪录汇编》第七册,卷六一,《星槎胜览》,第5页。
② 《明太宗实录》卷一一六,永乐九年夏六月乙巳。
③ 《明太宗实录》卷一一六,永乐九年六月庚戌。
④ 《明太宗实录》卷一一六,永乐九年六月戊午。
⑤ 《明太宗实录》卷一一七,永乐九年七月己巳。

仓已经有 24 天。从"人钞十锭,凡二十万锭"的赏额来看,郑和至少有二万大军汇聚于太仓。这说明郑和将大部主力舰艇都带到太仓了！理所当然的推论是:他回国之际,是直接将大部舟师带到太仓,而不是在福建停泊。在太仓的 24 天里,舟师所带货物应可全部卸载。然后,这支船队的船舶和成员才解散回归各省。

以上郑和三次出使的史料,如果只看《明史·成祖纪》,就少了一次。就南山天妃碑的记载来看,当时郑和、王景弘等人奉命出使,几乎是在外时间多,在国内时间少,永乐三年出发,永乐五年回归;五年再出发,七年回归;七年出发,九年回归。郑和等人第三次回归后,永乐帝赐宴、赐钞出使人员,终于下决心让他们休息一下。一直到永乐十年底,永乐帝才计划第四次下西洋。

第三节 郑和远航对印度洋的探索

郑和舰队第四、五、六、七次下西洋,以印度洋的探索为主题。他们的主舰队不再终止于印度西岸中部的古里,而上北上忽鲁谟斯、阿丹,西进东非西岸的木骨都束、竹步、麻林地等国,开拓了中国海舶的活动空间。

一、郑和第四次下西洋

第四次下西洋。郑和舰队前三次远航,其主舰队抵达南印度的古里及柯枝国,这为继续前进打下基础。永乐皇帝于永乐十年末大会四夷使者之后,有了进一步计划。"忽鲁谟斯,西洋大国也。自古里西北行二十五日可至。永乐十年,天子以西洋近国已航海贡琛,稽颡阙下,而远者犹未宾服。乃命郑和赍玺书往诸国,赐其王锦绮、彩帛、纱罗。"①按,忽鲁谟斯是波斯湾中的一个小岛,也是波斯诸国对外贸易的主要港口,因此,《明史》称其为大国。忽鲁谟斯以贸易为生,明朝的《礼部志稿》记载,该国于永乐三年主动到明朝来进贡。②《皇明象胥录》记载:"永乐三年,遣使来朝贡方物及驼鸡。"③明朝对这样一个重要的港口不会忽视,在郑和舰队对南印度已经很熟悉之后,进一步探航赴忽鲁谟斯的航线,就是有必要的了。

《天妃之神灵应记碑》载:"永乐十一年,统领舟师往忽鲁谟斯等国……至十三

---

① 张廷玉等:《明史》卷三二六,外国传,第 8452 页。
② 俞汝楫《礼部志稿》卷三十五,第 21 页。
③ 茅瑞征:《皇明象胥录》卷五,忽鲁谟斯,第 22 页。

年归献。是年满剌加国王,亲率妻子朝贡。"《明史·成祖纪》将郑和第四次出发的时间记为永乐十年十一月,"丙申,郑和复使西洋"①,比真实时间约早了数月。其原因何在?《明史》的记载应是明朝决策的时间,而郑和自身在碑记中的记载,应是数月后他们在福州长乐的出发时间。但《明史》对郑和回归时间的记载是正确的。永乐十三年"秋七月癸卯,郑和还"②。这是《天妃之神灵应记碑》所不载的。又,郑和碑记表明,郑和此次远航的航程不再止于印度沿岸的古里、柯枝二国,而是北上波斯湾,抵达忽鲁谟斯国,这是一个重要突破。奉明成祖明确的命令,永乐十一年郑和应是亲身到了忽鲁谟斯,"赐其王锦绮、彩帛、纱罗,妃及大臣皆有赐"。忽鲁谟斯是一个以贸易为生的岛国,当然不会放弃这一机会,《明史·忽鲁谟斯传》"王即遣陪臣已即丁奉金叶表,贡马及方物。十二年至京师,命礼官宴赐,酬以马直。比还,赐工及妃以下有差。自是凡四贡。"按,郑和回归南京是在永乐十三年,此前忽鲁谟斯的使者已经抵达北京,这说明郑和应是分出一二条船只装载波斯湾忽鲁谟斯等国的使团先行回国。

除了波斯湾诸国,郑和舰队中的一支,应是在锡兰山横渡印度洋,抵达东非的一些国家。而后,木骨都束、竹步、麻林地诸国相继进贡明朝。其中"麻林地"使者于永乐十三年抵达中国,带来了非洲珍奇动物麒麟(长颈鹿),引起全国的轰动。王直有《瑞应麒麟赋》一文:

恭惟皇帝陛下,备圣神文武之德,受天明命统御万方,无间远迩,熙然泰和,天心昭贶,灵应迭至。乃永乐十三年九月八日,麻林国王复以麒麟来献,数万里至于阙下。臣谨按,瑞应记曰:"麒麟,仁兽也,必中国有圣人则出。"皇上仁育宇内,诸福之物,所以昭德效祥者不可殚纪,而麒麟则两见于期岁之间,天之所以彰应于皇上者,岂偶然哉。③

按,永乐十二年,榜葛剌国进贡时献过一只"麒麟",永乐十三年,郑和远航归来,又献上一只"麒麟",所以是"两见于期岁之间",诸臣因而说"圣人出而瑞兽复现"。

东非的木骨都束、竹步以及西亚的阿丹则于永乐十四年来到中国。其时,郑和主力舰队已经于十三年回到中国,将木骨都束诸国使者带来,只能是他的分舰队所为了。这一次航行,郑和舰队跨越了印度洋中部,这是一个非常了不起的航行。此时,葡萄牙人正在非洲东部苦苦探索迂回非洲抵达印度洋的道路。东西探

---

① 张廷玉等:《明史》卷六,成祖二,第90页。
② 张廷玉等:《明史》卷七,成祖三,第95页。
③ 王直:《抑庵文集》卷十二,瑞应麒麟颂,第16页。

险家会师似在指刻之间,但是,人们未能穿越南非的外海。按,郑和分舰队的航行还是研究的一个盲点,郑和巨大的舰队拥有上百艘船只,可以组成多支分舰队,作为主帅的郑和停泊在印度洋的古里,其他舰队则可分抵各个地方,然后集中回归。《明史·郑和传》记载的,只能是主舰队的活动。至于郑和分舰队活动之广,只可在外国传看到只言片语的记载。

人们认为,郑和可能在第四次航海之际亲自抵达伊斯兰教敬仰中心天方国。据西安嘉靖三年重修清净寺碑记载:"永乐十一年四月,太监郑和奉敕差往西域天方国……"人们猜测:这表明第四次远航出发前,郑和专程到西安清净寺,请通晓阿拉伯语的掌教哈三同行。可以认为这是郑和在为去天方国做准备吧。[1] 按,关于郑和远赴西安,在陕西省志中可找到这样一条史料:"清真寺,在县东北。明洪武十七年尚书铁铉修,永乐十一年太监郑和重修。贾志。"[2]这也证明了郑和为重修西安清真寺出了力。但是,郑和究竟有没有抵达天方? 则是可以商榷的问题。因为,郑和下西洋的直接目的,是吸引诸国到明朝来进贡。郑和是一个出色的外交家,凡他亲自到过的国家,都会有人前来进贡。检查可靠的明代文献,天方国对明朝的首次进贡是在宣德年间。如果郑和是在第四次西洋时抵达天方,天方对中国的进贡就显得太迟一些。但是,我们也不能排除郑和舰队中个别人抵达天方的可能性。因为,在郑和舰队从东非回归的第二年(永乐十四年)阿丹国就出现在明朝的进贡名单中。[3]《明史·阿丹传》记载:"永乐十四年,遣使奉表贡方物。"阿丹国第一次到中国,就知道"奉表",显然是有人教其所为。从前因后果来看,应是郑和第四次下西洋,有一只舰队来到东非与西亚交界处的阿丹,而后带阿丹国前来进贡。这支舰队行程过远,回到中国也比其他舰队迟一些吧。阿丹,即今日红海出海口的亚丁港,它是阿拉伯国家对印度洋最重要的通道之一。进入狭长的红海航道,约有一千公里水程,便可抵达阿拉伯圣城麦加的外港吉达港,一般认为,麦加就是《瀛涯胜览》中的"天方"。因此,郑和舰队中的个别船舶若是到了阿丹,天方就不远了。其中有些人抵达麦加,不是不可能的。

二、郑和第五次下西洋

郑和第一次出航之后,再次出航,都有护送各国使者返乡的任务。他的第四

---

[1] 晁中辰:《郑和赴麦加考》,《阿拉伯世界》1990 年第 3 期。晁中辰:《明代海外贸易研究》,故宫出版社 2012 年,第 105 页。

[2] 刘于义、史贻直、碩色等编修:雍正《陕西通志》卷二十八,祠祀志,文渊阁四库全书本,第 16 页。

[3] 《明太宗实录》卷一八二,永乐十四年十一月戊子。

次远航于永乐十三年七月归来,当年九月,永乐皇帝就考虑要送这些使者回去。《明太宗实录》记载永乐十三年九月庚申之事:

> 赐苏门答剌、古里、柯枝、麻林诸番使。上谕行在礼部曰:"先王柔远人,厚往薄来,今海外诸番使臣将归,可遣官豫往福建,候其至宴饯之,亦戒其勿苟简也。"①

不过,郑和第五次正式远航不是永乐十三年之事,正式出发,几乎隔了两年。《明史·成祖纪》记载:永乐十四年"十二月丁卯,郑和复使西洋"②,这应是他离开南京的时间。而长乐南山《天妃之神灵应记碑》记载郑和是永乐十五年于福州出航,"统领舟师往西域。"看来,他又在长乐停泊了很久。

应明朝廷的要求,郑和第五次下西洋,亲自来到了东非诸国。《明史·阿丹传》记载:永乐十四年阿丹国进贡之后,"辞还,命郑和赍敕及彩币偕往赐之。"这应当是永乐十五年的事。《明史·木骨都束传》谓郑和"赍敕及币,偕其使者往报之"。《明史》有关不剌哇的传记,载郑和"两使其国",这都说明郑和亲自率队横渡印度洋,直接抵达东非诸国。其中"麻林地"位于坦桑尼亚和南非之间,如果郑和也亲自抵达该地,那是非常难得的。由于郑和的舰队到了东非西亚各地,自然会带当地的使者前来进贡。长乐南山《天妃之神灵应记碑》又载:"其忽鲁谟斯国进狮子、金钱豹、大西马;阿丹国进麒麟,番名祖剌法,并长角马哈兽;木骨都束国进花福禄并狮子,卜剌哇国进千里骆驼并驼鸡。爪哇、古里国进麋里羔兽。若乃藏山隐海之灵物,沉沙栖陆之伟宝,莫不争先呈献,或遣王男,或遣王叔,王弟,赍捧金叶表文朝贡。"永乐十七年"秋七月庚申,郑和还"。③郑和舰队带来各种珍禽异兽,引起北京官民的轰动。夏原吉的《圣德瑞应诗》说:"永乐己亥秋,海外忽鲁谟斯等国遣使来进麒麟、狮子、天马、文豹、紫象、驼鸡(昂首高七尺),福禄(似驼而花文可爱),灵羊(尾大者重二十余斤,行则以车载其尾)长角马哈兽(角长过身),五色鹦鹉等鸟。又交趾进白乌山凤、三尾龟等物,赐观于庭。"④皇帝大喜之下,各个重臣都吟诗作赋。金幼孜有《驼鸡赋》,得到百姓传颂。大臣最重视的还是代表仁者的麒麟(长颈鹿)。杨荣的《瑞应麒麟诗云》:

> 钦惟圣天子以不世出之资,膺受天命,主宰神人。即位以来,华夷效顺,海宇宁谧,五纬不愆,雨旸时若,由是民安物阜,和气充溢,毓为祯祥。先后十余年间,

---

① 《明太宗实录》卷二三六,永乐十三年九月庚申。
② 张廷玉等:《明史》卷七,成祖三,第96页。
③ 张廷玉等:《明史》卷七,成祖三,第98页。
④ 夏原吉:《忠靖集》卷二,圣德瑞应诗,第9页。

骈臻沓至,虽古昔传闻所未见者,今皆毕集,兹非神化周浃,圣德感通,曷克臻是。乃永乐十二年秋,榜葛剌国以麒麟来献,踰年,麻林国复来献,今年秋阿丹国又来献。吁,何其盛哉!且四灵以麒麟为首,王者至仁则出。又云中国有圣人在位则至。盖非世之所恒有者。今数岁之中凡三至焉。①

除了杨荣之外,其他内阁大学士如杨士奇赋《瑞应麒麟颂》,金幼孜赋《麒麟赞》,这些文章都是歌颂圣人在世,仁兽三现。这对巩固朱棣的地位大有好处。

在当时中国人看来,东非列国已经是天际海涯的国家,郑和能从那么遥远的地方带回使臣前来朝贡,说明明朝已经达到威加四海的目的。永乐皇帝大赏下西洋官军:"官军自西洋还。上谕行在礼部臣曰:'将士涉历海洋,逾十数载万里,经数十国,盖亦劳矣。宜赏劳之。'于是,都指挥人赏钞二十锭,指挥人十八锭,千百户卫所镇抚人十六锭,火长人等人十五锭,旗军人等人十三锭。"②次年五月,永乐皇帝又宣布:"命行在兵部,凡使西洋忽鲁谟斯等国回还官旗二次至四次者,俱升一级。于是升龙江左卫指挥朱真为大宁都指挥佥事,掌龙江左卫事水军右卫指挥使唐敬为都指挥佥事,余升如例。"③

第五次下西洋的成功,说明郑和航海已经到达顶点。不过,由于郑和带来的各国的使者过多,也使明朝的负担加重,第五次远航之后,国内反对意见渐渐多了起来。

值得注意的是,这一次,郑和舰队主力抵达了阿丹国,它就是当今沙特阿拉伯半岛上的亚丁港。亚丁港与红海沿海的埃及和阿拉伯城市港口有商业往来,从亚丁港运到埃及亚历山大的商品,又会被意大利的威尼斯、热那亚诸港的商人运到欧洲。各种新奇的东方商品抵达欧洲诸港,对欧洲人是一个刺激,也是吸引他们向东方探险的动力。

三、永乐末年郑和下西洋的活动

郑和的第五次航行,使郑和舰队在印度洋西部获得许多珍品。皇室对西印度洋的兴趣大增。永乐十九年正月,明朝计划送西洋十六国使臣返国。这十六国是:忽鲁谟斯、阿丹、祖法儿、剌撒、不剌哇、木骨都束、古里、柯枝、加异勒、锡兰山、溜山、喃渤利、苏门答剌、阿鲁、满剌加、甘巴里,大都位于印度洋周边。明朝"赐钞

---

① 杨荣《文敏集》卷一,瑞应麒麟诗,第5页。
② 《明太宗实录》卷二一四,永乐十七年秋七月庚申。
③ 《明太宗实录》卷二二五,永乐十八年五月辛未。

币表里,复遣太监郑和等赍敕及锦绮纱罗绫绢等物,赐诸国,就与使臣偕行"。①,《明史·成祖纪》对郑和第六次出航前后记载较为详细。永乐十九年春正月,"癸巳,郑和复使西洋"②。

　　这次航海,令人惊讶的是对出航时间的选择。通常郑和下西洋,都会提前数月到长乐太平港候风数月,待北风迅烈的次年正月,正式从闽江口出发南下。这一次郑和等人正月从南京出发,说明此时郑和舰队的人已经很熟悉航程,他们不再需要提前数月抵达福建候风。当时的闽江长乐港进出十分麻烦。从闽江口的五虎礁顺潮水向太平港驶去,通常要几天才能到达;与此相对,从太平港潮退之时顺潮出海,也要数天的航程。以当时的效率而言,郑和数十只大船组成的舰队,进出闽江水道,花上一个月是不稀奇的。福建海面的东北季风,起于九月,结束于三月,郑和舰队要南下东西洋,不可错过季风。他那么人的舰队,如果个打算在福建待三个月以上,在闽江口进进出出,是没有意义的。所以,南京舰队十正月向福建驶来,最佳方案是在闽江口外港,稍事整顿,便会同闽江口出来的福建的水师,直接向南海驶去。在闽江出海口,郑和可等待数日,在这里补充粮水等人,并到天妃宫祭祀。这样,他们在海上的时间就可减少三个月了。郑和于永乐十九年出航,次年七月,他已经回到南京。这表明他这次出海航行时间较短。长乐南山碑记载:"永乐十九年,统领舟师,遣忽鲁谟斯等国使臣久侍京师者,悉返本国,其国王益修职贡,视前有加。"可见,郑和这一次出使,主要目的是将各国使者送回其国,因此,他没有在海外多逗留。仅仅七八个月,他的舰队已经抵达忽鲁谟斯等国,然后返回,通常,这样的往返是要两年的。

　　第六次远航,郑和有没有亲自抵达阿丹等西亚北非国家,在史料中出现矛盾。郑晓的《皇明四夷考》记载阿丹国:"永乐九年,诏中使郑和赐命互市"。他如茅元仪的《武备志》,傅维麟的《明书》,罗日褧的《咸宾录》,杨一葵的《裔乘》,茅瑞征的《皇明象胥录》,查继佐的《罪惟录》都有类似的记载,然而,《明史》记载此事为永乐十九年。考《明永乐实录》对阿丹国的记载迟至永乐十四年阿丹国进贡之时,此前郑和如果到达过阿丹国,该国不会这么迟才到中国进贡。所以,郑和舰队应是在永乐十九年抵达阿丹。《明史·阿丹传》又载:

　　其王甚尊中国,闻和船至,躬率部领来迎入国宣诏讫,遍谕其下尽出珍宝互易。永乐十九年中官周姓者往市,得猫睛重二钱许,珊瑚树高二尺者数枝,又大珠、金珀诸色雅姑异宝,麒麟、狮子、花猫鹿、金钱豹、驼鸡、白鸠以归。他国所不

---

① 《明太宗实录》卷一一九,永乐十九年正月癸巳。
② 张廷玉等:《明史》卷七,成祖三,第100页。

及也。

如上所记,郑和是亲自抵达阿丹国访问的。但是,巩珍的《西洋番国志》记载有不同。

永乐十九年,上命太监李充正使,赍诏敕往谕旨。李口到苏门答剌国,令内官周口口口等驾宝舡三只往彼。王闻即率大小头目至海滨迎入,礼甚敬谨。开诏毕,仍赐王衣冠。王即谕其国人,凡有宝物俱许出卖。①

可见,永乐十九年,郑和未必亲自到阿丹国,《明史·阿丹传》载"和船至",可解释为郑和舰队抵达阿丹,真正率队前往的是郑和舰队的副使周满等人。由此推之,《明史》记载郑和七下西洋所到的国家,有一些未必是郑和亲自到达的。郑和长年在海上惊涛骇浪中生活,晚年的身体未必很好,第四次远航,他已经到过东非,有必要再一次抵达吗?因此,他让一些人代表他出使一些边远国家,也是可能的。这是必须注意的一个要点。

阿丹国是西亚商业网络上的一个重要港口,周满等人在此购得许多罕见的商品。如《西洋番国志》所载:"此国买到猫睛一块重二钱许,并大颗珍珠各色鸦鹘等石,珊瑚树高二尺者数株,枝柯为珠者五柜,及金珀、蔷薇露、麒麟、狮子、花福鹿、金钱豹、驼鸡、白鸠之类。"②这些商品在古里等国也能购取,但其价格会高很多。所以,这次航行引发郑和舰队重来贸易的兴趣。

郑和第六次下西洋,于永乐十九年正月出发,经过十九个月的航行后,永乐二十年秋七月,"郑和还"③。

永乐二十二年,郑和有没有到旧港?《明史·成祖纪》记载,永乐二十二年春正月,"癸巳,郑和复使西洋"④。这条史料曾使人们误以为郑和第七次下西洋是在永乐末年。考《明史·郑和传》的记载,"二十二年正月,旧港酋长施济孙请袭宣慰使职,和赍敕印往赐之。比还,而成祖已晏驾"⑤。如果以上记载正确,郑和这次出使西洋,其目的是封赐旧港的新袭位的酋长施济孙,而且,郑和确实到了旧港。永乐二十二年春正月甲辰,"港故宣慰使施进卿之子济孙遣使丘彦成请袭父职,言旧印为火所毁。上命济孙袭宣慰使,赐纱帽及花金带、金织文绮袭衣、银印。令中官郑和赍往给之。"⑥明代著名的外交文献《殊域周咨录》也有同样的记载,并

---

① 巩珍:《西洋番国志》阿丹国,向达校注本,第35页。
② 巩珍:《西洋番国志》阿丹国,向达校注本,第36页。
③ 张廷玉等:《明史》卷七,成祖三,第102页。
④ 张廷玉等:《明史》卷七,成祖三,第104页。
⑤ 张廷玉等:《明史》卷三○四,宦官列传,郑和传,第7767页。
⑥ 《明太宗实录》卷二六七,永乐二十二年春正月。

且加上一句:"自是比诸番国,朝贡不绝。"①

按,这次郑和有否成行,学术界一直有争论。永乐二十二年七月十八日,大力支持航海的永乐皇帝去世了! 永乐皇帝死后,明仁宗朱高炽继位,他的对外政策与永乐帝不同。当年八月,明仁宗宣布停止下西洋宝船。杨士奇起草的即位诏写道:"下西洋诸番等国宝船悉皆停止。如已在福建、太仓等处安泊者,俱回南京。将带去货物仍于内府该库交收。诸番国有进贡使臣当回去者,只量拨人船护送其去。"②这段话说明,当明仁宗颁布诏书之时,尚有许多进贡使臣尚未回归,他们应当是在等郑和下西洋的舰队出航。明仁宗的诏书还说:"将带去货物仍于内府该库交收",这也表明,郑和团队出使的商船尚未出航,所以有许多未带出去的货物。不过,也有许多人认为,郑和从永乐二十二年正月出海,并于七八月间赶回,郑和这次出海只到旧港,因而能够较早回归,"已在福建、太仓等处安泊",所以,朝廷有让这些船只回京的诏令。我考虑各种可能后,觉得郑和未及出海的可能性较高。按照当时的礼节,明朝使者到旧港封赐施济孙之后,旧港应当朝贡答礼。如果郑和于永乐二十二年正月就赶往旧港,并于七八月间回到福建,旧港朝贡的使者应是搭乘明朝使者的船同时抵达福建或是南京。然而,据《明仁宗实录》的记载,直到洪熙元年闰七月才有旧港朝贡的消息。七月乙巳,"爪哇国旧港宣慰司遣正副使亚烈张佛那等奉表贡金、银、香、象牙方物"。③ 那么,他们是不是搭乘郑和的使船前来中国? 不是的。因为,《明史》记载明成祖去世的五个月后,即洪熙元年二月,朝廷"命太监郑和守备南京"④。可见,当时郑和已在南京! 就此来看,旧港的使者张佛那应是搭乘其他使者的船来到中国,那么,送旧港使者回国的明朝使臣就不会是郑和。他应是在明仁宗发布:"诸番国有进贡使臣当回去者,只量拨人船护送其去"之命令后,由朝廷派遣船只送各国使臣回国,其中一只船顺路抵达旧港,第二年,这艘船回归中国,将旧港的使臣带来。因此我的结论是:永乐二十二年,郑和未及出使旧港等西洋港口就被召回了。护送旧港使臣回国并于次年进贡的,另有其人。

根据以上考证,可以重建永乐二十二年郑和的行程。他于二十二年奉永乐帝之命南下福建,准备再次下西洋。按照习惯,在不急的情况下,他会和舰队其他人员在福建待到当年十二月,再乘船南下西洋。不过,明成祖朱棣于当年七月病死,

---

① 严从简:《殊域周咨录》卷八,三佛齐传,第 299 页。
② 杨士奇:《东里集》别集卷一,文渊阁四库全书本,第 10 页。
③ 《明宣宗实录》卷五,洪熙元年闰七月乙巳。
④ 张廷玉等:《明史》卷八,仁宗纪,第 111 页。

此时尚为盛夏,台湾海峡的风向还是南风,宝船不可出行,郑和等人应是在福州候风。七月底,他们接到明成祖逝世的消息。按照规矩,诸大臣得为明成祖守表三月。所以,他肯定未及出海,而是应诏返回南京,并于次年二月被任命为南京守备。护送旧港使者回国的事情,应是由其手下完成。

下西洋是耗费巨大的行动,明仁宗知道民间已经有怨言,所以,他上台后宣布停止下西洋,以争取民心。然而,明仁宗在位仅十个月就患病死去,皇位由其子朱瞻基继承,朱瞻基于洪熙五年继位,明年改元宣德。

四、郑和第七次下西洋

《明史》:"宣德五年六月,帝以践阼岁久,而诸番国远者犹未朝贡,于是和、景弘复奉命历忽鲁谟斯等十七国而还。"[1]按,郑和与王景弘这次出使不是在宣德五年就出发的,因为,这里有个重建舰队的问题。郑和第六次下西洋,于永乐二十年(1422 年)夏回归,再到宣德五年(1430 年)决策第七次下西洋,其间相隔八年!木船的寿命通常只有十年,官府造的船不如民间船只坚牢,寿命只有五六年吧。所以,明宣宗于宣德五年令郑和等人出航,一定要造新的船舶。而造船非得一年半载不会有成绩。因此,明宣宗决策之后,郑和等人倒是可以休闲一番。据郑和等人立于太仓刘家港天妃宫的"通番事迹碑",郑和等人"宣德五年,仍往诸番国开诏,舟师泊于祠下"。该碑正式刻成,却署名宣德六年,说明他们停泊刘家港的时间是宣德五年末,宣德六年初。按照祝允明《前闻记》的记录:他们是在宣德五年闰十二月六日离开南京的驻泊地龙湾,二十一日到刘家港,在刘家港停泊近三个月后,于宣德六年二月二十六日到长乐太平港。但是,他们并没有马上离开福州到西洋去,而是在长乐驻泊九个半月。郑和与王景弘在福建驻泊这么久,应与监修船舶制造有关,同时,也可能和等归国使者到达福州有关。《明史·外国传》记载,满剌加国使者于宣德六年附苏门答剌贡舟前来进贡,到达南京后,"帝命附郑和舟归国",看来,郑和是在等他们完成使命后一起走,所以出发较迟。郑和舰队一直到十一月才从长乐出发。其后航程祝允明《前闻记》载:

十一月十二日到福斗山。十二月九日出五虎门。二十四日到占城。七年正月十一日开舡(行二十五日),二月六日到爪哇,六月十六日开舡(行十一日),二十七日到旧港。七月一日开舡(行七日),八日到满剌加。八月八日开舡(行十日),十八日到苏门答剌。十月十日开舡(行三十六日),十一月六日到锡兰山(别罗里)。十日开舡(行九日),十八日到古里国。二十二日开船(行三十五日),十

---

① 张廷玉等:《明史》卷三〇四,郑和传,北京,中华书局 1974 年,第 7768 页。

二月二十六日到忽鲁谟斯。八年二月十八日开船回洋(行二十三日),三月十一日到古里。二十日大䑸船回洋(行十七日),四月六日到苏门答剌。十二日开船(行九日),二十日到满剌加,五月十日回到昆仑洋,二十三日到赤坎,二十六日到占城。六月一日开舡(行二日),三日到外罗山,九日见南澳山,十日晚望见望郎回山,六月十四日到琦头洋,十五日到碗碟屿,二十日过大小赤,二十一日进太仓,七月六日到京,二十一日关赐奖衣宝钞。①

《前闻记》所载郑和详细航程独此一份。以此为据,可以解开许多秘密。其一,有人以为郑和于第七次下西洋回归时到过台湾。但从《前闻记》记载的具体航程来看,他们于六月九日抵达台湾海峡南口的南澳山之后,一路顺风,仅仅五天,便穿过台湾海峡,到达浙江边海的"碗碟屿",如此畅快的航程,可知其不可能遇台风,漂到了台湾岛。当然,不排除郑和舰队的其他船只遇风到台湾的可能性。其二,郑和第七次下西洋,不是直接从马六甲海峡通往印度洋,而是先行南下,到爪哇驻扎了四个月又十天才北上!这也可以见证于洪保的记载。洪保是郑和副使之一,洪保的墓志铭记载:"至宣德庚戌,升本监太监,充正使使海外。航海七度西洋,由占城至爪哇,过满剌加、苏门答剌、锡兰山及柯枝、古里,直抵西域之忽鲁谟斯、阿丹等国。"②下西洋舰队在海外各国期间,以驻扎爪哇的时间最长。

爪哇岛是明代著名的香料贸易中心,除了自产的胡椒外,从爪哇往东,还有生产丁香的"美洛居",以及美洛居附近生产肉豆蔻的班达群岛。郑和舰队破格在此停留四个月,应当是在这里收购产于东方的香料,然而将香料运到古里、忽鲁谟斯等港口销售。由此可见,郑和下西洋,对商业利润也是有所考虑的。

其三,这条史料还证明,宣德六年末郑和的远航,其主力舰队最多只到了忽鲁谟斯,郑和应当在主力舰队内,没有到西亚东非诸国。从《武备志》保留的《郑和航海图》来看,郑和舰队过了越南南部的昆仑山之后,就有多条航道通向各个方面,有的去暹罗、真腊,有的去爪哇,也有直接驶向满剌加的航线,而从爪哇到锡兰山,也有南北两条线路,北道是路过苏门答剌的马六甲航线,南道沿着苏门答剌岛的南部向西,路过苏岛南部诸岛。这么多条航线说明,郑和舰队在过了越南南部的昆仑岛之后,就有一些船只分䑸驶向各地。那些驶向东非的舰船,航程遥远,应当尽快西行。另外随郑和下爪哇的船只,也应是在回到满剌加港之后,分为八支舰队,分赴不同港口。之所以要在满剌加分䑸,是为了分配从爪哇购得的香料吧。

---

① 祝允明:《前闻记·下西洋》,巩珍:《西洋番国志》附录,向达校注本,第57页。
② 周凤:《大明都知监太监洪公寿藏铭》,引自王志高:《洪保寿藏铭综考》,《郑和研究》2010年第3期。

《前闻记》记载郑和主力舰队抵达的港口只有九个,但《明史·外国传》记载这次郑和与王景弘等"凡历二十余国",这应是各支分舰队累计的结果。

宣德五年的第七次航行中,副使洪保十分引人注目。据南京出土的《大明都知监太监洪公寿藏铭》,洪保,字志道,本姓杨,出生于洪武三年。他和郑和同是云南人,同在燕王麾下当太监。洪保比郑和大一岁,应是志同道合的朋友。第六次下西洋,他独领一支分队航行到忽鲁谟斯。洪保墓志铭的史料证明,洪保在第七次航海中,到过西亚的忽鲁谟斯、阿丹国。

洪保在第七次航海中著名的决策是派人去天方国。《西洋番国志》记载:

宣德五年,钦奉敕朝命开诏,遍谕西海诸番,太监洪保分䑸到古里国,适默伽国有使人来,因择通事等七人同往,去回一年。买到各色奇货异宝及麒麟、狮子、驼鸡等物,并画天堂图回京奏之。其国王亦采方物,遣使随七人者进贡中国。[1]

这条史料说明,洪保是在古里港的时候派人去天方的。《洪公寿藏铭》写道:

及闻海外有国曰天方,在数万余里,中国之人,古未尝到。公返旆中途,乃遣军校谕之。至则远人骇其猝至,以亲属随公奉□□效贡。公所至诸国,莫不鼓舞感动。

按,据《明史》的记载,天方国的进贡,一向是走陆路,辗转抵达,有万里之遥。在他们看来,中国使者不大可能来到天方国。因此,看到中国的使者,才感到异常惊讶。其后,他们派遣使者随中国来使入贡。海路打通后,整个明代,天方国多次派使者到中国朝贡。所以,洪保邀来天方国的进贡使团,是明史大书一笔的重要事件。

据《明史·宣宗纪》记载,天方国于宣德八年到中国进贡。如果他们是跟随洪保的使船一起来的,那么,洪保派出的使者应是在宣德七年赴天方国。龙文彬的《明会要》云:"宣德七年,国王遣臣沙邃贡方物,赐赏有加。"天方的使者由宣德七年出发,宣德八年到中国进贡。据《前闻记》,郑和大队应是在宣德七年十一月十八日到古里。洪保若是按这个步调,又要宣德八年回南京,肯定来不及。他应是与郑和一起出发,中间缩短各港口停泊时间,至少在宣德七年夏抵达古里,才有时间派出各支分队到西亚东非诸国。和《前闻记》所载郑和航程比较,他的行动应当更快些。

洪保在宣德七年抵达古里,而后派遣七名使者随天方国的船只访问天方。这一事件有不少疑点。例如,王志高研究《洪保寿藏铭综考》,认为洪保使者所到的

---

① 巩珍:《西洋番国志》天方,第46页。

天方,不是后人称之为天堂的麦加,而是美洲某地。① 这就是说,洪保使者去天方的航行,绕过了南非,直到美洲某地。按《瀛涯胜览》记载天方国:"此国即默伽国也,自古里国开船,投西南申位,船行三个月,方到本国码头,番名秧达。"如其所记,这些人去天方国,离开古里港之后,是向着西南 15 点的方向前进。从地图上看,古里港位于印度半岛西侧中部,向古里的申位航行,正对南非好望角方向。按照后世葡萄牙人的行程,从印度西海岸到南非,大约一个月航程。再用两个月北上,大约可到非洲北部的摩洛哥了。因此,有些学者猜测洪保所派使者抵达的地方,也许是摩洛哥的大清真寺。王志高猜天方为美洲某地,主要问题在于:当时的伊斯兰教尚未传到美洲。那么,可能到欧洲吗? 其时欧洲西班牙南部的格林纳达城尚在穆斯林控制之下,抵达格林纳达城不无可能。不过,元朝之后,马可波罗的《中国游记》已在传播,真有中国使者抵达伊比利亚半岛的格林纳达,整个欧洲都要轰动了。实际上,不论是到摩洛哥、格林纳达还是美洲,诸说都是揣想,缺少铁证,尚待挖掘史料补证。目前可接受的解释是:这艘载着七名洪保使者的天方大船,是向南非的黄金口岸行驶,到东南非洲采购黄金、黑奴与麒麟、狮子等珍奇野兽之后,再沿着非洲东岸北上。他们一路出售中国的丝绸、磁器,印度的各色棉布,历时三个月方才进入红海,抵达麦加之外的港口。到了第二年的季节风刮起,他们又乘船抵达古里,再由古里返回中国。洪保应是在古里等待他最后一只船前来汇总,而后返回。返回途中,他们又在缅甸海面遇到飓风,一条船失事,飘到缅甸的卜国。《明英宗实录》记载了一件事,正统十三年(1448 年)八月壬戌:

> 府军卫卒赵旺等自西洋还,献紫檀香、交章叶扇、失敕勒叶纸等物。初旺等随太监洪保入西洋,舟败,漂至卜国。随其国俗为僧。后颇闻其地近云南八百大甸,得间,遂脱归。始西洋发碇时,舟中三百人。至卜国,仅百人。至是十八年,惟旺等三人还。上赐之衣钞,令为僧于南京报恩寺。②

赵旺,《福建通志》载延平卫左所下有一位名为赵旺的百户③,也许就是其人。他随洪保出海,十八年后方得返回,以生还祖国为幸。赵旺原在缅甸剃度为僧人,后能进报恩寺养老,也算有缘了。洪保与佛教因缘颇深,《金陵梵刹志》记载:"宣德五年五月二十九日,司礼监太监于端拱门钦奉圣旨,恁写帖子去说与杨庆等知道:洪保奉南京金川门外路东西,有空闲菜地二处,与静海寺天妃宫常住僧道栽种。文书到日,拨与他种。钦此。遵。计开静海寺一百三十亩八分。一段六十四

---

① 王志高:《洪保寿藏铭综考》,《郑和研究》2010 年第 3 期。
② 《明英宗实录》卷一六九,正统十三年八月壬戌。
③ 郝玉麟等:雍正《福建通志》卷二四,职官志五,第 93 页。

亩五分。"①皇帝将静海寺及天妃宫周边的闲田拨给寺宫的僧道种菜,看来是洪保的主意。《明英宗实录》记载,"正统元年(1435 年)九月己未,都知监太监洪保请度家人为僧,许之。凡度僧二十四人。"②在王直的《抑庵文集》中有一条户部右侍郎吴玺与洪保共事的史料:"正统己未徙内库,勑都知监大监洪保、魏国公徐显宗与公理其事。库物以巨万计,二公重臣,多惮烦,一惟公是赖。公亦以身任之,纤芥弗遗,人尤服其能。"③此处所说的户部右侍郎吴玺,福建邵武人。宣德五年为行在户部右侍郎翰林院侍讲学士。正统元年,洪保已经有六十六岁,看来已经厌倦各项琐事,他应当是与家人一起剃度为僧吧。赵旺能够进入豪华的南京报恩寺,看来是洪保的遗泽。否则,一个普通人的命运,纵然有太多的传奇,也不一定进入皇室法眼。

印度的古里是郑和舰队西行各舰队会师之地,但在宣德八年三月,郑和舰队在古里仅停泊十九天,便匆匆踏上回程。并于当年七月到南京。行程如此匆忙,可能是因为统帅郑和半途去世的缘故。传说郑和正是在这次西征返航之际死于印度的古里港。

按,郑和墓今在南京,由于郑和第七次远航死于半途,所以,许多人都猜测南京郑和墓最多是衣冠冢,他的真身应是海葬或是埋葬在异国他乡。然而,按照当时的习俗,中国人是不愿死在异乡的,即使死在异乡,只要有可能,也要将尸首带回家乡。郑和是皇上关注的大臣,又是舰队首席长官,他的舰队无论如何都要将其带回,不会像西洋人一样实行海葬。此外,明代出使外国的船只有一种习惯,在船上为使臣准备好棺材。陈侃的《使琉球录》回顾明初的使船:

> 洪武、永乐时,出使琉球等国者,给事中、行人各一员;假以玉带、蟒衣,极品服色。预于临海之处,经年造二巨舟:中有舱数区,贮以器用若干。又藏棺二副,棺前刻"天朝使臣之柩",上钉银牌若干枚。倘有风波之恶,知其不免,则请使臣仰卧其中,以铁钉固之,舟覆而任其漂泊也;庶人见之,取其银物而弃其柩于山崖,俟后使者因便载归。④

出使前带上棺木,这种习俗让人感到明初使者的悲壮!按陈侃所说,这种习俗起于洪武、永乐年间,如果陈侃直指永乐年间的话,这一习俗肯定与郑和有关。但是,这种习俗可能在洪武初年就有了,所以,它不是郑和开创的。改革这一习俗

---

① 葛寅亮:《金陵梵刹志》卷二,文渊阁四库全书本,第 47 页。
② 《明英宗实录》卷二二,正统元年九月己未。
③ 王直:《抑庵文集》卷十,户部右侍郎吴(玺)公墓志铭,文渊阁四库全书本,第 2 页。
④ 陈侃《使琉球录》群书质异,《中国边疆研究资料文库·海疆文献初编》,沿海形势及海防,第三辑,知识产权出版社 2011 年,第 212 页。

是在嘉靖年间,这么看来,郑和时代的使船也会带上使者的预备棺材。按照这种习俗,郑和即使死于海外,人们也会将其安放于早已准备好的棺材中带回。所以,南京郑和墓所葬的,肯定是郑和的真身。

郑和是一个伟大的航海家,也是一位多元的宗教信仰者。他为佛教寺院捐款,妈祖信仰被他看成道教的天妃,同时,他还是一位伊斯兰教徒,曾为西安清净寺的重建捐款,也曾瞻仰过泉州的三贤四贤墓。那么,这些宗教中以什么为主?现在的牛首山郑和墓,今人为其刻了清真风格的石砌墓台。但从文献看,牛首山有一座佛教寺院,郑和曾为这座寺院捐印一部佛教的大藏经。其时,宦官年老后大都以寺院为归属,郑和为牛首山寺院捐款,应当是为其身后打算。看来,郑和虽然与多个宗教打交道,他真正的归属应是佛教!

小结

郑和身负重大的责任,他奉命下西洋,是为了建立明成祖理想中的遍及世界的朝贡体系,而在郑和七下西洋的实践中,明朝确实将这一体系从中国推及南海,再到印度洋北部及东非海岸。大明朝的声威压倒了海外诸国。在远航过程中,郑和平定了旧港一带的海上武装,使海上航行更加安全。郑和远航也为各国海商开拓了一个新的境界,在控制南海及印度洋多数港口之后,郑和的舰队的保护使他们可以安全地往来于海上丝绸之路,这是亚洲海洋史上东西交通最通畅的一个时期。自唐宋以来,海上贸易从未这样繁荣过。郑和的远航还促进了中国与南海、印度洋周边国家的友谊,尽管郑和使团有明显的政治目的,但是,他们以和平手段与海外国家打交道,这在当时是罕见的。郑和七下西洋,促进了各国的往来,事实上成为人类全球化的前奏。这是伟大的航海功勋。

分析郑和七下西洋,可以看到当时在东南亚有两条主线,第一条是东西向的香料之路,从东爪哇经马六甲海峡到锡兰,再到印度的西南海岸,这条航线是香料买卖的主要航道;第二条路是南北向的,从中国的福州向南延伸到占城、满剌加、旧港、爪哇,这条航线上,中国输出的是丝绸、磁器,从南方来的是香料及印度洋商品。在这十字架形的交叉航道边上,还有各条岔道通向其他国家和港口,例如占城以北的安南,暹罗湾的泰国,苏门答腊岛南部的港口,安达曼海边的榜葛剌国等等。郑和远航时,应当是一路分艅,派遣一些几艘船舶组成的小队去这些国家贸易。这些国家中,有特色物产的国家比较吸引外来船只,例如暹罗国盛产苏木,这是一种可染红颜色的原料。明代因国姓的关系,以红为国色,不论是丝织品还是其他纺织品,都以红色为贵,所以苏木销量很大。这一特产,使中国商船一定要到暹罗买卖。又如榜葛剌出产棉布最好,也是中国商船必经之地。但是,有一些区域没有什么特产,前去贸易的商船就少了。例如北部湾的安南国以及缅甸,都少有中国船舶光顾。相反,位于航线交叉区域的港市,往往发展很快,例如马六甲海峡的满剌加、印度南部的锡兰、印度洋西部的古里,商业发展很快。迄至葡萄牙人东进的明代中叶,满剌加和古里成为海上丝绸之路上相当发达的城市。这些城市的发展,是在郑和时代奠定基础的。在中国,郑和时代最得益的城市应是福州、广州、漳州等港口了。

第四章

郑和时代海上丝绸之路的贸易

明代前期郑和七下西洋,除了为朝廷建立朝贡体系外,明朝皇室也想通过这一行动获取海外的珍宝,并且得到较多的利润。然而,观察郑和七下西洋的具体贸易内容和过程,明朝开支也是很大的。财政压力是郑和七下西洋无法继续的根本原因。但是,郑和远航在人类全球化历史上,还是有重要作用。

第一节　明代前期海上丝绸之路的贸易商品

自唐宋以来,海上丝绸之路上的主要贸易商品是中国的丝绸、纻布、磁器、铁锅,印度的棉布、宝石以及东南亚各国的香料,阿拉伯世界的药材,明代前期,由于郑和舰队的活动,海上丝绸之路的贸易量大大提升了。

一、宋元海上丝绸之路的回顾

宋朝对外贸易中,丝绸是不可缺少的角色。唐宋之际,海上丝绸之路兴起有其背景。汉唐本是陆上丝绸之路的鼎盛时期,唐中叶以后,中土与中亚的战事,使陆上丝绸之路不绝如缕,加上中国东南区域的开发,因此,中外贸易中心从陆路转到海上,后人称之为海上丝绸之路。不过,海外喜欢丝绸的国家大都分布在中亚、西亚和南亚,如《诸番志》记载:大秦国(拜占廷)"妇人皆服珠锦";又如大食国(阿拉伯帝国):"王头缠织锦番布……衣锦衣系玉带……用百花锦。其锦以真金线夹五色丝织成。"芦眉国:"以金银为钱,有四万户,织锦为业,地产绞绡。"这些国家虽然能够自产丝绸,但中国的丝绸别有风味,同样受到欢迎。至于和中国贸易较多的南海及印度洋国家,情况有三种,其一如安南、占城,很早就引进了中国蚕桑业,能够自行生产丝绸,但会进口一些中国丝绸。其二为丝织业不景气的国家,因文化发展程度较高,国家组织出现,上层社会以穿衣为荣,他们也喜欢中国丝绸。例如阇婆,自产"杂色绣丝,吉贝绫布",也会进口一些中国丝绸。再如浡泥国"无丝蚕,用吉贝花织成布",但其女性喜欢中国丝绸。"富室之妇女,皆以花锦销金色帛缠腰",商人到浡泥国出售的货物中有:"假锦、建阳锦、五色绢"。其他国家中,柬埔寨进口假锦;三屿进口"皂绫缬绢";三佛齐进口锦、绫、缬绢;单马令、凌牙斯国、南毗国等进口缬绢;蓝无里国进口丝帛,这些国家都是中国丝绸的重要市场。由于东南亚气候炎热,所以,南海周边有不少"裸国",《诸番志》记载的苏吉丹"皆裸体跣足,以布缠腰"。对这些地区的平民来说,生活用品比丝绸重要。例如《诸番志》所说的麻逸国,"商人用瓷器、货金、铁鼎、乌铅、五色琉璃珠、铁针等博易",其中未提及丝绸。总之,丝绸在东南亚有一定的销路,但最喜欢中国丝绸的还是中亚和西亚的国家,在这些国家,华丽的丝绸是身份的象征,因而进口数量较多。由海路出口中亚及西亚的中国丝绸多由三佛齐、阇婆等南海重要港口转运,部分由伊斯兰巨商在中国直接采购。福建商人会将中国丝绸运到东南亚的重要港口,出售给中亚和西亚的商人,有机会也会到印度洋贸易。

元代,丝绸仍然是中国输出的主要商品,她的绚烂花式是华贵身份的象征。因此,凡是发展程度较高的国家,都会进口中国丝绸,例如爪哇、真腊及缅甸、印度的一些国家,中国的锦缎在上层社会流行。丝织业中,将蚕丝与麻丝、棉丝混纺的布匹叫着丝布。它最早出现宋代。宋代的《诸蕃志》称之为"色丝布"。而后色字被省略,简称丝布。《岛夷志略》记载元代采购丝布的国家与港市有:真腊、针路、八都马、淡邈、八节涧间、三佛齐、文诞、班卒、文老古、古里地闷、须文答剌、喃巫哩、千里马等13个港市,虽说其时印度一带也有丝布生产,但主力应是中国。

在中国的纺织业里有"金染缸"之说,不论是丝绸还是棉布,印染的布类商品价格要贵过白坯布一倍以上。东南亚民众喜欢色彩斑斓布料,因而对中国出产的彩色布匹十分兴趣。例如五色布、五色绢、花布等织品,在东南亚都有市场。而且这类商品中,红布、红绢非常突出,在当时应为高技术的中国商品。结构复杂的锦缎位于纺织品的最高层,由于价格的原因,输出数量不多。

不过,元代东南亚的市场上中国丝织品也受到印度棉布的冲击。从《岛夷志略》的记载来看,明确进口丝绸的只有:真腊、遐来勿、丁家卢、罗卫、东冲古剌、八都马、淡邈、尖山、八节那间、三佛齐、浡泥、爪哇、重迦罗、都督崖、文诞、苏门傍、班卒、文老古、龙牙门、须文答剌、交栏山、特番里、班達里、大八丹、加里那国、土塔、加将门里、波斯离、挞吉那国、须文那、小具南、朋加剌、放拜、大乌爹国、马八儿屿、里伽塔、天堂、天竺、甘埋里、乌爹国等40个港市国家,在《岛夷志略》记载的99个港市中,仅占五分之二。与之相对应,南海多数港口都有棉布的进口。其实,这也符合东亚纺织业发展的历史。宋元时期,棉布已经进入福建、广东等地,元末进入江南,明初朱元璋大力推广棉花种植,使民间多以棉布为衣。而棉布流行之后,许多地方的丝织业就退步了。明中后期的中原各地,大都栽棉纺布,传统丝织业衰退。以此来看东南亚诸港,宋元时期从丝织品到棉布的变化是不可抗拒的历史规律。

二、明代前期南海的丝绸和棉布

明代前期的丝绸之路上,中国和印度是两个纺织品的生产大国,中国输出丝绸、纻布,印度输出棉布及丝织品,各地气候及消费习惯不同,决定了他们消费哪国的产品更多一些。

中国的丝绸在东南亚及西亚国家仍然受到欢迎。占城国"纻丝、绫绢、烧珠等物甚爱之"。①《星槎胜览》记载真腊国:"穿短衫,围梢布","货用金银、烧珠、锦缎、丝布之属。"《瀛涯胜览》云:爪哇民众最喜欢的中国商品中,有"花销、纻丝"二物。《瀛涯胜览》言及旧港:"市中交易,亦使中国铜钱,并布帛之类",锡兰的佛堂山市场采购"中国麝香、纻丝、色绢"。东南亚人因天气炎热,有不少半裸的民族,他们的服饰消费较少。不过,随着生活向好的方面发展,消费的商品越来越多,对服饰也讲究起来,那么,对炎热气候下的民族,透气而艳丽的丝绸,应是最好的消费品。除此之外,东南亚百姓的居舍比较简单,大都由毛竹、茅草构成,数年一换所居之地。因此,若要将房舍装饰豪华,最好的方法是使用可携带的丝绸,用作围屏,诸国之人,对此消费颇大。

比之东南亚地区,西亚国家气候稍冷,昼夜温差大。生活于当地的人,对纺织品的需求较大。宋元时期的西亚民众,十分热爱丝绸。巩珍的《西洋番国志》云:西亚祖法儿国的商人用当地商品"来易纻、丝、磁器等物。"②其国王的打扮,"细丝嵌圆领,或金锦衣袍"。③可见,到了明代之后,西亚民众仍然很看重丝绸。事实上,历史上所谓的丝绸之路,首先就是为了供应西亚民众对丝绸的消费要求。没有他们对丝绸的热爱,丝绸之路很难发展起来。

丝织业虽然是中国传统技术,但它传到海外各国后,也有些中国不知道的发明和创造。郑和时代海上交通发达,中国人发现海外有一些特殊的技术。忽鲁谟斯有:"十样锦剪绒花单。其绒起一分,长二丈,阔一丈。各色梭幅、撒哈刺、毯罗纱、各番青红嵌手巾等货皆有。"④按,波斯人擅长编织毛毯,波斯毯采用起绒技

---

① 马欢:《瀛涯胜览》占城,第10页。
② 巩珍:《西洋番国志》,祖法儿国,第34页。
③ 巩珍:《西洋番国志》,祖法儿国,第34页。
④ 巩珍:《西洋番国志》,忽鲁谟斯国,第43-44页。

术,毯面有羊毛丝线突起,形成厚厚的一层绒织物。将这种起绒技术应用于丝织品,便会形成丝绒。明清时期福建和广东都有丝绒,漳州的"漳绒"享誉海内。宋应星认为丝绒起于海外,称之为"倭缎"。"凡倭缎制起东夷,漳泉海滨效法为之"。① 但日本的科技史专家则认为:日本从来不生产天鹅绒。《粤剑编》一书说出真像:"天鹅绒、琐袱,皆产自西洋,会城人效之,天鹅绒赝者亦足乱真,琐袱真伪不啻霄壤"。② 这样看来,丝绒最早应是波斯出现的丝织品,后被引进中国,在福建、广东一带传播。后来,丝绒成为漳州的贡品,以"漳绒"出名。

以上这些记载都证明,中国的丝绸、纻布之类的纺织品在海上丝绸之路上畅销。不过,明代前期,印度的丝织业也有很大发展。西印度的古里国:"国人亦以蚕丝练织各色间道花手巾,阔四五尺,长一丈二三尺有余,每手巾卖金钱一百个(注:约值六钱足量黄金)。"③这种手巾的长宽表明,它实际上是一匹锦缎了。在下身围一条手巾,是印度十分流行的习俗。巩珍:《西洋番国志》说榜葛剌国:"下围各色阔手巾"。④《瀛涯胜览》记载柯枝国,"其国王亦锁里人,头缠黄白布,上不穿衣,下围纻丝手巾,再用纻丝颜色者缠之于腰,名压腰。其头目及富人服饰与王者颇同。"⑤

受印度风格的影响,东南亚许多地区都使用手巾。《瀛涯胜览》记载:占城国的国王,"身穿五色线绅花番布长衣,下围色丝手绢"。爪哇的国王"身无衣袍,下围绿嵌手巾一二条,再用锦绮或纻丝缠之于腰,名曰压腰"。暹罗国王"下围丝嵌手巾,加以锦绣压腰"。⑥《星槎胜览》记载真腊国:"穿短衫,围梢布"。这些国家的国王多来自印度,因此,他们的衣着习俗受印度风俗影响。他们虽然消费丝绸类商品长手巾,但这些"长手巾"产自印度周边国家的可能性更大。《西洋番国志》论溜山国(马尔代夫):"又出一等织金方帕,男子可缠头,其价卖银五两者。"不过,榜葛剌虽是纺织大国,"桑柘蚕桑虽有,止织丝嵌手巾并绢布。"⑦可见,当时印度丝织业主要是织一种很长的"手巾",用作下围。由于南印度气候极热,所以,很多国王都是不着上衣,这使其衣料消费受到限制。

以上记载也表明,在东南亚和印度洋周边的许多国家,中国的纻布十分畅销,

---

① 宋应星:《天工开物》乃服第六,巴蜀书社 1989 年版,潘吉星校注本,第 326 - 327 页。
② 王临亨:《粤剑编》卷三,志外夷,中华书局 1987 年,第 93 页。
③ 巩珍:《西洋番国志》古里,第 30 页。
④ 巩珍:《西洋番国志》,榜葛剌国,第 38 页。
⑤ 马欢:《瀛涯胜览》柯枝国,第 26 页。
⑥ 巩珍:《西洋番国志》暹罗国,第 13 页。
⑦ 巩珍:《西洋番国志》,榜葛剌国,第 39 页。

它的名字常和丝绸并列。纻(或作苎、纻)布是一种以苎麻织成的纺织品,在棉布引进之前,纻布和丝绸一起成为中国人的主要消费品。它的特点是透气性能好,所以,福建人的特点是冬着棉布,夏着纻布,因此,纻布又有"夏布"之称。福建生产的纻布洁白、透气,在炎热的东南亚、印度受到欢迎,是可以理解的。

棉布是起源于印度的一种布料,宋代传入中国,元明时期逐渐普及。明代前期,印度仍然是棉布生产大国。《西洋番国志》论印度西部的古里:"西洋布本国名撦黎布,出于邻境坎巴夷等处,每疋阔四尺五寸,长二丈五尺,彼处卖金钱八个或十个。"①印度东部的榜葛剌国也以生产棉布出名:"土产五六种细布,一种草布,番名泊,阔三尺余,长五丈六七尺。此布极细,如中国细笺纸。一种姜黄布,番名满者提,阔四尺许,长五丈余。此布细密壮实。一种沙纳巴布,阔五尺,长三丈,如生罗状,即布罗也。 种细白勒塔嚓,阔三尺许,长六丈,布眼希疏匀净,即布纱也。缠头皆用此布。 种炒塌儿,此阔二尺五六寸,长四丈余,如中国好梭布状。一种蓦黑蓦勒,阔四尺许,长二丈余,背面皆起绒头,厚四五分,即兜罗锦也。"②最早记载榜葛剌棉布的是马欢的《瀛涯胜览》一书,其后,费信的《星槎胜览》、巩珍的《西洋番国志》都详细转载了这段话,说明榜葛剌的棉布在他们头脑里印象深刻。郑和船队的商船,很有可能从印度榜葛剌购进棉布到国内出售。按,榜葛剌为今日之孟加拉国,它和印度的孟加拉邦同为世界上棉布生产大国,十八世纪,印度孟加拉邦的加尔各答以棉布之都闻名世界,这是其棉织业悠久的历史地位的反映。

印度各邦的棉布消费亦多。《西洋番国志》论榜葛剌国:"男子剃头,以白布缠裹。身服圆领长衣,自首而入。"③柯枝国,"其国王亦锁里人,头缠黄白布,上不穿衣。"④祖法儿国:"王以白细布缠头,身着青花长衣。"⑤受印度文化影响,东南亚国家也使用棉布。《瀛涯胜览·占城》记载:占城国的国王,"身穿五色线绁花番布长衣",所谓"番布长衣",应当是棉布制成的吧。又如满剌加,"其王服用,以细白番布缠头,身穿细花青布,如袍、长衣。""女人……白布手巾,上穿色布短衫。"⑥这些国家的国王多为印度人,他们消费的棉布应当来自印度为多。东南亚有少数国家生产棉布。《瀛涯胜览》评苏门答剌岛上的哑鲁国,"货用稀少,棉布名考泥。"

---

① 巩珍:《西洋番国志》古里,第30页。
② 巩珍:《西洋番国志》,榜葛剌国,第39-40页。
③ 巩珍:《西洋番国志》,榜葛剌国,第38页。
④ 马欢:《瀛涯胜览》柯枝国,第26页。
⑤ 巩珍:《西洋番国志》,祖法儿国,第34页。
⑥ 马欢:《瀛涯胜览》满剌加,第17页。

其多数棉布应来自外地。

暹罗国进贡物品中有多种棉布:

芰布、油红布、白缠头布、红撒哈剌、红地纹节智布、红杜花头布、红边白暗花布、乍莲花布、乌边葱白暗花布、细棋子花布、织人像花文打布、西洋布、织花红丝打布、织杂绿打布、红花丝手布。①

这些贡品不会全部都是暹罗国所产。暹罗将多种布匹进贡中国,反映了明代前期中国在棉布贸易方面应是进口多,出口少。查《礼部志稿》等书,西洋布经常出现在赐给亲王、藩王的物品名单中,说明当时人看好西洋布所代表的文化价值。陈元龙引用《格古要论》的记载:"乡姻鄹凤律得西洋布,其白如雪,阔七八尺。"②永乐进士李昌祺有《谢赐西洋布》一诗:"异缕何纤细?轻盈玉雪纡。鲛宫初织罢,海国远输来。捧拜荣恩赐,纫缝称体裁。微躯增照耀,被服愧非才。"③显见,当时人对西洋布的评价不错。

暹罗贡品中,甚至有一些丝绸,例如,上述"红花丝手布"也有可能是一种丝绸。又如其下文的"剪绒丝杂色红花被面、织人像杂色红花文丝缦",看来都是精细的丝织品。这些贡品的出现,反映海外也有相当发达的丝绸业。明代前期的海外丝绸已经不是中国垄断的行业。

从海上丝绸之路的纺织品消费市场来看,中国的丝绸、纻布向南向西运销,及印度棉布、丝织手巾向东向西运销,都是较大的商品流。这是宋元以来海上贸易的延续。不过,明代前期,中国在海上丝路的纺织品贸易中不见得占上风。

三、明代前期海上丝绸之路的香料、磁器

胡椒贸易。胡椒是明代国际贸易中最重视的商品。首先,在中国的消费量很大。明初王恭《咏胡椒》:"结实重番小更繁,中原无地可移根。自从鼎鼐调和去,姜桂纷纷不共论"。④ 可见,作为调料的胡椒在中国很受欢迎。"苏木一斤三贯,胡椒一斤八贯,花椒一斤一贯。"⑤这是以大明钞计价,其时八十贯大明钞可折一千文铜钱。也就是说,一斤花椒可售 12.5 文铜钱,而一斤性质近似的胡椒可售 100 文铜钱。明朝人说:"东南海外诸货犀、珠、香药,古称富甲天下,近代尤重胡

---

① 俞汝楫编:《礼部志稿》卷三五,第 9 页。
② 陈元龙:《格致镜原》卷二十七,布帛类,文渊阁四库全书本,第 38 页。
③ 李昌祺:《运甓漫稿》卷三,谢赐西洋布,文渊阁四库全书本,第 9 页。
④ 王恭:《白云樵唱集》卷四,咏胡椒,文渊阁四库全书本,第 37 页。
⑤ 《明会典》卷一三六,刑部十一,第 19 页。

椒、苏木之利。"①因中国欢迎胡椒,明代前期,东南亚进贡国家带来许多胡椒。洪武十五年爪哇的一次进贡,有"胡椒七万五千斤"。② 朱元璋曾在诏令中说:"迩来三佛齐胡椒已至四十余万,即今在仓椒又有百余万数。"③郑和下西洋也采购了很多胡椒。"止统元年(1436 年)三月甲申,敕王景弘等,于官库支胡椒、苏木三百万斤,遣官运至北京交纳。"④对许多富人而言,胡椒就是财富的代名词。正德中,官府籍没钱宁"胡椒千五百石"。⑤ 按市场价,这批胡椒可值一万八千贯铜钱。王鏊的《震泽长语·杂论》记载:"嘉靖初,籍没朱宁苏木七十杠,胡椒三千五十石。"广东市舶司太监牛荣与家人蒋义山等私下贩卖胡椒等商品。"例该入官苏木共三十九万九千五百八十九斤,胡椒一万一千七百四十五斤,可值银三万余两。"⑥由于官府所藏胡椒数量过多,户部官员发明了以胡椒支付官员薪水的办法。《明史·食货六·会计》:"旧例,两京文武官折色,俸上半年给钞,下半年给苏木、胡椒。"总之,明代前期,中国民众消费的胡椒数量相当多。"胡椒,山摩伽陁国(唐代占印度中部的古国)。呼为'昧履支',今南番诸国及交趾、滇南、海南诸地皆有之,已遍中国为日用之物矣。"⑦

对明朝消费的胡椒数量,数字看多了,会有麻木之感。不妨将其比之同时期的欧洲。葡萄牙文献表明,1507 年前后葡萄牙人运到欧洲的胡椒约为 50 吨,至 1565 年前后上升到 1300 吨。⑧ 明朝在洪武年间由三佛齐进贡得来的胡椒达四十余万斤,折合 200 吨,正统元年由南京运送胡椒、苏木共三百万斤到北京,假设其中两百万斤为胡椒,折合一千吨。这些公家藏有的胡椒数量和市场共有的胡椒数量不是一回事,但约莫可看出明代前期中国消费胡椒的数量可与一百年后的欧洲相比! 由此可见,中国人对胡椒的爱好不逊于欧洲人。葡萄牙人为追踪胡椒而远航亚洲,被欧洲当作传奇。实际上,这也是明代前期郑和下西洋所做的事。远航、冒险、打仗、买卖,只为了食物添加剂胡椒! 只不过这事先在中国发生,后在欧洲发生罢了。

---

① 吴鼎:《过庭私录》卷七,征南四策,《四库全书存目丛书·集部》,第 75 册,齐鲁书社 1995 年,第 303 - 304 页。
② 《明太祖实录》卷一四一,洪武十五年春正月乙未。
③ 朱元璋:《明太祖文集》卷七,文渊阁四库全书本,第 1 页。
④ 《明英宗实录》卷十五,正统元年三月甲申,第 289 页。
⑤ 王世贞:《弇州四部稿》卷七十九,锦衣志,第 16 页。
⑥ 林俊:《见素集》卷六,正违禁番货贪缘给主疏,文渊阁四库全书本,第 5 页。
⑦ 徐光启:《农政全书》,岳麓书社 2002 年,第 610 页。
⑧ 《1500 - 1622 年葡萄牙人输往欧洲的丁香表》,引自赵文红:《试论 16 世纪葡萄牙以马六甲为支点经营的海上贸易》,《红河学院学报》2011 年第 5 期。

除了胡椒之外,肉豆蔻、丁香等香料也进入中国人的食品谱。明代刘基的《郁离子》一书提到明朝消费的香料:"豆蔻、胡椒、荜茇、丁香,杀恶诛臊,易牙所珍"。① 这都说明明代消费的香料种类颇多。丁香产于印度尼西亚东部的摩鹿加群岛,该群岛在中文中称为"美洛居",位于印度尼西亚的东部。《明史·美洛居传》:"地有香,山雨后,香堕沿流满地,居民拾取不竭。其酋委积充栋,以待商舶之售。东洋不产丁香,独此地有之,可以辟邪。故华人多市易。"肉豆蔻出产于美洛居的邻居:班达群岛。总之,丁香、肉豆蔻、胡椒是很早就进入中国人厨桌,也是印度等地很受欢迎的调料,印度人的咖喱饭,是要放胡椒的。

中印两大国使用胡椒等香料的习惯,使东南亚、南亚诸国生产的胡椒有很大的市场。爪哇、三佛齐向中国进贡大量胡椒,说明两地应为产地。此外,《西洋番国志》记载苏门答剌:"山居人多置园种胡椒,此椒蔓生,花黄白,结子成穗,嫩青老红,候半老时采择晒干之。凡椒粒虚大者,此处椒也。每官秤称一百斤,卖金钱八个,直银一两。"②柯枝:"土无出产,人惟种椒为业。每椒熟,大户即收买置仓盛顿,以待各处客商。"古里:"山乡人多置园种椒,十月椒熟,俱采摘晒干,自有大户收买送官库,官与发卖,每一播荷卖金钱二百个,见数税钱。"③

郑和远航时,在爪哇采购大量的胡椒、丁香、肉豆蔻等香料,然后向古里驶去。如果这些香料全部都在古里出售,因古里自身也生产香料,它的价格不会太高。从第四次下西洋开始,郑和的舰队就突破古里的限制,向更远的忽鲁谟斯、祖法儿、阿丹等阿拉伯、波斯港口进发,这样,就使他们运去的香料可售出更高的价格。此外,中国传统的丝绸、磁器等商品,在阿拉伯世界和波斯也是极受欢迎的。

中国人在宋元时期就认识了胡椒、丁香、肉豆蔻等香料,也会进口这些香料,而且当时中国的人口和整个欧洲大致相当。欧洲人是在知道东方的香料之后,才发动穿越大西洋及印度洋的远航的。所以,欧洲人常说是香料吸引着欧洲人远航,探险世界,从而改变了世界。因此,从发展史看,郑和对爪哇的贸易非常重要。是他将大批量的香料自爪哇带到印度的古里。然后由阿拉伯商人将其运到地中海,从而刺激了欧洲人的味蕾。欧洲人为了得到更多更便宜的香料,冒险跨越海洋,进而改变了东西方的历史。实际上,驱动欧洲人走向东方的动力,当年也驱动中国人不畏艰险下南洋啊!

中国烧制的磁器一直是丝绸之路上的重要商品。《瀛涯胜览》云:爪哇民众,

---

① 刘基:《诚意伯文集》卷十九,郁离子三,九难第十八,文渊阁四库全书本,第40页。
② 巩珍:《西洋番国志》爪哇国,向达校注本,第7页。
③ 巩珍:《西洋番国志》爪哇国,向达校注本,第7、26、30页。

"最喜中国青花磁器",占城和锡兰佛堂山民众购买中国的"青磁盘碗",《西洋番国志》说祖法儿国人换购中国的磁器。明代前期,中国磁器的输出有两大变化。其一,中国大量输出大型的装水容器,例如瓮、缸。这类实用容器在各地都受到欢迎,只是烧制不易。它是一种"高科技产品",一般认为,明朝以后,它才从中国边海区域大量输出。其二,畅销的中国瓷器,出现了从龙泉窑产品向景德镇瓷器的过渡。中国瓷器,在唐代盛行的是越窑、长沙窑,北宋五大名窑产品畅销天下。南宋至元代,中国出口的主要瓷器来自浙江西南部的龙泉窑。龙泉窑的产品以绿色为主,形制高雅,在海外极受欢迎。但是,到了元明之际,一种蓝白相间的瓷器引起人们的注意,这就是景德镇的青花瓷。就制作技术而言,青花瓷,就是在白瓷釉面加上天青色的花纹。而天青色来自一种含钴的原料。景德镇的白瓷一向烧得很好,新产品的出现,是从中亚进口了一种名为"回青"的原料。从"回青"之名,也可看出它的产地,应在伊斯兰教传播的地区。伊斯兰文化喜欢植物的绿色和天青色,凡进入穆斯林的清真寺,都可看到这两种颜色无处不在。阿拉伯国家和波斯人,都是中国景德镇瓷的爱好者,他们大量进口中国青花瓷,导致青花瓷文化流行开来,今西亚的博物馆,保存最多的明代早期青花瓷,都与这一点有关。后来,这一习俗影响到东南亚和中国的消费习俗。

龙泉窑产品默默地退出市场,浙江南部的龙泉窑一家一家地废弃,江西北部的景德镇窑一家比一家兴旺,在瓷的世界,逐渐完成了由龙泉窑向景德镇窑过渡。

铁锅。明代前期是钢铁生产的一个高峰,东南亚至印度的许多地方都有钢铁生产。其时,最锋利刀具出自印度洋周边的锡兰等地。著名的大马士革钢所制镔铁刀,马来亚刀,都是世所罕见的刀具。与其相比,中国精品钢铁略逊一筹。但是,中国有一项钢铁技术是世界各国难以比拟的,这就是生铁铸造术。闽粤一带的炼铁高炉相当普及,工匠引导高温铁水浇铸各式铁器。中国的铁锅也是由生铁水浇铸而成。铁锅薄而大,铸造十分困难。但是,中国工匠不仅能铸造薄而轻的铁锅,而且能够成套生产,一次浇铸十几个至几十个铁锅,并且是一次成型,从而在行业中创造了"连"的概念,一连铁锅,是一次浇铸而成的十几个至几十个铁锅,这样,制造成本大大降低,从而实现规模性生产。东南亚的居民经常迁居,他们搭房子很容易,只要一天的时间,全族人一起动手,就可建成一座大房子。但是,他们使用的容器和铁锅则不容易得到。因此,东南亚的妇女十分爱惜中国的铁锅和缸瓮等实用品,有了这些产品,才能每天为家人烧煮各种实物。明代前期,东南亚民众最盼望进口的商品,还是铁锅吧,这是所有家庭都要使用的器物。明朝赐给东南亚的商品中,也常有铁锅。《明会典》记载与海外诸国贸易的"折还物价",

"铁锅三尺阔面,每口一百五十贯"。①

对海外许多国家来说,磁器和铁锅都是实用物件,比丝绸之类豪华商品更为重要。曾经发生过这样一件事:洪武七年十二月乙卯,"命刑部侍郎李浩及通事梁子名使琉球国。赐其王察度文绮二十匹、陶器一千事、铁釜十口。仍令浩以文绮百匹、纱罗各五十匹、陶器六万九千五百事、铁釜九百九十口,就其国市马。"②洪武九年夏四月甲申,"刑部侍郎李浩还自琉球。市马四十匹,硫黄五千斤"李浩回国后,"因言其国俗,市易不贵纨绮,但贵磁器、铁釜等物。自是赐予及市马多用磁器、铁釜云。"③

磁器和铁锅都是手工业品,明代中国的制造业在世界上是可数的,所以会有许多手工商品输出海外。

四、明代前期海上丝绸之路的宝石、珍珠

郑和下西洋,从第一次开始,就将目的港定在印度洋的古里,是什么商品吸引中国人跋涉万里波涛前来购买? 主要是宝石、珍珠、金刚钻等珍宝,以及龙涎香、没药等药材。中国人对珍珠的喜爱是一贯的,红宝石、蓝宝石、金刚钻等珍宝进入中国人的视野,并成为财富的象征,似在元代。元朝的统治扩及西域,将西亚及南亚民众的财富观念带到中国了。明代前期,印度贵族妇女的消费习惯对中国妇女有明显的影响。其时,《星槎胜览》一书言及古里妇女的打扮:"妇女穿短衫,围色布,两耳悬带金牌,络索数枚。其项上真珠、宝石、珊瑚连挂缨络,臂、腕、足、胫皆金银镯,手足指皆金银镶宝石戒指,发堆脑后,容白发黑。"④这种装束,在中国叫"观音妆"。印度人的打扮风格影响到东南亚,金镯、戒指、宝石流行于各国。明朝前期,暹罗、浡泥、锡兰都向中国进贡金戒指,这类风俗不能不影响中国的妇女,因此,从明代前期开始,中国人消费的黄金、宝石明显多了起来。

郑和下西洋,很注意采购各国的珠宝。《瀛涯胜览》记载锡兰的佛堂山,"此山内出红雅姑,青雅姑,黄雅姑,青米、蓝石、刺泥窟没蓝等,一切宝石皆有,每有大雨冲出土流下沙中,寻拾则有。常言宝石乃是佛祖眼泪结成。"当地人喜欢中国的商品,"将宝石、珍珠换易。王常差人赍宝石等物,随同回洋宝船进贡中国。"⑤《瀛涯胜览》说柯枝国:"财主专一收买下宝石、珍珠、番货之类,候中国宝石船或别国番

---

① 李东阳等:弘治《明会典》卷一百二,礼部六十一,诸番四夷土官人等二,第35页。
② 《明太祖实录》卷九五,洪武七年十二月乙卯。
③ 《明太祖实录》卷一〇五,洪武九年四月甲申。
④ 费信:《星槎胜览》古里国,第21页。
⑤ 马欢:《瀛涯胜览》锡兰国,第24-25页。

船客人来买。珍珠以分数论价而买,且如珠每颗重三分半者,卖彼处金钱一千八百个,直银一百两,珊瑚枝柯,其哲地论斤重买下,顾请匠人剪断车旋如珠,洗磨光净,亦秤分两而卖。"①按,马欢的《瀛涯胜览》下意识地将中国"宝船"说成是"宝石船",说明郑和宝船的一个重要目的,就是采购西洋宝石。《西洋番国志》论古里:"其哲地财主多收买各色宝石、珍珠,并做珊瑚珠等,遇各处番舡到,王遣头目并计算人来,眼同发卖,亦收税钱。"②巩珍还说到郑和宝船到古里的情况:"中国宝舡一到……哲地并富户各以宝石、珍珠、珊瑚来看。惟是议论价钱最难,疾则一月,徐则两三月方定。如某宝石若干该纻丝某物货若干,即照原打手价无改。"③《西洋番国志》论忽鲁谟斯:"其处诸番宝物皆有。如红鸦鹘、刺石、祖把碧、祖母绿、猫睛、金刚钻,大颗珍珠若龙眼,重一钱二三分者,珊瑚树株并枝梗、大块金珀并珀珠、神珀、蜡珀,黑珀番名撒白,值钱各色美玉器皿。"④《瀛涯胜览》记载宝船抵达阿丹国之后:"王谕其国人,但有珍宝,许令实易。在彼头得重二钱许猫睛石,各色雅姑等异宝,大颗珍珠,珊瑚枝五柜,金珀、蔷薇、麒麟、狮子、花猫鹿、金钱豹、驼鸡、白鸠之类。"⑤除了宝石外,麒麟、狮子、花猫鹿、金钱豹、驼鸡、白鸠之类的珍禽异兽应当来自东部非洲。《西洋番国志》记载天方国的物产类似阿丹:"土产蔷薇露、俺八儿香、麒麟、狮子、驼鸡、羚羊,并各色宝石、珍珠、珊瑚、琥珀等宝。"祖法儿国的商品则以珍贵药材为主:"中国宝舡到,开读诏书并赏赐劳,王即遣头目遍谕国人,皆以乳香、血竭、芦荟、没药、安息香、苏合油、木别子之类来易纻、丝、磁器等物。"⑥又如溜山国(马尔代夫)"中国宝船亦一二往彼,收买龙涎香、椰子等物。"龙涎香是特殊香料,价钱昂贵,但在中国很受欢迎,只有皇室人物消费得起。

除了珍宝之外,宝船人物也注意到西洋各处的手工业。《西洋番国志》论阿丹国:"凡国人打造金银入细生活,绝胜天下。"郑和船队商人有可能在那里购进金银制品。

总的来说,郑和到西洋诸国贸易,主要经济目的就是出售中国的丝绸、纻布、磁器、铁锅等商品,转售来自东南亚的香料,并购进印度及西亚各国的宝石、珊瑚、珍珠等高级消费品。如果这些商品还不够,郑和船队还会以白银、铜钱直接购买。这就造成中国白银、铜钱的外流。

---

① 马欢:《瀛涯胜览》柯枝国,第27-28页。
② 巩珍:《西洋番国志》古里,第30页。
③ 巩珍:《西洋番国志》古里,第29页。
④ 巩珍:《西洋番国志》,忽鲁谟斯国,第43-44页。
⑤ 马欢:《瀛涯胜览》,阿丹国,第36页。
⑥ 巩珍:《西洋番国志》祖法儿国,第34、45页。

五、郑和远航对欧洲的影响

鸟瞰中世纪后半期海上丝路最大的变化,是欧洲港口被连接到海上丝绸之路的西端。西欧的中世纪原是一个大农村,种田的种田,放羊的放羊,生活简单而充实。自十字军东征以来,欧洲人了解了东方的奢华,开始进口东方的各种商品,其中最欢迎的竟是胡椒。早在罗马帝国时期,欧洲人就开始消费胡椒,但在中世纪欧洲,这种香料消沉很久。11 世纪,随着远赴东方的骑士们带回东方各种物品,胡椒、丁香之类的香料再次进入欧洲人的餐桌。十五世纪英国的烹饪书说:"先准备一块优质的猪肉,脂多肉软者,将其切为细条状,大小任意。接着,加入丁香与肉豆蔻后,加以轻敲。"①1393 年的《巴黎家政大全》告诉主妇:"投入香料越迟越好",说到法国血肠的制作,要求备好丁香、胡椒等香料。民间有"贵如胡椒"的俗语。② 法国甚至流传这样的谣言:"萨拉森人在运到西方的胡椒中放置毒药,因而很多法国人被毒死。"③

大量的香料、丝绸等东方商品被运到欧洲,刺激了地中海各个港口的繁荣。中世纪文献《忠实信徒的私议》记载了一个天主教徒在埃及亚历山大城的见闻:"从印度由海道运来胡椒、生姜、白桂以及一些丝绸和棉织品,虽然大部分丝绸是由陆路运来的。还有从马拉巴沿岸和锡兰岛运来的珍珠、香木等等。其他大部分香料、香草、豆蔻实、荜澄茄,似乎是经由巴格达运来的。红海口的亚丁,是印度货物的第一贸易站。特别有一种作香料用的珍贵树脂,是从阿拉伯半岛运来的。威尼斯船只把这些货物以及谷物、枣子、糖和棉花从埃及运往欧洲;而威尼斯方面运去生铁、来自达尔马提亚的建筑木材以及来自德意志北部的而不像从前那样来自罗斯的毛皮,作为交换品。"④其时,埃及的亚历山大港是东方商品最重要的转运港,来自红海阿丹港的商品,被运到尼罗河上游,再沿河而下,进入地中海岸边的

---

① [日]浅田实:《东印度公司——巨额商业资本之兴衰》顾姗译本,北京,社会科学出版社 2016 年,第 21 - 22 页。

② [法]费尔南·布罗代尔(Fernald Braudel):《15 至 18 世纪的物质文明、经济和资本主义第一卷,日常生活的结构:可能和不可能》,顾良、施康强译本,北京,生活·新知三联书店 1993 年,第 256 - 257 页。

③ [美]汤普逊(James Westfall Thompson):《中世纪经济社会史》上册,耿淡如译本,原版 1928 年,北京,商务印书馆 1997 年,第 527 页。

④ [美]汤普逊:《中世纪经济社会史》上册,耿淡如译本,第 524 页。

亚历山大港。其时,香料是西方与东地中海东岸地区贸易的主要项目。① 来自埃及的香料在地中海各个港口都受到重视,君士坦丁堡的香料市场被称为埃及市场,对这座拜占庭的国都来说,它还是陆上丝绸之路的终点,每年有许多东方的丝绸、瓷器被运到此地销售,加上来自海路的香料之后,这座城市的繁华让地中海所有的人羡慕。11 世纪之后,君士坦丁堡又成为地中海东部的代表性港口,拥有许多来自西欧的船舶。从贸易的角度来说,西欧的船舶加入东方商品的贸易,表明海上丝绸之路从原来的终点君士坦丁堡延伸到西欧的心脏——巴黎、伦敦、汉堡等地。

欧洲加入丝绸之路,无疑给这条源于东方的古商道提供了动力。但是,由于陆上丝绸之路局限性,运到欧洲的商品受到限制。在宋末元初,海上丝绸之路稳步发展。不过,受制于马六甲海峡等地海盗的袭击,海上商业的发展障碍重重。郑和七次卜西洋的行动,打通了马六甲海峡这一通道,东方与西方商品的往来更多了。以印度西岸的港口来说,元代的古里港不如柯枝港(科钦港?)出名。但自郑和七下西洋选择古里为西洋主要依托港之后,古里港迅速发展,成为印度洋最大的港口。即使郑和离去,古里港仍然是繁荣的巨港。乃至郑和离去的80 年之后,来访的葡萄牙人被讥笑寒酸! 古里港又称"卡利卡特",是 15 世纪印度洋西部的贸易中心。大量的香料由东方运到这里,又由印度或阿拉伯船舶运到阿丹(亚丁)、忽鲁谟斯(隶属波斯)等北印度洋港口,再由阿拉伯商人以骆驼载到亚历山大、君士坦丁堡等地中海港口。在地中海接过交接棒的是意大利的热那亚、威尼斯商人,由他们将东方的香料批发给欧洲各地的商人。这是丝绸之路在西方的延伸。

欧洲人不同于东方国家的地方在于:他们是喜欢消费的民族,而且对一切东方商品都有巨大的胃口。不论是丝绸、瓷器、香料、棉布,都可以在欧洲找到市场。只是由于早期丝绸之路过于艰难,无法给他们带来更多的商品。现在很难找到郑和下西洋时期地中海贸易的资料,但从大趋势看,郑和下西洋将更多的商品带到古里、忽鲁谟斯、阿丹等北印度洋港口,无疑扩大了地中海东方商品的供应,这使欧洲人可以享有更多的消费物资。郑和下西洋停止后,闽粤私商继续海上丝绸之路的贸易,东方商品向西方的运输没有停止,华商像勤劳的蜜蜂,将各种东方的商品一船一船地向满剌加、苏门答剌等港口搬运,通过这些港口的接力,再运到印度

---

① ［法］费尔南·布罗代尔(Fernald Braudel):《15 至 18 世纪的物质文明、经济和资本主义第一卷,日常生活的结构:可能和不可能》,顾良、施康强译本,北京,生活、新知三联书店1993 年,第 256 – 257 页。

古里、柯枝诸港,然后由阿拉伯、波斯商人转运到地中海港口。这条商路肯定是畅通的,唯其如此,当1453年(明景泰四年)奥斯曼苏丹攻克君士坦丁堡之后,东方商品迅速涨价,才会让欧洲商人感到切肤之痛,热切盼望开通一条不受阿拉伯人控制通往东方的海上商道。最终他们将其付诸行动,于是有了葡萄牙人、西班牙人打通大西洋、太平洋、印度洋海上通道的冒险。

因此,从东方的角度看,16世纪环球贸易体系的形成,不仅是伊比利亚半岛人冒险的成就,在某种意义上,它还是古老的海上丝绸之路发展的升华。从唐代、北宋、南宋、元代到明代前期的郑和远航,海上丝绸之路的运输量越来越多,它的市场越来越大。从可以无视欧洲到以欧洲为主要供应对象,海上丝绸之路的港口、商人、航海技术都在不断进步、成熟。它给欧洲提供的商品已经达到让全民无法离开的地步,进而成为欧洲人趋向东方的动力。从这个高度看,郑和七下西洋是东方丝绸之路走向成熟的重要标识,它意味着东方向西方提供的商品跃升一个阶段,对东方商品在欧洲的普及有重要作用。这一趋势的延续,最终诱导欧洲人不顾一切地向东方发展。

第三节　郑和下西洋的金融问题

我们在研究古代经济史之时,很少考虑金融因素。其实,研究国际贸易及各个国家的发展,金融是首先要考虑的背景,国际通用货币黄金和白银的储备和周转,是国际贸易动力和目标。从金融角度去看明代郑和下西洋的历史背景,会有很多启发。

一、宋元时代的金银储备及其纸币制度的影响

自古以来,国际通用货币就是金银,自张骞通西域以来,在古老的丝绸之路上流通的主要货币就是金银。中国曾是一个多金银的国家,战国、秦、汉时期,中国的权贵和富人,大都可储备数千斤的黄金。近年发掘的南昌海昏侯之墓,出土了数百个铸成马蹄状的金块。史载梁孝王家藏黄金四十万斤,都可证明当时汉朝贵族的富裕。唐代金银较多,《新唐书·地理志》记载全国的金矿有73处,银矿有68处。如果每处都有一个到几个矿洞,全国金银矿的数量可观。唐代岭南的黄金生产非常有名,海外贸易中也用到黄金。"金贝惟错,齿革实繁",质量很好的"南金"从海外流入中国。

唐代中后期,中国开始大规模开发银矿。其时,中国的银矿主要分布在江南

东道和江南西道,亦即今日东南的安徽、浙江、江西、福建诸省境内。中国的白银在海外市场尤其受到欢迎。大约沉没于五代时期的印坦沉船之上,发现了 97 个五十两重的银锭,它铸于五代的南汉国,被商人带到印度尼西亚的外海,随船沉没于当地海中。

宋代白银生产规模更大。宋徽宗元丰年间,各地上供的白银共计215385 两,其中福建南剑州上贡51227 两最多。南宋初年,朝廷常年在福建购银,"逐年二十七万两之数,并系于五等税户配买取足"。① 可见,宋代东南银矿每年上纳白银达二十多万两!假设宋朝廷采购之外,民间还拥有另外一半白银,那么,宋朝鼎盛年代生产白银会有四十万两以上。平常年份,宋朝生产的白银也就二十多万两吧。若以平均年产三十万两为计,宋朝三百年,也可生产九千万两白银。在那个时代,宋朝的贵金属生产是惊人的。

然而,宋代金银产量大,消耗也大。尤其是白银的外流,一直是中国经济的一个问题。广东近年发现的宋代沉船"南海一号",是一艘从福建驶向东南亚的船只。人们在沉船上发现金器151 件套,银器124 件套,这些金银器作为商品输出国外,会造成金银的流失。其次,宋朝金银甚多,也引来北方游牧民族的窥视。不论是契丹国、西夏国还是金国、蒙古,都以种种方式从宋朝敲诈大量的金银。尤其是金军攻克汴京开封之后,提出索取近两千万金银的要求,后因不能满足,金军进入开封,将北宋历朝所藏的皇室财富席卷而去,元朝灭宋,也将临安城的财富掠夺一空。宋代诸帝的坟墓,也都被人发掘,墓中财宝全被掠走。宋代皇室所藏,实际上是历代皇宫财富的积累,所以,宋代皇室的损失,同时意味着中国金银储备的大量流失。

对中国金银储备影响最大的还是元朝的纸币制度。中国自宋代开始发行纸币交子,这是中国人在金融界的伟大创造。纸币问世后,弥补了中国人贵金属不足的自然局限。但纸币问世后,也有天生的弊病,相对贵金属,它是一种成本很低的货币,官府的货币建立信用制度后,可以增量发行纸币,仍然能够得到民众的认可。按照金融界的意见,国家拥有三分之一的金银储备,就叫发一个数量级的纸币,而不会发生通货膨胀。但是,如果国家发行纸币的数量超过储备金的三倍,就会导致纸币贬值。宋朝发行纸币的早期,很注意保持贵金属储备,因而在民间建立了信用。然而,信用建立后,官府又会利用这种信用。一旦财政困难出现,官府就会发行超量的纸币,久而久之,增发形成一种习惯,就会导致纸币大幅度贬值,最后被民众拒用。就历史规律来看,一种纸币从开始发行,其寿命约一百年左右。

① 廖刚:《高峰集》卷一,投省论和买银札子,文渊阁四库全书本,第21－22 页。

北宋发行交子,南宋发行会子,但其使用都是局部的。元朝完全以纸币代替金银,导致流通领域的金银减少,它的去处是个疑问。元朝廷既然可用钞票购买中原的商品,他们从中原各地掠夺的金银就没有必要留在中国,而是将其用于西域。元朝近百年的统治,以钞票购尽中国金银,然后用于西域中亚,导致中国金银滚滚外流,这对中国是一个大问题。此前每一个时代,虽然不乏游牧民族掠夺大量金银的事件,但中原民众总是通过贸易将这些金银赚回来,最后达成中原富裕胜于周边国家的效果。但在元朝就不同了。元代中国民众赚回的钱都是钞票,不能遏止金银流向外国的势头。而且元朝约在中叶就取消了金银储备制度,也就是说,元朝的百姓不能用纸币向官府兑换金银。按照元朝后期的制度,老百姓只能用旧的纸币折价换取朝廷新发的纸币。每次发行新币,元朝都要压低旧币的价值。这样,朝廷每一次发行新钞票,都是对民众的大掠夺,民众对大元钞的信任日趋下降,大元钞的价值处在不断贬值中。最早发行的纸币,一锭大元钞,可以购取五十两白银的物资。但到了后期,一锭大元中统钞仅能买几个鸡蛋。可见,元朝钞票的使用使中原民众的财富毁于一旦,大量金银西流不返,明朝是在一穷二白中建立的,明初获得元朝在北京库藏,加上自身的生产,郑和远航时,皇室积累的白银不过七百多万两。

回顾历史,我们可以发现一个国际贸易规律:发达国家输出金银等货币,购买欠发达国家的各种商品,而经济后进国家大都使用发达国家的货币,以之为宝。唐宋以来,中国经济最为发达,发达的另一面,自然是中国货币的外流。尤其是宋朝,虽说采矿业发达,但是,宋朝的对外贸易中,宋商采购比输出要多,这造成中国的金银及铜钱大量外流。以铜钱来说,宋朝制造的铜钱大量外流,成为日本及东南亚国家的通用货币。自元朝使用纸币之后,中国民间藏有的铜钱进一步减少。明代朝廷基本停止铸造铜钱,缺乏铜钱给民间贸易带来很大困难。中国历代都有反对海外贸易的人,这与中国金银、铜钱大量外流的实际情况有关吧。

元朝在金融上唯一的好处是将大元钞推向海外。《岛夷志略》记载罗斛国:一万贝币可换"中统钞二十四两"①迄至明代宣德年间,费信的《星槎胜览》记载暹罗国,一万贝币可换中统钞二十贯。② 可见,元朝中统钞在海外流行百年。《星槎胜览》记载这些金融资料,表明明朝有可能在海外继续使用元朝的货币!这是相当难得的。如果中国的纸币能够在更大的国际市场上流通,肯定会给中国带来巨大的收入。明代中国在东南亚有巨大的号召力,如果明朝能利用这种号召力,将纸

---

① 汪大渊:《岛夷志略》,中华书局1981年,第114页。

② 费信:《星槎胜览》卷一,暹罗国,第9页。

币推广到东南亚,使受其影响的海外国家也使用大明钞,那么,明朝金银流失的影响不会太重。但是,明代大明钞在国内就遇到许多问题,使其无法成为国际货币。

二、明代货币制度的演变

明朝取代元朝之后,开始发行大明宝钞。和元朝一样,大明钞没有准备金制度,民众手里的钞票无法换取官府的金银。按照纸币专家的研究,如果纸币不能换取金银,只要政府控制纸币的发行量,也可控制纸币的价值。因为,人们使用纸币,最终目的是为了购取商品,只要市场上商品充足,人们手中的纸币始终可以同一价格购得商品,纸币就不会贬值。这种货币就能长期发行。然而,明朝是一个最缺钱的时代,特别仰仗增发大明钞带来的收入。

中国在宋代是物质文化居于世界前列的国家,历元朝和明代前期,中国领先世界的地位并未变化。但是,经历了元朝统治之后,也给这个国家带来了很多问题。最大的问题是,元朝打乱了中国传统的赋税结构,国家税收锐减。据全汉昇的研究,唐代国家赋税收入最高为天宝八年的5230万贯石,北宋最高收入为北宋皇祐元年的12625万贯石①,这都说明唐宋的国家收入很高。仅仅农业税收会有五千万贯石左右,加上工商税,全国税收可达一亿贯铜钱。然而,蒙元时代的赋税制度与以往不同。蒙古人原来没有税收制度,蒙古人占领大批汉地之后,耶律楚材为成吉思汗定制:每亩地征收三五升粮食。其时,元朝还无暇向工商收税。北方民众见蒙古税收很轻,纷纷向蒙古缴纳赋税,以免除蒙古军的掠夺。这是元朝在华北统治很快巩固的原因。其后,元军每占领一地,这套制度便自动推广到当地,导致中国传统赋税制度大变化。尤其是宋朝的工商税,大部被废除。这不可避免地造成官府收入大幅度下降。为了弥补税收上的不足,元朝靠增发大元钞来填补空白,这就使国家财政依赖于纸币的发行。随着元朝官府及贵族的开支越来越大,官府发行的纸币也越来越多,这是元朝最终崩溃的重要原因。

明朝建立之后,继承的是元代的赋税制度,全国赋税总额大幅度下降。明初全国的田赋每年仅有2700万贯石,约相当于2700万贯铜钱,或是2700万石粮食。可见,明朝正式的财政收入仅有宋代的四分之一或是五分之一。大量的农业税在元朝流失了!表面看,田赋减少是一件好事,因为,这会减轻农民的负担。但在以农业税为主要收入的古代社会,农业税大幅度下降,意味着国家财政收入的减少。国家财政收入减少,要养活军队就不是那么容易了。从大趋势看,明朝遇到的问

---

① 全汉昇:《中国经济史研究》第一册,《唐宋政府岁入与货币经济的关系》,中华书局2011年,第173、180页。

题不比宋朝更少。退入蒙古高原的元朝残余军队仍然具有强大的力量,明朝数度出兵,多次重创对手,但无力完全消灭北元力量。蒙古草原上的游牧骑兵一直是明朝巨大的压力,明朝被迫维持一支百万人规模的正规军。这支军队一开始是屯田自给的,但是,他们分别驻扎长城一线后,屯田无法进行,大都是靠内地供应粮饷,于是形成对明朝财政的巨大压力。通常情况下,明朝的财政百分之八十用于军费,若遇到战事,军费成倍翻番。可以说,这是明朝财政上的无底洞,吸引及消耗了明朝的主要财力。明代前期,朝廷为了弥补财政上的巨大开支,沿袭元朝的国策,靠增发钞票数量来的方法来获得物资。由于发行数量过多,到了洪武后期,大明宝钞的贬值就相当严重了。①为了支持大明钞,中国确实需要巨额的白银与黄金。中国自唐宋以来,一直开采白银矿,可是,经过唐宋元三代开采之后,明代中国本土银矿产银量大幅度下降。明朝廷为得到金银,除了开采边缘地带的云南白银矿之外,只能向海外发展。郑和远航的一个很重要的目的,是用中国及东南亚的商品从外国购入黄金、白银及珍珠、宝石、象牙等贵重物品。但是,明成祖能实现自己的目的吗?

三、海上丝绸之路所历各国的货币

明代前期海上丝绸之路各国的货币有多种,但以金银为主。在西亚一带流行金币,如《西洋番国志》论祖法儿国:“王以金铸钱,名倘加。每钱官秤重二钱,径一寸五分,一面有纹,一面为人形。又以红铜铸小钱径四分零用。”又如阿丹国:“王用赤金铸钱名甫噜嚓行使,每钱官秤重一钱,底面有纹。又用红铜铸钱名甫噜斯零用。”天方国:“王以赤金铸钱名倘加行使,每钱官寸径七分,官秤重一钱。其金比中国足十二成。”②以上西亚三国的金币,只有阿丹国和天方国的重量相等,约为一钱。阿丹国的金币,要比天方、阿丹二国的大一倍以上。

南亚印度诸国受西亚的影响,也流行金币制度。《西洋番国志》论古里:“国王以六成金铸钱名吧喃行使。每钱中国官寸三分八厘,面底有纹,该官秤一分。又以银为小钱名搭儿零使,每银钱重三厘。”③柯枝国:“王以九成金铸钱行使,名曰法南,官秤一分二厘,又以银为钱,比海螺靥大,每个官秤四厘,名曰答儿,每金钱一个,倒换银钱十五个,街市行使零用。”④以上记载让我们知道,柯枝国的金币和

---

① 黄仁宇:《十六世纪明代中国之财政与税收》,阿风、许文继、倪玉平、徐卫东译,北京,生活、读书、新知三联书店 2001 年,第 81—87 页。
② 巩珍:《西洋番国志》阿丹国,第 35、36、46 页。
③ 巩珍:《西洋番国志》古里,第 29—30 页。
④ 马欢:《瀛涯胜览》柯枝国,第 28 页。

银币都非常小,直径是一寸的38%,大约像人的指甲盖大小。一匹布可卖"金钱八个或十个","每手巾卖金钱一百个"(注:约值六钱足量黄金)。① 柯枝国,"彼处金钱或一百个,或九十个,值银五两。"②

柯枝流行的金币是九成金,一个九成金的金币重0.12钱,90个金钱也不过1.08两,再打九折,就是0.98两,从这个角度算,黄金与白银的比例是:1:5.1。还可从另一个角度算。一个金币重0.12钱,价值15个银币;一个银币为0.04钱,15个银币共重0.60钱。这样,一个九成金的金币可折换足金0.108钱,这样看来,柯枝国的金换银的比例为1:5.56。换言之,一两金子可换五两半白银。宋元时期,中国金银的比价是一比十,印度的金银比价远低于中国,这说明当地虽然流行金币,但白银似乎更值钱?!

西亚大国中,波斯每每显示与阿拉伯的不同。其时,阿拉伯国家流行金币,波斯国就流行银币了。"王以银铸钱,名底纳儿,径官寸六分,面底有纹,官秤重四分,通行使用。"③在印度东部的孟加剌,也以银币出名。巩珍:《西洋番国志》论榜葛剌国:"王以银铸钱名倘加,每钱官秤重三钱,官尺径一寸二分,底面有纹。一应买卖皆用此钱,街市零使则用海贝。海贝番名考喽,论个数交易。"④可见,波斯和孟加拉国这两个很重要的国家在当时都使用银币。不过,据《瀛涯胜览》的记载,位于印度南端的锡兰国,"以金为钱,通行使用,每钱一个,重官秤一分六厘。"⑤

东南亚的国家货币制度各有不同。马欢论占城:"其买卖交易使用七成淡金"。⑥ 暹罗的货币制度较杂,《瀛涯胜览》记载:"中国宝船到暹罗,亦用小船去做买卖。""海贝当钱使用,不拘金银铜钱,俱使。"⑦费信的《星槎胜览》记载暹罗国,一万贝币可换中统钞二十贯。⑧ 这么说,在暹罗境内,元代的中统钞在明代还可使用。

贝币的使用让人出乎意料,其实,它是人类最早的货币之一。中国古人就使用过贝币,至今中国人最好的财宝仍然被称为"宝贝"。宝贝在印度洋的流行直到十七世纪,它的主要产地是马尔代夫等大洋中的岛国。《西洋番国志》论溜山国(马尔代夫):"出海贝,土人采集如山,堆岊待肉烂取壳,转卖暹罗、榜葛剌代钱

---

① 巩珍:《西洋番国志》古里,第 30 页。

② 马欢:《瀛涯胜览》柯枝国,第 27 页。

③ 巩珍:《西洋番国志》,忽鲁谟斯国,第 42 页。

④ 巩珍:《西洋番国志》,阿丹国,第 38 页。

⑤ 马欢:《瀛涯胜览》锡兰国,第 25 页。

⑥ 费信:《星槎胜览》占城,第 5 页。

⑦ 马欢:《瀛涯胜览》暹罗,第 16 页。

⑧ 费信:《星槎胜览》卷一,暹罗国,第 9 页。

使。"又如榜葛剌国,"街市零用则用海贝。海贝番名考嚓,论个数交易。"对古人而言,想到得到马尔代夫的宝贝,一定要经历艰难的航行,宝贝在非洲尤为流行,而非洲是黄金产地,商人用贝壳换取黄金,可以获得较高的利润。

中国的铜钱也在爪哇等国使用。《瀛涯胜览》云:爪哇国,"中国历代铜钱通行"。"番人殷富者甚多,买卖交易,行使中国历代铜钱"。"每两该官秤一两四钱。"旧港"市中交易,亦使中国铜钱,并布帛之类。"加上暹罗国,中国铜钱至少在东南亚三个重要地区使用。满剌加的情况较特殊,当地盛产锡:"花锡有二处山场,王命头目主之。差人淘煎,成斗样,以为小块输官。每块重官秤一斤八两,或一斤四两,每十块用藤缚为小把,四十块为一大把,通市交易,皆以此锡行。"①评苏门答剌国金锡并用:"其处乃西洋之总路","此处多有番船往来,所以番货多有卖者。其国使金钱、锡钱。金钱,番名底脚儿。以七成金铸造。每个圆径官寸五分,而底有纹,官秤两分三厘。凡买卖到,以锡钱使用。"②

由于海外使用铜钱,郑和航海之时,也携带了大量的铜钱用以采购香料等物。这造成中国铜钱的大量流失,对国内金融形成压力。③

以上记载表明,明代前期海上丝绸之路的货币制度复杂,有金币、银币、铜钱、锡钱、海贝、纸币,而且,各国的币值大不相同。同样是金币,各国的金币大小不同,重量不同,含金量不同。银币也是同样的。这也说明当时中国使用白银为何是银块而不铸币?因为,来到中国的外国银币成色不同,而要检验银币成色,都要在银币上砸出坑来,所以不如直接使用银块。这应是郑和下西洋时期形成的习惯。

分析海外市场的情况,可知许多情况出乎中国人的意料之外。在印度洋区域,黄金和白银的比价只有五倍至六倍!而中国传统的金银比价是十倍!这一比价很快左右了中国的商人,当时最好的赢利方式是从中国输出白银,从西亚、南亚购进黄金珠宝!其时,西亚及南亚的黄金戒指、珍珠、珊瑚、蓝宝石、红宝石、金刚钻,以及东南亚的象牙、犀角、胡椒,都引发中国人狂热的喜爱,于是,中国人在国际市场上就像发达国家一样,买、买、买,购买一切喜爱的奢侈品!王士性的《广志绎》记载:"国初,府库充溢。三宝郑太监下西洋,赍银七百余万,费十载,尚剩百万余归。"④这段记载换一种方式说就是:郑和下西洋,前十年就花费了明朝历年积

① 马欢:《瀛涯胜览》第8、14、17－18页。

② 马欢:《瀛涯胜览》苏门答剌,第21页。

③ 梁方仲:《明代国际贸易与银的输出入》,《梁方仲经济史论文集》。彭信威:《中国货币史》第442－443页。

④ 王士性:《广志绎》卷一,方舆崖略,第5页。

蓄的六百万两白银①! 郑和花出这么多白银,看来与当时的金银比价有关,因为,在印度等地的金银比价较低,导致郑和等人认为在西洋花销白银较为合算。

郑和以白银采购黄金、珠宝回国晋献皇帝,满足了皇室对奢侈品的欲望。在建文帝当政时期,朝廷压制各地的藩王,后来,燕王率各地藩王进京夺取政权,进而当上皇帝,在诸藩王看来,这是他们的胜利。明成祖当政后,大力赏赐各位跟随他入京的藩王。考古发掘的楚王墓,发现大量的宝石和黄金,应当来自朝廷的赏赐。郑和用白银购买宝石、黄金、珍珠、香料、药材进贡皇上,皇帝将这些珍宝赏赐给藩王,显然比直接赏赐白银要好。但对中国经济而言,却是另一个问题的产生。郑和购进的珠宝大都由皇族享有,这意味着一批财富被冻结。从金融的角度看,郑和下西洋的实际运作是:以铜钱到爪哇、苏门答剌等地购进香料等物品,除了一部分运入中国外,大部在印度古里出售,加上郑和带出去的丝绸、瓷器,可以售出高价,并换得大量珠宝、香料、药材带回中国。因皇室对珠宝的欲望无止境,郑和还将手中的白银直接购买印度的珠宝。这种买卖造成中国白银、铜钱大量流出,那么,中国的财政足以支撑这一切吗?

王士性的《广志绎》记载,郑和远航的头十年的四次航行就花掉了六百万两白银,平均每次一百五十万两! 如前所述,宋代开采银矿极多,但每年官府收纳的白银也不过二十万两左右。明朝前期的情况还不如宋朝,据梁方仲的研究,永乐朝官府的白银收入为4894898 两,平均每年22.25 万两。② 这样,郑和航海之时,明朝全国开采的白银仅够郑和支出的六分之一。所以,郑和远航的生意规模虽大,但是,花掉的白银也是非常多的。这会导致中国市场缺乏白银。铜钱的问题也是一样的,自宋朝以来,中国在对外贸易中流出大量的铜钱,明代仍然无法制止。要在爪哇一带采购胡椒、丁香、肉豆蔻之类的香料,最好的方法就是直接支付中国出产的铜钱。郑和远航让中国流出大量的铜钱,这是许多著作中都提到的事实。例如,黄仁宇在其代表作《十六世纪明代中国之财政与税收》用了数千字的篇幅论述明代的铜钱。他认为明朝与宋朝相比,所铸铜钱数量少而流出多,导致中国市场缺乏铜钱使用。③

也许人们会说,白银的外流会造成黄金流入中国,但是,对中国人来说,问题在于:国内市场一般不使用黄金为交换媒介。中国人的黄金多用于打制女人装饰

① 王士性:《广志绎》卷一,方舆崖略,第 5 页。
② 梁方仲:《明代银矿考》《中国社会经济史集刊》第 6 卷,第 1 期,1939 年 6 月。此文又见:《梁方仲经济史论文集》,北京,中华书局 1989,第 120 – 124 页。
③ 黄仁宇:《十六世纪明代中国之财政与税收》,第 87 – 93 页。

的戒指、钗子,每人一两件,其总数就是无法统计的天量黄金。这些黄金大都被冻结于流通领域之外。所以说,郑和下西洋造成中国白银滚滚外流,而黄金又无法使用,这就使中国陷入缺乏贵金属交换媒介的窘境。同样,那些外来的珠宝也不能用于流通领域。因此,郑和用白银、铜钱换来珠宝,不利于中国市场的流通! 对市场经济而言,真正可贵的是可在流通领域作为支付手段的白银和铜钱。白银及铜钱少了,它的市场价格就会上升。宋代中国的金银比价是一比十,迄至明代中叶,中国的金银比价下降到一比五、六之间。按照《明会典·刑部》的规定,明代赃款的折算"金一两四百贯,银一两八十贯"①,金银比价是一比五。和宋元时代相比,金银比价打对折了! 过去都认为这一变化与中国白银太少有关。深入研究明代前期的贸易之后,就会知道,其实中国生产的白银不少,但流出的数量惊人,尤其是在郑和下西洋之时。经过郑和下西洋的大买卖之后,中国金银比价一定会向国际市场靠拢,印度洋周边国家金银比价低,自然会拉低中国的金银比价。所以,明代中叶中国白银价格的上升,与丝绸之路上的金银比价有关。印度洋周边国家的金银比价拉动中国白银价值的上升。这是中国接入世界市场必然付出的代价。

明代前期,明朝因缺乏白银引发一系列问题。例如,对白银的渴望使皇室加大对银矿产区的索取,却引发了明英宗时期闽浙之间的叶宗留等矿工起义。叶宗留起义又促发了影响福建全省的邓茂七起义,连带广东的黄萧养起义,明朝遇到了南方三省大起义的危机。可见,明代前期,白银外流已经达到一个极限。回想郑和时代的贸易,如果中国人像葡萄牙人、西班牙人一样能够得到美洲白银源源不断地补充,那么,白银外流不是问题,然而,明代前期的中国,东南闽浙徽三省的白银矿发掘殆尽,只有云南的银矿带来一点希望,但也不能满足国内市场的需要。所以,国家必须限制导致白银、铜钱滚滚外流的海外贸易。

在大量白银外流之后,明代前期的中国却尴尬地进入了白银时代,在中国流通领域的白银,可用以购买一切商品,中国的白银却很少了!

白银、铜钱的外流,进一步动摇了宝钞的地位。明代的大明钞在永乐之后大幅度贬值。宣德元年秋七月癸巳,"严钞法之禁。时行在户部奏:比者民间交易,惟用金银,钞滞不行,请严禁约。上命行在都察院揭榜禁之。凡以金银交易及藏匿货物高价直者,皆罚钞。强夺强买者,治其罪。"②但是,行政命令很难遏制民间的经济行为。大明钞继续贬值,很快降到不堪使用的地步。明代中叶,按照《明会典·刑部十一》的规定,铜钱一千文可以换取八十贯大明钞。名义价值只有实际

---

① 李东阳等:弘治《明会典》卷一三六,刑部,第5页。
② 《明宣宗实录》卷之十九,宣德元年秋七月癸巳。

价值的八十分之一。《明史·食货六,会计》:成化年间"钞法不行,一贯仅直钱二三文"。如果说纸币的贬值是其命运的话,那么,为什么这一大贬值没有发生在永乐时代? 这是因为,在民众的印象中,永乐皇帝通过郑和下西洋时代的对外贸易,得到大量的金银财宝,尽管明朝发行纸币从来没有金银储备金,但是,朝廷掌握大量金银的消息,对大明钞是无形的支撑。但是,永乐之后,众人发现:这一切都是空的,明朝的对外贸易不是为国家挣钱,而是造成国家巨大的财政亏空,永乐年间从海外运入的财宝,只让皇室和众藩王富了起来,国家实际上是没有钱的。民众一旦想清楚这一点,大明钞在市场便会大幅度贬值,最后退出市场,只存在理论上的价值。

巨额白银外流使中国无法承受,这也许是朝廷最终停止郑和下西洋的原因之一吧。

第三节　明代朝贡贸易的萧条

郑和下西洋时代,明朝建立了遍及南海印度洋的朝贡体系,在这一体系的运作下,中国在海外国家的影响加深。如果这一体系一直动作下去,水滴石穿,中国文化在世界的影响会更大。然而,到了后来,正是明朝将这一朝贡体系当作难以承受的负担,恨不得将其抛弃。当然,这一变化有一个过程。

一、永乐宣德年间的外交开支

明朝设计的朝贡年度,不仅有政治上的意义,也有经济上的意义。按照明朝原始的想法,诸国进贡会给中国带来大量的海外商品,满足朝廷某些方面的消费需要。对这些进贡的国家,中国可以付给总值略高的丝绸、磁器等商品。这样,一来一去,朝廷不会缺任何商品,甚至可能从中发财。然而,朝廷没有想到的是:官商不好做,周边诸国的朝贡,带来的不止是财富,还有许多复杂问题。

郑和下西洋的大规模贸易及大批使者来到中国,对明朝来说,最大的问题是财政支出大幅度增加。明代官员说:"自永乐改元,遣使四出,招谕海番,贡献毕至,奇货重宝,前代所希,充溢库市。"[1]从皇家的利益来说,郑和远航印度洋周边国家,主要目的还是收购印度等地的各种宝石。柯枝国的财主:"专一收买下宝

---

[1]　严从简:《殊域周知录》卷九,佛郎机传,第 324 页。

石、珍珠、番货之类,候中国宝石船或别国番船客人来买。"①《西洋番国志》论古里:"其哲地财主多收买各色宝石、珍珠,并做珊瑚珠等,遇各处番舫到,王遣头目并计算人来,眼同发卖,亦收税钱。"②可见,郑和时代,许多南亚国家都是以做中国的珠宝生意为生,这会使中国消耗大量的金钱。郑和下西洋的前十年,郑和采购各国商品,总共花去了六百万两白银! 按照明初的物价,一两白银可以购得四石白米,六百万两银子价值2400万石白米,接近明朝一年的财政收入! 明代前期的外贸虽然带来市场的繁荣,但其开支也是巨大的。

那么,在明朝与海外国家的大交换中,明朝是获利还是亏损? 明朝明显获利的有两个阶层:其一,皇室贵族;其二,买办阶层。郑和航海归来,带来大量的钻石、宝石、珊瑚、黄金、海外奢侈品,大都是供给皇室消费,例如湖北省钟祥市郑和时代的梁庄王墓出土大量的金银珠宝,其中一块金锭上刻:"永乐十七年四月日西洋等处买到八成色金壹锭五十两重"。说明这块金锭是郑和从西洋购得。全墓出土的金银玉珠饰器件达5100余件,仅宝石就有700多颗。其中墓主人的一条金腰带上镶蓝宝石、红宝石、祖母绿等宝石达84颗,这些宝石显然来自印度。王室如此,皇室的豪华更不可想象。此外,从事居间贸易的商人获利也多。明朝在朝贡中获得的海外奢侈品除自用之外,多数由商人承包销售。正如严丛简所说:"贫民承令博买,或多致富。"③大量东南亚香料、珠宝流入市场,也活跃了商业经济。如杨荣说福建:"岁时诸番宾贡,海舶珍奇之货,率常往来于此。"④总之,郑和时代的海上贸易给皇室和民众都带来了好处。问题在于:国家的财政支出大增,有些奢侈品无法长期保存。宝石之外,明代的妇女喜欢珍珠,东西洋的各类珍珠在中国极受欢迎。珍珠这类珍宝与宝石不同,宝石是不易磨损的财宝,它的价值可以长久保存。珍珠的稳定性却不如宝石,大约十年以上就褪色了,几十年后便成为粉尘。因此,明朝每年大量的珍珠进口,消耗巨额财富于无形中。

外交人员的往来,也使明朝支出大增。永乐年间前来进贡的海外国家增加到几十个,而每个使团都有数十人至上百人,他们抵达中国口岸之后,要跋涉数千里到南京或是北京晋见皇帝,明朝接待他们十几天到几年,然后恭恭敬敬地原路送回。迎往送来,使明朝廷官员头痛不已。"海外诸番,使者归其国,故事必择廷臣知大体者送之闽广,宴饯而遣之。"⑤他们每到一处都被官员视为贵宾,官府赠给

---

① 马欢:《瀛涯胜览》柯枝国,第27 – 28页。
② 巩珍:《西洋番国志》古里,第30页。
③ 严从简:《殊域周知录》卷九,佛郎机传,第324页。
④ 杨荣:《文敏集》卷十四,送福建按察金事吕公考满复任诗序,第25页。
⑤ 王直:《抑庵文后集》卷二六,主事顾叔谦墓表,文渊阁四库全书本,第20页。

他们丝绸衣服,每天供给山珍海味。皇帝经常有新的赏赐,结果每个使团都使官府开支浩大。如前文所说,有时为了赏赐前来进贡的海外国家,国库都被掏空!当时的海上交通不便,这些使团每次进贡都要在中国待上一二年,有些使团因一时没有便船,会在中国住上好几年。明朝文武官员加上军队达百万人,常年支出之外还要以高规格供奉这些使团,很显然,明朝财政无法长久支持如此巨大的额外开支。因此,到了明代中叶,朝廷的对外政策有很大变化,主政的官员对前来进贡的外国不是太欢迎,这是因为,明朝的财政已经无法承担这笔开支,而北方游牧民族南下的威胁又增大了。

二、明朝对朝贡体系的厌弃

明中叶以后,北方游牧民族再次崛起,瓦剌、鞑靼等游牧部落多次突破长城南下,掳掠中国北方城乡。明朝为扺御这些南下武装,不得不加强长城一线的驻军,这使明朝的财政压力巨大。每次大战,都会透支数年的军费。这一时期的明朝廷只想着多方节约,以便应付军费开支,所以,只好废除经营海外的行动。明英宗上台之后,掌管内府支出的宦官再次提出派人下西洋购买珍宝,却被户部官员抵制,其原因在此。对于常年到中国进贡的海外国家的使者,明朝不是太欢迎,采取了限制人数、次数的策略,并在礼品交换中,单方面提高中国商品的价格。例如《明会典》记载的"折还物价":

各色纻丝每匹折钞五百贯,绫子各色每匹三百贯,纱各色每匹三百贯,绢各色每匹一百贯,青绒毯子每匹六百贯,驼褐毯子每匹六百贯,青花白磁盘每个五百贯,碗每个三百贯,瓶每个五百贯,酒海每个一千五百文,豆青碗盘每个一百五十贯,碗每个一百贯,瓶每个一百五十贯,麝香每斤一千五百贯,樟脑每斤一百贯,良姜每斤二十五贯,大黄每斤三十贯,铁锅三尺阔面,每口一百五十贯。[1]

如史料所示,当时明朝赐给进贡国的一个青花瓷碗或是瓷盘,竟然定价五百贯!可见,在明成祖朱棣的大方慷慨之后,明朝廷感到财政不足,对外也不再随便化钱,有时想从高定价中捞回一些来。实际上这是不可能的,反而恶化了中国与海外国家的关系。"正统以后,东南海上夷,以涛波难航,贡使渐稀。"[2]

在明朝朝贡体系中,对明朝最忠诚的是朝鲜和琉球,长期维持来往的是暹罗、满剌加、爪哇,最让明朝头痛的是日本和蒙古。前来进贡的日本人,不管是和尚还是商人,都是精算大师,绝对不肯吃亏,往往迫使明朝官府捏着鼻子咽下苦果。有

---

① 李东阳等:弘治《明会典》卷一百二,礼部六十一,诸番四夷土官人等二,第35页。

② 何乔远:《名山藏》卷一百五,王享记,第2933页。

些来到宁波进贡的日本人还会私下进行抢劫之类的活动。王鸿绪《明史稿·日本传》记载:"时载方物戎器,出没海滨,得间则张其戎器而肆侵掠,不得则陈其方物而称朝贡。"因此,迄至明代中叶,中国与日本虽然还维持着表面的贡赐关系,实际上双方都已经厌弃对方。可想而知,有一些国家不来朝贡,明朝是求之不得。在这一背景下,前来进贡的海外使团越来越少。迄至明代嘉靖年间,除了暹罗、真腊等少数国家,前来进贡的东南亚使团已经很少了。可以说,明朝前期大力建立起来的朝贡体系已经崩溃。

　　总的来看,明朝最大的问题是官营贸易与民众经营团体的脱离。发展对西洋贸易,本来是东南商民的一致要求,官府却将这一事业垄断起来。结果,他们的买卖又因经营不善而终结。按照宋元时代的市舶司制度,他们本来不必这么费力,也能从海上贸易中得到好处。如果宋元的市舶司制度持续下去,中国商人可以合法出海贸易,外国商人可以合法进入中国口岸做生意,长袖善舞的中国商人一定可以从海外贸易为中国赚取巨额利润。倘若国家能够适当地支持民间商民的活动,明朝可以在海外建立巩固的支撑点。明成祖垄断性经营对外贸易,造成中国海外影响的大起大落。在郑和下西洋时期,中国在海外的影响固然很大,可是,一旦下西洋活动结束,传统的朝贡体系逐渐衰落,中国在外的影响又降到低点。明中叶,中国商民在南洋贸易往往遭到歧视,利益受到侵犯,朝廷都无法支援,令人叹息。如果合适的话,明朝本来可以利用在海上的强大力量,在重要水道上建立据点,例如明军在满剌加的基地,在苏门答剌旧港设立的宣慰司,若能长期延续,对中国海商都有重要意义。可惜的是,这些据点随着下西洋活动的结束,都成了消散的云烟。八十年后,葡萄牙人东进,轻易地在传统丝绸之路上建立海军据点,从而控制了国际贸易的主要航道,中国人对印度洋的传统贸易断绝。这一切,本来都不该发生的。

小结

　　明朝派郑和等人七下西洋,其实也是一种官营企业的活动。它的目的是为皇室打理财富。朱棣还在燕王任上之时,率领诸藩王与建文帝交战,取得帝位后,宁王等藩王在高兴之余,不免失落,毕竟,只有一个人可以当上皇帝。朱棣对诸藩王则赏以财宝,以答谢他们的功劳。郑和等宦官出使海外,就是为皇家做生意,购买产于印度洋的珠宝、黄金。永乐皇帝将许多珠宝黄金赏赐给诸藩王,这是新发掘的楚王墓拥有大量黄金珠宝的原因。宦官是皇帝的家奴,为皇家做生意,正是他们的职责。没有郑和等人的海外采购，皇室不会有那么多钱和珠宝赏赐诸王。

郑和下西洋的积极意义在于：将中国商人主要活动区域由南海推至印度洋，开拓华商的视野，也将航海术普及民间。可以说，那是一个中国人的大航海时代。郑和下西洋及同时期明朝对东洋的探索，是大航海时代正式来临的先声。在郑和航海之前，世界主要文明国家是在相对独立的环境中发展，其商品经济发展程度取决于国内商业网络的水平。迄至宋末元初，各个文明共同体之间的互动变得重要起来，对许多国家来说，对外贸易可以带来巨大的利润。然而，当时的海上贸易遇到了各种阻碍，尤其是马六甲海峡的一些国家，为垄断贸易相互竞争，往往会阻断正常海上贸易的进行。断断续续的贸易，不利于各国和交往。不论是中国、印度、阿拉伯国家，它们的文明发展进度似乎都遇到了瓶颈，只有加强各文明共同体之间的往来，才有可能有新的跃进。郑和远航无疑促进了海上丝绸之路科技的交流及区域互动。中国磁器、丝绸的海外市场更为闳大，铁锅、雨伞成为东南业许多国家必备的生活用品；我们还可看到：波斯人的地毯技术被用于闽粤丝织业丝绒的织造，波斯人已经能够制造树皮为原料的纸张。大马士革钢制造的镔铁刀引起中国工匠的兴趣，胡椒畅销于中国各地市场，阿丹人的金银细作及西亚黄金戒指的流入，使中国的女性都想在自己的手指上戴上一个金戒指。全球化的一个特征就是消费市场的趋同化，原来是一个地方民众的爱好，渐成为世界各地民众共同的爱好，因而刺激了世界性消费大增。郑和时代，中国和海外国家相互交流、相互促进，取得明显的发展。

可是，对中国人来说，七下西洋的行动造成巨大的财政负担。郑和时代，中国与海上丝绸之路国家展开了国家经营的大规模贸易，这些贸易由宫廷的宦官主持，他们现实目的是购进印度洋的珍宝，满足皇室的需求。朱棣率领众多藩王一起夺得天下，朱棣独得皇位，有必要满足其他藩王的经济要求。因此，永乐年间，朱棣给众藩王的赏赐非常之多，十分出格。明代藩王墓中出土的黄金珍宝极多，与这一点有关。然而，赏赐过多，白银、铜钱大量流出，换得印度洋的财宝进入皇家和各路藩王的口袋，带来的问题是：这些珍宝都成为贵族们的家藏，永远冻结于他们的手中，不再流出。这样，市场上便缺少了流通的货币，导致白银的价格不断上升，从唐宋金银价值比一比十，降到明代中叶的一比五，这不仅造成国家的财政困难，还会带来交换难以进行的后遗症。明代后期的藩王成为叛乱武装的攻击对象，因为只有这样，才能使他们手中的财宝散出，流通于天下。可见，一个国家不能养太多永远不倒的贵族。

由于郑和下西洋导致财政困难和白银外流，许多精明的大臣觉得没有必要再进行这类远航，皇室的财宝已经够多了。明代英宗上台后，杨士奇、杨荣、杨溥等人掌权,下决心废除了下西洋行动,这等于消减了皇室的开支,减轻国家负担。三杨之所以能够流芳百世,与此有关。从经济来说,如果在郑和时代美洲的白银能够进入中国市场,中国商人不会有缺乏白银之虞,那么,郑和远航可能还会进行下去,取得更多的航海成就。但是,历史不能假设!

　　通过郑和的远航,中国让世界认识了自己,宣扬了儒学文化。郑和下西洋所展示的人类合作范例值得人们的尊重。将全世界的人们联合起来,相互学习,共同发展,它不仅是中国人的理想,在某种程度上也是世界各族民众的理想。不过,这是一个宏远的过程,不可能在一代人中实现。

第五章

郑和远航与东南滨海区域

郑和七下西洋,影响深远。在东南各省都有关于郑和的传说流传。辨析这些传说和地方史料,对加深认识郑和时代有其意义。

第一节　元明之际福州港的海运

元明之际所说的海运,就是从江浙一带运粮食到北方的辽东半岛及河北的天津,供给军队使用。以往被人忽略的是:元明两代,福州港都被卷入向北方供应粮食的海运,而且起了重要作用。在元明之际海运中成长起来的福州港,已经建立了与南京、刘家港的固定航线,这是其成为郑和下西洋基地的重要原因。以下分别述之。

一、元代福州的海运

海运初盛于元朝。元人评价海运:

惟我世祖皇帝至元十二年既平宋,始运江南粮。以河运弗便,至元十九年用丞相巴延言,初通海道,漕运抵直沽,以达京城。立运粮万户府三,以南人朱清、张瑄、罗璧为之。初岁运四万余石,后累增及二百万石,今增至三百余万石。春夏分二运至。舟行风信有时,自浙西不旬日而达于京师。内外官府大小吏士至于细民,无不仰给于此。①

言及元代的海运,一般认为其粮食主要来自江浙省的赋税。多数人不知道的是:当时福建宣慰司归江浙省管辖,所以,江浙北运的粮食也有福建人一份。

元代海运与福州的关系要从元初说起。早在宋代,福建人在海运中的势力就

---

① 赵世延等:《经世大典序录》苏天爵编:《元文类》卷四十,杂著,文渊阁四库全书本,第21页。

是有名的,宋代末年,张世杰率淮军拥宋末二帝从海路南下,"帝行至泉州,舟泊于港。招抚使蒲寿庚来谒,请驻跸。张世杰不可,初寿庚提举市舶,擅舶利者三十年。或劝世杰留寿庚不遣,凡海船不令自随。世杰不从,纵之归。继而舟不足,乃掠其舟,并没其赀。寿庚怒杀诸宗室及士大夫与淮兵之在泉者。宜中等乃奉帝趣潮州"。① 这条记载表明,张世杰在泉州强行没收蒲寿庚的大船。张世杰凭借这支船队活动于闽粤沿海。由于他们的海船多来自泉州,其中水手多为福建人,这是可以想象的。元朝的统治者来自大草原,本是不懂海洋的民族,但在向南扩张的过程中,元朝建立了水师。元军顺长江水路东下攻占临安,水师发挥了很大作用。临安小朝廷投降后,元朝的水师日益强大。元军入闽,一路从陆路,另一路则从水路。益王离开福州时,在海上与元军相遇,恰逢大雾弥漫,两军未及交锋,益王与其部下从容离去。元军高兴部:"下兴化,宋参政陈文龙降,降制置使印德傅等百四十八人,军三千,水手七千余人,得海船七十八艘。十四年旋师。"②这条史料表明,元代的水师中,兴化人不少。另一种说法是,元军攻下兴化城时,俘获海船七千余艘,水上实力有很大提高。③ 张世杰率部据守崖山,元朝闻知消息,派张弘范率水陆大军南下,张弘范的水师由海道袭漳州、潮州、惠州,一直到崖山,大败张世杰水师,这都说明元朝有一支庞大的水师。《元史》记载:至元二十六年(1289年)时,"行泉府所统海船万五千艘"。行泉府司是元朝户部专门管辖海运的派出机构,从其下辖海船达15000艘来看,元朝的海上力量极为强大。不过,元军的水手多为南宋旧人。所以,元朝官吏对他们不甚放心。至元二十六年(1289年),"尚书省臣言:'行泉府所统海船万五千艘,以新附人驾之,缓急殊不可用'。"④这些从事海运的"新附人",就是指那些被俘的南宋水手了,他们之中掌管驾船的多为福建人,其中以兴化人为多。朱清与张瑄在至元十九年从江南航行到直沽,至元二十四年后,朱清与张瑄大举北运粮食,他们所依靠的海船驾驶者,应当仍是行泉府司所管辖的"新附人",也就是说,他们是一批在宋末元初被张弘范俘虏的南宋水手,其中又以福建人最为重要。因此,朱清与张瑄要让海运业顺利发展,就必须重用这批福建人,并重视他们的信仰。昆山、太仓的天妃庙,都是在朱清、张瑄率船队在这里驻扎之后才兴建的,而后成为当地主要海神庙,这反映了福建人的影响。其后海运发展很快,《元史》记载:"元自世祖用伯颜之言,岁漕东南粟,由海

---

① 徐乾学:《续资治通鉴后编》卷一五一,文渊阁四库全书本,第24页。
② [元]元明善:《河南行省左丞相高公(高兴)神道碑》,苏天爵《元文类》卷六十五,第20页。
③ 《元史》卷一六二,高兴传,北京,中华书局1976年标点本,第3804页。
④ 宋濂等:《元史》卷十五,世祖纪,第320页。

道以给京师,始自至元二十年,至于天历、至顺,由四万石以上增而为三百万以上,其所以为国计者大矣。"①据记载,元代从江南驶向北方港口——直沽的大船,平均每只载重 1375 石,每艘船约有 100 名水手,若每年运输四万石,要动用 29 艘船、2900 名水手;若是每年运输 300 万石,则要动用 2182 艘船只、218,200 名水手! 由此可见,这是规模极大的海运,其航程虽然比不上郑和下西洋,但所使用船只数量、水手人数都是郑和远航的七八倍,在古代世界叹为观止。

由于元代海运粮食的规模越来越大,开始动员福建的海运力量。武宗时,"江浙省臣言:'曩者朱清、张瑄海漕米岁四五十万至百十万。时船多粮少,顾直均平。比岁赋敛横出,漕户困乏,逃亡者有之。今岁运三百万,漕舟不足,遣人于浙东、福建等处和顾,百姓骚动'。"②这条史料说明:元代中叶,江南北运粮食已达三百万石上下,不得不从福建、浙江等地雇船运粮。其时,福建归江浙行省管辖,又是沿海之地,所以,由福建分担一些海运任务是合理的。乌斯道说:

朝廷设内外官视海道漕运为重,闽广湖南为远,故咸有优遇于其间。每岁海运北上,天子必命重臣延燕,给光禄之膳,用待仪之乐,复锡之以文织焉。闽、广、湖南去中国数千里,之官者,有崎岖跋涉之劳,故议缩其考,而伸其职。往往由是而得优转也。③

可见,当时元朝给运粮到北方的福建官员一定的优惠。又有一条史料记载:

至大三年,以福建、浙东船户至平江载粮者,道远费广,通增为至元钞一两六钱,香糯一两七钱。四年又增为二两,香糯二两八钱,稻谷一两四钱。延祐元年,斟酌远近,复增其价。福建船运糙粳米每石一十三两,温、台、庆元船运糙粳、香糯,每石一十一两五钱。④

如其所云,当时江浙行省因福建来米路较远,还给福建增加了运费。这些史料都证明:元代隶属于江浙行省的福建宣慰司也是海运漕粮的主要承担者之一。弘治《八闽通志》记载,元代福州有天妃庙:"在水步门内之左城垣下,宫之创已久。"该庙为元朝官员祭祀天妃之地,而元代至顺四年宋褧为代祀官时,就为福州天妃庙写过祝辞:"神灵孔昭,相我漕事。惟闽诸郡,列祠有年。莅政之初,遣使代祀。式陈菲荐,庸答神休。"可见,这些祭祀与福建漕运有关。

元末江淮之间暴发了红巾军起义,张士诚占领江南,方国珍占领浙东,江南至

---

① 宋濂等:《元史》卷九七,食货五,第 2481 页。
② 宋濂等:《元史》卷二三,武宗纪二,第 528 页。
③ 乌斯道:《春草斋集》卷三,送丁侯元善赴福清监州序。
④ 宋濂等:《元史》卷九三,食货一,第 2365 页。

元大都的海运线被切断,海运漕粮一时断绝。据《元史·食货志·海运》,至正十二年十二月,"中书左司郎中田本初言江南漕运不至,宜垦内地课种"。① 可见,当时因漕粮不至,有些朝官主张在北方种水稻。其后,张士诚和方国珍一度投降元朝,海运粮食开始恢复。《元史·贡师泰传》记载:"至正十四年除吏部侍郎。时江淮兵起,京师食不足,师泰奉命和籴于浙右,得粮百万石以给京师。"②盘据浙江的方国珍为了答谢元朝给予的高官,曾经为元朝廷运送漕粮,其数量约为每年11万石上下。至正二十年,大都闹粮荒,时任户部尚书的贡师泰管辖闽中,令福建行省以盐赋收入买粮食,"由海道转运给京师,凡为粮数十万石,朝廷赖焉"。③ 贡师泰从浙江到福建,曾做《海歌》五首:

> 黑面小郎棹三板,载取官人来大船。日正中时先转柁,一时举手拜神天。
> 出得蛟门才是海,虎蹲山下待平潮。敲帆转舱齐着力,不见前船正过礁。
> 只屿山前放大洋,雾气昏昏海上黄。听得柁楼人笑道,半天红日挂帆樯。
> 四山合处水门开,雪浪掀天不尽来。船过此间都贺喜,明朝便可到南台。
> 碇手在船功最多,一人唱声百人和。何事浅深偏得记,惯曾海上看风波。④

诗中提到福州的南台,可以证明当时南台在福州港的重要地位。当此之际,南方的福建及岭南、云南等地尚在元朝统治之下,双方往来,多走海路。黄镇成⑤的《秋声集》载有《直沽客》一诗:"直沽客,作客江南又江北。自从兵甲满中原,道路艰难来不得。今年却趁直沽船,黑洋大海波连天。顺风半月到闽海,只与七州通卖买。呜呼,江南江北不可通,只有海船来海中。海中多风多贼徒,未知来年来得无。"⑥该诗反映了福州与天津之间的海上交通。

元末,罗良任福建行省参知政事,至正二十二年(1362年)建分省于漳州⑦。他的实力主要在漳州与广东的潮州、梅州。罗良与元朝廷关系较好,至正二十三年,罗良派人从海道运粮赴北方。吴朴记载:

> 夏四月,元守漳州右丞罗良遣其将运粮,由海道给行在军,诏进良为光禄大夫,赐爵晋国公,遂设南诏在屯田万户府。自方国珍、张士诚之乱,江南五省粮米不至京师,虽加官赐龙衣樽于国珍、士诚,所征粟仅十万石,及是良遣僚佐,具舟由

---

① 徐乾学:《资治通鉴后编》卷一七五,第 11 页。
② 宋濂等:《元史》卷一八七,贡师泰传,第 4295 页。
③ 宋濂等:《元史》卷一八七,贡师泰传,第 4296 页。
④ 贡师泰:《海歌五首》,[清]郝玉麟等:雍正《福建通志》卷七十八,艺文十一,海歌五首,文渊阁四库全书本,第 25 页。
⑤ 黄镇成(1288-1362),福建邵武人,元代著名的山水田园诗人。
⑥ 黄镇成:《秋声集》卷一,直沽客,文渊阁四库全书本,第 6 页。
⑦ 钱谦益:《国初群雄事略》卷一三,福建陈友定,北京,中华书局 1982 年,第 286 页。

海道运粮抵辽东,以给行在官军,仍贡方物以资朝用,举朝叹异。①

不过,罗良对元朝的进贡也只进行了一次,"一行海运遂止"。吴朴为此十分感慨。②

吴朴记录了元代罗良的粮船从漳州到北方港口的航路:

> 漳州虽曰僻郡,去京师八千里,然其为郡也上。……自太武而北,经乌丘、牛屿、东沙、三礁、宫圹、五虎门;南巳、东落、黄裙、岐山、真谷、箕山、东西鸡坛、头沉礁、九山乱礁、孝顺、双屿、崎头、升罗庙洲、滩山、姑山、大小七山、茶山、洪港、宝山,东出海门、刘家港、黑水、沙门,直抵成山,所历泉州、兴化、福州、福宁、温州、台州、宁波、太仓、海州、青州、莱州、宁海、文登,东至成山。③

这些航路上的要点包括福州的五虎门。漳州船从福州往北所经航路,也是福州船去北方的航路了。

元末和罗良齐名的还有陈友定。元末陈友定为福建行省平章事,与朱元璋角逐多年。洪武元年,明军大举入闽,陈友定战败被俘,不肯投降,被杀。因其死前尚为元臣,钱谦益的《国初群雄事略》对其评价很高。这一观点也影响了其他人,许多不是他的事也被按到陈友定身上。谷应泰的《明史纪事本末》说:"(至正)二十四年,陈友定开省延平,迁行省平章政事。时元大都道绝,友定遣贡舶,多由海道取登莱,十达三四,元主下诏褒美。"④按,陈友定开省延平府,不是行省,而是分省。陈友定一生事迹如下:

陈友定,福州路福清州人,幼年时其父携家迁至清流县明溪乡。成年为后明溪驿驿卒。至正十二年(1352 年),宁化的曹柳顺反元队伍发展到数万人。一日,曹柳顺派出八十名士兵来明溪驿索马,被陈友定袭杀。曹柳顺亲率步骑兵千人扫荡明溪寨,又被陈友定击溃。福建行省封他为明溪寨巡检。吴按摊不花攻打邵武义军时,他也跟随作战,积功升至清流县尉。当时闽西一带到处是反元义军的山寨,友定逐一削平之,升任延平路总管。邓克明部红巾军多次入闽,都是被他击败。元朝论功行赏,至正十九年升友定为福建行省参政,至正二十一年升他为汀州分省参知政事,二十四年任延平分省平章事。至正二十六年陈友定平定亦思巴

① 吴朴:《龙飞纪略》卷二,元至正二十三年,陈佳荣、朱鉴秋编著:《渡海方程辑注》,上海,中西书局 2013 年,第 203 页。
② 吴朴:《龙飞纪略》卷二,元至正二十三年,陈佳荣、朱鉴秋编著:《渡海方程辑注》,第 203 页。
③ 吴朴:《龙飞纪略》卷二,元至正二十三年,陈佳荣、朱鉴秋编著:《渡海方程辑注》,第 205 页。
④ 谷应泰:《明史纪事本末》卷六,太祖平闽,北京,中华书局 1977 年,第 84 页。

奚之乱后,升任福建行省平章政事,成为福建省最高行政长官。[1] 陈友定长期为元朝作战,但是,他的势力主要在汀州路,后来渐渐发展到邵武路、建宁路、延平路,至正二十四年建分省于延平路,是他在福建山区势力的反映。一直到至正二十六年陈友定任福建行省平章政事,他的势力才统治福州。所以,至正二十六年以前,福州的福建行省所为各事,都与陈友定无关。当时福建行省由朝廷直接管辖。至正二十年,福建行省在贡师泰的主持下,开始向北京运输粮食,每年有几十万石。[2] 但都与陈友定无关。例如,至正二十三年漳州分省罗良运输粮食到辽东便是一例。

自至正二十年之后,福建省每年都向朝廷运粮,在有些年份,大都不缺粮,福建行省便以"盐赋十之六,杂易一切供上之物"。在京师派来的户部尚书主持下,行省官员"严法以防奸市平估以通懋迁,远近闻之,商贾交集,不数月得绫、絁、紬、锦、绮、缯、布、丝、枲十数万",随后运至大都。[3] 由此可见,从福州给大都运粮食,在至正二十年以后已经成为福建行省的一个惯例,还在陈友定在汀州路、建宁路、延平路苦战之时,福建行省便这样做了。陈友定于至正二十六年升任福建行省平章事,至正二十八年(即洪武元年)战败,他真正在福州管事前后仅两年。这两年中,他北上与明军作战,南下与罗良作战,无暇暖席,在福州时间不多。所以,不是陈友定为元大都进贡粮食,而是陈友定任福建行省平章事之后,长期不在福州,元朝行省仍然按照惯例给元大都进贡粮食。元代福建的海运船队十分庞大,行省官员曾向朝廷报告:"三月中当先发一百船,赴都呈报。"[4]可见,元朝在福建的运粮船数量很多。总之,元末福建为朝廷输送粮食与钱物,主要是元朝福建行省官员的功劳,大都与陈友定无关。

二、明初福州的海运

明军入闽后,在福州缴获元朝海船105艘。[5] 这些船只构成了明朝海运的基本力量。关于元末明初的海运,《明史》是这样说的:

海运始于元至元中,伯颜用朱清、张瑄运粮输京师,仅四万余石。其后日增至三百万余石。初海道万三千余里最险恶,既而开生道,稍径直。后殷明略又开新道,尤便。然皆出大洋,风利,自浙西抵京不过旬日,而漂失甚多。洪武元年太祖

① 关于陈友定的事迹,可参见徐晓望:《福建通史·宋元卷》,福建人民出版社2016年版。
② 宋濂等:《元史》卷一八七,贡师泰传,第4296页。
③ 贡师泰:《玩斋集》卷六,送李尚书北还序,文渊阁四库全书本,第47页。
④ 李士瞻:《经济文集》卷三,上中书左丞相,文渊阁四库全书本,第5页。
⑤ 谷应泰:《明史纪事本末》卷六,太祖平闽,第87页。

命汤和造海舟饷北征士卒。天下既定,募水工运莱州洋海仓粟以给永平。后辽左及迤北数用兵,于是靖海侯吴祯,延安侯唐胜宗,航海侯张赫,舳舻侯朱寿,先后转辽饷以为常。督江浙边海卫军大舟百余艘,运粮数十万,赐将校以下绮、帛、胡椒、苏木、钱钞有差。民夫则复其家一年,溺死者厚恤。三十年以辽东军饷赢羡,第令辽军屯种其地而罢海运。①

如其所云:明代初年,为了供给在辽东作战的明军,明朝决定从江浙一带海运粮食到辽东,其中虽未讲到福建,但被封为航海侯的张赫是福州卫所的军官。《明史·张赫传》记载:

张赫,临淮人。江淮大乱,团义兵以捍乡里,嘉山缪把头招之不往。太祖起,帅众来附,授千户,以功进万户,从渡江。所至攻伐皆预以功擢常春翼元帅,守御常州。寻从战鄱阳,攻武昌。已又从大将军伐张士诚,进围平江。诸将分门而军,赫军阊门。士诚屡出兵突战,屡挫其锋。又从大军克庆元并下温台。洪武元年擢福州卫都指挥副使,进本卫同知。复命署都指挥使司事。是时倭寇出没海岛中,乘间辄沿岸剽掠,沿海居民患苦之。帝数遣使赍诏书谕日本国王,又数绝日本贡使,然竟不得倭人要领。赫在海上久,所捕倭不可胜计。最后追寇至琉球大洋,与战,禽其魁十八人,斩首数十级。获倭船十余艘。收弓刀器械无算。帝伟赫功,命掌都指挥印,寻调兴化卫,召还,擢大都督府佥事。会辽东漕运艰,军食后期,帝深以为虑。以赫习海道,命督海运事。久之,封航海侯,食禄二千石,予世券。前后往来辽东十二年,凡督十运,劳勩备至,军中赖以无乏。病卒,追封恩国公,谥庄简。

如张赫传的记载,张赫是朱元璋信任的一个军官,他在福州任职多年,歼灭多股倭寇。朱元璋因其熟悉海事,命其专督海运一事,以江浙一带粮食供应辽东卫军人。他往来海上十二年,先后完成十次大规模的运输,谷应泰记载,"洪武中航海侯张赫、舳舻侯朱寿,俱以海运功封。岁运粮七十万石,止给辽左一方"。② 漳州林弼咏:"海连辽碣八千里,山隔燕云百万重";"九重天阙连三岛,万斛风舟等一毫"。③ 当时海运的艰险,由此可知。

按,张赫在扫荡倭寇方面出了大力,又有载运粮食到辽东的贡献,让人奇怪的是:《福建通志》没有张赫的传记,也没有留下明初海运的痕迹。但在其他图书中留下了从福州港到辽东的航路。例如章潢的《图书编》一书记载了福州到辽东盖

① 张廷玉等:《明史》卷八十六,河渠四,海运。
② 谷应泰:《明史纪事本末》卷二四,河漕转运,第375页。
③ 林弼:《林登州集》卷六,次韵王克明,文渊阁四库全书本,第6页。

州、旅顺口的航程①：

福建布政司水波门船厂，船要水手船护送，其神仙壁、碧水屋山岛有贼。开洋至三分山河口一二日，至古山寺送香烛，防东南飓作。潮过平息，至望镇港娘娘庙前泊一日，至长乐港口一日，至民远镇巡检司一日，至总埠头港一日，至福州左卫要水手送一日。至五虎庙烧总福一日。至五虎门开洋，望东北行。正东便是里衣山，正北是定海千户所，东南是福清县盐场。一日至王家峪海岛，泊一日，至北高山巡检司西洋山口泊一日，福宁县帮娘娘庙前泊一日，至满门千户防露晚收口艚巡检海口一日，至金乡要水手送一日，松门卫一日。至温州平阳县平阳巡检司海口，至凤凰山铜盆山防东南飓作，晚收中界山泊一日，至盘石卫见雾在中界山正北岛泊，待南风行。至晚收北门千户所，要捕鱼小列船送。待南风北行，过利洋鸡笼山候潮，至松门港松门卫东港泊，候潮至台州海门卫东洋山泊，离温州望北行，到桃青千户所圣门口泊，开洋至大佛头山屏风山，至健跳千户所长亭巡检司，要水手渔船送又至罗汉堂山，到石浦千户所东关泊。要水手送至定海卫，始换金乡盘石水手，离石浦港后门，过铜瓦山后沙洋半边山，党公爵溪千户所望北行至青门山，乱后礁洋至前仓千户所，双脐港骑头巡检司，过至大松千户所家门山招宝山，进定海港，定海卫南门。要稍水船送绕总福开洋，望北行至遮口山黄公洋列港千户所，海宁卫东山如山，望北行，若至茶山低了至金山卫东海滩松江府上海县，海套水浅望东南行，晚泊船，候潮过羊山，大七山、小七山，大仓宝?，望东北行两日夜，见黑水洋，南风一日，见绿水，瞭见海内悬山一座，便是延真岛。靖海卫口浅滩避之。

一刘家港出杨子江南岸，候潮长迤西行半日到白茆港，潮平带篷橹摇过撑脚沙尖，转家明沙正东行，南有朱八沙、婆婆沙、三脚沙，须避之。杨子江内北有双?，南范家港，滩东南有张家沙，江口有陆家沙，可避。口外有暗沙，一带连至崇明。江北有瞭角嘴，开洋或正西、西南、北风，潮落正东或带北一字行，半日可过长滩，是白水洋。东北行见官绿水一日，见黑绿水，循黑绿水正北行，好风两日一夜到黑水洋，又两日夜见北洋绿水，又一日夜正北望，显神山，半日见成山。自转瞭角嘴未过长滩，正北行，靠桃花班水边，北有长滩沙、响沙、半洋沙、阴沙、溟沙，切避之，如黑水洋。正北带东一字行。量日期不见成山，黑水多，必低了。可见升罗屿海中岛西，有玑，而笔架即复回望北带西一字行，一日夜便见成山。若过黑水洋、官绿水或延真岛，望西北由便是九峰山，向北去有赤山、牢山皆有岛屿可泊，若牢山北有北茶山，白篷头石礁百余里，激浪如雪，即便开或复回。望东北行，北有马鞍山、竹山岛，北有旱门漫滩，皆可泊。若东南风大，不可泊，北向便是成山。如在北

---

① 章潢：《图书编》卷五六，河运海运总叙，文渊阁四库全书本，第9-12页。

洋官绿水内望见显神仙挑西一字行,多必是了。即便回复,望东北行过成山,正西行,前鸡鸣屿内,有浮礁避,有夫人屿不可行,须到刘岛正西行,到芝界岛,东北有门可入,西北离百余里有黑礁三四亩,避之。八角岛东南有门可入,自芝界岛好风半日过抹直口,有金嘴石冲出洋内潮落可见避之。新河海口到沙岛东南,有浅挨深行,南门可入,东可门有暗礁,西北有门,可泊沙门岛,开洋北过砣矶山、钦岛、没岛、南洋、北半洋、铁山洋,东收旅顺口、黄津川,西南有礁黄洋川,东收平岛口内北南岸外洋成儿岭,尽东望三山,正中入内,有南北沙相连,可泊三山。西有南山,收青泥洼,西有松树岛,北有孤山,东北望凤凰山、和尚岛墩西有礁石,外有乱礁避之,三山玑,青岛一路望海岛收黄岛,使岛若铁山西,收羊头洼双岛,东北看盖州,西看宝? 台便是梁房口。入三岔河,收牛壮马头泊。

按,以上文字表明:当时从福州北上辽东的水程可分两半。其一是从福州水步门出发,离开闽江口之后,北上长江内的宝山港、刘家港。其二是从刘家港出发,北上山东半岛的成山和辽东的盖州、旅顺口。这条从福州到辽东的航道,显然就是明初张赫率船队北上辽东运粮的水程。虽然《明史》只说张赫从浙东运粮到辽东,但从以上水程发于福州水步门的记载来看,福建的船队也参加了明初的海运。他们应是在张赫的率领下始发于福州,然后到或江苏的刘家港汇齐江浙二省的粮船,一同北上。当时每年输送的粮食达七十万石,其中应有一部分来自福建福州港。

综上所述,元末明初福州与北方天津、辽东的海上运输相当发达。其主要目的是为辽东的官军运送粮食补给。这对元末元军及明初明军在辽东的活动有重要意义。在海上漕运的带动下,民间的海上运输也有一定发展。就对郑和远航的影响来说,元末明初刘家港与福州港之间存在固定的航线,这是明军下西洋之时选择福州为出发港的重要原因。

第二节　郑和航海与福建的海洋文化传统

中国东南区域具有悠久的航海文化传统,它起源于疍家人的海洋文化,在宋元时期已经发展到很高的水平。① 宋元中国海洋文化主要集中于闽粤二省,不

---

① 徐晓望:《疍家人与中国原生态海洋文化》,王欣、万明编纂《中外关系史视野下的一带一路》陕西师范大学出版总社 2016 年。又见徐晓望:《福建文明史》第四章,福建的海洋文化,第 192 – 241 页。

过,因宋元时期岭南人口较少,广东出海贸易的商民不多,广州海上贸易的发展,主要体现于海外蕃客前来贸易。积极参与海上贸易的主要是潮州人。至于福建的沿海一向是人口密集区域,因此有更多商民到海外贸易,他们熟悉南海的贸易线路,到处有闽商的贸易点。因此,郑和航海之际,福建民众构成七下西洋的主要力量。

一、郑和航海与福建的海洋文化

郑和在其远洋过程中与福建结下了不解之缘,每一次出洋,他都要先到福建长乐太平港,在这里休整二三个月,或是五六个月,长的达十个月以上。永乐二十二年八月丁巳,明朝廷决定召回各地的下西洋船只。"下西洋诸番国宝船悉皆停止,如已在福建太仓等处安泊者,俱回南京……各处修造下番船,悉皆停止。"[1] 可见,在召回船只中,以福建为多。这也说明长乐太平港的地位。郑和为什么要以长乐为大本营呢? 这是因为:

第一,郑和所使用的许多船是在长乐太平港制造的。他从南京出发时是乘中型海船,所以,他要到福建长乐换乘大型宝船。[2] 如前所述,明代史料中有多处提到郑和在福建造船。《明太宗实录》记载:永乐元年(1403年)五月辛巳,"命福建都司造海船百三十七艘"[3];永乐二年正月癸亥,"将遣使西洋诸国,命福建建造海船五艘"[4]。永乐九年,明成祖的大臣福建人杨荣回乡还朝,明成祖问闽中民情,杨荣答道:"询之乡老,言前数年采运木植,加以旱灾,人力颇艰,今皆复业。兼有收成,比前差胜。"[5]可见,当时给郑和船队造船对福建百姓是一项极大的负担,这也说明福建造船规模之大。[6] 福建的方志笔记中,也有三则造船于长乐的史料。其一为曹学佺的记载:

"永乐二年春正月,太监郑和自福建航海通西南夷,造巨舰于长乐,时称为三宝下西洋。"[7]

其二为王应山的《闽大记》:

"永乐七年春正月,太监郑和自福建航海通西南夷,造巨舰于长乐。时称郑和

---

① 《明仁宗实录》卷一,上,永乐二十二年八月丁巳。台北,中研院历史语言研究所影印本。
② 徐晓望:《明代前期福建史》第二章,北京,线装书局2016年,第84—109页。
③ 《明太宗实录》卷二十上,永乐元年五月辛巳,第2页。
④ 《明太宗实录》卷二七,永乐二年正月癸亥,第4—5页。
⑤ 《明太宗实录》卷一一六,永乐九年六月壬子,第4页。
⑥ 徐晓望:《从几条新史料看郑和航海与福建的关系》江苏省编:《纪念郑和下西洋600周年国际论坛论文集》,北京,中国社会科学文献出版社2005年。
⑦ 曹学佺:《曹能始先生石仓全集》,《湘西纪行》卷下,海防,明天启间刊本,第34页。

为三宝。"①

其三为王应山的《闽都记》：

太平港，在县西隅，今水次吴航头也。《闽中记》云："吴王夫差，尝略地至此，作战舰，称吴航云。"国朝永乐十一年，太监郑和通西洋，造舟于此，奏改今名。……和时造舟，贸易如云。②

可见，永乐年间福建省至少有三次为郑和造大船。

那么，郑和七下西洋，为什么福建省造船只有三次的记载呢？这是因为，中国人造船有一定的使用年限，如果是民间用船，一艘船的寿命通常有十年，官府的船只质量会差一些，也会有五六年。福建为郑和造船，第一次是在永乐二年，第二次是在永乐七年，这说明永乐二年福建造的船至少为郑和再次出航做出贡献。到了第三次出海航行之际，可能许多船要淘汰了，于是，福建就要为郑和造新的船。从永乐七年开始，到永乐十一年，又有四年过去，所以要为郑和造一些新船。此后福建为郑和造船不见记载，可能是造船已经成为一种惯例，没有必要再书一笔了。

其次要注意的是，前两则长乐造船的记载，都说福建是造"巨舰"，这应当就是宝船。尤其是永乐二年的史料，证明明朝于永乐二年在福建造五艘大船是在长乐太平港。这五只船是十分巨大的船，它就是宝船。制造这种深底宝船，是福建工匠才有的技术。当时也只能在福州制造。福建传统的船厂都在福州南郊的台江一带，郭造卿说："国初法严，水军之船其官造之，在闽都城，三卫之肆各一。景泰乃合之，即今河口厂云。"③文中的河口，也在福建台江直通闽江的运河上。可见，明代福建官府造船，一直是在福建南郊的台江。明初福建造船规模很大，如前所述，洪武年间造过上百艘抗倭舰船。福建木材主要产自闽江上游的延平府、建宁府。这些地方的木材只能沿着闽江运到福州的台江，所以明初造船厂多设在台江是合理的。台江市区紧靠闽江，其西部商业区古称南台，历来是福建省商品批发中心。台江船厂就在南台的东面。一般地说，造船厂离城市较近有许多方便，便于雇募人工、采购原料和配件。所以，明代多数船只都在台江船厂制造。明代后期嘉靖十三年陈侃出使琉球，福建南台的船厂为其造船，船长十五丈，阔二丈六尺，深一丈三尺。④然而，永乐年间福建官府为郑和造船时，却选择了下游离福州数十里的长乐太平港。太平港位于马尾港的对岸，港阔水深，原名为"吴航"，相传

① 王应山：《闽大记》卷二，闽记，第20页。
② 王应山：《闽都记》卷二六，郡东长乐胜迹，第243页。
③ 郭造卿：《海船》，黄宗羲编辑：《明文海》卷八十一，议八，文渊阁四库全书本，第10页。
④ 陈侃：《使琉球录》，录自《中国边疆研究资料文库·海疆文献初编·沿海形势及海防》第三辑，第189页。

吴王夫差曾在此造船。不过,这仅是传说而已。在郑和造船之前,此地十分荒凉。福建官府选择此地这里造船,只有一个理由:原有的台江船厂无法容纳规模巨大的宝船,而太平港港阔水深,只有这里才能容纳巨型大船停泊和制造! 可见,郑和时代福建所造大船肯定比陈侃长十五丈的大船还要大! 长乐太平港的北岸,即为今日的马尾港,此处可停泊万吨船舶。以理料之,当时的太平港也可停泊巨型船舶。《福建通志》记载长乐的太平港"在西隅,即古吴航头也,明永乐十一年,太监郑和下西洋,泊舟于此,奏改今名。东有十洋街"①。《闽都别记》记载福州一带的故事:"(永乐帝)即令太监郑和(又名三宝)同太监王景宏、侯显三人,往福州东南诸夷番国赏赐,宣谕采取宝贝,令动拨各省库银,官军护送,由福州长乐登舟。诏书即下,有司官先在长乐十洋地方造舟。工匠数千,该处地便有人搭寮开店贸易,人如云集,竟成大市。……至舟已赶造完竣,三宝太监等皆至长乐,并随从驾官座海舟,其余赏赐之物并口粮、军兵、甲仗、诸色工匠,分配海船五百余号,俱在太平港,即吴航头登舟。"②当时的造船盛况由此可见一斑。

明代福建以造船闻名,有时外省水师也想请福建官厂造船。即使在郑和下西洋结束后,福建省仍然需要承担这些任务。弘治三年五月丙子,"先是工部以山东登州卫岁运布钞自海道往给辽东军士,乞下福建布政司造海船二艘以助之。镇守福建太监陈道言:福州近年山木消乏,且自此至登州,海道险远,恐有人船俱没之患。请备银万五千两送南京龙江提举司造海船为便。从之。"③这是后话了。

___

① 陈寿祺:道光《福建通志》卷五,山川,长乐,第30页。
② 里人何求:《闽都别记》第272回,福建人民出版社,1987年,第42页。
③ 《明孝宗实录》卷三八,弘治三年五月丙子,第814页。

图5-1　长乐博物馆郑和宝船模型　　图5-2　和献给长乐南山三清殿的钟

第二，郑和要依仗闽人的航海技术。宋元以来，福建人一直以航海闻名于世，他们早在宋元二代即航行至印度洋的西岸。西洋对他们来说，并非神秘的海域。由此可见，郑和要远航西洋，一定要用闽中水手及舵工、火长等技术人员。《西洋番国志》记载：郑和航海前，"始则预行福建、广、浙，选取驾船民梢中有经惯下海者称为火长，用作船师。乃以针经图式付与领执，专一料理，事大责重，岂容怠忽"①。可见，在郑和选择的航海人员中，以福建人为首。再如流传于泉州民间的《西山杂记》一书记载了郑和副手王景弘的事迹："王景弘，闽南人，以东海名舦导引，从苏州刘家港入海，至泉州寄泊。上九日岩祈风，至清真寺祈祷。"至今，泉州灵山圣墓尚有《郑和行香碑》，其文曰："钦差总兵太监郑和，前往西洋忽鲁谟厮等国公干。永乐十五年五月十六日于此行香，望圣灵庇佑。镇抚蒲和日记立。"可见，郑和也到过泉州。郑和航海是规模最大的航海行动，同时又是一次相当成功的航海行动，他之所以能取得这些成果，显然与他队伍中有许多熟练的舵工、火长有关。而宋元以来，闽南人的航海一直领先于国内其他地区，尤其是漳州人，他们是明代最好的水手和火长。②"大都海为危道，向导各有其人。看针把舵过洋，须

① 巩珍：《西洋番国志》自序，第6页。
② 徐晓望：《明代漳州商人与中琉贸易》，泉州：《海交史研究》1998年2期。

用漳人。"①"长年数人乃漳州人也。漳人以海为生,童而习之,至老不休,风涛不惊,见惯闲事耳。"②他们也是明代最好的造船工匠,明代后期封舟的制造,几乎离不开漳州大匠,"漳匠善制造,凡船之坚致赖之。"③明代官员在谈到册封舟过海时,不禁说道:"篙工舵师,旧录皆用漳人。盖其涉险多而风涛惯,其主事者能严、能慎,其趋事者能劳、能苦,若臂指相使然者。"④古代的航海者与商人多是三位一体的,从当时人盛赞漳州人"浮历已多"这句话来看,漳州人是经营海洋贸易最多的中国商人。事实上,多数官员都承认:"盖闽以南为海国,而漳最剧。以海为生者,大半皆漳人云。"⑤以上史料虽多是明代中后期的,但反映了漳州水手在海洋史上的地位。其实,早在明代前期,漳州人就以优秀的航海术闻名,他们是宋元时期闽人航海术的继承者。许多专家研究《郑和航海图》以后都认为:《郑和航海图》是宋元以来航海技术的总结,图上的有些地方,连郑和也未去过。郑和以前从未下海远航,他之所以能够率领规模庞大的航队进行远航,是他重用福建水手的缘故。事实上,郑和舰队驾船人员,首先从福建水寨调用。例如,漳州卫左所的徐禄,"跟太监郑和驾船往西洋等国公干",⑥又如漳州卫中所的康用,"永乐四年,驾船前往西洋等处公干,杀获贼船,口口口副千户,永乐口年,复驾船西洋等国公干,升正千户。"⑦漳州卫徐禄、康用的小传中都注明他们为下西洋舰队"驾船"。徐禄的小传更注明他是为郑和驾船!明代漳州民间的航海图,或是官府的《郑和航海图》应当是他们航海的总结吧。嘉靖时期漳州人吴朴的《渡海方程》被誉为中国最早刊印的一部完整的航海针图⑧,在我看来,吴朴的《渡海方程》应当吸取了他的前辈——郑和船舶的驾驶者漳州卫所康用、徐禄的航海经验。

第三,郑和航海的队伍中有不少闽人。郑和的水师中有三类福建人,其一为上述福建水手。其二,来自民间的各类技术人员。明初福建诗人作"林敬仲以医往爪哇国,其卒也,诗以挽之"⑨,说明当时福建有各种辅助人员参加了郑和远航。闽人后裔林贵和生活于吴中,"贵和通易善卜筮之说,国朝永乐间五从中贵人泛西

①　谢杰:《琉球录撮要补遗》,台湾文献丛刊第 287 种,1970 年版,第 275 页。

②　陈侃:《使琉球录》使职要务,《中国边疆研究资料文库·海疆文献初编》,沿海形势及海防,第三辑,知识产权出版社 2011 年,第 202 页。

③　谢杰:《琉球录撮要补遗》,第 274 页。

④　夏子阳:《使琉球录》卷上,台湾文献丛刊本第 55 册,第 245 页。

⑤　张燮:《霏云居续集》卷三十一,赠卢郡丞奏绩襃封序,明万历刻本,第 6 页。

⑥　陈洪谟修、周瑛纂:正德《漳州府志》卷二八,兵纪,第 1746 页。

⑦　陈洪谟修、周瑛纂:正德《漳州府志》卷二八,兵纪,第 1756 页。

⑧　陈佳荣、朱鉴秋编著:《渡海方程辑注》,第 1 页。

⑨　袁表等:《闽中十子诗》卷一七,林敬仲,文渊阁四库全书本,第 12 页。

海,入诸夷邦,往返辄数年,竟无恙,考终于家。"①

其三是下西洋的官军。

郑和带去海外的部下有 2.7 万人左右,其中多数是江南、福建的卫所军人。曹学佺史料提到:"'三宝下西洋',师还闽中,从征将士升赏有差。"②如其所载,福建卫所军人应是郑和远洋舰队的主力。③《闽书》记载,福州中卫有:沈斗保、董智、屠俊、翟斌、姚政、张剪往、罗福生、邓惠、孙起、谢栓住、严观、王佐、胡贵、陈连生等 14 人因永乐年间下西洋而升职。④《邵武府志》记载:"天妃宫,旧名灵慈宫……民言永乐间邵武卫官军从征西洋,舟楫颠危,赖神以济。因立庙于此"⑤。邵武位于山区,既然该地卫所军人参加郑和远航,由此可知,当时福建各地的卫所军人普遍参加了这次远航。由明代档案《卫所武职选簿》中知道:福州、建宁、汀州等地的卫所中,至少有 18 名下级官员因在郑和远航中立下战功而升职⑥。沿海的漳州卫有许多军官参加了远征。漳州卫左所的徐禄,"跟太监郑和驾船往西洋等国公干,升小旗。永乐九年,跟太监郑和杀入番王城,擒王厮得胜,升总旗。十二年,到苏门答剌白沙岸,与合剌对敌,升本所百户。"⑦这位徐禄看来是郑和最信任的部属之一,在郑和指挥下,参加了郑和在海外不多的几次战役。再如漳州卫的刘忠、王受庆、吴番仔、江昱等军官,都有"前往西洋等国公干"的历史。⑧ 兴化卫的柳兴是舵工,"永乐三年,随太监郑和及王贵通等往西洋公干,有杀贼功,累升兴化卫中所百户"。同为兴化卫因下西洋而升职的还有刘杰、白旺二人。⑨ 此外,《长乐六里志》从《黄李族谱》找到一则史料:"黄参,字求我,至德里黄李人。明永乐七年,太监郑和驻长乐,造舰下西洋。参从征有功,授忠武尉,累迁游击定远将军及和总管府中军。"⑩明初福建卫所有 3 万多兵员,他们轮番下西洋,是郑和部属

---

① 吴宽:《家藏集》卷七五,墓表一十三首,文渊阁四库全书本,第 7 页。

② 曹学佺:《曹能始先生石仓全集》,《湘西纪行》卷下,海防,第 34 页。

③ 徐晓望:《从几条新史料看郑和航海与福建的关系》江苏省编:《纪念郑和下西洋 600 周年国际论坛论文集》,北京,中国社会科学文献出版社 2005 年。

④ 何乔远:《闽书》卷六八,武军志,第 1989 - 1993 页。

⑤ 邢址等:嘉靖《邵武府志》卷十,祀典。天妃宫,第 26 页。

⑥ 参见:徐恭孙《明初福建卫所与郑和下西洋》,"纪念郑和下西洋 590 周年学术讨论会论文"。

⑦ 陈洪谟修、周瑛纂:正德《漳州府志》卷二八,兵纪,第 1746 页。

⑧ 陈洪谟修、周瑛纂:正德《漳州府志》卷二八,兵纪,第 1756、1764、1768、1781、1782 页。

⑨ 周瑛、黄仲昭:弘治《兴化府志》卷四九,兵纪二,福建人民出版社 2007 年点校本,第 1250 - 1254 页。

⑩ 李永选:《长乐六里志》卷七,人物,武功,福建省长乐县地方志编纂委员会校刊,福建地图出版社 1989 年,第 119 页。

的主力之一。

第四，郑和舰队的领导层中有不少闽人。自从唐宋以来，闽中多产宦官，而郑和的队伍是由明朝内廷的宦官所率领的，其中有不少原籍福建的宦官，可想而知。闽籍宦官中，最为著名的是王景弘①，我曾在《龙岩州志》中找到他的资料："王景弘，龙岩集贤里人，后分属宁洋；永乐间随太宗巡狩。有拥立皇储功，赐嗣子王祯世袭南京锦衣卫正千户"②，撰成短文发表。③ 王景弘是明成祖身边的一位老资格的宦官，与郑和一样参加了明成祖夺嫡自立的"靖难之役"，从而受到皇室的高度信任。在郑和的船队中，有不少宫廷的宦官参加，也有许多人任高级职务，但是，其中唯有郑和与王景弘是正使，其他人最多是副使，可见，王景弘在郑和航海队伍中的地位是非常高的。而且，王景弘自始至终参加了郑和七下西洋的远征，在郑和去世后，他又受命再次下西洋，他的航海经历之丰富，更胜于郑和④。

在长乐南山天妃碑记之中，有都指挥朱真之名。而据《福建通志》，永乐年间朱真是汀州卫指挥使司"左所正千户，长乐人，永乐间授世袭。"⑤可见，参加郑和远航的朱真早期也是福建汀州卫的官员，他的原籍是长乐。《明太宗实录》117卷记载，永乐十八年五月辛未，"凡使西洋忽鲁谟斯等国回还官旗二次至四次者，俱升一级"。⑥ 于是，升龙江左卫指挥使朱真为大宁都指挥佥事。朱真以后成为第七次下西洋的负责人之一。长乐南山天妃碑："宣德六年，岁次辛亥仲冬吉日，正使太监郑和、王景弘，副使太监李兴、朱良、周满、洪保、杨真、张达、吴忠，都指挥朱真、王衡等立"。

以上史料表明，从某一个角度来看，郑和七下西洋也可看成是宋元东南民众海上活动的历史延续。

二、郑和远航在福建的影响

在郑和下西洋过程中，福建省为支持这一航海工程出了大力。明初名臣黄淮为福建左参政杨景衡所写的墓志铭谈到："闽为雄藩，控制八大郡，经常庶务，素号繁剧。长贰推公才识超迈，悉倚重焉。况乎地濒南海，路当要津，伏遇文皇帝入正

---

① 徐晓望：《明代前期福建史》第二章第四节，与郑和齐名的闽南航海家——王景弘，中国书籍出版社2016年，第110－126页。

② 徐铣等：乾隆《龙岩州志》卷十，人物上，中官，龙岩市志编纂委1987年点校本，第264页。

③ 徐晓望：《与郑和齐名的航海家——王景弘》，《福建日报》1992年9月29日。

④ 参见：徐晓望《八次下西洋的王景弘》，泉州《海交史研究》1995年第2期第23页。

⑤ 郝玉麟等：雍正《福建通志》卷二六，第51页。

⑥ 《明太宗实录》卷一一七，永乐十八年五月辛未。

大统,仁恩覆冒,万国归心,梯航贡献,岁无虚日。朝廷遣中贵偕公卿大臣率海艘,赏敕往劳,供输之费,动以亿万计。公从容赞画,适中肯綮,事集而民而不废业。"①可见,郑和的航海深深影响了福建人的生活,将许多人都卷入到航海事业中去。

福建有对外贸易的传统。明太祖论八闽:"其地利尽南海,势控诸番"。② 早在洪武年间就与海外有较多往来。"福建地濒大海,民物富庶,番舶往来,私交者众。"③郑和远航的早期,外国使臣多由郑和带到中国,他们多由福建港口往来。永乐十三年九月庚申,"赐苏门答剌、古里、柯枝、麻林诸番国使臣宴。上谕行在礼部臣曰:'先王柔远人,厚往薄来。今海外诸番使臣将归,可遣官豫往福建俟其至宴饯之,亦戒其毋苟简也'。"④使者的穿梭往来,即是一种负担,也是福建繁荣的反映。"闽为东南大藩,通道于海夷,朝贡之往来,舟车之辐辏,民物之蕃庶"⑤。

郑和在长乐的遗迹。《长乐六里志》记载郑和在长乐,"永乐十年,奏建南山塔寺,为官兵祈报之所。又发心施财鼎建三清殿,立《天妃灵应碑记》,记神之灵与功之伟。且数至江左里云门山,修建云门寺,塑观音像,赏玩云门十五奇景。"⑥如其所云,郑和在长乐重修南山寺、云门寺,另外一个重要建筑是南山的天妃行宫,《天妃灵应碑记》本是属于这座天妃宫的,而三清殿是天妃行宫的附属建筑。其中,郑和等人于宣德六年(1426 年)捐献长乐县南山三清殿的铜钟至今尚存⑦。长乐县衙附近,还有一口与郑和有关的大井,"天妃宫大井,在县治西四十余步,太监郑和造石栏。"⑧看来当时驻于长乐天妃宫附近的官兵较多,所以,郑和要疏浚一口大井,以供食用。

郑和更多的影响是在精神层面的。黄省曾说到明代福州的习俗:"太监郑和使诸夷,舟自福州五虎门发,历数万里,所至二十余国……闽呼和'三宝大人',不敢名。今三山故家,间蓄异器,或发自地下伏藏,侈曰:此'三宝大人'物,遗烈可

① 黄淮:《黄文简公介庵集》卷九,民国二十七年永嘉黄氏排印敬乡楼丛书本,第 10 页。录自四库全书存目丛书集部第 27 册,第 47 页。

② 《明太祖实录》卷一〇八,洪武九年八月庚戌。

③ 《明太祖实录》卷四二,洪武二年五月癸丑。

④ 《明太宗实录》卷一六八,永乐十三年九月庚申。

⑤ 杨荣:《文敏集》卷十二,送陶金宪还福建序,第 25 页。

⑥ 李永选:《长乐六里志》卷七,人物,流寓,第 136 页。

⑦ 长乐市南山三清殿铜钟铭文为:"风调雨顺,国泰民安。永远长生供养,祈保西洋往返平安吉祥如意者。大明宣德六年,岁次辛亥仲夏吉日,太监郑和、王景弘等同官军人等,发心铸造铜钟一口。"

⑧ 刘则和等:弘治《长乐县志》卷一,山川,长乐县档案馆 1965 年滕印本,第 22 页。

知。"①也有人说,郑和给长乐带来的繁荣。《闽都记》:"太平港,在县西隅,今水次吴航头也。《闽中记》云:'吴王夫差,尝略地至此,作战舰,称吴航云。'国朝永乐十一年,太监郑和通西洋,造舟于此,奏改今名。又建天妃宫一所。其东有十洋。古谶云:'十洋成市状元来'。和时造舟,贸易如云。未几,马铎、李骐大魁天下。"②

郑和在福建,还将"天妃宫"的称呼从江南引入妈祖的本土。妈祖信仰最早属于佛教③,元代江南道士开始将其看作是道教信仰。于是有了天妃行宫的概念。④道教称神仙居处为宫观,所以,祭祀道教神仙的庙宇多被称为某某宫,某某观。天妃的庙宇在道教里自然被称为天妃宫了。郑和应是和多数中国人一样,觉得中国本土出现的神都属于道教,所以,妈祖应属于道教,他在福建为妈祖建庙,便称其为天妃宫,聘请全真道士管理庙宇。长乐县的天妃宫与郑和有关。《天妃灵应碑记》云:"若长乐南山之行宫,余由舟师累驻于斯,伺风开洋。乃于永乐十年,奏建以为官军祈报之所,既严且整。……而又发心施财,鼎建三清宝殿一所,于宫之左,雕桩圣像,灿然一新,钟鼓供仪,靡不具备,金谓如是,庶足以尽恭事天地神明之心。"在郑和建立天妃宫之前,闽人一向称呼妈祖庙为顺济祠,或是灵慈庙。郑和建南山天妃行宫之后,天妃宫的名字开始在福建流行,据弘治《长乐县志》记载:"天妃行宫凡五处,一在县治西隅登南山上。国朝永乐间,太监正使郑和同官军建。一在县治东北十五都弦歌里仙岐境。一在县治南十八都。一在县治北二十三都。一在县治北二十四都。"⑤十五都今为漳港镇,靠近长乐东面的大海;此外,二十三都为金峰镇,二十四都为文岭镇,都是靠近闽江的村镇。文岭镇的天妃行宫应当就是后来的广石天妃宫,是明中后期出使琉球使者经常祭拜的一个天妃宫。《闽都记》:"长乐广石为册封琉球使者开洋处,尤极崇奉。海上往还,有谕祭文,神援舟功烈最著也。闽人渡海,风波危急,呈叩于神,有红光显异,或燕、雀、蜓、蝶翔集舟中,则无虞矣。"⑥而后,天妃宫之称逐渐传播到福建全省,再传遍海疆的多数地方。此后,天妃宫或是天后宫,成为妈祖庙的标准称呼。

郑和航海对福建的影响更为重要的是延续了闽人的海洋文化。闽人与西洋

---

① 黄景昉:《国史唯疑》卷二,陈士楷、熊德基点校本,上海古籍出版社2002年,第45页。

② 王应山:《闽都记》卷二六,郡东长乐胜迹,第243页。

③ 徐晓望:《宋代闾山派巫法与早期妈祖信仰》,《大甲妈祖国际学术研讨会会后实录》2004年台中县静宜大学观光事业学系。

④ 徐晓望:《元代道士薛弘茂与天妃信仰》,厦门大学:《道学研究》2007年2期。

⑤ 刘则和等:弘治《长乐县志》卷三,寺观,第71页。

⑥ 王应山:《闽都记》卷五,郡城东南隅,第39页。

各国的交通往来,在元代已达到了一个很高的水平,但是,明代的海禁,使福建许多海港对外交通的盛况成为历史,如果没有郑和等人近30年的远航,这些港口的航海传统在明初便衰微了。郑和航海的意义又在于:它不仅延续了闽人的航海文化,还将这一文化传统发扬到最高点。和宋元时期比较,事实上,宋代亚洲海域,各种不利于贸易的因素也很多。例如,宋代南洋的许多国家无理由地抢劫过往船只,或者力图垄断贸易,不许贸易船只通过本国的海道去其他国家贸易。他们的活动,使南海贸易破碎化,跨越国家的长距离贸易难以进行。看《诸番志》与《岛夷志略》可知,宋元时期以闽人为主的中国人的海外活动主要在东南亚诸国,穿越马六甲海峡的闽商不多。迄至元代,武力强盛的元军多次发动海上远征,明初,又有郑和的舰队维护南海及印度洋的海上交通,东亚的海上贸易环境才有好转,闽商在元明强大海军的支持下将贸易扩展到印度洋。郑和远航,每一次都要走到印度的古里,事实上,古里成为郑和远航的一个根据地,他又从古里将中国商人的商业网络推至西亚和东非,其最远处至少抵达东非的莫桑比克。[①] 从而大大扩张了闽人的商业网络。因此,只是到了元明时期,东亚海上丝绸之路的日用品贸易才兴盛起来,中国的丝绸、瓷器较多地出现在印度的港口。这是因为,中国的海上力量向南洋诸港发展,在相当程度上抑制了海盗活动,从而在环南海区域建立了海上的和平秩序,中国的商船因而可以顺利地进入印度洋。

郑和航海大大改变了闽人在海外的生存环境。唐宋时期,闽人开始出海贸易,其时,海外诸国对中国人不太了解,中国人在海外受欺侮的事例时有所闻。例如,室利佛逝国经常要求海外商人只跟他们贸易,不跟其他国家商人贸易。中国去海外的船只,若非直达室利佛逝,就要远远地绕开它。一旦被发现你不是与他贸易的,室利佛逝会没收全船货物,让你血本无归。其时,宋朝北临辽金夏诸国的南侵威胁,根本无力管海外的事情。元朝统一全国后,曾派泉州的蒲师文率领船队到海外招揽诸国前来进贡,获得很大成功,唯独爪哇国不从,于是有了两万元军的远征。最终元军虽然受挫而归,但爪哇国就此灭亡。元军的行动极大震动了南洋诸国,从而使华人在南洋的形象一下子变得高大起来。然而,元军以掳掠为目的的远征,也使中国人的形象有了罕见的差评。郑和的远征,其目的是折服东南亚国家,在说服行不通时,有时也会使用武力。郑和远航与元军在海外的作为大有不同。郑和虽然有时也会使用武力,但总的来说,他并不迷信武力,对武力的使用十分谨慎。对于诸国之间冲突,他取中立态度。例如,马六甲受到暹罗的威胁,

---

① 金国平、吴志良:《郑和航海终点之一'比剌'考》,江苏省纪念郑和下西洋600周年活动筹备领导小组编:《纪念郑和下西洋600周年国际学术论坛论文集》,第398页。

生存困难,郑和多次调停两国冲突,使马六甲获得了长时期的和平。但是,他对威胁到航行安全的海盗,则不客气。歼灭陈祖义海盗,击破苏门答腊及锡兰国的武装力量,都是用兵适当。他的谨慎和刚毅使大明"伸威海表"①。在郑和舰队的保护下,才有了数十年的海上和平,中国船只可以从容地航行到印度洋各港。郑和的远航还在东南亚诸国弘扬了中国文化。李慕如认为,郑和远航对海外诸国影响很大,当地人受中国器物文化影响而变其生活习俗;受中国制度文化影响,开始崇尚礼仪,重视图书诗文;受中国理念文化,移风易俗,改变正朔,有了向往中国文化的思想。② 这种文化生态较有利于中国人在海外发展。可以说,因郑和建立起来的威信,使中国人可以在郑和之后大批南下东南亚诸国。

郑和航海还使更多的闽人参加了规模宏大的航海,并使航海技术在民间进一步普及,为明代中叶福建航海事业的发展奠定基础。郑和下西洋还是明代小商品经济发展的先声。明初实行海禁政策与迁豪富政策,对商品经济的发展打击极大。宋元时期的城市繁荣在明代初年似乎已是遥远的回忆,整个社会在向自然经济转化。然而,朝廷对海外商品的需求及其主动派出的船队,使商品经济在福建沿海一带重又繁荣起来,如杨荣所说:"岁时诸番宾贡,海舶珍奇之货,率常往来于此"③。可见当时福建仍然是明朝与外国交往的主要津梁。因此,虽说郑和远航只是明代前期传统政策中的一个波折,但它已打开一个缺口,使小商品经济获得了发展的可能。它必将给社会发展带来深远的影响。

总之,郑和下西洋结束之后,来自闽粤二省的民众,不顾朝廷禁令,仍然到南海周边国家贸易。那么,该怎么看待郑和远航对华人在东南亚地位的影响?我想最好将其看成长时段环南海贸易中出现的一个高潮。就像一条长河之水永远流淌,但在某一个时刻会出现一股洪流从上游向下扑来,这股洪流刷新了大河的流量纪录,因而将河道拓宽加深了。洪流过去之后,大河依然维持自己的节奏,不舒不缓,向前流去。由于洪流开拓了航道,大河的水流更大了。

第三节　与郑和齐名的漳州航海家——王景弘

在明代的史籍记载中,王景弘是与郑和并列的正使。但长期以来,对郑和、王

---

① 曹学佺:《曹能始先生石仓全集》《湘西纪行》卷下,海防,第34页。
② 李慕如:《由人文探讨郑和七航之影响》,江苏省纪念郑和下西洋600周年活动筹备领导小组编:《纪念郑和下西洋600周年国际学术论坛论文集》。
③ 杨荣:《文敏集》卷十四,送福建按察金事吕公考满复任诗序,第25页。

景弘的研究一直偏重于郑和,而对王景弘的研究十分不足。自笔者发现王景弘为福建漳平人以来,福建史学界逐渐掀起了研究王景弘的热潮。不过,尽管有关王景弘的研究论文集出了几本,但做出突破性的文章较少,而由于史料的限制,王景弘的身世尚有许多疑问。此处对涉及王景弘的若干问题进行剖析,其中一些观点可能会引起争议,愿各位同仁不吝赐教。①

一、王景弘的身世

作为与郑和齐名的航海家,王景弘的身世令人遗憾地被史册忘记,在正史中,我们只知道他是一名宦官,至于他的出身、籍贯等,只得付之阙如。据有疑问的《西山杂志》,王景弘是闽南人,②由此故,他为郑和的船队聘请了许多闽南籍水手、火长。众所周知,闽南人在宋元时期是国内最好的航海家,王景弘若是闽南人,就很容易解释他为何被郑和及整个船队所倚重。但是,《西山杂志》谓其为闽南人,仅是根据民间传说,尚有待史料证明。笔者在清代的《龙岩州志》中检得一条有关王景弘身世的材料,揭橥于短文《与郑和齐名的航海家》,③兹引述如下:

王景弘,龙岩集贤里人,后分属宁洋,永乐间随太守巡狩,有拥立皇储功,赐嗣子王桢世袭南京锦衣卫正千户。④

这条史料原出于万历元年的《漳州府志·宁洋县》:

王景弘,集贤里香寮人,从太宗北征。后有拥立功,授其子宁南京锦衣卫正千户。⑤

二者相比,仅有一个小差异,王景弘的继子,在明代的《漳州府志》中作王宁,而在清代的《龙岩州志》内作王桢,有待于进一步从其家谱中研究。

不管怎样,万历元年《漳州府志》有关记载的发现,不仅证明乾隆《龙岩州志》言之有据,而且进一步点明王景弘为集贤里香寮村人,也就是说,王景弘为明代福

---

① 徐晓望:《八次下西洋的王景弘》,泉州《海交史研究》,1995 年第 2 期。

② 蔡永兼:《西山杂志》四监通异域,晋江县图书馆藏稿本。转引自庄为玑:《明下西洋郑和、王景弘两正使的卒事考》。按,《西山杂志》一书只有稿本,一般认为该书为清代蔡永兼著,但文中多有"满清"之类民国时代的字眼,应是后人所著。本书反映了晋江一带的民间传说。

③ 徐晓望:《与郑和齐名的航海家》,原载《福建日报》1992 年 9 月 9 日。

④ 张铤球等:乾隆《龙岩州志》卷十,人物上,中官,龙岩市方志编纂委员会 1987 年重刊本,第 264 页。

⑤ 罗青霄等:万历元年《漳州府志》卷三一,影印万历元年原刊本,第 18 页。按,万历元年的《漳州府志》在大陆十分难见,因而后一条史料似没有人直接从万历元年的《漳州府志》中引用。好在万历元年《漳州府志》的相关记述,后被清代的《漳州府志》转载,所以,有人从清代《漳州府志》转引了这一条史料,今揭示其原出之处,应有一定意义。

建龙岩县人,他出生的集贤里后划归宁洋县,宁洋县是明代建置县,1956 年撤销,宁洋县与近郊被纳入漳平市,今为漳平市双洋镇、赤水镇,而香寮村隶属于赤水镇,所以,就现在的籍贯而言:王景弘为漳平市赤水镇香寮村人。漳平市在明以前隶属于漳州,所以,当地通行闽南话,《西山杂志》谓王景弘是闽南人是有根据的。

王景弘成为一个宦官与古代福建的习俗有关。福建自唐代以来多产宦官,唐代诗人顾况的"囝一章"写道:

> 囝生闽方,闽吏得之,乃绝其阳。为臧为获,致金满屋,
> 为髡为钳,如视草木。天道无知,我罹其毒,神道无知,
> 彼受其福。郎罢别囝,吾悔生汝,及汝既生,人劝不举。
> 不从人言,果获是苦。囝别郎罢,心摧血下,隔地绝天,
> 及至黄泉,不得在郎罢前。①

诗中的郎罢即闽语"父亲"之意。全诗描写一位父亲被迫卖子的惨痛,如泣如诉的悲音让人惨不忍闻。唐朝廷宦官主要选自福建与岭南,不幸的福建在唐代各道中人口最少,却以出宦官最多闻名于世。《新唐书》吐突承璀传云:"是时,诸道岁进阉儿,号'私白',闽、岭最多,后皆任事,当时谓闽为中官区薮。"②又,唐无名氏《玉泉子》云:"诸道每岁送阉人,所谓'私白'者,闽为首焉。且多任用,以故大阉已下,桑梓多系闽焉。时以为中官薮泽"。③ 这一状况,一直到宋明时代也没有变化。明代,朝廷使用的宦官达数万人,各地进献的阉童很多,福建也是宦官多产之地。自唐朝以来,当地流传一个习俗,贫穷人家将无法养活的小儿卖给专门卖阉童的人贩子,而后转卖朝廷。所以,明代朝廷中有不少福建籍的宦官④,除了王景弘之外,还有一些人在朝廷出名。清代的《龙岩州志》作者不了解宦官制度的历史沿革,在引述有关王景弘的情况后,还将其称作是一件异事:"中官非南方所有,有之,志异也",其实不然。⑤ 明代初年的福建应还保留着这种古俗,所以明代闽籍的宦官不少。就以漳州宁洋而言,与王景弘齐名的尚有欧贤,"永宁里人,正德

---

① 顾况:《囝一章》,彭定求等编:《全唐诗》卷二六四,北京,中华书局 1960 年标点本,第 2930 页。
② 《新唐书》卷二○七,吐突承璀传,北京,中华书局 1975 年点校本,第 5867 页。
③ 佚名:《玉泉子》,文渊阁四库全书本,第 13 页。
④ 明代宦官数量众多,约有数万人。在政治上产生很大影响。清朝鉴于明代的宦官作威作福,决心大量减少宦官。许多原由宦官承担的事务交给内务府。所以,清朝的宫廷中只有数千名宦官。宦官数量骤减,使阉童的销路大减,而这一行业逐渐被占有地利之便的河北某县垄断,所以,阉童之风在福建逐渐断绝。
⑤ 张铤球等:乾隆《龙岩州志》卷十,人物上,中官,第 265 页。

间为御马监太监,镇守陕西"。① 另有保存明孝宗的宦官张敏,为金门县青屿村人。② 福建在明代出了好几个著名的宦官,这不是偶然的,这是明代福建仍有出卖阉童之习的证明。

因此,王景弘应是一个自幼被家人出卖的孩子,后成为阉童,被送到明朝宫殿,而后被分给皇子朱棣,成为他的小宦官。

有人推测王景弘原来是海上一舟子,掌握航海术,所以在郑和的使团中大出风头,受命掌管航海。如果是这样,王景弘就不是早年进入宫廷,而是在成年以后才自宫当上宦官,这种例子是极少的,一般地说,没有特别原因,没有人会自宫。另一方面,福建省距北京有数千里之遥,即使有成年后自宫的人,他们也很难进入朝廷后宫。再说,如果王景弘是成年以后才成为宦官,就不可能受到重用,更不可能升至高位。还必须说明的是:王景弘的家乡虽然隶属于闽南,距海洋的直线距离也不超过200公里,但香寮是一个山窝里的小村落,当地的小溪水只能通行小舟,王景弘在其家乡不可能学得航海术;其次,明代初年正是海禁时期,许多海船或是被官府捣毁,或是被官府没收,航海人口大幅度减少,因此,王景弘也不可能在年轻时到沿海打工,那种臆测王景弘年轻时在沿海做工,是海船上一"舟子"的想法,肯定是错的。

王景弘能够掌握航海术,与他是一个闽南人有关。宋元以来,福建一直是中国的航海中心,其中又以闽南人对中国通往西洋的航路最为熟悉,由于这一原因,当时远航西洋的大船一定要雇佣闽南籍火长与水手。其时,闽南人的地方话与中原语因有很大的距离,北方人听不懂闽南话,与闽南水手打交道,一定要有人居间翻译。明代的宫廷中有不少来自闽南的宦官,朝廷从中选一些人进入使团,以便使团与水手、火长们联系,这是一个很有远见的决定。

那么,王景弘为何会以航海术闻名后世? 这与王景弘热心于航海有关。明宣宗在第七次远洋前赐予王景弘一诗咏到:"昔时命将尔最忠,大船摩拽冯夷宫。驱役飞廉决鸿蒙,遍历岛屿凌巨祲"。这至少说明当年王景弘对下西洋一事最为热心,给皇室留下深刻的印象,因而皇帝会有"昔时命将尔最忠"的评语。从以下诗句中涉及远洋航行这一点来看,王景弘在船队中应是负责航海。担任这一职责,不是闽南人不行,因为,他们每时每刻都要与闽南人交流。既然担任这一职责,不学会航海术也是不可能的。当时的航海术还比较简单,王景弘整天与火长水手们

---

① 罗青霄等:万历元年《漳州府志》卷三一,影印万历元年原刊本,第19页。
② 罗元信:《关于太监张敏的各种异辞》,台湾《历史月刊》1997年4月号,第122页。又见:《明史·后妃传》。

混在一起,每时每刻都要做有关航海的决定,以他对下西洋的热情,他一定能很快掌握航海术。王景弘一生出洋七八次,前后航行二三十年,他的经历超过同时期的许多老火长,如果说王景弘在第一次航行时还是生手,经历多次航行后,他肯定是一个技术超绝的老水手、老火长,民间流传王景弘的航海图,这是不奇怪的。

有必要说明的是:当时的宦官都受到良好的教育,他们长在宫廷中,自幼学习儒家经典,虽然他们不以文学出名,但其中每有一些杰出的文字能手。尽管明朝起草诏书的翰林学士都是一时之选,但明朝的秉笔太监,能够很自如地提笔修改翰林学士的作品。王景弘以武将出身,他的继子后被封为世袭正千户,但从当时对宦官的教育来看,他在年幼时也应当学过儒家经典,掌握一定的文化水准。事实上,若没有这一点,他不可能成长为一支大船队的领导人,也不可能向外国使者宣读皇帝的诏书。既然王景弘有相当的文化水准,而且又精通航海术,由他来总结历代航海经验,绘制航海图,这是必然的。①

二、王景弘在使团中的地位及下西洋次数

在王景弘的研究领域,有两大问题成为争议的焦点。其一,王景弘是正使还是副使? 其二,王景弘参加了几次下西洋的远航?

对于王景弘参加了郑和七次下西洋中的几次? 国内外学者是有争议的。有的学者提出:王景弘可能只参加了第三次与第七次远航,其他几次远航缺乏明确记载。这一观点也曾影响过中国的学者,新编《辞海》介绍王景弘时说:"王景弘,明宦官,航海家。永乐三年(1405 年)任郑和的副使,出使西洋。以后第二次,第三次,第七次航行也同行"。不过,随着时间的推移,抛弃这些观点的人越来越多。

其实,就明代使团的组合特点来看,郑和与王景弘是长期搭档。《明史》评价郑和等人:"当成祖时,锐意通四夷,奉使多用中贵。西洋则和、景弘,西域则李达,迤北则海童,而西番则率使侯显。"②可见,当时明成祖有几个主要使团,除了郑和、王景弘外,还有出使西域的李达,出使朔北的海童,出使西番的侯显。其中侯显五次出使异域,曾经翻越喜马拉雅山脉到中印度国家,也曾走海路到东印度,他对明朝外交的贡献,可与郑和比肩。相对而言,郑和与王景弘只是四大使团之一。不过,郑王的使团规模最大,率大船六十多号,明军约有 27800 余人。将这么大的一支水师交给郑和,明成祖当然不放心。明成祖命将出征,往往会派另一个人监视他,而且任监军的多为宦官。这是因为,朱棣从北京起兵,其依靠的核心力量是

---

① 按,传统史学著作对明代宦官多作贬语,实际上,他们中间也有一些人对国家做出贡献。
② 张廷玉等:《明史》卷三〇四,宦者列传,第 7769 页。

在其身边长大的宦官。朱棣手下的军队庞大,他们与南京朝廷有或多或少的关系,朱棣要用他们,又无法完全信任他们,便派自己身边的宦官担任将领们的监军,这就是明代监军制的起源。迄至明仁宗时代,任命的南京守备尚有郑和、王景弘、朱卜花等多人。不将大权交给一个人,这是明朝使用将领的一个原则。所以,尽管明成祖十分信任郑和,但不会让他握有所有权力,于是,有必要派一个人为其助手而又监视他。很显然,王景弘就是这样一个人,所以,他的名字一直与郑和联系在一起,例如郑和给长乐南山寺上供的铜钟刻有钟铭,其文曰:"永远长和供养,祈保西洋往回平安,吉祥如意者,大明宣德六年岁次辛亥仲夏吉日,太监郑和、王景弘同官军人等,发心铸造铜钟一口。"①又如《明史》所说,"西洋则郑和、景弘",以其意推之,郑和与王景弘是一个长期不变的组合,所以,《明史》才会将郑和、王景弘的组合与侯显、李达、海童等人的组合并提。也就是说,郑和下西洋船队的领导人大体是固定的。王景弘与郑和是长期共事的伙伴。

既然王景弘是船队不可少的一分子,他不可能只参加两三次远航,而是从头到尾都参加了全部七次远航。王景弘与郑和在长乐所立的"天妃灵应记"之碑,就是以集体的口气回溯七次远航的历史,倘若王景弘没有参加七次远航,他不可能与郑和共立此碑。实际上,仅凭长乐的天妃碑刻,就可证明王景弘参加了七次远航,倒是那些认为王景弘没有参加七次远航的人,需要拿出证据来。

质疑王景弘有否七下西洋有这样一件事需要解释,前人指出:王景弘即为王贵通,但王景弘曾于永乐五年与郑和一起下西洋,如《七修类稿》的记载,"永乐丁亥(五年),命太监郑和、王景弘、侯显三人往东南诸国,赏赐宣谕。今人以为三保太监下洋。"②同时,《明史》又记载王贵通出使占城,其原因是:明军攻打安南,得到占城的帮助,"帝嘉其助兵讨逆,遣中官王贵通赍敕及银币赐之"。③ 于是,有人认为,这里产生了问题:假使王景弘就是王贵通,他可能既下西洋又通占城吗? 这里只有两个选择,要么承认王贵通不是王景弘,要么承认王景弘没有七下西洋,这也是质疑王景弘七下西洋的原因之一。不过,从航行路程来看,这并没有矛盾。占城历来是郑和下西洋的第一站,既然明成祖想到要表彰占城国王,他就可能让王景弘在抵达占城时,顺便完成赏赐任务。

王景弘与王贵通是一个人,还可从杨士奇的奏疏中证明。大学士杨士奇曾说:

---

① 梅华全、卢保康:《南平市发现明代郑和铸造的铜钟》,《福建文博》1982 年第 2 期。
② 郎瑛:《七修类稿》卷十二,三宝太监,上海书店出版社 2001 年,第 124 页。
③ 张廷玉等:《明史》卷三二四,外国列传五·占城传,第 8387 页。

一南京虽内有太监王贵通等,外有襄城伯李隆在彼备御,然系国家根本之地,今当特赐敕谕使之谨慎关防,操练军马,以镇伏小人之心。更须老成忠直之人与之一同计议事务,臣切见南京户部尚书黄福老成忠直,欲请敕令黄福就彼参赞军务。仍敕王贵通、李隆等,凡一应事务,俱与黄福计议停当,然后施行。庶几根本坚固,事无疏失,并敕南京内外衙门,今后非奉敕旨,不许擅自差人出外扰害军民。①

按,此文出自大学士杨士奇的别集,应为晚年作品。王景弘一生经历了五次帝位更替。第一次是建文帝继位,第二次是永乐帝继位,这两次帝王更替,王景弘都还是基层人员,不可能掌权南京。第三次是明仁宗继位,第四次是明宣宗继位,第五次是明英宗继位,后三次,他都是重要人物。不过,从杨士奇的奏疏来看,当时的执政已经对王贵通有所不满,这与王景弘一向受明成祖、明仁宗、明宣宗的信任不一样,可见,杨士奇这篇文字应写于明英宗继位之初。

在杨士奇的文章中,王贵通和李隆都是南都南京的最高负责人。因当时南京的军人会有一些犯纪律的事,在杨士奇建议下,朝廷又派大臣黄福参与南京的管理。按,郑和生前一直是南京城的主要负责人,王贵通取代郑和任南京最高负责人,说明此时郑和已死。这也证明了杨士奇奏疏写于明英宗初期。约与同时的《明英宗实录》里,王景弘、李隆、黄福作为南京最高负责人一同出现。时为正统元年二月己未,其时朝廷

敕南京守备太监王景弘等及襄城伯李隆、参赞机务少保兼户部尚书黄福曰:"朕夙夜惓惓,惟体祖宗爱恤百姓之心,一切造作悉皆停罢。今南京内官纷纷来奏,欲取幼小军余及匠夫,指以不敷为名,其实意在私用,俱不准理。敕至,尔等宜益警省,凡事俱从俭约,庶副朕爱恤百姓之心"。②

南京太监最高负责人大约同时出现在两种文献中,有时他被称为"王贵通",有时他被称为"王景弘",这是"王贵通"与"王景弘"为同一个人的铁证!

关于王景弘在使团中的地位。由于王景弘的名字一直排在郑和之后,所以,人们习惯地将王景弘列为郑和的副使,这一观点长期影响了中国正式的史书,就连前十几年出版的《辞海》还将王景弘视为郑和的副使,这是错的。③ 其实,王景弘为郑和使团的两位正使之一,可见于各种碑刻与正史。例如:福建长乐市南山

---

① 杨士奇:《东里别集》卷三,论初即位事宜,文渊阁四库全书本,第 1 - 2 页。
② 《明英宗实录》卷十四,正统元年二月己未,第 257 - 268 页。
③ 我在 1995 年发表于《海交史研究》的《八次下西洋的王景弘》一文中就指出:王景弘是与郑和并列的正使,这一观点渐被多数人接受。

寺前所立的"天妃灵应之记"碑,是郑和使团在第七次下西洋之前所立的碑刻,①其署名为:"宣德六年,岁次辛亥仲冬吉日,正使太监郑和、王景弘,副使太监李兴、朱良、周满、洪保、杨真、张达、吴忠,都指挥朱真、王衡等立"。

此前,他们还在南京附近的娄东的刘家港天妃宫立"通番事迹碑",其署名为:"明宣德六年,岁次辛亥,正使太监郑和、王景弘,副使太监朱良、周满、洪保、杨真、左少监张达等立"。

巩珍的《西洋番国志自序》也记载了第七次下西洋:"宣宗章皇帝嗣登大宝,普宾天下。乃命正使太监郑和、王景弘等兼督武臣,统率官兵数万,乘驾宝舟百艘,前往海外,开诏颁赏,遍谕诸番"②。

有名的锡兰山郑和碑,也是由郑和及王贵通共同署名。

以上记载表明王景弘的地位确实是正使。

王景弘担任正使的历史颇久,《星槎胜览》一书说:"永乐七年,太宗皇帝命正使太监郑和、王景弘等,统官兵二万七千余人,驾海舶四十八号,往诸番国开读赏赐。"③此处点出早在永乐七年郑和第三次下西洋时,王景弘就已经是正使。

这里有必要进一步强调的是:其实早在第一次远航时,王景弘已是与郑和并列的正使。可以回味一下父子两代参加郑和使团的费信在《星槎胜览序》中说:"太宗文皇帝继统,文明之治,格于四表,于是屡命正使太监郑和、王景弘、侯显等开道九夷八蛮"。④ 可见,明成祖给郑和、王景弘、侯显的地位都是正使。

再如《明史》记载:"永乐三年(1405 年)六月命和及其侪王景弘等通使西洋。"⑤可见,王景弘是郑和的同侪,而不是下属,从文意看,二人是平等的。

不过,尽管王景弘与郑和都是正使太监,但郑和还有"钦差总兵太监"这一衔头,⑥作为宦官中的特列,郑和生前封侯。这都是王景弘所不及的。此外,王景弘的名次略逊于郑和,明仁宗洪熙元年二月戊申,"命郑和领下番官军守南京,于内则与内官王景弘、朱卜花、唐观保协同管事;遇外有事,同襄城伯李隆、驸马都尉沐

---

① 南山寺位于长乐市中心的小山上,民国时废坏。民国二十年,长乐县知事在旧墙中刨出此碑,该碑自后为众所知。

② 巩珍:《西洋番国志》自序,第 5 页。

③ 费信:《星槎胜览》卷一,占城国,王云五主编:宋元明善本书十种,明刊本《纪录汇编》第七册,卷六一,《星槎胜览》,第 5 页。

④ 费信:《星槎胜览》,第 1 页。

⑤ 张廷玉等:《明史》卷三〇四,郑和传,第 7766 - 7767 页。

⑥ 佚名:《泉州灵山回教先贤墓行香碑》,郑鹤声、郑一钧:《郑和下西洋资料汇编》上册,齐鲁书社 1980 年,第 29 页。

昕商议的当,然后实行"。① 这条史料表明洪熙年间王景弘是掌管南京军队的主要负责人之一,但他的权限与郑和有差异,郑和是全方位的负责人,不仅与王景弘共同掌管所辖军队,而且还要南京的头面人物共同管理南京事务,王景弘则没有这一责任,说明他的地位略逊于郑和。说他是郑和的助手,也是可以成立的,不过,他绝不是副使。

有的学者指出:郑和与王景弘二人,前者应以负责外交与率领军队为主,而王景弘以负责航海为主,这一观点是有见地的。总之,明成祖是一个以"雄猜"闻名后世的君主,他不会让郑和一个人负责一支大舰队,而王景弘就是他派出的另一个正使,以收两相制约的效果。不过,这一组合一直是很团结的,所以,这一组合一支保持20多年,直到七下西洋结束。

王景弘有没有八下西洋?

对这一问题,老一辈史学家进行过争论,起因在于《明史》有关于苏门答剌的一段记载:宣德"九年,王弟哈利之汉来朝,卒于京。帝悯之,赠鸿胪少卿,赐诰,有司治丧葬,置守冢户。时景弘再使其国。"②

据《明宣宗实录》的记载,"宣德八年闰八月辛亥朔苏门答剌国王宰奴里阿必丁遣弟哈利之汉等"随其他诸国王到北京来觐见明宣宗。他们之来,应是跟随郑和、王景弘第七次下西洋的船队。郑和在舰队回程中死于海上,传说是死于古里。于是,王景弘成为舰队的最高领导人。回程舰队到苏门答剌停靠后,再带上苏门答剌哈利之汉的使团,回到南京。这是王景弘一使苏门答剌。哈利之汉死于宣德九年正月,在这一背景下,明朝感到有必要向苏门答剌国交代,便派王景弘再赴苏门答剌,"时景弘再使其国,王遣弟哈尼者罕随入朝,明年至。言王老不能治事,请传位于子。乃封其子阿卜赛亦的为国王,自是贡使渐稀。"③如其所说,王景弘应是在宣德九年再次出使苏门答剌,报告哈利之汉死于中国的消息。而后,年老的国王再派其另一个弟弟哈尼者罕入贡。他们抵达中国时,已经是宣德十年初。如果否定王景弘第八次下西洋,就无法解释哈尼者罕之来,所以,王景弘肯定有送苏门答剌的使者返回其国家!这是郑和之后的第八次下西洋!王景弘回来不久,正逢宣德帝去世,明英宗继位。新皇帝在大臣主持下,十分关心苏门答剌国的政事。宣德十年(1435年)夏四月癸卯,"命苏门答剌国王宰奴里阿必丁男阿卜赛亦的嗣为国王。先是以公务遣中官王景弘往其国。宰奴里阿必丁遣弟哈尼者罕等来京

---

① 《明仁宗实录》卷七,上,台北,中研院历史语言研究所影印本,第232页。
② 张廷玉等:《明史》卷三二五,外国列传六·苏门答剌传,第8422页。
③ 张廷玉等:《明史》卷三二五,外国列传六·苏门答剌传,第8422页。

朝贡,具奏耄年不能事事。上嘉宰奴里阿必丁素尊朝廷修职贡,而阿卜赛亦的乃其冢嗣,应袭王爵,故有是命。宴赉哈尼者罕等加厚。"①次年,新皇帝改元正统(1436 年)。

郑和的第七次下西洋结束于宣德八年,读以上记载,王景弘应在宣德九年再次出使苏门答剌,并于宣德十年初回到南京。苏门答剌的使者还到过北京,受到朝廷的款待。

在这里还有一个问题是:王景弘有可能在一年的时间内往返苏门答剌吗? 因为,苏门答剌的哈利之汉死于宣德九年初,而宣德十年正月,王景弘已经在南京守备任上,王景弘再赴苏门答剌只有宣德九年一年的机会。有人提出:郑和等人每次下西洋,都要准备一二年的时间,王景弘在一年内往返苏门答剌似乎没有可能。

不过,事情有缓急轻重,对明宣宗来说,郑和与王景弘第七次下西洋是自己任内发生的唯一一次盛举,而哈利之汉死于中国,致使苏门答剌的王位继承出现危急,明朝有义务速将此事告诉苏门答剌。对王景弘而言,由于郑和在第七次下西洋时死于古里,将苏门答剌王弟带到中国,也是他的责任,马上出使该国,解决相关一系列问题,也是很有必要的。

但王景弘再次出使苏门答剌,不可能是像前七次一样周游世界,而是专门为了苏门答剌而去,事毕即归。所以,这一次下西洋,规模不可能很大,动员的人也不多。他们于宣德九年的春季南下苏门答剌,在夏天就返回中国本土。

从王景弘座驾的命运也可看出一些信息。据《前闻录》的记载,郑和舰队的船只有"大八橹"、"小八橹"之称。郑和与王景弘的船只,应当都是"大八橹"。王景弘送苏门答剌的使者返回本国,当然乘其座驾"大八橹"。他回程时,应是到了广州市舶司,所以把"大八橹"留在广州。杨士奇等人不想再下西洋,"大八橹"这种一级战舰对他们来说就没有用了。明英宗上台后,国家政策变化。宣德十年四月,掌权的杨士奇、杨荣等人下令送南海十一国使者回国。"敕谕满剌加国王西哩麻哈剌者曰:王在先朝躬来朝贡,已悉尔诚。朕嗣承大统,小大庶务悉遵祖宗成宪。今已敕广东都司布政司厚具廪饩,驾大八橹船送王还国。并遣古里真腊等十一国使臣附载,同回。王宜加意抚恤,差人分送各国,不致失所庶副朕柔远之意。"②可见,当时明朝廷曾打算用王景弘的巨舰"大八橹"送各国使臣回国! 一级战舰被当作客轮使用,王景弘辈恐要垂头丧气。不过,这一建议似未被接受。看

---

① 《明英宗实录》卷四,宣德十年夏四月癸卯,台北,中研院历史语言研究所影印本,第 83 页。

② 《明英宗实录》卷四,宣德十年夏四月壬寅。

来满刺加是有自己的船只,或是广东卫所不愿驾驶这艘船,满刺加国王回国,没有带其他国的使臣。次年,也就是正统元年六月,明朝廷又将这一任务转嫁给爪哇国使者郭信。"特赐海船",并下令由郭信护送十一国的使者。① 赐给郭信的海船,该不是"大八橹"吧? 按,据海边老人说,大木船其实不能做得太大,长60米是一个极限。超过这个界限的大船不好驾驶。郑和的大船,不论是帆、锚、舵,没有二三百人很难使唤,普通的东南亚使团,也就一二百人,全部人动员,也很难摆布"大八橹",所以,他们更需要的是一般的海船。

总之,王景弘八下西洋应是存在的,《明史》有关王景弘于宣德九年再次出使苏门答刺的记载不可轻易否定。

三、航海期间王景弘与历朝皇帝的关系

王景弘能成为与郑和并列的正使,引人注目的是他与明成祖的关系。前引有关王景弘的传记说:王景弘"永乐间随太宗巡狩",可见,他很早就成为明成祖手下的大将,是明成祖夺嫡之战中依靠的重要助手之一。明成祖夺嫡之战发生于明建文年间。明太祖朱元璋死后,嫡长孙继位,是为明建文帝。建文帝见分封各地的诸王掌有兵权,尤其是驻扎北京的燕王朱棣能征善战,深恐政权不稳,下决心削藩。而朱棣在王府中打制兵器、训练宦官,积极准备造反。其后,双方冲突正式爆发,展开了长达四年的夺嫡之战。最后,朱棣的燕军打败建文帝的大军,进入南京,夺取政权。

在燕王谋夺政权的大战中,明朝的官军陆续投靠燕王,但燕王对他们并非很放心,所以,燕王起用很多心腹宦官任各支部队的监军。这些宦官自幼自长于燕王的身边,由燕王亲自训练,都有不错的武功。在战争中,他们是燕王最卖力的一批亲信。实际上,他们不只是监军,还参加了多次真刀真枪的肉搏战,所立战功不亚于燕王手下大将。所以,燕王夺权之后,他们也受重用。郎瑛《七修类稿》云:"郑和旧名三保,皆靖难内臣有功者。若王彦旧名狗儿等,后俱擢为边藩镇守督阵以报之,镇守自此始耳。"②王景弘也是这一类有战功的宦官,所以,成为永乐帝的燕王敢于放心地起用他们率领大军远征西域。从王景弘与郑和共任出使西洋的正使这一点来看,永乐帝对他的信任不亚于郑和。这一事实说明,王景弘肯定是一位战功不亚于郑和的宦官,否则不可能一下被任命为正使。可见,王景弘也不可能是半路出家的宦官,他应是自幼被养于宫中,从小陪伴朱棣,所以,得到明成

---

① 《明英宗实录》卷十九,正统元年六月癸巳。
② 郎瑛:《七修类稿》卷十二,三宝太监,上海书店出版社2001年,第124页。

祖的特别信任。

王景弘与明仁宗的关系也很深。明仁宗是明成祖的长子，但他身有残疾，不得父亲欢心。明成祖在外作战，太子长期留守北京，所以，明成祖对随其作战的两位儿子会更好一些。明成祖的偏爱使太子之位危急，但是，明成祖却十分喜爱嫡长孙朱瞻基。明成祖晚年就立后继人之事与大臣商量，他最怕表面懦弱的太子无力承担天下大事，但大学士杨荣提醒皇帝："好圣孙"。明成祖想到：自己的天下最后将由在自己身边长大的朱瞻基担任，便放心了。然而，明仁宗继位后，为巩固政权，令新太子朱瞻基迁于南京，摆明大权独揽的想法。当时朱瞻基大哭一场，生怕失去父皇的信任。不过，明仁宗对太子还是很关心的，派郑和、王景弘等人支持他。不久，明仁宗又命王景弘承担重要事务：

洪熙元年四月甲辰，敕南京太监王景弘曰：朕以来春还京，今遣官匠人等前来，尔即是提督将九五殿各宫院儿有渗漏之处，随宜修葺，但可居足矣，不必过为整齐，以重劳人力。①

修理宫殿是一件十分琐碎而又令人操劳的事，明仁宗命王景弘担任这一工程的管事，说明王景弘在明仁宗的心里是一位细心而又能承担责任的人，可以托以大事。这也说明明仁宗对王景弘是十分信任的。

明仁宗即位仅数月便突然逝去，因明仁宗的两个弟弟对皇位虎视眈眈，大臣密不发丧，先将消息告诉太子朱瞻基。朱瞻基得知消息后，马上行动起来，他率领南京的官军迅速北上，一举奠定皇位，是为明宣宗。其后，明宣宗镇压了两位叔叔想重演"以叔代侄"夺权的行动。在这一事件中，王景弘所率南京的军队立下大功，所以，《龙岩州志》评价他"有拥立皇储功，赐嗣子王祯世袭南京锦衣卫正千户"。

宣德五年，明宣宗派遣郑和与王景弘下西洋，为了鼓舞士气，明宣宗给郑和及王景弘赐两位正使赐诗，其中一首是专门送给王景弘的：

南夷诸国蟠海中，海波险远迷西东。其人习性皆颛蒙，浮深泳浅鱼鳖同，
自昔不与中华通。维皇太祖大命隆。薄海内外咸响风，中兴功烈维太宗。
泽及远迩如春融，明明皇考务笃恭。至仁怀绥靡不容，三圣相承盛德洪。
日月所造翻服从，贡琛纳赘来无穷。昔时命将尔最忠，大船摩拽冯夷宫。
驱役飞廉决鸿蒙，遍历岛屿凌巨礁。覃宣德意化崆峒，天地广大雨露浓，
覆载之内皆时雍。朕今嗣统临外邦。继志述事在朕躬。岛夷仰望纷喁喁，
命尔奉使继前功。尔往抚谕敷朕衷。各使务善安田农。相与辑睦戒击攻。

---

① 《明仁宗实录》卷九，上，洪熙元年四月甲辰，第280－281页。

念尔行涉春与冬,作诗赐尔期尔庸。勉旃尔庸当益崇。①

在这一时代,内臣能得到皇帝赐诗,是天大的荣耀,可见,明宣宗视王景弘为股肱之臣。

总之,王景弘在永乐、洪熙、宣德三代皇帝当政时,都是极受宠信的内臣,这使他与郑和一样长期受到重用。

四、王景弘有没有到过台湾岛?

台湾的一些地方志记载了郑和与王景弘抵达台湾岛的历史传说。蒋毓英的康熙《台湾府志》记载:"台湾,古荒裔之地,明宣德间,太监王三保下西洋,舟曾过此。以土番不可教化,投药于水中而去。此亦得之故老之传闻也。"②

高拱乾的康熙《台湾府志》又载:"药水,在凤山县淡水社。相传明太监王三保投药水中,令土番染病者于水中洗澡,即愈。"同卷"杂记"也记载了"三保姜"的传说,"凤山县有之。相传明太监植姜岗山上,至今仍有产者。有意求见,终不可得。樵夫偶见,结草为记。次日寻之。获故道。有得者,可疗百病。"③

龚柴的《台湾小志》云:郑和等人"遍历诸邦,采风问俗。宣宗宣德五年,三宝回行,近闽海,为大风所吹飘至台湾,是为华人入岛之始。越数旬,三宝取药草数种,扬帆返国。"④

以上记载其实都是传说,郑和与王景弘是否到过台湾在历史上一直有疑问。如果郑和等人到过台湾,为何有关郑和的史册上不见"小琉球"之名?明代将南洋分为东洋与西洋两部分,其根据是以福建至淳泥(今文莱)航线为中心,其理由是:从泉州或厦门出洋,乘正东风,可直驶淳泥,因此,淳泥之东的区域有苏禄、琉球等,而台湾(当时名为小琉球)也是属于东洋的。由于台湾海峡与南海盛行东北风与东南风,所以,从福建往东洋地区很不容易,其间必有逆风之旅。元代闽人去东洋的苏禄,一般是向东航行先到澎湖岛,然后从澎湖岛乘东北风南下,直达菲律宾群岛。若在半途遇到逆风,则有可能在台湾的南部停靠,所以,元代的《岛夷志略》诸书,都记载了"小琉球"的情况。明代的郑和以下西洋闻名,说明他们主要是到西洋诸国,那么,他们可能不可能抵达东洋诸地?陆容的《菽园杂记》记载郑和等

---

① 明宣宗:《宣庙御制总集》。转引自郑鹤声、郑一钧:《郑和下西洋资料汇编》中册下,齐鲁书社 1983 年,第 857 页。

② 蒋毓英:康熙《台湾府志》卷一,沿革,中华书局 1985 年影印《台湾府志三种》本,第 5 页。

③ 高拱乾:康熙《台湾府志》卷九,外志,古迹。中华书局 1985 年影印《台湾府志三种》本,第 962 页;卷九,外志,杂记,第 968 页。

④ 龚柴:《台湾小志》,《小方壶舆地丛钞》第九帙,台湾小志一。

人永乐年间远航所到过的国家与地区,其中包括了东洋的国家。这些国家列在天方之后:"曰琉球,曰三岛国,曰浡泥国,曰苏禄国。至永乐二十二年八月十五日,诏书停止。"①

从《菽园杂记》所列国家与地区来看,郑和与王景弘的出使,是一路向西走,先到占城,然后到中印半岛、印度尼西亚群岛、印度半岛、波斯湾地区以及东非,郑和、王景弘的远航被称为"下西洋",是有其道理的。但在以上所列西洋国家地区之后,也列上了"东洋"的浡泥国、苏禄、三岛国、琉球国四个地区。浡泥位于北婆罗洲,今文莱国地方,苏禄即为菲律宾南部,三岛国应是菲律宾北部,而琉球今为日本的南部冲绳县,台湾正处于苏禄与琉球二地之中,这就透露了郑和与王景弘的船队有可能到过台湾的信息。

郑和与王景弘出使海外是受命下西洋。当时的西洋和东洋之分是以浡泥为界限,浡泥国、苏禄国、三岛和琉球国都属于东洋,这些国家的进贡向来由福建市舶司负责,而且,明代初年,这些国家大都有来中国进贡,所以,不需要郑和前去招揽。郑和的使命是下西洋,东洋国家应该不是他的任务。不过,台湾海峡是郑和必经的区域,在某种条件下,郑和舰队中的一些船只到过台湾,也是可以理解的。《闽游偶记》记载:"澎湖为台湾门户……曾闻明永乐丁亥命太监郑和、王景弘、侯显三人往东南诸国赏赐宣谕,郑和旧名三保,故云三保太监下西洋;因风过此。"②可见,他们是征途中遇到风暴,才登陆澎湖和台湾。那么,既然郑和与王景弘到过台湾,为何《星槎胜览》上没有"小琉球(台湾)"的记载? 这是因为:台湾的土著不愿到明朝来进贡!《台湾割据志》记载:"土番居海中,畏海,不善操舟,故老死不与他夷相往来——其地不载版图。永乐初,郑和航海,抚谕诸夷;东西洋献琛恐后,独东番远避不出。和恶之,家贻一铜铃,俾挂项,拟之狗国以辱焉。番不悟,传以宝之(明史、闽书郑成功传曰:宣德中,太监王三保舟下西洋,因风过之)。"③很显然,郑和与王景弘的部下到过台湾,但其使命未获成功,因此,《星槎胜览》等书就不能记载"小琉球",以免授人以柄。

五、王景弘的晚年

明成祖在位时期是明朝最强大的时代,其后,明仁宗与明宣宗相继以仁治天下,号称明代的"仁宣之治"。但惜仁宣二帝在位时间不长,明仁宗在位仅数月,而

---

① 陆容:《菽园杂记》卷三,北京,中华书局 1985 年,第 26 - 27 页。
② 吴振臣:《闽游偶记》,《台湾文献丛刊》第 216 辑,第 14 页。
③ 川口长孺:《台湾割据志》,台湾文献丛刊本,第 3 - 4 页。

明宣宗在位也仅 10 个年头,明宣宗死,继位的是其未成年的儿子,即为明英宗。英宗年幼不能管事,大权握于宰相之手——即杨士奇、杨荣、杨溥等大学士。三杨以儒学执政,强调节政爱民。他们深知明成祖好大喜功,在位期间征蒙古、征安南的行动,耗费了大量的钱财,即使以下西洋一事而言,派出的船只就有 62 艘巨舰,实际上,当时海外根本没有对抗明朝海军的力量,宋元以来中国到海外的商人,只要有一条中型商船便敢远航波斯湾。明朝下西洋的船只即使只有几条大船,便足以称霸外洋,海外根本没有可以威胁明朝海军的力量。换句话说,明朝本来没有必要铺张浪费,出动那么一支大舰队去海外招纳诸国进贡。明朝在对外贸易中所得的实际利益是香料等皇室用品,而皇室在这方面的消费是极有限的,有一两条大船出外贸易,足以供给。但明成祖凡事铺张的习惯已经成为"祖训",而祖训是不可变的,只要下西洋的船只有一出动,就得几十条船只,几万大军随行,这要耗费极大的财富。然而,在正统年间,明朝的财政已经开始出现问题,大臣们都在考虑削减开支,在这一背景下,停止下西洋的行动也就是有必要的了。

正统元年二月己未,朝廷"敕南京守备太监王景弘等及襄城伯李隆、参赞机务少保兼户部尚书黄福曰:'朕夙夜惓惓,惟体祖宗爱恤百姓之心,一切造作悉皆停罢。今南京内官纷纷来奏,欲取幼小军余及匠夫,指以不敷为名,其实意在私用,俱不准理。敕至,尔等宜益警省,凡事俱从俭约,庶副朕爱恤百姓之心。"①

这是以皇帝的名义下的诏书,其实为"三杨"的杰作,既然朝廷决心停止一切造作,与民休息,大规模下西洋也就不可能了。王景弘等人并受到批评。再如《明实录》的以下记载:

"正统元年(1436 年)三月甲申,敕王景弘等,于官库支胡椒、苏木三百万斤,遣官运至北京交纳,毋得沿途生事扰人。"②这一敕书的口气十分严厉,表明朝廷对王景弘的不满。

可见,在正统朝的初年,王景弘等人屡遭朝廷的批评。如果我们理解正统朝的政治背景,我们就可知道王景弘等人在掌权的大臣眼里是怎样的一些人物:在杨士奇等人看来,王景弘这些人的远航,花费国家太多的财富,有必要加以抑制。其次,明朝的宫廷中,一直存在着士大夫与宦官集团的斗争,明成祖任用士大夫,但也使用宦官来监视士大夫,这造成宦官势力的膨胀。不过,到了明宣宗时期,士大夫势力上扬,三杨掌权后,更是形成压倒宦官的声势。在这一背景下,士大夫感到有必要压一压宦官的势力,所以,宦官集团的核心人物开始受到各种批评。

---

① 《明英宗实录》卷十四,正统元年二月己未,第 257 - 268 页。
② 《明英宗实录》卷十五,正统元年三月甲申,第 289 页。

从私人关系来说，王景弘等人作为宦官，在永乐、洪熙、宣德时代，都是皇帝身边的人物，容易得到皇帝的信任，但自明宣宗长期居住北京之后，王景弘等人长期驻守南京，就不容易和皇帝建立良好关系。

其实，对宦官势力在朝廷上的作用，必须用两分法，从历史来看，在明宣宗以前，宦官在朝廷中所起作用还是正面为多，郑和与王景弘等人，都是对国家做出贡献的。即使朝廷觉得下西洋花费过大，但这不是王景弘等人的错误。

王景弘是经历了洪武、建文、永乐、洪熙、宣德、正统六朝的老臣，权臣可以贬低他们，但不会、也无权对他们太过分。史料表明：正统年间王景弘仍然掌管大权，正统元年三月丁卯朔，"敕南京守备内外官员太监王景弘等曰：'比闻南京承运等八库，递年收贮财物数多，恐年久损坏，负累官攒人等。敕至，尔等即会各库官员公同拣阅，除新收堪用之物，及一应军器颜料等项，并堪久贮该用不坏对象存留备用，其余一应损坏及不该支销之物，悉令铺户估直，另项收贮，听候支销'。"①可见，王景弘那时仍在管理南京的财库。

正统二年十月，又有一条诏书涉及王景弘，"癸未敕谕太子太保成国公朱勇、新建伯李玉、武进伯朱冕、都督沈清、尚书魏源曰：兹特命尔等，同太监王景弘等，整点在京各卫及见在守备一应官军人等，选拔精锐，编成队伍，如法操练。务要人马相应，盔甲鲜明，器械锋利，操练娴熟，纪律严明，则兵可精，以守则固，以战则克，寇无不灭，功无不成。尔等宜体朕饬兵安民之心，躬勤任之，勿阿徇私情，以害公道。凡有不遵号令，及沮遏行事者，即明白具奏，罪之不宥。尔等其钦承朕命。"②

值得注意的是，这次王景弘出现于《明实录》，不是与他一贯的南京僚友李隆与黄福，而是与朱勇、李玉诸人。朱勇和李玉等人都是正统朝较受宠信的大臣，他们应是在北京驻扎，《实录》还记载了朱勇等所整顿的军队有五军神机、三千大营等，这都是北京御营官军之名。可见，王景弘应是在正统二年北调，此时他仍有很高的地位，可与北京最高军事长官一起训练官军。自此以后，史册上就找不到王景弘的记载。已故的庄为玑先生说，曾在明英宗天顺实录中看到有关王景弘的记载，但经检核，实际上找不到这一条史料。按，天顺是明英宗的第二个朝代，此前，明英宗因土木之变被瓦剌俘虏，其弟景泰帝执政六年，明英宗复辟之后，才改年号为"天顺"。所以，若王景弘于天顺之时仍在人间，他就要再活20年。明朝尊重老臣，年届知天命之年的老臣，时常得到赏赐与表彰，这类表彰在《明实录》中比比皆

---

① 《明英宗实录》卷十五，正统元年三月丁卯朔，第276页。
② 《明英宗实录》卷三五，正统二年十月癸未，第691页。

是，若王景弘尚在人间，必然会在《明实录》上留下遗迹。其次，正统十四年发生了著名的"土木之变"，明军五十万被歼，包括张辅、朱勇在内的明军大将大都战死，明英宗被俘。记载土木之变的史料颇多，若王景弘此时尚在人间，应会在"土木之变"中露面。其时，朝廷大权已经从三杨手里转到宦官王振手上，王振与王景弘同为宦官，若王景弘在世，王振肯定会借重于王景弘的军事才能，当然，若有王景弘作为咨议，明军也不一定就会在土木堡大败了。就此看来，正统十四年之时，王景弘肯定不在世，因此，推断王景弘逝于正统年间应是不会错的。事实上，正统二年以后，史册中就不见了王景弘的名字，他应死于此后不久。

有一些老先生推断，王景弘有可能在正统年间送各位使者返乡。其时，自宣德八年来到中国的使者还有很多，其中如满剌加之王，他们在明朝滞留多时，"时英宗已嗣位，而（满剌加）王犹在广东。赐敕奖王，命守臣送还国。因遣古里、真腊等十一国使臣，附载偕还。"①可见，直到明英宗继位的宣德十年之后，明朝才正式下令将这些使臣送还本国。从这些使臣的籍贯来看，他们主要分布在东南亚，最远的古里位于印度沿海，明朝要将这些使者送回本国，必然要经历东南亚以至印度的港口，这也是一次规模相当大的远航，肯定需要王景弘之类的航海家。所以，有人认为：《明史》云"王景弘再使其国（苏门答剌）"应是发生在这一背景之下。

但是，从明实录所载史料看，从宣德十年到正统元年、正统二年，王景弘都在南京和北京，不可能担负送使者还乡的任务。而且，《明史》明确记载：满剌加国王是滞留于广东，后来，朝廷是命"守臣"送其回乡。以意推之，此处的"守臣"应是指广东的守臣。广东的广州市舶司历来有许多南洋国家入贡，与南洋关系很深，由广东的守臣送满剌加国王回国，不需要国家耗费太多的财富，这是一个合理的安排。

要么王景弘在正统二年以后才送东南亚与印度的各位使者返乡，并参与苏门答剌新任国王的任命，但从时间上来看，都太迟了一些。②

总的来说，王景弘是一位与郑和齐名的航海家。明代的文献有时会只说王景弘，不提郑和。例如《皇明从信录》云："宣德间常遣王三保出使西洋等番，所获奇珍异货无算。"③可见，王景弘在民间的影响很大。他是一个不应被忘记的人。

---

① 张廷玉等：《明史》卷三二五，外国传，第 8417 页。

② 关于王景弘我写过的文章及论文有：《与郑和齐名的航海家—王景弘》此文为 1000 多字的短文，发表于《福建日报》1992 年 9 月 29 日；《八次下西洋的王景弘》，《海交史研究》1995 年第 2 期；《与郑和齐名的航海家——王景弘》，《郑和研究》2007 年 2 期。收入本书的是综合以上各文的成果。

③ 陈建：《皇明从信录》卷二二，《四库禁毁书丛刊》史部第一册，明刻本，第 26 页。

第三节　郑和下西洋与广东

在广东方志上,有一些关于郑和的零星史料,它能否证明郑和第二次下西洋和第六次下西洋是从广东出发? 这是郑和研究者关注的两个问题。

一、郑和第二次下西洋是否从广东起航?

郑和舰队七下西洋,始发港都是南京。不过,南京是一个内陆港,通常郑和必须率其部下从南京航行到东南沿海的某个港口,才可能集中所有部队,远航海外。一般认为,这个港口就是福州的长乐太平港。但在广东学术界也有人认为,郑和第二次下西洋是从广东的港口出发的。施存龙讲到这个问题时说:"2003 年看到《广东海上丝绸之路史》,一书以其(指万历《广东通志》)为据,肯定郑和第二次下西洋'是从广东出发的'。"①

广东市舶司是明初重要口岸之一,明初不少使者下西洋,都是从广东出发的。查万历《广东通志》记载:永乐五年"秋九月,命太监郑和使西洋诸国。首从广东往占城国起。"②这条史料可以证明郑和第二次下西洋的出发港是广州吗? 按,广东市舶司历来是占城国进贡的首选港口,明朝的使者选择从广州出发,到占城出使,不论在什么时代都是可以理解的。同时,福建与占城一直保持密切联系,有时,占城国使者的进贡,也会选择到福建的港口登陆。因此,永乐五年,明朝的使者从福建出发至占城,同样可以理解。那么,长乐与广州,哪一个是郑和船队第二次远航的出发港? 一时不好判断。我注意到,不论是《明史》《明太宗实录》还是《福建通志》等书,都缺少对郑和第二次出航的详细记载。施存龙专门著文考证了这个问题,虽然没有找到直接说明问题的史料,但是,他"以第一、三、四、五、七次都从福建太平港起航的事实等四点理由,论证第二次也当在太平港起航。"③可见,施存龙认为郑和船队第二次下西洋的始发港,还是福州长乐港。

近来,福建史学界找到一条有关郑和航海的新资料,出于由宁德支提寺所藏的《支提寺全图》明代木刻版本,这块木刻版今藏于宁德支提寺中。支提寺是国内

---

① 施存龙:《郑和第二次和第六次下西洋是从广东还是福建去的?》,澳门文化局:《文化杂志》2006 年春季刊,第 185 页。

② 郭棐纂修:万历《广东通志》卷六,日本内阁文库藏万历三十年刻本,第 2 页。

③ 施存龙:《郑和第二次和第六次下西洋是从广东还是福建去的?》,澳门文化局:《文化杂志》2006 年春季刊,第 185 页。

有名气的大寺。

支提寺,在支提山,吴越钱氏建。西有那罗岩,石室空洞深广数十丈,为天冠化成寺。宋开宝四年建大华岩寺于化成林之北。建时见天灯隐隐,钟磬梵呗,缥缈空中。政和间,郡守黄裳请赐万寿额。明永乐间,仁孝皇后铸天冠菩萨一千尊,泛海祀于寺,复赐藏经于支提。为海内第一禅林。①

支提寺至今保留一些明代文物。木刻版本《支提寺全图》是其中的一件。该图题额为:"敕赐大支提山华藏万寿寺山图记",全篇文字残缺不少,尚能看得出的文字有些涉及郑和:"迨我成祖文皇帝握乾坤待以升位,泽被九流","仁孝皇太后体坤德以资他,恩隆三宝","官郑和之口运"等句。要理解这些残缺的句子,得知道永乐五年支提寺发生的一件大事。

《福建通志》记载:

明永乐中,仁孝皇后遣谒者泛海,赍送铜天冠一千尊于支提寺。中流风涛簸荡,舟人大恐,以为蛟龙睥睨宝物,尽弃舟中所有。次至天冠,每一投,风辄少霁。谒者泣拜曰:此中宫命也,赍命当诛,不如覆吾舟!风遂止。而弃者已半。时有樵者见群僧晒袈裟于岩上。及谒者至,则所弃天冠已在寺中矣。宁德县志。②

这个民间传说透露的一个很重要的信息:永乐年间,仁孝皇后曾命人送天冠菩萨一千尊到支提寺中,他们是走海路!这就可能与郑和有关了!永乐五年九月,郑和回到南京,未暇暖席,便出发到福建,原来是为了替仁孝皇后送一千尊天冠菩萨给宁德支提寺!这也让我们知道,为何永乐五年九月的《实录》文字只记载王贵通出使占城,因为,郑和另有一个使命,将仁孝皇后敬佛的使者送到福州,他可能先王贵通出发到福州。永乐帝再令舰队远航,此时舰队的另一位首脑王贵通尚在南京,所以,就由王贵通领命了。

永乐帝的皇后是开国重臣徐达的女儿。她与永乐帝同甘共苦,为永乐帝登基出力不少。皇室称之为"仁孝皇后"。她死于永乐五年秋七月乙卯,永乐帝悲伤不已,亲自上堂祭祀,素服百日有余,终身不再立皇后。不过,永乐帝和其皇后信仰不同。永乐帝信仰道教,一生侍奉玄天上帝、二徐真人等道教神仙。仁孝皇后则以信奉佛教出名。她出版过:《仁孝皇后梦感佛说大功德经一卷》,载于《明史·艺文志》。郑和于永乐五年九月份回到南京,仁孝皇后已经去世一个多月。刚死的人,遗言十分重要,郑和急急出京,应与此事有关。宁德支提寺隶属于福州府(其时元代的福宁州已经撤销,而明代的福宁府尚未建立)管辖,而郑和的舰队常住福

---

① 郝玉麟等:雍正《福建通志》卷六十三,古迹,第67页。

② 郝玉麟等:雍正《福建通志》卷六十七,杂记,丛谈三,第61页。

州长乐,所以,由他驾船到福建送天冠菩萨等重要文物,是理所当然的。

　　仁孝皇后为什么会给宁德支提寺捐赠一千尊天冠菩萨?这与明朝内宫时隐时现的高丽血统有关。约在元代,朝鲜半岛的高丽国开始给元朝进贡美女,后来成为一种惯例,所以,元代内宫有很多来自朝鲜半岛的宫女,她们有些人成为贵妃,对元朝、明朝血统有一定影响。徐达于明朝建立之时攻占北京,虏获元朝嫔妃、宫女万计,按照当时处理敌国女性的习惯,徐达应是从中选出一批美女晋献明太祖朱元璋,他和诸将也会分享一批美女。所以,朱元璋和徐达的周边,都会有高丽女子。后来,朱元璋和徐达结为亲家,徐达的女儿嫁给朱元璋第四子朱棣,是为徐妃,即为后来的仁孝皇后。他们的身上是否有高丽血统就不好说了。但是,在内宫流行的高丽文化,很可能影响了他们。而宁德支提寺,是与高丽文化有关的一个中国寺院!

　　唐宋时期,中国佛教兴盛,有诸多宗派。华严宗的实际开创者为唐代前期名僧康居人法藏。华严宗在唐代很有影响,但在唐武宗灭佛之时许多经典失传。唐末华严宗再起,是因为元表等高丽僧人从高丽带回华严经典,所以,元表等高丽僧人在华严宗内影响很大。元表曾居于宁德支提山一带。后来,吴越王钱椒建华严寺,便选择了宁德支提山,即为宁德支提寺。支提寺认元表为开山祖师。元表在朝鲜半岛影响很大,学界认为朝鲜的茶文化即为元表带去的。当时的高丽人向往中国,有元表这样一位名人在中国扬名,皆以为荣。所以,支提寺在当时高丽人心中有重要地位。高丽籍宫人将崇拜华严宗的文化传播到明朝内宫,这是宫人向往支提寺的原因。仁孝皇后受其影响,相当重视支提寺。《华严经》载:"支提山在东南方,有天冠菩萨与其眷属一千人,俱常在其中而演说法。"①应当是在周边朝鲜女子的影响下,仁孝皇后起大愿,为支提寺施舍一千尊天冠菩萨,并重新修建支提寺。明代文人陈鸣鹤说:"迨明兴,成祖皇帝命无碍(禅师)复建,赐额华藏寺。仁孝皇后亦以铁铸天冠一千尊,高尺许,赍至山中,仍建宝阁于佛殿之西以祠焉。"②《福建通志》记载:"明永乐间,仁孝皇后铸天冠菩萨一千尊,泛海祀于寺,复赐藏经于支提,为海内第一禅林。"③明代支提寺的地位于此可见。今支提寺藏有一块古匾,上书:"敕赐华藏寺","大明永乐五年钦差太监鼎建禅林"。但是,这位建寺的"钦差太监"却不是郑和,《支提寺志》记载:"至明永乐五年,钦差中使周觉成建大

---

① 释普现:《支提寺志序》,崔嵬:《宁德支提寺图志》序,福州,福建省地图出版社1988年,第14页。

② 陈鸣鹤:《支提寺始末记》,崔嵬:《宁德支提寺图志》卷四,第41页。

③ 郝玉麟等:雍正《福建通志》卷六十三,古迹,第67页。

殿,赐额'华藏寺',诏无碍禅师住持。仁孝皇太后重赐铁铸天冠一千尊,建宝阁于殿西祀之。"①

这样看来,永乐五年郑和急赴福州,其主要任务是送"钦差中使周觉成"护送皇后所赐支提寺的天冠菩萨像、大藏经等物品到福州府宁德县。周觉成到了福州,郑和的相关使命就完成了。郑和另外的任务是第二次下西洋。其时,第一次下西洋的船舶刚刚回国,有必要重新整修,郑和每次下西洋之前,都要提前到长乐太平港,应与督促整修船舶有关。永乐六年,郑和第二次下西洋,他的始发港应为福州长乐港。

既然可以确定郑和第二次下西洋是从长乐港出发,那么,为什么万历《广东通志》第六卷会有那条记载:永乐五年"秋九月,命太监郑和使西洋诸国。首从广东往占城国起"? 万历《广东通志》的编纂者郭棐十分博学,除了《广东通志》外,他还编写过《粤大记》等书,所以,郭棐的记载不可轻易否定。我想,我们的问题也许是:在哪个层面上接受郭棐的记载?

既要肯定郑和第二次下西洋是从福州出发的,又要肯定郭棐的记载有一定道理,这使我想起《明太宗实录》永乐五年九月庚辰关于派遣王贵通出使占城的记载。在都认可以上史料的前提下,我想事情应是这样的:王贵通出使占城,其使命是:"赍敕往劳占城国王占巴的赖,赐王白金三百两、彩绢二十表里,嘉其尝出兵助征安南也。"②这种任务不宜拖太久。为了尽快地完成皇帝的使命,他于当年赶到福州,让官兵休整一段后出海。史册记载,南京锦衣卫的何义宗千户于永乐五年十一月"往爪哇西洋等处公干"③,从时序来看,他应是跟随王贵通先行下西洋的。如果南京卫所有许多人下西洋,那么,他们最方便的方法还是从南京驶向福州,再从福州长乐出发。这次出海,郑和应当没有参加。他另有任务,被拖在福州,直到次年九月,才离开福州长乐,前往占城、暹罗,再赶上第二次下西洋的大队人马。具体情况,已在第二章中叙述。在以上事实的背景下,万历《广东通志》那条永乐五年"秋九月,命太监郑和使西洋诸国。首从广东往占城国起"的记载是可接受的。具体地说,永乐五年九月,王贵通奉命下西洋,他由福州长乐出发,率其所辖船队从广东海面路过,再从刚占领的安南海面路过,抵达占城,完成出使任务。

那么,王景弘所率第二次下西洋船队为什么要经过广东海面? 首先,这是宋元时代的传统路线,宋元中国人赴南海诸国,多是从泉州沿海南下,路过广东沿海

---

① 崔嵸:《宁德支提寺图志》卷二,寺,第14页。

② 《明太宗实录》卷七一,永乐五年九月庚辰。

③ 松浦章:《明清时代东亚海域的文化交流》,郑洁西等译,第35页。

各地,再到越南沿海。因而,船队从泉州到占城,常有用时一个月以上的。后来,人们发现:从福建沿海一带赴占城,也可走海南岛之外的七洲洋海路,这就不必走广东沿海。这条海路会近一些,郑和第三次下西洋时,顺风十天十夜,从福州抵达占城,这是有明确记载的,应当是走了近路。那么,第二次航海之时,下西洋船队为什么要绕道广州?这与明初朝廷平定安南的战争有关。永乐四年至永乐五年之间,明朝发兵平定安南,摧毁安南的黎朝。看永乐实录的记载,这是一场拖了一年多的战争。永乐四年四月,朱棣和大将朱能、张辅策划出兵安南,七月正式发兵。不过,从北京出发的明军主力,于十月才到广西的龙州。朱能病死于此地。由张辅率军进入安南国境。其后,永乐五年正月,明军大败安南国军队;三月的富良江之战,明军大败安南的水陆军;五月,再战安南南部海口,明军俘获安南军队的三百艘船只。其后,明朝宣布:将安南纳入明朝直接管埋,设置郡县及省级的布政司等三司机构。

在这一系列战斗中,明军水陆并进,很显然,是由广东水师承担了主要的水上作战任务。迄至永乐五年九月,安南初定,人心不稳,沿海和山区肯定会存在一些反抗力量,这时以郑和、王景弘大规模的舰队横扫安南沿海,有震慑对手的作用。下西洋舰队路过广州沿海,前往占城,必然经过安南海面,应是这个原因使下西洋舰队改道广东吧。

另外一种可能性是:第二次下西洋船队经过广东海面,是为了汇合来自广东一同下西洋的水师。郑和下西洋,一直是以南直隶和福建的水师为其主力,实际上,当时广东的水师也有相当力量,为何不让广东水师分担一些下西洋的任务?这是因为,永乐三年,郑和第一次下西洋之际,明朝与安南的关系已经十分紧张。广东水师要备战安南方向的突发事件。永乐四年到永乐五年,广东水师主要在安南作战,一直到永乐五年五月,大规模战争结束,安南成为明朝的一省,广东水师的主要任务才解脱了。这时的广东水师拥有大量的船只,抽调部分船只和人员参加下西洋的远航,是理所当然的。在茅元仪留下的《武备志》第二百四十卷中,载有一幅《自宝船厂开船从龙江关出水直抵外国诸番图》,学界简称"郑和航海图"。该图所绘郑和的航线,划过珠江口水面,另外有一条虚线始于广州口岸向南延伸,并与郑和下西洋航线相接,这表明有些广东水师也参加了远航,只是时代不明。

那么,何以证明广东水师参加的是第二次下西洋?这是因为,永乐五年王景弘第二次下西洋之际,有一些广东水师军官被调入南京锦衣卫。例如《武职选簿》记载:钟左,"原籍广东广州府东莞县人,始祖钟海清。永乐五年,应招率领本管头目人船,随同前来朝,升正千户,拨锦衣卫带俸。"又如余英,番洋(番禺)县人,"永乐元年为事仍复百户,五年调南京锦衣卫"。① 可见,钟左和余英是率整支队伍被编入锦衣卫的。锦衣卫在明军中的地位崇高,犹如宪兵队,通常情况下,一般的水师无缘进入锦衣卫。他们整支队伍被编入锦衣卫,只能说明下西洋的锦衣卫非常需要他们。既然他们以特殊人才被编入锦衣卫,随同王贵通等人下西洋,就是必做之事了。所以说,第二次下西洋,有广东水师参加,随后他们被编入锦衣卫,参加过之后的多次远航。

明代下西洋的军队主要来自南京和福建的卫所。宣德五年三月己巳,"平江伯陈瑄言馈运四事。一南京及直隶卫所运粮官军,递年选下西洋及征进交阯、分调北京,通计二万余人。又水军右等卫官军,今年选下西洋者亦多,俱无军拨补。"②可见,当时南京卫所因承担的任务较多,不得不从各地卫所调发士卒,以补充军队。这也使下西洋军队人员的来源更为复杂。

既然永乐五年第二次下西洋船队路过广东沿海之时是由王景弘率领的,为何会被记成郑和? 细读明史的外国传会发现:《明史》记载的郑和到访的国家,有时并非郑和亲自去的,或者仅仅是郑和派人去,也被记成了郑和的活动。这是因为,下西洋舰队以郑和为代表,已经成为一种行文习惯。因此,其他使者的行动被误记为郑和是有可能的。王贵通是郑和下西洋的重要成员,他的地位与郑和相当,在中枢文献中历来将郑王相提并论,但是,在民间口头传说中,下西洋船队的代表人物就是郑和,往往略去同为正使的王景弘以及其他副使。在不太严谨的地方文献,人们会以郑和代称整个下西洋舰队。既然郑和下西洋已经成为习惯说法,在郭棐的眼里,这就成了郑和下西洋从广东出发的证据了。因而会有万历《广东通志》的那条记载:永乐五年"秋九月,命太监郑和使西洋诸国。首从广东往占城国起"。实际上,永乐五年出发的船队中没有郑和,郑和是在永乐六年才出发追赶大队的,他顺便在永乐六年赴占城、暹罗,完成了出使占城、暹罗的使命。

此外要说的是,明军占领安南之后,很快遇到意外的抵抗。明军越来越深地卷入安南的战事中去。永乐六年二月,"掌交阯布政司事尚书黄福言:广西军民馈运交阯者,陆路艰甚。宜令广东海运二十万石往给交阯。从之"。③ 这都会给广东水师压力。所以,永乐时期广东水师不可能大批量进入郑和下西洋的队伍,这是当时形势决定的。

---

① 松浦章:《明清时代东亚海域的文化交流》,郑洁西等译,第36页。
② 《明宣宗实录》卷六四,宣德五年三月己巳,第1524页。
③ 《明太宗实录》卷七十六,永乐六年二月丁亥。

二、广东方志关于郑和第六次下西洋史料的误植

乾隆《广东通志》记载："王询,吉安永丰人,永乐十九年任韶州府推官,以经术润饰吏事。时中官郑和赍金币劳赐海外诸番,护行军官颇横,捕韶民三人以去。家人号呼,赎以金,不许。询至舟径取以归。"①

永乐十九年恰是郑和第六次下西洋,此文又明指郑和在广东韶州抢人下西洋,这样的史料可以证明第六次下西洋是从广东走的吗? 关于王询,我们可以查他家乡的《江西通志》记载:"王询,永丰人,永乐进士,任韶州推官。明察精敏,不畏权要,以经术润饰吏事。时中官郑和赍金币劳赐海外诸番,护行军官颇横,捕韶民三人以去。家人呼号,赎以金,不许。询至舟径取以归。《广东名宦新志》。"②这条史料源出《广东通志》的名宦志,缺乏佐证价值。不如看王询所在的《韶州府志》,相关记载:"王询,永丰人,永乐十九年任韶州府推官,以经术饰吏事。时内监奉使海外,横挟韶民三人伴送。家人号呼,请赎不许。询径至舟携以归。"③可见,按照事件发生的韶州的方志记载,在韶州劫人的内监未必是郑和。广东学者查到了韶州事件相关史料的最早出处。戴璟等人于嘉靖十四年刊行的《广东通志》第十一卷的"循吏传"记载王询为江西永丰人,永乐十九年任韶州府推官。"时内臣赍金币劳赐海外诸番国,护行军官颇横,径捕韶民三人偕之往。家人号呼,以金赎之,不许。询至其舟中,夺之以归。"从嘉靖《广东通志》的记载来看,这个抢人的内臣未必是郑和! 此外,这个事件也可能是这样的:韶关的三位年轻人被下西洋的使者说动,愿意跟随他们下西洋见识一番。但其父母对下西洋十分恐惧,求官员硬将这三位年轻人要回来了。

明永乐间,除了郑和、王景弘的七下西洋舰队外,其实还有其他的宦官下西洋。本书提到的例子就有尹庆、张谦等人。例如永乐六年、永乐七年相继出使暹罗的吴宾和张原,永乐十年出使满剌加的甘泉等人。④《明永乐实录》记载:永乐十七年冬十月癸未,"遣使谕暹罗国王三赖波磨剌扎的"。⑤ 假定当时出使暹罗的使者都是从广东出发,那么,这位使者在冬天受命出使暹罗,他准备行装要用一段时间,运河解冻也要一段时间。到了第二年春天运河可以通行后,他带着使团从

---

① 郝玉麟等:乾隆《广东通志》卷四十,名宦志,文渊阁四库全书本,第102页。
② 尹继善、谢旻等:雍正《江西通志》卷七十七,人物志,文渊阁四库全书本,第46页。
③ 林通训等修:同治《韶州府志》卷二八,王询传,同治十三年刊本,第19页。
④ 施存龙:《郑和第二次和第六次下西洋是从广东还是福建去的?》,澳门文化局:《文化杂志》2006年春季刊,第192页。
⑤ 《明太宗实录》卷二百十七,永乐十七年冬十月癸未。

北京出发,一路换船,从北京至天津,再到山东临清,南直隶的镇江,从镇江渡长江到苏州,再从苏州换船到杭州,从杭州顺钱塘江到衢州,其后翻过分水岭到江西的玉山,从玉山乘船下行,到鄱阳湖换大船到南昌,从南昌上溯到南安府,再从南安府越过大庾岭,来到北江上游的韶州,在这里看中三个可以下西洋的人才,不顾一切将三人带走,但遭到地方官反对,被迫交出三人。运河及河道上的船行速度与人步行差不多。遇到接近山区的逆流,全靠船夫拉纤,载货船只一天只能走十多里。因此,从北京到广东这么长的路程可走一年多。如果郑和也走这条路,紧赶慢赶,即使是从南京出发,至少要用四五个月到广东,那么,他怎么能完成任务于次年夏天返回?此外,在福建莆田湄洲屿的天后宫,有一份《天妃显圣录》,其中记载"永乐十九年,钦差内使张源往榜葛剌国。于镇东海洋中,官舟遭大风,掀翻欲溺。舟中喧泣。源急叩天妃求佑。言未毕,忽见狂风旋舞,中有赤帜飞扬。众疑其不祥。须臾,风息浪平,舟人踊跃欢忭,皆曰:'顷赤帜飞扬,实神灵返飓之力'。及自外国还,特制袍幡诣庙拜谢。"这个张源的出使年份对了,但他所乘官舟险些出事的地方是在镇东边海,这应是莆田邻县福清的镇东卫吧。既然从镇东卫附近海面走,那么,他也不可能是从广东下西洋的。

就《明太宗实录》的记载来看,郑和第六次下西洋是永乐十九年正月戊子(二十五日)的决定,正月癸巳(三十日),忽鲁谟斯等十六国使者出发。郑和这次出发,时间很紧,他要送忽鲁谟斯、阿丹、木骨都束等印度洋周边的国家使者返回家乡,而郑和本人通常是率主力舰队到忽鲁谟斯,让其他使者送人到东非国家。屈指算算,时间紧迫。实际上,郑和于永乐二十年七月回归南京!如果从永乐十九年正月离京起算,郑和仅用了十九个月就将使者送到忽鲁谟斯,如此短的时间,郑和不能像往常一样慢悠悠地行走。他应是立即乘船离京,赶在北风尚未结束之前南下。那么,他只能从福建沿海走。因为,若是从广东出发,他们要从南京走陆路到广州,通常要有两三个月,那么,他们注定要错过年初的季风。这样,他们就无法于当年底赶到忽鲁谟斯并于次年七月返回南京。

所以,从郑和的行程看,第六次下西洋,不可能从广东走。他应当是走老路,从南京到太仓,再从太仓到福州沿海的长乐,从长乐到占城。只有这样,才能按时完成任务。

怎样解释《西洋番国志》所载永乐十九年给郑和等人的诏书?《西洋番国志》开篇几页记载了皇帝颁布的三份诏书,其中有一份是永乐十九年的。诏书云:

敕:内官郑和、孔和卜花、唐观保。今遣内官洪保等送各番国使臣回还,合用赏赐并带去银两缎足铜钱等。敕至,即照依坐去数目关给与之,其官军原关粮赏,买到麝香等物,仍照依人数关给。该用军器等项,并随舡合用油麻等物,令各该库分衙门逐一如原料数目关支。就令太监郑和眼同打发,就发海舡二只与之装载前去。仍发落各门官仔细点检放出,不许纤毫夹带透漏。故敕。

一下西洋去的内官合用盐酱茶酒烛等件,照人数依例关支。

永乐十九年十月十六日①

光看这道诏书,会以为这一时段郑和尚在南京守备任上,皇帝派出洪保下西洋,令郑和提供洪保一行人所需船只货物。所以,曾有人怀疑其真伪!因为,按《明实录》的记载,郑和已经于永乐十九年正月开始了下西洋的行程,此时他怎么可能在南京?如果郑和还在南京,那么,他怎么可能于当年冬天下海,抵达西洋那么多国家,并于次年夏回到南京?更好的解释是:洪保是另有船舶去追赶郑和,他于永乐十九年十月出发,当年冬天就可抵达满剌加郑和的基地。除了满剌加,明军在旧港、苏门答剌等处应当也有基地,洪保也有可能是在其他基地赶上郑和,届时,他可以展示皇帝的诏书,并从郑和处领到补给和两艘归他指挥的船舶。

那么,洪保可能从广东出发吗?有这个可能性!如果他是永乐十九年底乘驿马赶到广东,那么,那位在韶关劫人的使者就是他了。不过,他更有可能的是在江苏太仓港下海,然后顺水南下,出海之后,便可以乘强劲的北方直驶福州、占城、满剌加等地,追上郑和大队。

综上所述,郑和主力舰队下西洋,都是从福建长乐太平港出发,但因这一时期下西洋的任务很多,而且频繁,郑和主舰队也有可能从广东征调了部分水师。因而会有部分水师从广东出发。此外,郑和主舰队之外,永乐帝会临时抽派一些使者下西洋,因福建负担已经够重,其中一些使者的下西洋行动会从广东口岸出发。因而广东方志会留下第二次下西洋的零星记载。从总体而言,广东军人是为下西洋做出贡献的。

三、郑和下西洋过程中广州港

在古代航海史上,福建市舶司和广东市舶司形成竞争关系。从唐代到北宋,广东市舶司独占鳌头。福建市舶司建于北宋中期,发展较快。南宋以后,福建市舶司后来居上,经南宋、元代迄至明初,福建市舶司的地位高于广东市舶司。不过,迨至明代前期,广东市舶司再次崛起,它的重要性渐渐可与福建市舶司比肩。

郑和下西洋,现在看来是一项伟大的远航,但在古人那里的评价不同。它是相当繁重的劳役,地方经济负担很重。如果有可能,明朝任何重大的劳役,都会让各省分担。郑和下西洋大都由南直隶和福建负责,而广东省对外交通发达,却不

---

① 巩珍:《西洋番国志》敕书,向达校注本,第9-10页。

担负下西洋劳役，这是不可能的。郑和初次下西洋没有广东卫所的军队，是因为当时明朝与安南的关系紧张，明朝要留下广东水师准备对安南的战争。永乐四年七月，明朝大举发兵攻打安南国，广东水师也出兵攻击安南的港口。其后，明军在安南的粮食供应，多由广州水运安南的升龙外港，广东水师责任重大，占用了不少力量。对安南战争结束后，让广东承担一些下西洋业务，理所当然。其实，永乐年间除了郑和、王景弘所率舰队之外，明朝还有其他下西洋的船队。这些船队不在郑和名下，而且多从广州港出发。例如明朝使者去真腊国："永乐初元，遍谕海外诸蕃告即位，遣御史尹绶往其国。绶受命自广州发舶，由海道抵占城，又由占城过淡水湖菩提萨洲，历鲁般寺而至真腊。"①《海语》记载："暹罗国在南海中，自东莞之南亭门放洋。"②东莞是广东的一个县，从东莞出发，就是从广东出发了。《海语》又载'赴真腊的海程："自东莞县南亭门放洋，星盘与暹罗同道。至昆仑洋，直子午，收龙牙门港。二日程至其国。"③

除此之外，还要考虑到广州在地理上的优势。东南亚诸国离中国相对较近，大都有自己的船队。他们的使者到中国进贡，大都是乘本国的船只。例如：占城、满剌加、旧港、苏门答剌、爪哇等国的使者，大都自行来到中国进贡。满剌加是一个新建的国家。他们的使者早期到中国进贡，是用自己的船只跟着郑和舰队走，待熟悉航线之后，就不再跟随郑和船队了。东南亚诸国的进贡，有时一年两次以上，没有自己的船只是不可能的。自己派船进贡的另一个好处是：可以选择中国的港口。永乐年间，中国开放的港口有三个，分别是宁波、泉州、广州，暹罗进贡，喜欢到离南京最近的宁波。占城以其地近广州，多经广东进贡。在这一背景下，郑和后几次下西洋所送"西洋使者"，大都来自南亚和西亚诸国，而不是近处的东南亚国家。

所料不及的是，永乐年间，明军攻克安南之后不久，便发生了当地民众的反抗事件，明朝多次调动军队镇压安南叛乱的民间武装，这给广东、广西两省增加了许多负担。这样，广东便无法分担去西洋的任务与开支了。但是，个别广东卫所官军还是被调到南京锦衣卫等部门辖下，因而参加了下西洋的远征。

永乐年间，由福州出发的郑和舰队在海外运作诸番国到中国来朝贡，随着形势的发展，到了永乐后期，东南亚国家大都可以自行到中国进贡。于是，郑和舰队的主要任务是与南亚及西亚的国家贸易。宣德之后，明朝不再派舰队到南亚、西

---

① 严从简：《殊域周知录》卷八，真腊，第271页。
② 黄衷：《海语》卷上，风俗，第1页。
③ 黄衷：《海语》卷上，风俗，第5页。

亚或是东非去,这些国家的使者也就不再来中国,双方朝贡关系大致断绝。在东南亚方面,南洋至少有四个国家经常到中国进贡,东洋却只有琉球一国经福建市舶司到北京进贡。这样,中国对外贸易中心不能不转到广州去。原在泉州的福建市舶司,因无来自东南亚的贡船,而福建东北的琉球一国勤于进贡,为了便于管理,福建市舶司最终迁到省城福州。

小结

福建在明代大航海历史上的地位十分重要。永乐年间,郑和下西洋之时,选择福建的长乐为舰队的主要基地,他每次下西洋之前,都要在长乐吴航港驻扎数月至一两年。郑和宝船是福船型大船,最早在福建制造。福建为郑和选派上万名战士和水手。从另一个角度来看,郑和下西洋也可看成宋元以来福建人航海事业的延续。在郑和船队中,负责航海的主要是漳州人。其中,与郑和齐名的宦官王景弘是福建漳平人,他也是船队的两个正使之一,与郑和并列。郑和船队的舵手主要来自漳州卫和镇海卫(在漳州沿海)的水手中。明初的福建人是中国最好的水手和造船师。很有意思的是:福建人能在航海上有如此成就,是因为他们在明代初年不太遵守明朝的海禁规定,他们私下到南洋贸易,许多人成为南洋诸国的贡使,到明朝来进贡。因此,当时的福建人非常熟悉南洋的海路。这一事实表明:郑和远航是福建人海上事业的延续;同时也可以说,郑和远航进一步扩大了福建人的航海事业。郑和航海之后,去东南亚冒险的华人更多了。

广东有没有成为郑和下西洋的始发地?这是一个学术界争论的问题。我认为当时因广东水师担负征讨安南及供给大军粮草的工作,明朝廷没有将下西洋这类沉重的劳役再压到广东身上。不过,广东有部分军队参加郑和远航。其次,郑和主舰队之外,皇帝还会指派一些使者因突发任务下西洋,这些零星的使者多从广东走,所以,广东对下西洋的贡献也是不少的。

郑和时代,下西洋的船队从南京到福州长乐,又从长乐驶向西洋诸港。他们将远及印度洋周边的诸国使者带到中国进贡,又将他们送回。在郑和航海期间,福建与海外的联系密切。不过,随着朝贡体系的全面建立,东南亚诸国往往自备船舶到中国进贡,而这些船只大都在广州靠岸,形成了中国对外交通"由福建出,由广州进"的分工。迄至明朝停止下西洋活动,福建官营对外贸易萧条下来。其后,漳州境内的私人海上贸易兴起,中国对外贸易格局出现较大的变化。

第六章

明代前期的海禁政令与海洋产业

　　明朝实行海禁,这是中国千古以来未有的政策。它的产生和演变,一向是中国海洋史的重要课题。这一政策不仅影响了中国的私人海外贸易,并且影响了历史悠久的海上渔业。从海禁与明代渔业的互动,可以看到明朝海洋政策演变的线索。

第一节　倭寇问题与明初的海禁政令

　　明代初年,明朝实行海禁政策,其主要内容是禁止民众下海贸易。明朝还将部分海岛上的民众迁回大陆。这些措施沉重打击了福建及广东、浙江的海洋文化传统。

　　对于海禁的研究已经有多年的历史。张维华的《明代海外贸易简论》①在研究海外贸易的同时,很自然地涉及明代海禁问题。陈文石比较了明洪武、嘉靖年间的海禁政策②,曹永和于1984年发表了《试论明太祖的海洋交通政策》,③对明太祖的海禁政策进行梳理研究。在日本学术界,檀上宽的《明朝初期的海禁与朝贡》,探讨了明初专制因素与海禁加强的过程。④ 在大陆史学界,晁中辰研究明代的海禁与贸易发表论文多篇,后汇集成《明代海禁与海外贸易》⑤一书,该书的特点在于围绕着明中期市舶司政策的调整,探讨了明代海禁政策从厉禁到松弛的演

---

　　① 张维华:《明代海外贸易简论》,上海人民出版社1956年。

　　② 陈文石:《明洪武、嘉靖年间的海禁政策》,台湾《文史丛刊》之二十(1966年)。

　　③ 曹永和:《试论明太祖的海洋交通政策》,氏著:《中国海洋史论集》,台北:联经出版公司2000年。

　　④ 檀上宽:《明朝初期的海禁与朝贡》,森正夫等:《明清时代史的基本问题》,北京:商务印书馆2013年。

　　⑤ 晁中辰:《明代海禁与海外贸易》,北京,人民出版社2005年。

变过程。以上研究着重于明朝政策的调整过程,并取得了相当的成果。但是,闽粤浙一带下层民众是怎样看待海禁的?他们用什么方法对付明朝的海禁政策。此外,明朝的海禁在各地遇到什么样的挑战?它的实行力度和效果如何?怎样影响沿海各省区经济板块的转移?回答这些问题都需要一个底层的视野,从而获得对明朝海禁不同的感受。

一、倭寇问题与明初海禁的实行

明代初年的海禁是中国历史上的一件大事,而其目的是为了防止倭寇的入侵。"而通番之禁甚严,沿海之防甚密,皆为倭而设者。"①倭寇来自日本的边海区域。"日本,占倭奴国,在东海中,绾波而宅。自玄菟、乐浪底于徐闻、东莞,所通中国处无虑万余里。国君居山城,所统五畿七道三岛,为郡五百七十有三。然皆依水附屿,大者不过中国 村落而已。尸可七力,课丁八十八万三千有奇。"②日本是一个资源贫乏的国家,虽说日本四岛有三十多万平方公里,但境内多山,可耕地不多。古代日本民众食稻煨芋,平均热量摄入远低于大陆人。因此,日本有许多人以当海盗为生,想从大陆谋取生活物资。明代东亚海上倭寇的发生,也和日本内部的变化有关。日本的武士阶层产生于镰仓幕府时期,时为1185年。这一武士阶层后来控制日本政坛达700年之久。武士阶层之中形成了尚武的文化,他们的财富来自于战争,富有掠夺性。据《高丽史》的记载,高宗十年(1223年)五月,"倭寇金州",这是历史上最早记载倭寇侵入史料。其后,朝鲜半岛的古国高丽被蒙古征服,而倭寇的入侵不止。于是,高丽人便唆使蒙古进攻日本。其后,元蒙王朝发动了两次大规模的远征日本行动。其时正值日本的镰仓幕府末期,日本为了抗击元朝的侵略,动员了全国各地的武士参战,于是,各地的武士自备武装来到抗元前线九州岛。抗元之战胜利后,日本方面的缴获不多,这些武士为了参战花费了大量的钱财,却无法通过战争发财,大量武士因而破产,有些人沦为海盗,开始袭击朝鲜半岛。迄至元代末年,倭寇侵入朝鲜半岛已经成为普遍的现象,而中国方面也遭到倭寇的袭击,从元顺帝至正十八年(1358年)开始,即有倭寇侵入山东沿海。③ 自镰仓幕府倒台后,日本进入南北朝分据的时代,这一时代,武士阶层在各个藩主的领导下相互征战,胜利者掠夺失败者的财富,失败者四处流浪,寻找发

---

① 谢杰:《虔台倭纂》卷上,倭原一,明万历刊本,第4页。郑振铎:《玄览堂丛书续集》第十七册,国立中央图书馆民国三十六年刊线装本。
② 谷应泰编:《明史纪事本末》卷五十五,沿海倭乱,第839页。
③ 宋濂等:《元史》卷四六,顺帝本纪,北京,中华书局1976年标点本,第964页。

财的机会,有一些人沦落为海盗,试图到其他地方碰运气,所以,元末明初,日本方面的倭寇多了起来。

元末大乱之时,中国沿海省份海盗四起,例如,福建的福清县沿海“有盗号‘净海王’,居海上十八年,劫掠不胜计。建大旗,舟中杀人,以长竿洞胸,鱼贯而沈之。截人发以为缆。官府坐视不问。”林泉生任福清州同知之时,擒获这名海盗。① 陈有定于元末统治福建,“由福清平海上乌尾贼,海上人立碑颂之”。② 这都说明元代福清沿海的海盗活动十分猖獗。最大的海盗其实是浙东的方国珍,他在元末横行于浙闽沿海,队伍发展到数十万人,后来接受元朝招抚。与方国珍类似的还有张士诚。他原是盐枭,以走私海盐为生。元末起兵,攻克苏州等地,成为一方霸主。他们都有很强的海上势力。由于中国东南大乱,倭寇趁机入侵。元末乌斯道说:

太尉丞相方公(方国珍)以至正十有七年,受天子命控制东藩有梗化者讨之。自是东方以宁。倭为东海枭夷,处化外,比岁候舶趠风,至寇海中。凡水中行而北者病焉。……矧倭寇蜉蝣耳,不足当吾锋,又奚言哉。然彼尚艨艟,剽轻出入波涛中,若飞。有不利,则掎沙石大舟,卒不可近。此不可不豫计也。且彼既弗归顺素摈弃海外,今又犯我中国地,枭馘固当。第虏吾中国人日伙,就为向导,为羽翼,求其回心内附,岂得已哉。苟我军相攻击,玉石弗暇论,必令吾中国人自告者免乃生致之。此又参佐所当言也。③

可见,当时倭寇袭击浙东的事经常发生,被元朝招安的方国珍也注意到这个问题了,并派兵清剿。倭寇也进入了福建。泉州的金门县:“至元时,倭寇内侵,群艘周泊于东南江浒,登历行劫,村村多受焚掠之毒。”④

元末明初,朱元璋的军队从南京向东南发展,灭张士诚,降方国珍,占领东南诸省。然而,张士诚、方国珍的部下多有不服明朝统治者。吴元年夏四月,“上海民钱鹤皋作乱,据松江府。……遂结张士诚故元帅府副使韩复春、施仁济,聚众至三万人,攻府治,剽掠财物。”⑤他们与明军作战,一旦不利,便下海为盗,并与倭寇勾结。谷应泰说:“太祖洪武二年夏四月,时倭寇出没海岛中,数侵掠苏州、崇明,

---

① 吴海:《闻过斋集》卷五,故翰林直学士奉议大夫知制诰同修国史林公(泉生)行状,文渊阁四库全书本,第3页。

② 郭造卿:《元平章陈有定》,黄宗羲:《明文海》卷四百二十六,第17页。

③ 乌斯道:《春草斋集》卷三,送陈仲宽都事从元帅捕倭寇序,文渊阁四库全书本,第3-4页。

④ 洪受:《沧海纪遗》,词翰之纪第九,《沧海纪遗译释本》,黄锵补录,郭哲铭译释,金门县文化局2008年,第220页。

⑤ 《明太祖实录》卷二三,吴元年四月丙午朔。

杀略居民,劫夺货财。沿海之地皆患之。太仓卫指挥佥事翁德帅官军出海捕之,遇于海门之上帮,及其未阵,麾兵冲击之,斩获不可胜计,生擒数百人,得其兵器海艘。命擢德指挥副使。其官校赏绮币白金有差。仍命德领兵往捕未尽诸寇。"①彼时东南海盗往往勾结倭寇,在海上骚扰明军,形成沿海倭乱。谷应泰总结:"元末濒海盗起,张士诚、方国珍余党导倭寇出没海上,焚民居、掠货财,北自辽海、山东,南抵闽、浙、东粤,滨海之区,无岁不被其害。"②。

为了解决倭寇问题,明朝向日本派出使者。洪武"三年三月,遣莱州同知赵秩持诏谕日本国王良怀,令革心归化。"③但倭寇问题仍然无法解决。"夫浙连闽广,环海千里,蛮夷诸岛,交舶万艘,常候风潮,毒机矢以待。"④《明实录》记载倭寇侵扰浙江、福建、广东的事例颇多:

洪武二年四月戊子,"倭寇出没海岛中,数侵掠苏州、崇明,杀伤居民夺财货。沿海之地皆患之。(翁)德时守太仓,率官军出海捕之,遂败其众,获倭寇九十二人,得其兵器、海艘。"⑤

洪武二年八月乙亥,"倭人寇淮安,镇抚吴佑等击败其众于天麻山,擒五十七人。事闻,赐佑等绮帛有差。"⑥

洪武三年六月乙酉。"是月,倭夷寇山东,转掠温台明州傍海之民,遂寇福建沿海郡县。福州卫出军捕之,获倭船一十三艘,擒三百余人。"⑦

洪武四年八月,"(广东)高州海寇乱,通判王名善死之。"⑧

洪武五年六月丙戌,"倭夷寇福州之宁德县"。⑨

洪武五年八月癸巳,"倭夷寇福州之福宁县,前后杀掠居民三百五十余人,焚烧庐舍千余家,劫取官粮二百五十石"。⑩

洪武六年,连占城国也来向明朝报告倭寇入侵的消息。"贡使言:海寇张汝厚、林福等自称元帅,剽劫海上。国主击破之,贼魁溺死,获其舟二十艘、苏木七万

---

①　谷应泰编:《明史纪事本末》卷五十五,沿海倭乱,北京,中华书局1974年,第839页。

②　谷应泰:《明史纪事本末》卷五五,沿海倭乱,第843页。

③　谷应泰编:《明史纪事本末》卷五十五,沿海倭乱,第839页。

④　章潢:《图书编》卷三八,浙海事宜,文渊阁四库全书本,第45页。

⑤　《明太祖实录》卷四一,洪武二年四月戊子。

⑥　《明太祖实录》卷四四,洪武二年八月乙亥。

⑦　《明太祖实录》卷五三,洪武三年六月乙酉。

⑧　张廷玉等:《明史》卷二,太祖纪,第26页。

⑨　《明太祖实录》卷七四,洪武五年六月丙戌。

⑩　《明太祖实录》卷七五,洪武五年八月癸巳。

斤"。① 可见,海寇活动一直深入南海。

洪武六年,福建都司都指挥张赫,"率舟师巡海上,遇倭寇,追及于琉球大洋中,杀戮甚众,获其弓刀以还。九年调兴化卫,十一年升大都督府佥事,总督辽东海运,二十年九月封航海侯。"②

洪武八年九月癸巳(初八),"诛潮州卫指挥佥事李德等。先是,潮州濒海居民,屡为倭寇劫掠,诏德等率舟师沿海捕之,德等逗留不出兵巡御,贼遂登岸大肆劫掠。上闻而怒逮德等,至京师诛之。"③

洪武十四年十一月庚戌,"赵庸讨广州海寇大破之。"④

海寇与倭寇的入侵严重影响了沿海城市的治安。"往时盗刘通、施天泰寇海上,三吴骚然发动,至剧贼刘七据狼山,睥睨全吴,赖重兵宿其地,扼其吭,掩其不备,而莫肆其螫。不然盖岌岌矣。"⑤这种情况迫使明朝拿出对策来。

明朝的思考是实行海禁。为了防止倭寇与海盗,朱元璋于洪武四年十二月"禁滨海民不得私出海,时国珍余党多入海剽掠故也。"⑥这是最早的海禁政策。不过,当时提出这一海禁政策也许是暂时性的,在洪武早期,明朝并没有严禁民众下海,民众出海经商事实上也存在。其时虽有海禁,多为局部的。但到了洪武中期,随着倭寇活动日益严重,朱元璋开始将地方性的政策发展到全面的海禁。在朱元璋看来,倭寇及海盗的活跃,主要是由于沿海民众私自下海贸易引来倭寇的缘故。若要防止倭寇入侵,必须严加海禁。洪武十四年十月己巳,朱元璋重申:"禁濒海民私通海外诸国。"⑦洪武十七年(1384年)正月壬戌,朱元璋"命信国公汤和巡视浙江、福建沿海城池,禁民人入海捕鱼,以防倭故也。"⑧按照这两条政令,沿海的渔业和商业应当都被禁止。然而,倭寇活动非但无法停止,且有扩大之势。广东位于福建之南,南海之滨,洪武二十四年(1391年)九月也发生了倭寇入侵事件,"倭寇雷州,百户李玉、镇抚陶鼎战死"。⑨ 洪武后期,朱元璋的海禁政策越来越严。洪武二十七年,朱元璋下诏:"禁民间用番香、番货。先是,上以海外诸夷多诈,绝其往来,唯琉球、真腊、暹罗许入贡。而缘海之人往往私下诸番贸易香

①　张廷玉等:《明史》卷三二四,占城传,第8384页。
②　《明太祖实录》卷二〇三,洪武二十三年八月甲子。
③　《明太祖实录》卷一〇二,洪武八年九月癸巳。
④　张廷玉等:《明史》卷二,太祖纪,第36页。
⑤　王鏊:《新建太仓州城楼记》,桑悦著:弘治《太仓州志》卷十下,第356-357页。
⑥　谷应泰:《明史纪事本末》卷五五,沿海倭乱,第840页。
⑦　《明太祖实录》卷一三九,洪武十四年十月己巳,第2197页。
⑧　《明太祖实录》卷一五九,洪武十七年正月壬戌,第2460页。
⑨　阮元等:道光《广东通志》卷一八七,前事略,第3421页。

货,因诱蛮夷为盗。命礼部严禁绝之,敢有私下诸番互市者,必置之重法。凡番香、番货,皆不许贩鬻。其见有者,限以三月销尽。"①洪武三十年的《大明律》规定:"凡将马牛、军需杂货、铜钱、段疋、䌷绢、丝绵,私出外境货卖及下海者,杖一百。挑担驮载之人,减一等。物货、船车并入官,于内以十分为率,三分付告人充赏。若将人口军器出境及下海者,绞。因而走泄事情者,斩。其拘该官司,及守把之人,通同夹带,或知而故纵者,与犯人同罪。失觉察者,减三等。罪止杖一百。军兵又减一等。"②可见,海禁政策到了洪武后期,已经十分严重,下海者必判重刑。然而,尽管明朝海禁越来越严,犯禁之事仍然经常发生。并且时有海盗袭击事件。杨荣说到洪武三十一年任浙江参知政事的赵某:"时海寇出没,劫取人财,公以计捕之。境内获安。"③

朱元璋的海禁政策为后世所继承。永乐二年,朱棣重申:"禁民下海。时福建濒塘海居民私载海船交通外国,因而为寇。郡县以闻,遂下令禁民间海船。原有海船者悉改为平头船,所在有司防其出入。"④民间海船被禁,其严厉程度相当可以了。然而,海盗及倭寇入侵事件仍然经常发生。

"永乐元年,锦衣卫奏福建送至海寇若干人,法当弃市。文皇曰:'朕尝许以不杀,今杀之不信,则后来者之路塞矣。'俱宥之,令戍边。"⑤

永乐六年十二月庚子,"命都指挥姜清张真充兵官指挥,李圭杨衍充副总兵,往广东福建,各统海舟五十艘,壮士五千人,缘海堤备倭寇。"⑥

永乐八年(1410年)十一月癸酉,"倭寇攻破大金、定海二千户所、福州罗源等县。"后围攻平海卫不克。⑦

永乐九年二月丁巳,"广东都指挥使司奏,比倭贼攻陷昌化千户所,千户王伟等战败被杀。军士死亡甚众,城中人口、食粮、军器皆被劫掠。"⑧

永乐十五年许亨任都浙江都指挥使,"浙东南巨镇,海寇时或窃发。公至,择人守屯堡,时训练。寇遂屏迹,居民以宁。"⑨《国榷》卷十六记载:"永乐十五年六月,使西洋内官张谦从海上路过浙江金乡卫,以一百六十余人,战败倭寇四千

① 《明太祖实录》卷二三一,洪武二十七年春正月甲寅,第3373-3374页。
② 转引自曹永和:《中国海洋史论集》,台北:联经出版公司2000年,第154页。
③ 杨荣:《文敏集》卷十八,故资政大夫刑部尚书赵公神道碑铭,第22页。
④ 《明太宗实录》卷二七,台北,中研院历史语言所影印本,第498页。
⑤ 夏良胜:《中庸衍义》卷十三,诚明之义,文渊阁四库全书本,第18页。
⑥ 《明太宗实录》卷八六,永乐六年十二月庚子。
⑦ 《明太宗实录》卷七三,永乐八年十一月癸酉。
⑧ 《明太宗实录》卷一一三,永乐九年二月丁巳。
⑨ 杨荣:《文敏集》卷十八,故骠骑将军左军都督府都督金事许公神道碑铭,第25页。

余人。"

永乐十八年正月乙巳,"有倭寇三百余人,船十余艘",侵扰福宁等地。①

永乐十九年春正月辛巳,"广东巡海副总兵指挥李圭于潮州靖海遇倭贼,与战,杀败贼众,生擒十五人,斩首五级,并所获器械,悉送北京。"②

宣德四年(1429年)三月戊申,"倭贼自镇海卫右雷巡检司登岸"③。

宣德五年八月辛巳,"广东海阳县碧洲村,倭贼登岸劫掠居民。潮州卫巡捕指挥同知郑复等与黄冈巡检不能御贼,都司布政司请治复等罪。"④

以上记载上表明,这些倭寇的数量不多,大都是几百人至数千人,最多的记载是四千人。但是,他们集中行动,来去飘忽,造成的破坏性很大。其时,明朝在沿海的卫所,多不过数千人,少仅数百人,因此,当倭寇突然登陆,每每能造成巨大伤害,甚至攻克寨堡城镇。

不断的倭寇入侵事件引起官方的警惕。导致明朝官府多次重申海禁。

宣德六年四月丙辰:"上闻并海居民有私下番贸易及出境与夷人交通者,命行在都察院揭榜禁戢。"⑤

宣德八年七月,朝廷下旨:"命行在都察院严私通番国之禁。"⑥可见,冒充中国使者下海,竟成为当时不可忽视的一种现象,乃至朝廷专令禁止。

宣德十年(1435年)七月己丑,"严私下海捕鱼禁。时有奏豪顽之徒私造船下海捕鱼者,恐引倭寇登岸,行在户部言,今海道正欲防备,宜下浙江三司谕沿海卫所严为禁约,敢有私捕及故容者悉治其罪,从之。"⑦

从洪武永乐以来,明朝还通过了一系列严酷的海禁法律以确保海禁的实行:《明会典》综合历朝的海禁政策,做出以下规定:

凡官民人等擅造二桅以上违式大船,将带违禁物货下海入番国买卖,潜通海贼,同谋结聚及为向导,劫掠良民者,正犯处以极刑,全家发边卫充军。若止将大船雇与下海之人,分取番货及虽不曾造有大船,而纠通下海之人,接买番货,或探听番货到来,私买贩卖若苏木、胡椒至一千斤以上者,俱问发边卫充军,番货入官。⑧

---

① 《明太宗实录》卷二百二十,永乐十八年正月乙巳。

② 《明太宗实录》卷二三三,永乐十九年春正月辛巳。

③ 《明宣宗实录》卷五二,宣德四年三月戊申。台北,中研院历史语言研究所影印本。

④ 《明宣宗实录》卷六九,宣德五年八月辛巳。

⑤ 《明宣宗实录》卷七八,宣德六年四月丙辰,第6页。

⑥ 《明宣宗实录》卷一○三,宣德八年七月己未,第8页。

⑦ 《明英宗实录》卷七,宣德十年七月己丑,台北,中研院历史语言研究所影印本,第141页。

⑧ 李东阳等:弘治《明会典》卷一一○,兵部五,第20-21页。

嘉靖年间,个别海禁人士为了用严刑加重对犯禁者的惩罚,主张进一步加码:

一款凡将牛马、军需、铁货、铜钱、段匹、纻绢、丝绵,私出外境货卖及下海者,杖一百。物货船车并入官。若将人口军器出境及下海者,绞。因而走漏事情者斩。又问刑条例内一款,官员军民人等,私将应禁军器,卖与夷人图利者,比依军器出境、因而走泄事情者律,各斩为首者,仍枭首示众。又一款:官民人等,擅造二桅以上违式大船,将带违禁货物下海,往番买卖,潜通海贼,同谋结聚,及为向导劫掠者,正犯处以极刑,全家发边远充军。其明刑敕法,禁谕森严,亦无非所以虑后患防未然也。①

海禁是中国历史上海洋政策的巨大变化,过去,不论任何朝代,中国人去海外国家都是自由的,而明朝以后,中国人去海外便成为一项罪名,这给福建这样一个"以海为田"的地区,带来了极为不利的影响。当然,海禁政策的出现,也与当时中国人对海外观点变化有关。在宋代,中国对海外是彻底开放的,外国人可以在中国沿海港口随意居住,并进行贸易。迨至宋代末年,宋朝竟然起用一个外国人——蒲寿庚为泉州市舶司使。但蒲寿庚在关键的时候却辜负了宋朝的恩典,他在宋元之际将宋朝财赋之源的泉州送给元朝,从而导致二帝小朝廷在福建沿海抗元的失败。元末,泉州的海外侨民竟然组织起自己的武装,控制泉州港,骑在民众头上胡作非为。由于这些海外侨民的不良影响,明初的中国人,尤其是内陆的儒者,有着排外的潜意识。他们认为,海外贸易,可有可无。"且如番舶一节,东南地控夷邦,而暹罗、占城、琉球、爪哇、浡泥五国贡献,道经于东莞。我祖宗一统无外,万邦来庭,不过因而羁縻之而已,非利其有也。故来有定期,舟有定数。比对符验相同,乃为伴送。附搭货物,官给钞买。其载在祖训。"朱元璋的海禁政策,即是在这种潜意识支配下的反映。它也反映了中国人自高自大的想法:海外贸易只是对海外国家的恩惠,既然你们接受了这些恩惠还要骚扰中国,那我们就收起这些恩惠,实行海禁,不与你贸易!朱元璋实行过一段减少贸易的政策。"谓自占城以下诸国来朝贡,时多带行商,阴行诡诈,故阻之。自洪武八年阻至洪武十二年方且得止谆谆然垂戒也。"②虽说永乐年间朱棣改变了朱元璋的政策,一度派郑和等人下西洋贸易。但是,朱元璋的海禁之令一直没有改动。令人长叹的是:真实的情况是东南沿海对海外贸易的依赖性,并不亚于海外民众对中国商品的依赖性,朝廷并

① 冯璋:《通番舶议》,陈子龙等选辑《明经世文编》卷二八〇,冯养虚集,北京,中华书局1987年,第2966页。
② 汪鋐:《题为重边防以苏民命事》,黄训编《名臣经济录》卷四三,兵部,文渊阁四库全书本,职方下,第8页。

不理解东南人民的利益所在。

二、东南诸省岛屿的迁退

中国东南的闽浙粤沿海有许多岛屿,这些岛孤悬海外,与大陆联系不便。不过,这些岛屿周边的海洋都是丰富的渔场,渔民在此可以获得极为丰富的收获。对岛屿居民来说,岛屿还是他们可以避免猛兽侵袭的唯一地方。其时福建、广东的山区覆盖着无边无际的森林,并是华南虎占统治地位的天下。位于森林边上的农村,几乎每天夜里都要遭到猛虎的袭击。翻开福建方志的记载,许多农村因猛虎的袭击而被迫放弃。但在海上岛屿,用弓箭武装起来的居民很容易清除岛上的猛兽,从而将岛屿变成最安全的地方。岛屿面临大海,海中有来之容易的食物,农业兴起后,许多有淡水的岛屿都开发了水稻种植,所以,闽粤的海洋岛屿历来是民众的乐土。

唐宋元以来,许多岛屿都成为人口众多的地方。元末战乱中,许多大陆居民逃到海坛之类的岛屿避难,这都促使岛屿经济的繁荣。从军事战略来讲,岛屿的安全还有维护海上运输线的价值,尤其是台湾海峡的岛屿扼守台海交通线咽喉,失去这些岛屿,中国沿海的万里海疆都会受到威胁。然而,当时主要出自内陆的明朝官军还不理解海洋的意义。他们仅是单纯从陆地防守的角度来看海岛。在他们看来,这些岛屿孤立海外,难以管理。于是,官府有了迁岛之议。《漳州府志》记载,"继而防海指挥有李彝者,言海岛居民多货番,以故,高皇帝乃尽迁海岛居民处之内地。"[1]李彝是福建史上一个极有争议的人物,本章以后还将说到。他肯定是一个迁岛政策的积极执行者,然而,是否是他建议迁岛? 史册有不同的记载。《明实录》载洪武二十年六月左参议王钝清的建议:"徙福建海洋孤山断屿之民居沿海新城,官给田耕种。"[2]可见,迁岛提议者另有其人。这一政策在今人看来不可思议,因为,海洋对国家有巨大利益,尤其是海上的岛屿可以供人们生活,从而成为人们开发海洋的立足之地。所以,每一个岛屿都意味着对一大片海域的占有,放弃岛屿,意味着放弃对一大片海洋的控制权,可以说是历史上最愚蠢的策略之一。但明朝统治者大都是来自内陆区域,对海洋的重要性缺乏认识,对他们来说,海上孤屿的民众不好管理,他们与倭寇往来,甚至引导倭寇入侵内地,带来相当大的危害,因此,不如将他们迁入内地,化渔为农,发展农业生产。从陆战军事来说,王钝清的建议不无道理,但迁岛之后带来的问题更大,这是不熟悉海洋的明

---

① 陈洪谟修、周瑛纂:正德《漳州府志》卷三十,兵纪,第 1827 页。

② 《明太祖实录》卷一八二,洪武二十年六月甲辰,第 5 页。

朝官员所不知道的。其时,朱元璋接受了这一后患无穷的策略,下令沿海官军规划弃守的岛屿。于是,一场大规模的迁岛运动在东南沿海展开了。

浙江边海多岛屿,王士性说:"宁、台、温滨海皆有大岛,其中都鄙或与城市半,或十之三,咸大姓聚居。国初汤信国奉敕行海,惧引倭,徙其民市居之,约午前迁者为民,午后迁者为军,至今石栏、碓磨犹存,野鸡、野犬自飞走者,咸当时家畜所遗种也,是谓禁田。如宁之金堂、大槺,温、台之玉环,大者千顷,少者亦五六百,南田、蛟口诸岛则又次之。"①浙江诸岛以舟山群岛最为富庶,很早就设立了昌国县,然而,明朝却将该岛的居民迁于内地,并在岛上设立昌国卫。"宁波之金塘、大槺,台州之玉环、高乌,温州之南麂、东洛等山,俱称沃壤,外逼岛夷。元末逋逃之徒蕃聚其中,卒之方国珍乘之,以据浙东。洪武间汤国信经略此地,迁徙其民,一洗而空之。勒石厉禁,迄二百余年,莽无伏戎,岛无遗寇,则靖海之效也。"②"海中山峦错列,林木葱蔚,亡命奸徒,易于盘据。元末方国珍乘之以据浙东。洪武间汤信国经略其地,迁徙其民,勒石厉禁。"③

在这场风波中,闽粤被放弃的重要岛屿有广东境内的南澳岛,福建境内的澎湖列岛、鼓浪屿、大嶝岛、湄洲岛、南日岛、小练山、海坛岛、马祖列岛等等。这些岛屿中,最为可惜的是澎湖列岛、南澳岛、海坛岛,这几个大岛现在都设置了县治,当年也有众多的人口。例如,广东潮州境内的南澳岛。南澳位于福建的边界,是潮州的门户。"潮郡十县,内包沃野,故为岭东奥区……重门之御,用遏海氛,故南澳为重镇。"④这类要地本该驻军为好,朝廷却将其列入迁岛名单,"南澳去玄钟澳口约三十余里,属广东饶平,洪武间居民负险作乱遂墟其地"。⑤ 其后,南澳成为潮州海盗出没之地,对潮州的发展是十分不利的。

在闽粤迁退诸岛中,爆发民众大抗议的是海坛岛。海坛是福建沿海最大的一个岛屿,自宋元时期岛上人口众多,属福清县管辖。福清人说:"元户满四万,邑得以升州者,以海坛诸里佐之也。"⑥这是说,元代福清的规格从福清县升为福清州,是因为管辖海坛的缘故。可见海坛岛人口之多。本来,按照朝廷的规定,这一类有众多居民居住的岛屿是不在迁海之列的,厦门岛、金门岛的居民都未迁徙,便是

---

① 王士性:《广志绎》卷四·江南诸省,第73页。
② 陈仁锡:《皇明世法录》卷七五,各省海防,《靖海岛以绝衅端议》。
③ 李卫等:雍正《浙江通志》卷九十五,海防一,两浙海防考,文渊阁四库全书本,第28页。
④ 郭棐纂修:万历《广东通志》卷三九,潮州府,日本内阁文库藏万历三十年刻本,四库全书存目丛书本,第73页。
⑤ 顾炎武:《天下郡国利病书》第26册,福建,商务印书馆四部丛刊三编本,第114页。
⑥ [清]杜臻:《粤闽巡视纪略》卷五,第1085页。

明证。然而,由于李彝索贿未成,海坛被列入迁退岛屿之列。

　　福州沿海各岛屿的迁徙工作由福州守备李彝(或云李彝为福州卫指挥)负责。福州边海岛屿很多,大多未被列入迁岛对象,看来李彝是收了钱,放过这些岛屿。唯独海坛是一个大岛,离大陆很近,岛民以为海坛岛根本不会是迁岛的对象,所以,对李彝的索贿重视不够。《闽书》记载:"皇朝洪武中,遣江夏侯视海防倭,侯以转委福州右卫指挥李彝。彝索贿无厌,而有林扬(或作林杨)者,素任侠,有气。率里人逐彝。彝怒,遂画图贴说本山,画作微小孤屿,外通琉球一昼夜,内接镇东城三昼夜。巡司只画一寨,烟墩悉行抹杀。太祖览图下旨曰:'天下孤山,人民既不得他用,又被他作歹,尽行调过,连山附城居住,给官田与耕,官室与居。'于是,东南至福建、广东,北直沽、彭湖三十六屿,尽行调过。"①因海坛岛被列入迁徙对象,某一日,明军突然登上海坛岛,下令居民在三日内迁往内地,否则视为海盗处死!当地人林杨控诉明军:"焚臣等房屋,拆臣等基址,臣等仓卒,舟楫难完,遗其器物,撇其畜养,粮食不能尽随,资财多致失落,兼风涛大作,人力莫支,覆没之余,死亡过半!"有上万户人口的大岛,死亡过半,该是多么悲惨的事件!而且,侥幸渡海的居民被分配于福清四隅各乡安排。所以,福清四隅多有海上里、海下里的记载,这里都是安置海坛移民的地方。侥幸渡海的居民失掉财产,大都沦于贫困之中,"虽有官田,无力得耕,虽有官屋,无力得修"。然而,海坛岛原有田地784顷所担负的各种税收共计"粮米五千余石,盐额正耗五千余斤,夏税秋租为钱三千余万文,鱼课二千余担",官方仍向海坛移民征收。林杨说:"追征期至,有司按籍科派,皂胥凭文迫取,主撮难移,秋毫莫贷,生者代死者之纳,存者代亡者之尝。臣等产业既废,囊箧俱空,疲骨监拘,妻儿系缧。官田不敢贸易,官屋无人承买,虽欲负瓦荷椽,伐桑易锸,其可得乎?敲朴之下,何计可逃!以半菽不饱之民,携孱弱余息之女,以单衣忍冷之母,抱尫羸欲死之儿,持券街头,垂泪叫鬻。赔纳未回,批文又至,械系流离,道路困踣……遂使播弃遗黎,十死而无一生,十亡而无一存。拊心顿足,追思迁徙之时,不如沦胥以葬鱼腹之为愈耳"②。这些如泣如诉的文字,读之令人酸鼻,明初迁海的暴政残民,竟到了如此地步!

　　永乐元年,已经升至福建巡海指挥的李彝发生冒功事件。《明实录》记载:"先是,海寇至福建海洋,福州中卫百户孙瑛领兵御之,贼首犯官军,瑛与贼联舰接战,贼势盛,瑛及所部皆战殁了,贼遂以坏舟易瑛舟,开洋去。而福建巡海指挥李彝,

① 何乔远:《闽书》卷六,方域志,第一册,第145-146页。
② 林杨:《奏蠲虚税疏》,饶安鼎:乾隆《福清县志》卷十二,福清县志编纂委1989年点校本,第456-457页。

望瑛受敌不援,贼去,乃以挽贼空舟为己功,至是彝下人发其事。上谕兵部尚书刘俊曰:'将兵御寇,当以身先下人,彝畏战不自进,其下死战又不赴援,更欲诬罔为功,罪不可容。国家之治明赏罚而已,有罪不诛,虽尧舜无以治天下。其遣人复验战没者加褒恤,畏缩诬罔者悉正其罪。'"①李彝犯罪的消息传到福清,海坛移民知道这是复仇的机会来了。海坛秀才林杨冒死至京城上诉,揭发李彝致死数万海坛人的事件,并请求免除海坛原来的税收。当时朱棣闻知此案,大惊,令刑部将李彝和林杨都逮捕入狱,并让福建守臣回报事件前后。李彝闻知消息,自杀而死。林杨的告状导致一名高级官员死亡,这在当时是十分严重的事件。福建官府以此为由采取拖的战术,一直不肯回报此案。于是,林杨被囚于大牢,前后达18年之久。林杨之弟则周旋于各衙门之间,用尽气力向各级官僚说明事件前后因果。因而,官吏渐知林杨的冤枉。不过,永乐帝继任之后的实政纲领是恢复祖制,他以朱元璋的真止继承者自命,认为朱元璋的政策一切都是好的,当然不愿人们暴露朱元璋时期的失策,若非林杨所告的,明明白白是朝廷的错误,林杨的下场是可知的。但是,即使如此,明成祖朱棣也不愿面对事实,林杨在狱中被关了18年,无人理会。一直到宣德皇帝上台,福建官府才正式将对案件处理的文件回报朝廷,朝廷新皇帝上任,有心为民做些好事,随后接受了林杨的奏疏,下诏闽粤浙三省,蠲免内迁居民所承担赋税杂役的一半。闽粤浙各地被迁的沿海民众都赞颂林杨的功绩,林杨也获释出狱。这是宣德元年之事。此前,内迁居民已受害二三十年了。况且,海坛等海岛的居民并未获得返回家乡的权利。

---

① 《明太宗实录》卷二四,永乐元年冬十月丙寅。

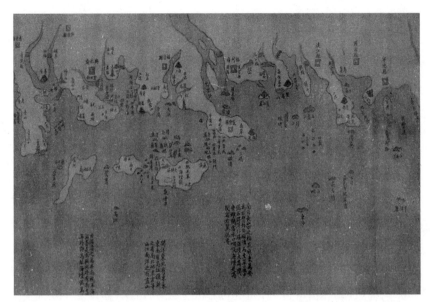

图6-1 乾隆三十九年沿海形势图中的海坛岛,该图表明海坛岛居大陆不远。此图录自北京大学图书馆编:《皇舆遐览》,中国人民大学出版社2008年,第246页。

图6-2 明朝王圻《三才图绘》的"福建沿海全图",这幅图应是受到李彝的影响。该图所载海坛岛在全图的右下角,位于澎湖岛的东北侧,很小,就图而论,

将岛民迁至大陆是"有道理的"。①

迁岛政策最大的问题在于:朝廷放弃这些岛屿后,对其失去控制。以湄洲来说。"湄洲,一名鯑山,居大海中,周八十余里。在崇武之东北平海之东南,距郡城八十里。为莆禧、吉了门户,与琉球相望。故有居民。洪武间徙而墟之。山有甘水、茂草,野马驴犟产蕃息,骤逐之,不可得。有势家居之以为利。寇舟常就汲焉。""此岛自唐以来居民稠密,洪武徙后,时复阑出。盖以承平不之禁,今犹如故云。"②

可见,湄洲被迁之后,成为海盗出没之地。

明朝海禁松弛之后,一些岛屿重又有人居住。"鼓浪屿,纵横七里,在厦门之西,圭屿之东。南望大担,北邻猴屿。上多民居。明初与大嶝、小嶝俱徙。成化间复旧,约二千余家。率皆洋商也。"③

明车放弃诸多海岛之后,沿海并未安全起来。这是因为,这些被弃岛屿从此被海盗利用。例如位于闽江口的马祖列岛,驻扎此地的海盗可以袭击从福州出海的船只。比马祖岛更大的是南澳等三岛。整个明代,福州的海坛岛,泉州的澎湖列岛以及闽粤交界处的南澳岛都成为著名的海盗窝。这些岛屿方圆数百里,可以种植水稻。元代的海坛岛人口达数万人,明代却成为海盗活动的地方。可见,明朝的迁岛政策其实不利于明朝的海防,实际上使海盗可以在距离大陆不远的地方设置根据地。

总之,由于"天高皇帝远"的缘故,明朝廷对闽粤的许多策略不符合实际情况,而官员的贪污腐败,使明朝政策不利于民众的一面得不到纠正。因此,明代的海禁与迁海的政令极大地打击了福建与潮州的民众。

明朝海禁影响民间两大行业,即海洋渔业和海洋商业。由于海洋渔业与"下海通番"有很大区别,所以,明朝对海洋渔业较为宽容,海禁最早在这一节点上松动。

第二节　明代海禁的调整和海洋渔业

明代东南沿海生活着大量的渔民,他们一向以渔为生,而且以海洋渔业为主。

---

① 王圻:《三才图绘》,明万历三十七年刊本。
② 杜臻:《粤闽巡视纪略》卷五,第 26 页。
③ 杜臻:《粤闽巡视纪略》卷四,第 42 页。

明朝发出海禁之令时,并没有考虑到这批人的生活。但是,他们的存在迫使明朝调整海洋政策,以使他们可以继续传统生活方式。此外,明朝宫廷对海鱼的爱好,也使他们无法禁绝捕鱼。

一、明代前期的渔业政策

明代的海禁影响民间两大行业,即海洋渔业和海洋商业。由于海洋渔业与"下海通番"有很大区别,所以,明朝对海洋渔业较为宽容,海禁最早在这一点上松动。

关于明代前期的渔业,《明史·朱纨传》曾提到:"初,明祖定制,片板不许入海"[1],按照字面意思去理解,早在明代初年,明朝就实行了不准船舶下海的制度,连出海捕鱼也是禁止的。其实,这一结论是有问题的,沿海民众的捕鱼业从来不是朝廷严禁的对象。

明代前期的海洋政策有一个演变过程。明代初年的海洋是开放的。洪武中后期海洋政策趋向严厉,时常实行海禁。《明太祖实录》记载,洪武十七年(1384年)正月壬戌"命信国公汤和巡视浙江、福建沿海城池,禁民人入海捕鱼,以防倭故也。"[2]在福建方面,有闽县丞林逊上疏,"请厉禁沿海捕鱼,优诏答焉"。[3] 按照这一政令,沿海的渔业和商业应当都被禁止。所谓"片板不许入海"就是这个意思。但这一政策在民间的执行度则是可疑的。研究中国古代的国家政策,有一点必须注意:当时官府政策的贯彻性很差,可能是因为官僚主义,也有可能是因为地方官觉得新政策对自己不利,他们都会选择逃避执行。所以,朝廷实行什么政策是一回事,实际实行什么政策是另一回事。在官府那里虽然有寸板不许下海之禁,有些地方仍有渔业存在。永乐四年,魏源中进士,后任监察御史,到浙东查案。"濒海民千余户,造船入海捕鱼,私出外境,经月不回者。命公往理之。比至,召民询之,曰:'汝等造船下海捕鱼乎'? 曰:'海中有鱼,非船不可得鱼,鱼课何从出'? 公曰:'入海捕鱼,常业也,何缘私出外境,经月不回乎'? 曰:'濒海之民,贫苦,朝不谋夕,经月不回,妻子何由存活'? 且巡海官军不知,而吏乃言之。公直其言,遂验无籍者,绳之以法。余皆释不问。民大欢悦。"[4]由此来看,永乐时虽有不许下海捕鱼之禁,但并未认真执行。地方官装聋作哑,有意宽待之。然而,明朝官府上

---

[1]　张廷玉等:《明史》卷二○五,朱纨传,第5403页。
[2]　《明太祖实录》卷一五九,洪武十七年正月壬戌,台北,中研院历史语言研究所影印本,第2460页。
[3]　郝玉麟等:雍正《福建通志》卷二九,名宦,福州府,第30页。
[4]　李时勉:《古廉文集》卷九,刑部尚书魏公传,文渊阁四库全书本,第2页。

下脱节,虽然地方官不禁捕鱼,朝廷却不时发布渔业之禁。

宣德六年九月壬申,宁波知府郑珞请弛出海捕鱼之禁以利民。上不许。遣敕谕之曰:尔知利民而不知为民患。往者倭寇频肆劫掠,皆由奸民捕鱼者导引。海滨之民,屡遭劫掠。皇祖深思远虑,故下令禁止。明圣之心,岂不念利民? 诚知利少而害多也。故自是海滨宁静,民得安居。尔为守令,固当顺民之情,亦当思其患而预防之。若贪目前小利而无久远之计,岂智者所为! 宜遵旧禁,毋启民患。①

这条史料反映了中枢与地方官不同的海禁观念。

宣德十年(1435 年)正月,明宣宗死,明英宗继位。其时明英宗仅九岁,诸大臣执政。宣德十年七月乙丑,"严私下海捕鱼禁,时有奏豪顽之徒私造船下海捕鱼者,恐引倭寇登岸,行在户部言,今海道正欲防备,宜下浙江三司谕沿海卫所严为禁约,敢有私捕及故容者悉治其罪,从之"②。总的来说,从洪武十七年开始,迄至明英宗登基之初的 51 年里,明朝颁布过多次严厉的海禁政策,按这些政策的本意,渔民不得出海捕鱼。但这一政策在执行之时遇到了许多问题。这是因为,在东南沿海区域,生活着数量庞大的渔民。

二、明代前期的疍户和渔业

明代东南的渔民也被称为疍户,或称疍民。明代初期,闽浙粤三省都有许多疍民,朝廷将疍民编入河泊所管辖。例如广东:"疍户者,其种不可考。以舟楫为家,捕鱼为业。晋时不宾服者五万余户。自唐以来计丁输粮。明洪武初编户立里长,属河泊所,岁收鱼课。东莞、增城、新会、香山以至惠潮尤多。雷、琼则少。……朝夕惟局蹐舟中,所得鱼仅充一饱。男女衣不盖肤。"③闽浙粤三省都有许多疍民,朝廷将其列入河泊所管辖。例如广东:"疍户,或作蜑户。文献惠潮有之。编蓬濒水而居,谓之水栏。见水色则知有龙,故又曰龙户……自唐以来计丁输官,明初隶河泊所,岁收渔课。其人多姓麦、濮、吴、苏、河,古以南蛮为蛇种,观蛋家神宫祀蛇,可见。"④"疍户者,其种不可考。以舟楫为家,捕鱼为业。晋时不宾服者五万余户。自唐以来计丁输粮。明洪武初编户立里长,属河泊所,岁收鱼课。东莞、增城、新会、香山以至惠潮尤多。雷琼则少。愚蠢不识文字,不记岁月。土人目为蛋家,不与通婚,亦不许陆居。朝夕惟局蹐舟中,所得鱼仅充一饱。男女衣不

---

① 《明宣宗实录》卷八三,宣德六年九月壬申,第 1916 页。
② 《明英宗实录》卷七,宣德十年七月乙丑,台北,中研院历史语言研究所影印本,第 141 页。
③ 郝玉麟等:乾隆《广东通志》卷五七,岭蛮志,文渊阁四库全书本,第 41 页。
④ 杜臻:《粤闽巡视纪略》卷一,第 29 页。

盖肤。"①明代邝露的《赤雅》第一卷:"疍人神宫,画蛇以祭,自云龙种。浮家泛宅,或住水浒,或住水栏,捕鱼而食。不事耕种。不与土人通婚。能辨水色,知龙所在,自称龙人。籍称龙户。"由于疍人没有土地,疍船漂泊无定,明朝设立河泊所管理疍人。闽浙粤各省都有河泊所。各个河泊所向渔民征税,称之"鱼课米"。温州府的鱼课米为二千六百二十有一石。② 可见,明初官府允许疍民下海捕鱼,并向他们征收一定的税收。那么,明朝实行海禁之后,还让他们下海捕鱼吗? 以理推之,如果明朝不许他们下海捕鱼,应当废除鱼课米,如果继续征收鱼课米,则表明疍民仍有下海捕鱼的权利。《明史·魏源传》记载:魏源于永乐四年任监察御史,"减浙东濒海渔课",可见,永乐年间浙江仍然对海洋渔业征税,所以有魏源的减税。永乐九年夏四月庚辰,"广东南海县河泊所新增鱼课米三百六十六石有奇,番禺县新增米百二十七石五斗有奇。"③这说明永乐年间广东鱼课米还有增加。福建福清县的河泊所设于海口镇,仅从其海口镇的名字,就可知道,这是一所针对海上渔民的税所。④ 徐贡于弘治、正德年间在福建按察使司任职,徐贡的传记记载:

> 福清旧额鱼粮七千石,比年所入,才及四千。公究知鱼户旧则,船八百料者,纳粮八石,六百料者六石,其余以是为差。历年多,旧户日消,而新户日长,弗登于籍。乃一一核实新户,止各征其半,以补旧额。旧额顿复,而其民一无怨言。⑤

这条史料表明,福清县的鱼粮是根据渔船大小征收的,它也说明,明代前期福清县的渔民一直在纳税捕鱼。而且,他们的船不小,大的渔船可载六百料至八百料。福清县确定鱼粮共计七千石,以此推算,明初福清县渔船总量相当于一千只载重七百料的渔船!

又据明代中叶弘治年间编成的《八闽通志》,福建疍户的鱼课米一直到明代中叶仍在征收,例如:福清县有鱼课米三千三百石,晋江县鱼课米二千二百多石,莆田鱼课米二千五百多石⑥。福建的福清、晋江、莆田三县都是沿海大县,三县的鱼课米只能从下海渔船征收。这表明明代中叶福建渔船数量不少。这一事实使我想到:从字面上理解明代的海禁政策是非常严厉的,但实际执行过程中,官府应当有所调整,否则,浙闽粤三省沿海的上百万疍户该怎么生活?"盖国朝明禁寸板不

---

① 郝玉麟等:雍正《广东通志》卷五七,岭蛮志,第41页。
② 张璁:嘉靖《温州府志》卷三,贡赋志,嘉靖十六年张孚敬(璁)序刊本,1964年上海古籍社影印天一阁藏本,第2页。
③ 《明太宗实录》卷一一五,永乐九年夏四月庚辰。
④ 顾祖禹:《读史方舆纪要》卷九六,福建二,北京,中华书局2005年,第4399页。
⑤ 罗钦顺:《整庵存稿》卷十一,大卿徐公传,文渊阁四库全书本,第19页。
⑥ 黄仲昭等:弘治《八闽通志》卷二十,食货,第411—421页。

许下海,法固严矣。然滨海之民以海为生,采捕鱼虾,有不得禁者。"①所以,明朝渔业发达的福建等省不可能完全海禁。

此外要说的是:明朝不禁盐船。洪武二十五年七月己酉两浙运司言:

"商人赴温州各场支盐者,必经涉海洋。然著令军民不得乘船出海,故所司一概禁之,商人给盐不便。"上曰:"海滨之人多连结岛夷为盗,故禁出海。若商人支盐,何禁耶?"乃命兵部移文谕之。②

明代福清县的盐场是福建最重要的盐船,为了抗风浪,福清盐船做得较大,有载重数千石者。明嘉靖年间所用大福船,主要是福清县的盐船和渔船。

对明初海禁政策另一个疑点是:明代初年浙江沿海诸县要向皇室进贡黄鱼等海产,这种背景下怎么实行海禁?例如温州府每年都要向朝廷进贡"石首鱼、龙头鱼、鳖鱼、鲈鱼、黄鲫鱼、鲻鱼、鳗鱼、虾米"③。天启《平湖县志》记载:"本县例该岁进黄鱼三百尾,每年佥役解贡。嘉靖三十年,粮长与苏州冰户相争讼,遂免鱼贡。"④可见,平湖县上贡黄鱼之例一直延续到嘉靖三十年。平湖县属于嘉兴府,明代的《礼部志稿》记载:"浙江嘉兴府岁进黄鱼三百尾,俱行乍浦河泊所小满时节采捕。沿途换冰,接抹到京,通政使司投本尚膳监交收,礼部批回。"⑤明代中叶,朝廷中枢在北京,从浙江沿海运输黄鱼到北京历时多日,所以要冰冻保鲜。明朝宫廷对海产的需要甚大,而且迫切。何文渊在浙江任职时,"每岁中使至温,取供御海味、果实供馈,烦苛不胜其扰。公措置有方,民不病而事集。"⑥既然宫廷向民间索要海味,民众就不得不下海捕鱼,所以,渔业之禁就很难成立了。天顺二年七月甲寅,"敕责备倭中军都督佥事翁绍宗曰:'嘉兴乍浦河泊所,岁进黄鱼系旧制,近年以来,因尔不许渔船越境出海,又令官军擒拿,以致不得采捕,遂缺供荐。先以取尔宜自咎,遵奉朝命,省令所辖官司,毋得阻滞。顾乃全不关心,今岁渔船又被拦截索钱,不得采捕,及船户具告前情,自知阻误,虚词安奏,遮掩己过。朝廷托尔以边防重寄,当输忠效勤,正己率人,尔乃恣意贪黩,不才怠慢。论法实难容恕。今复从宽,且不拿问,罚俸一年。令尔自省。若再怙然不改,阻误岁进,自取祸败,决不可逃。'"⑦以上事实表明,嘉兴府严格执行渔禁的官员因妨碍皇室得到鱼货

---

① 郑若曾:《郑开阳杂著》卷一,万里海防图论,文渊阁四库全书本,第20页。
② 《明太祖实录》卷二一九,第3218页。
③ 张璁:嘉靖《温州府志》卷三,贡赋志,第1页。
④ 李卫等:雍正《浙江通志》卷一百二,物产,第18页。
⑤ 俞汝楫编《礼部志稿》卷三十八,第38页。
⑥ 章纶:《吏部尚书何公(文渊)行状》,徐纮编:《明名臣琬琰续录》卷七,文渊阁四库全书本,第6页。
⑦ 《明英宗实录》卷二九三,天顺二年七月甲寅,第6268页。

而受到处分。可见,明朝的海洋政策有两面性,官府大政策是海禁,但是,皇室喜欢的黄鱼却要渔民下海捕捞,浙江地方官府不得不允许温州府、嘉兴府的渔民下海捕捞,官府政策自相矛盾。明朝的渔民巧妙地利用这一点让朝廷改变了禁止捕捞海鱼的政策。总之,明的海禁政策遇到两个问题:其一,东南沿海有数量庞大的渔民,朝廷无力养活他们,最好的办法是让他们继续下海捕鱼。其二,明朝皇室和官员喜欢吃海鱼的人不少,想吃海鲜,就要让渔民下海捕鱼。

明朝官员既想吃海鱼,又要执行海禁政策,折中的方法就是限制渔船的大小,不让他们到远海捕鱼。永乐二年,朝廷重申:"禁民下海。""时福建濒海居民,私载海船交通外国,因而为寇。郡县以闻,遂下令禁止民间海船,原有海船者悉改为平头船,所在有司防其出入。"①所谓"平头船",是相对尖头的福建大福船而言,大福船吃水较深,上宽下尖,船头狭小,适于破浪前行。将其改为平头船,是不让它去深海。明代有人说:"国初私船之禁甚严,或以为民利所在,不宜厉禁,乃姑缓之。不知海利之切于民生者,鱼盐海错而已。此固可以小舸轻舟得之浅渚也,安用此大舟二桅三桅者为哉?"②这时河泊司管辖的渔船多为一丈余的小船。"或渔人朝暮往返焉,其船以丈许,受米有河泊所司之。"③

明英宗登基之初,由杨士奇、杨荣等大臣执政。最初他们颁布了一些严厉的政策,政坛稳定后,他们考虑到民生的需要,对明朝早期的严酷政令多有修补。明英宗正统二年(1437年)秋七月庚寅,因沿海发生饥荒,朝廷专门下令:"诸州县,海边水浅处所产菱藕鱼虾海菜之类,居民取之可以充食。乞令各处巡检司、河泊所,并巡捕守备官军,听民采取接济,毋得阻遏。"④这一政令再次打击了传统的海禁政令,肯定了沿海民众的海洋采集业。

由于明代官府政策相互矛盾,因此,尽管明朝有"片板不许入海"之禁,实际上下海捕鱼的民众越来越多,而明朝的海防官员也常为民众开绿灯。景泰二年(1451年)九月,浙江备倭指挥王谦等"受滨海军民赂,纵之下海捕鱼"。⑤ 广东有官员"或卖放军士或下海捕鲜"⑥。面对这一情况,明朝只好调整政策,弘治年间编成的《明会典》规定:"若小民撑使小船于海边近处捕取鱼虾打柴者,巡捕官兵不

---

① 《明太宗实录》卷二七,永乐二年正月辛酉,台北,中研院历史语言研究所影印本,第498页。

② 项乔:《项乔集》,卷十,呈巡抚朱秋崖海防十二事,温州文献丛书本,上海社会科学院出版社2006年,第675页。

③ 郭造卿:《海船》,黄宗羲编:《明文海》卷八十一,第10-11页。

④ 《明英宗实录》卷三二,正统二年秋七月庚寅,第626页。

⑤ 《明英宗实录》卷二〇八,景泰二年九月甲寅,第4476页。

⑥ 《明英宗实录》卷一百,正统八年春正月丁巳,第2012页。

许扰害。"①可见,此时已经允许渔民下海捕鱼,并非"片板不许下海"了。但是,这时期明朝并未正式开放海禁。

明朝矛盾的政策每每引起下级官员的冲突。天顺二年七月甲寅,备倭中军都督佥事翁绍宗因妨碍皇室得到鱼货而受到处分。

然而,迄至天顺三年,这个案又翻了过来。天顺三年十一月壬寅,"初浙江省岁贡黄鱼,有自常州夏港口出海采捕者,引致倭寇。备倭督佥事翁绍宗颇绳之汉法,镇守浙江太监卢永等奏其阻误进奉,绍宗坐罚俸一年。及是永复言,夏港口相离浙江窵远,且非所属地方,采捕之时,不得躬亲阅视,请止于本处乐塘江赭山巡检司出海采捕为便。从之。"②翁绍宗这次能翻案,是抓住内地民众不得下海捕鱼这一点。总之,明代官府的渔业政策充满矛盾,大体而言,明朝允许沿海渔民下海捕鱼,但是,反对内地民众也到边海捕鱼。在执行过程中,给了地方官自行取舍的权力。

总之,明初虽有海禁之令,但随着岁月的推移,官府禁令开始松动。沿海的官员怜悯靠海为生的渔民,不愿意过于限制渔民的活动。后来,官府的法令也有调整,从"片板不许下海",逐渐演变为允许单桅船出海捕鱼。因此,到了明代中叶,明朝的渔业全面发展。

二、明代中叶东海渔业的繁荣

明代前期的海禁影响了东南沿海民众的生活,迄至明代中期,明代的海禁逐渐走向宽松。这一变化基于这样一个前提:明中叶以后,倭寇入侵中国问题渐渐淡化了。这是因为,明代中叶日本进入战国时代,各个诸侯大名招兵买马,充实武装力量。游离于武士体系之外的浪人越来越少,前来中国抢劫的倭寇也少了。这种背景下,海禁的必要性受到质疑。嘉靖时福建学者郭造卿说:"旧禁凡汛,寸木不下海,严矣。第细民以海为业,犹婴儿以乳为生,禁之则号,惟当节之耳。苟汛而无警,下海之禁勿厉,有警非汛,亦当饬禁以绝交。"③琢磨这段话,可知明代的"片板不许下海"或"寸木不下海"之禁,并非全年实行,而只是在"汛期"执行。这里的"汛期"是指倭寇入侵的季节。明军防止倭寇,有"春汛"与"秋汛"之说。所谓春汛,即在三月至五月之间,此时东北风大起,从日本航行至中国东南沿海,仅需十余日就可抵达。六月以后,中国沿海转为南风。因此,倭寇入侵,多在三五月

---

① 《明会典》卷一一〇,兵部五,文渊阁四库全书本,第20-21页。
② 《明英宗实录》卷三〇九,天顺三年十一月壬寅,第6501-6502页。
③ 郭造卿:《海船》,黄宗羲编:《明文海》卷八十一,第11页。

间。他们南下得手后,又可乘南风北上,回到日本。此外,每年秋冬之际的小阳春,也是东风强劲的时候,有一些倭寇乘风从日本驶来,在中国过冬,于次年南风起时北上,返回日本。所以,明朝军队防倭,最重视春汛与秋汛。在倭寇乘风入侵的季节,明军严禁渔船出海,有其道理,但并非全年实行。因为,若是全年都厉行海禁,渔民就无法生存了。在郭造卿看来,如果倭寇不来,应当对民众宽松一些,即使在汛期,也可以允许渔民下海捕鱼,否则会妨碍民众的生活。可见,明代的海禁政策并非像法令那样不可侵犯,它在实施中会有所调整,使之更符合实际。

明代中叶,由于倭寇入侵的事越来越少,明朝的海洋政策日益宽松。王忬说:"国初立法,寸板片帆不许下海,百八十年来,海滨之民,生齿蕃息。全靠渔樵为活"①。弘治年间,朝鲜的崔溥漂流到中国浙江沿海,两次遇到渔船,一次见到二只,又一只见到六只。② 这都说明:江浙沿海一直有渔船活动。

明代中叶,福建的渔业也很发达。弘治《长乐县志》云:"近海者率以渔为生,在农之家,妇女亦执工作"③。这表明弘治年间福建渔民下海捕鱼是平常事了。长乐的梅花港、潭头港、松下港、漳港都是著名的渔业港,其鱼产品是相当可观的。明代的捕鱼方法有多种:"凡鱼得四时之气不同,各乘气候而至,渔人随时设技以待之。曰竹编网船、曰旋网船、曰竹编枪船、曰牵丝缘网、曰拖钓船网、曰沿岸撒网、曰撒网渔船、曰拖纱缘网、曰方网、曰沿岸攀罾、曰拆插竹木系网、曰扦插扈、曰网斗、曰石扈、曰竹箔、曰扦揪小网、曰手罾、曰手摇钓船、曰步取"④。"崇武滨海军民人等,以渔为生。冬春则纶带鱼,至夏初则浮大缘取马鲛、鲨、鲳、竹鱼之类……凡鱼依四时之气而生,其至亦乘四时之气而至。渔者随时设网以待之"⑤。正德年间的《福州府志》记录了43种海鱼,其中对黄鱼的注解是:"身扁薄而多鲠,味佳"⑥。黄鱼是深海鱼,不出海,无法捕捞。其时,海鱼出售于沿海港市,成为当地民众主要的食物来源,如兴化府的渔民"暮取诸海,且鬻诸市,为鲜鱼。腌曝成干货,卖他方为鲞鱼,或不腌而曝,名白鲞,尤他方所珍者"⑦。此中的咸鱼与干鱼,都是可以出售于山区的商品。山区的食盐价格较高,农民多淡食,咸鱼因而成

---

① 王忬:《条处海防事宜仰祈速赐施行疏》,陈子龙等编:《明经世文编》卷二八三,王司马奏疏,第 2997 页。

② 崔溥:《漂海录》,北京,线装书局 2002 年,第 64－65 页。

③ 潘援等:弘治《长乐县志》,卷一,地理志,长乐县地方志编纂委员会资料组 1991 年滕印本,第 14 页。

④ 张岳:嘉靖《惠安县志》卷五,物产,上海古籍书店 1963 年影印天一阁藏本,第 20 页。

⑤ 朱彤等:《崇武所城志》生业,福建人民出版社 1987 年,第 41 页。

⑥ 叶溥等:正德《福州府志》卷八,食货志,第 209 页。

⑦ 周瑛等:弘治《兴化府志》卷十二,货殖志,第 9 页。

为待客的美味。明代福建的渔民制作大量的咸鱼和干鱼,出售于市场。山区民众对这类鱼制品相当欢迎。由于市场扩大,渔民捕鱼数量越来越多,渔业迅速壮大。成化十九年飓风袭击福州府,"闽、侯官、怀安、长乐、连江、福清、罗源、永福、闽清九县……官私船只,漂没万数,民溺死千余人"。① 这一万多艘船只,其中会有许多是闽江上的河船,但其中也会有许多海船,这说明当时福建的海船数量是相当大的。

从明代的海洋渔业来看,明代前期的海禁政策没有想象中的那么严厉。或者说,明代最初的海禁之令是严厉的,后来随着岁月的流逝,执政者体恤民意,有意放松了海禁的执行,并想了许多变通的方法。在这一背景下,明代东南沿海的渔业逐渐发展起来,具有相当的实力。明朝既然放松了海上渔业,也就很难禁止海上贸易了。"浙中于商之外,又有一伙灶户,专以采办为名,私造违禁大舡,不时下海。始之取鱼,继之接济,终之通番。"②可见,远海渔业的发展,大船的制造,是民间私人海上贸易兴起的背景。

第三节　明代前期的沿海运输业

尽管有海禁,福建的沿海贸易在明代中期就出现了。

随着海禁的宽松,沿海运输业开始恢复。在闽人的文集中,我看到过有人从福州乘船到广州的例子。明代前期大诗人高棅的《题台江别意钱顾存信归番禺》作于福州闽江码头(可能是在南台酒肆之上),其诗云:"番禺天万里……沧海浩荡杳难期……东去台江应到海,唯因流水寄相思。"③从这首诗看,高棅的好友顾存信是从福州台江港乘船前赴广州的。这说明明代前期的海禁并没有想象的那么严厉,当时在广东与福建之间存在合法的海上交通。

浙江与福建之间的海上贸易也是存在的。成化《宁波郡志》记载:"明得会稽郡之三县,三面际海……海道通闽广等地,商舶往来,物货丰溢。"④福建内境内的海上运输亦常见。泉州安溪巨商李森:"复葺木浮海,助建福州芝山寺。前后费个

---

① 叶溥等:正德《福州府志》卷三三,祥异志,第 422 页。
② 谢杰:《虔台倭纂》卷上,倭原二,明万历刊本,第 7 页。
③ 高棅:《题台江别意钱顾存信归番禺》,袁表、马荧编:《闽中十子诗》卷十一,高棅,第 14 页。
④ 张瓒、杨定纂修:成化《宁波郡志》卷一,土风考,成化刻本,第 11 页。北京图书馆古籍珍本丛刊,第 28 册,书目文献出版社,第 9 页。

赀,而李长者之名闻于闽中。"①可见,李森这一次运木材施舍福州芝山寺,是从海道走的,他应是将木材先从安溪顺河运到晋江下游的泉州港口,再从泉州港将木材运到福州。明代前期漳州也有木材输出。陈全之写于嘉靖年间的《蓬窗日录》说:"汀州及江西诸府产杉出溢口,徽产杉出饶河口,漳州产杉由海达浙东。"②一个地区出产木材出名,恐怕不是几十年里造就的,看来漳州商人运木材到浙江东部,是明代前期就有的事。据正德《漳州府志》,漳绢和漳纱都是用湖丝为原料,"五色,极佳"。③可见,约在明代中叶,漳州的木材向浙江出口,然后从浙江运入湖丝。这是跨境的长距离贸易。明中叶何乔新说:"他日乘舟东海之上,百川所委,众流所汇,杳不知其几千万里。飞艎巨舶,往来而上下。"④可见其时海船之多。又如昆山的周无逸做批发生意:"遂张肆于市以居货,平其量衡,均其价直,生意如涌泉。家日以大。昆为泽国,乐岁粒米狼戾,远商巨舶至者,咸以君为宗。一岁之间,钱以缗计者及万缗,银以两计者及万两,随其用而品置之。执盘校筹,毫厘不爽,皆曰君允可依也。后之至者,日益众,家居不能容,虽挥之,亦莫肯去。"⑤从"远商巨舶至者,咸以君为宗"这句话来看,这位昆山的商人,至少有来自沿海的商船到其货栈。所以说,明代前期海上运输还是存在的。

小结

明代初年的海禁给沿海商业、渔业带来极大的伤害,它消灭了许多地区初露萌芽的海洋商业和渔业。西方一些著作认为,自郑和航海及官府海禁之后,中国传统的私人海上贸易就停止了,甚至从事海洋渔业的渔民都成了农民。由此推论,明代前期华商在东南亚的商业网络被破坏殆尽,因为,有了海禁,民众就无法出海了,更别说维持海外的网点。通过以上研究让我们知道,实际情况并非如此。这是因为,明朝的海禁政策在推行过程中遇到了各种问题,各地都有所调整。

浙江与苏州沿海的海洋渔业一直存在。这是因为明朝皇室爱吃鲜鱼,尤其是洋山一带的黄鱼得到皇室和官吏的喜爱,这就使明朝的海禁政策在执行中会遇到一些问题。实际上,明朝的海禁主要针对私人海上贸易,对双桅以上大船的禁止,主要是害怕远海渔业发展为对外贸易。通常对于近海渔业,明朝没有必要严禁。此外,闽粤浙三省百万疍民的利益也要考虑。明初官府在东南各省设立河泊司,向渔民征税,税收数量不小。例如,福清一县要缴纳七千石粮食的渔课,其他沿海

---

① 沈钟等:乾隆《安溪县志》卷五,宦绩,厦门大学出版社 1988 年,第 171 - 172 页。
② 陈全之:《蓬窗日录》卷一,上海书店古籍出版社 2009 年,第 39 页。
③ 陈洪谟、周瑛:正德《漳州府志》卷十,诸课杂志,第 612 页。
④ 何乔新《椒丘文集》卷十一,赠揭君尚文游南雍序,第 2 页。
⑤ 郑文康:《平桥稿》卷十一,周无逸墓志铭,文渊阁四库全书本,第 12 页。

各县一直到明代中叶仍然在征收渔课税。这都说明明代前期疍民的海洋渔业仍然存在。总之，明代的海禁实际上没有那么严厉，近海渔业是被容许的。随着时间推移，倭寇来袭的事件越来越少，明朝的海禁政令逐渐废弛。明代中叶，闽浙沿海一带的渔业不受约束地发展，从近海渔业到远海渔业，甚至在日本及琉球周边的海岛捕鱼和采摘海贝。对明代渔业不可小看，因为，它构成了明代海洋文化的基本力量。

以上对海禁政策的研究，主要停留在国家政策的层面，着眼于国家政策面对实际状况的不断调整。但在中国，仅看国家政策只能看到社会的一个侧面，在国家统治力控制较弱的区域，人们以另一种自治自为的方式生活。对他们来说，国家政策的影响是很小的。由于历史的因素，明代闽粤赣三省交界处的反官府的武装强大，尽管明朝有严厉的海禁申令，漳州和潮州的民众仍然自行其是，这导致明代的万里海禁线出现断点。历史证明，正是在这一区域，私人海上贸易发展起来了。

第七章

明代万里海禁线的断点——漳州、潮州

明代初年,为了防止倭寇,朝廷出台了海禁政策,并且构筑了以卫所为基础的严密的海防体系。但是,这一政策在闽粤边境遇到了挑战。自宋元以来,闽粤边境的畲瑶武装肆行东南,明朝无法在这里贯彻海禁政令,万里海禁线出现了断点。在这一背景下,漳潮成为明代民间海洋力量最强盛的地方。《南澳志》说:"终明之世,漳潮无宁宇。寇乱较唐宋元为尤烈。"①事实上,明代南方的海盗、山盗大都起源于漳潮二州。

第一节　闽粤赣三省边畲瑶历史回顾

闽粤交界处的漳州与潮州距离朝廷在南方的统治中心较远。以漳州府来说,该府距省会福州有数百公里路程,当中横亘数条河流,交通十分不便。与其相邻的潮州府同样是广东的边远区域,该府距广州也有上千里之远。明代的漳潮二府境内,群山纵横,森林茂密,毒蛇猛兽出没,旅人视为畏途。由于山高林深,闽粤及江西三省交界处强盗颇多。明朝为此在江西的赣州府设置军镇,号称"虔镇",专门镇压三省边境的山盗。叶权的《贤博编》说:"虔镇之蛮,东逼福建,西近江广,山峒溪壑,盘曲险峭,天地所无。自古及今,外夏内夷。"②在这种"天高皇帝远"的环境中,漳潮民众形成了强悍的民风。漳州与潮州对海禁的冒犯有其深厚的历史渊源,事实上,自宋元以来,漳潮一直是南方反抗势力的重心之一,因此,要说清楚明代前期闽粤边境反抗势力的根源,必须回顾宋元以来闽粤赣三省边境的历史。

---

① 齐翀:乾隆《南澳志》卷八,海防志,道光重刊本,第1页。
② 叶权:《贤博编·游岭南记》,中华书局元明史料笔记丛刊本,第42页。

一、唐代官府对闽粤赣三省边的经营与受阻

汉文化的南传与南方的开发,是中华民族发展史上的一件大事,尽管秦皇汉武的拓边,使中国的南疆早在二千年前即已划入中原政权的版图,但是,中原政权真正得到南方人的真心拥护,则是迟至宋代的事了。[①] 中原政权在南方统治的巩固,在某种意义上也可看成是南方民族不断汉化的历史。当然,这一过程不会是完全平静的牧歌,而是波澜起伏的潮流,在有些地区,则有较大的起伏,闽粤赣三省边区即是这样的一块土地。

谁是闽粤赣三省的最早的定居者? 这是现在尚未弄清的一个问题. 不过,在二千年前的秦汉时期,被后人称之为闽粤赣的这块土地,是属于越人的。其时这里的越人国家有闽越国、南越国、南海国等等。但是,汉武帝半定南越及闽越国之后,曾将闽越人迁至江淮一带,因此,留在闽地的闽越人数量大减,使之重新成为南方的蛮荒地带,而各种民族渐次进入闽粤赣三省边区,大致而言,汉族和汉化程度较高的越人居住于河谷平原,逐渐融合为南方汉族。其时居住在山区的各类民族被称为“山越人。”山越不是一个民族,而是一类生活方式近似的南方民族,以故,传统有“蛮亦有种”“闽有八种”的说法。唐宋时期被称为“畲瑶”的南方民族主要生活在闽粤赣边境诸州的山区。他们与汉族的关系很复杂。早期瑶人的生活方式是“刀耕火种”,每年选择一片山地进行耕作,土壤肥力下降后,弃而他徙。他们对土地的使用率不高,对土地的所有权也不很牢靠。唐宋时代,基于汉越合流的水田农业在闽粤赣一带大发展,形成了定居农业。以定居农业为基础的定居农民珍视土地,他们先是占据平原之地,而后不断蚕食山区的可耕地,于是,他们与畲瑶的冲突几乎是不可避免的。

以漳州而言,早在唐代,定居农民与畲瑶在漳州山区的斗争就很激烈。《漳州府志》记载:

漳为州,自唐始。唐仪凤中,广寇陈谦等连结诸蛮攻潮州,守帅不能制。闽戍将陈元光讨平之,开屯于漳水之北,且耕且守。垂拱二年,请朝廷于泉潮间建一州,以抗岭表。诏从之。因即屯以为州。此漳州所自始也。[②]

《舆地纪胜》记载漳州的开创者陈元光:

陈元光。庙碑云:公姓陈,讳元光。永隆三年,盗攻潮州,公击贼,降之。公请泉、潮之间创置一州。垂拱二年,敕置漳州,委公镇抚。久之,蛮贼复啸聚,公讨

---

① 徐晓望:《论科制与中国东南文化的开发》,福州,《东南学术》1998 年第 6 期。

② 陈洪谟修、周瑛纂:正德《漳州府志》卷一,吏纪,第 42 页。

之,战殁。因庙食于漳。李颙诗云:当年岭北正危时,数郡生灵未可知。不是有人横义概,也应无计保藩维。①

据上文记载,与陈元光作战的是南方的"蛮贼",唐宋人用这一辞多指南方的畲瑶民族。又据漳州柳营江的《白石丁氏古谱》的记载:

先是,泉潮之间,故绥安县地。负山阻海,林泽荒僻。为獠蛮之薮。互相引援,出没无常,岁为闽广患。且凶顽杂处,势最猖獗。守戍难之。自六朝以来,戍闽者屯兵于泉郡之西,九龙江之首,阻江为险,插柳为营。②

据朱维幹的《福建史稿》,绥安县位于今漳浦县境内,建于六朝时期。它应是早期汉族开垦漳州的根据地,后来被迫放弃。从上引《白石丁氏古谱》的记载看,想是受到"蛮獠"的压迫。这些蛮獠是什么民族呢?《白石丁氏古谱》提到其首领是"蓝奉高",这是一个典型的畲民姓氏。因此,相信《白石丁氏古谱》记载的学者,都认为与陈元光作战的蛮獠是福建畲民的祖先。从以上记载中我们知道:当时畲民在漳州境内分布很广,对沿海的定居农民形成很大的压力。虽说漳州的建置是定居农民对游动农民的一大胜利,但是,畲民在漳州境内仍然保有相当大的势力,而陈元光最终也在与蓝奉高的战斗中阵亡。唐代漳州城原建于漳州的腹地云霄一带,以后不断北迁,开元四年迁于漳浦县境内的李澳川(今漳浦县治),二十九年再迁于泉州划归的龙溪县境内。而南部新立的怀恩县被撤销。这都说明唐代汉族取得一定胜利后,又在番族的压力下节节后退,仅在九龙江南留下漳浦县一个点。当时漳州的人口也很少,据《新唐书》的记载,唐天宝年间的漳浦郡(即漳州)不过只有5846户、7940人。③ 这当然不会是漳州全部的人口,而仅是朝廷掌握的沿海定居农人口。这一点说明唐代漳州是畲民占绝对优势的地方,广大山区都在畲民的控制之中。

在中国古代,定居农数量是地方开发的主要劳动力,这是因为:定居农为改善自己的生活需要建设,而游农为了适应自己的生活方式,是不需要建设的。漳州定居农太少,便使自己的开发层次远低于福建其他地区。事实上,唐宋时期涉及漳州的文献常把漳州当作"蛮荒地带",柳宗元《寄漳汀封连四州》一诗写道:

城上高楼接大荒,海天愁思正茫茫,惊风乱飐芙蓉水,密雨斜侵薜荔墙。

岭树重遮千里目,江流曲似九回肠。共来百粤文身地,犹自音书滞一方。④

---

① 王象之:《舆地纪胜》卷一三一,福建路,漳州,北京,中华书局影印文选楼影宋抄本,第10页。

② 漳州龙海县柳营江《白石丁氏古谱》,漳州方志办重刊本。

③ 梁方仲:《中国历代户口、田地、田赋统计》,第91页。

④ 柳宗元:《登柳州城寄漳汀封连四州》,《柳宗元集》,中华书局1979年,第1164—1165页。

又有张登的诗：

漳州悲远道，地里极东瓯。境旷穷山外，城标涨海头。①

由此可见，唐代的漳州在北方人的眼里是十分可怕的，这里到处是未开发的森林，雨季绵长，瘴疠流行，城市中不过一些茅屋。所以，许多官员将到漳州做官当作流放，以生还为幸。在这一背景下，漳州的开发程度当然是十分有限的。

唐五代之际，广东潮州、梅州，江西的虔州，福建的汀州，其情况与漳州都有类似之处。随着人口的增加，当地民的畲瑶与汉族冲突日渐增多。唐末懿宗中和二年（882年）五月，"高安人钟传聚蛮獠依山为堡，众至万人。"②《新唐书·钟传传》记载：钟传先后占据江西的抚州、洪州，被唐朝任命为镇南军节度使。钟氏政权在江西失败后，有钟全慕者割据福建汀州，在王潮取得福州之后，钟全慕降于王潮，被任命为汀州刺史。王潮逝世后，王审知继任威武军观察使，统治福建二十多年，《福建通志》记载："钟全慕，唐昭宗时为刺史。王审知喜其骁勇有谋略，分汀州使守之。"③钟全慕死后，其孙钟翱曾继为汀州刺史。④钟氏在汀州子孙绵延，至今武平县有"钟半城"的说法。唐末五代，福建汀州的"蛮獠"很活跃。干宁元年（894年），"黄莲洞蛮两万围汀州"，被王潮大将李承勋击破于浆水口。⑤后唐庄宗同光三年（925年），"汀州民陈本聚众三万围汀州"再次被闽国军队击败。⑥《太平寰宇记》记载宋初闽西的建宁县："本将乐县地，晋绥城县，莫徭之民居焉。"⑦

二、宋代闽粤赣山区的发展和畲瑶经济的改变

进入宋代以后，闽粤赣区域都有很大的发展，以福建来说，福州、建州、泉州、南剑州、兴化军、邵武军等地的经济文化发达，是国内发展水平较高的地区。⑧但是，北宋时期漳州与相邻的汀州仍是人口较少的地区。见下表：

---

① 祝穆：《方舆胜览》卷十三，福建路，漳州，上海古籍社1991年影印《宋本方舆胜览》，第150页。
② 司马光等：《资治通鉴》卷二五五，唐纪，北京，中华书局1956年点校本，第1页。
③ 郝玉麟等：雍正《福建通志》卷三二，名宦，汀州府，第24页。
④ 徐晓望：《闽国史略》，第一章，北京，中国文史出版社2014年，第19页。
⑤ 司马光等：《资治通鉴》卷二五九，唐纪七五，第8459页。
⑥ 司马光等：《资治通鉴》卷二七四，后唐纪三，第8948页、第8956页。
⑦ ［宋］乐史《太平寰宇记》卷一○一，建宁县，北京，中华书局2000年影印宋本，第9页。
⑧ 徐晓望等：《福建思想文化史纲》第三章，宋元福建文化的全面繁荣，福建教育出版社，1996年。

表7-1 北宋漳州汀州的户口①

	太平寰宇记	元丰九域志	宋史地理志
汀州	24007 户	81454 户	81454 户
汀州	24007 户	81454 户	81454 户
漳州	24007 户	100469 户	100469 户
福建路总计	467815 户	1043839 户	1061759 户

以上表格表明:漳州虽为北宋福建八州之一,但其户数分别只占福建总户数的5%、9.6%、9.5%,而且总户数也不过10万余;而汀州的人口要更少一些,北宋后期仅占全福建人口的7.7%,两州都是北宋人口较少的区域。由于人口较少,当地显得较为荒凉。北宋王安石《送李宣叔倅漳州》:

闽山到漳穷,地与南越错。山川郁雾毒,瘴疠秋冬作。

荒茅篁竹间,蔽亏有城郭。居人特鲜少,市井宜萧索。②

约在宋代,畲瑶民族的主体逐渐走向定居。"省民山越,往往错居"。应当是在宋代,许多畲瑶人开始从事定居农业。他们最早成为定居农民家庭的雇工,学得农业技术后,回到家乡开垦山地,发展水稻种植。渐渐地,他们的经济生活方式与汉族混同。只剩下部分畲民仍然保持传统的生活方式。南宋时期的闽粤赣边区域都有很大发展。以漳州来说,该州在北宋末年的人口为100469 户,而《八闽通志》记载的漳州人口为112014 户、160566 人③;据光绪《漳州府志》第十四卷的赋役志,以上宋代漳州的户口数出于宋代的"淳志",即淳熙五年(1178 年)李纶的《临漳志》,此时南宋建立约50 年左右。将此与北宋崇宁年间的漳州户口数比较,增长11%,即11545 户,与宋代初年相比,则增长了367%,88007 户,为什么漳州人口不多? 这是因为宋代畲民占据漳州多数山区,而宋朝不对他们征税,所以,漳州畲民人口不在统计范围内,虽说其实际人口不止此数,但宋朝廷掌握的人口也就16 万余人了。该州的四县中,龙岩、长泰、龙溪三县在九龙江以北,是汉族较为密集的地区,其中尤其以龙溪、长泰二县发展水平较高,这是因为,这二县原来都属于泉州管辖,一向是汉族定居区,龙溪于唐开元时划归漳州,长泰于宋太平兴国年间划归漳州,唐宋期间,漳州有三百人中举,④其中多数为龙溪县人与长泰人,

---

① 梁方仲:《中国历代户口、田地、田赋统计》,第 135、147、157 页。
② 祝穆:《方舆胜览》卷十三,福建路,漳州,第 150 页。
③ 黄仲昭等:《八闽通志》卷二十,第 390 - 399 页。
④ 黄仲昭等:《八闽通志》卷五一,选举志,第 181 - 188 页。

而注明出自漳浦县的仅五人。这说明九龙江以南的漳浦县的开发程度远远不及北部。其原因不外是南部畲民较多，他们参加科举的人少。

实际上，宋元之际漳州的畲民人口众多。元将张弘范于至元十五年(1278年)"攻漳州，得山寨百五十、户百万一"①。可见，不在官府统计数据中的漳州畲民人口众多。

和漳州相比，汀州在南宋时人口增长较快。汀州在北宋崇宁时仅81454户，据《八闽通志》的记载，该州为150331户327380人，用这一数据与北宋时相比，已有相当明显的发展，但与《临汀志》相较，它并不是宋代该州最多的人口数。《临汀志》所记南宋汀州人口数有四个，其中"祖账户"与《八闽通志》相同，而庆元年间的记载为：218570户、453231人，迄至宋末开庆年间，该州人口数为：223433户、534890口，在八州中，仅次于福州、邵武，排名第三。若与北宋末相比，南宋末汀州人口增长174%，即141979户②；若与宋初相比，增长831%，即199426户，是福建人口增长最多的区域。宋末汀州五县，平均每县人口为：106978人，是福建人口最多的地区之一。

宋代潮州也取得可观的发展。此处先回溯一下潮州的发展历史。潮州位于韩江下游，此地的开发略迟于福建。据《宋书》的记载，南朝宋时期，潮州的前身义安郡有5个县，共计1119户、5522人，平均每县为223.8户。《隋书》记载义安郡人口为2066户，唐天宝年间潮州为4420户，26745人。③可见，在隋唐以前，潮州人口稀少。迄至宋代，福建开始大发展，而潮州落后一步。北宋元丰初年，潮州仅有74682户，而福建的泉州已经有201406户，漳州为100469户④，这说明北宋的潮州和漳州还可一比，但比福建泉州之类的发达州郡就有一段距离。梁方仲统计宋代的人口密度，北宋及南宋福建人口的密度分别为每平方公里16人和25.4人，同一时代，广南东路的人口密度分别只有6.7人和4.6人。⑤宋人论当地景象："潮州之外砦，其地大抵茂林千里，大木百围，在潮梅之两间，人行其中，终日不逢居民，不见天日。盗藏其山，而人莫之觉。"⑥北宋之时，潮州发生过野象与人争食之事，"乾道七年，潮州野象数百食稼，农设穽田间，象不得食，率其群围行道车

---

① 宋濂等：《元史》卷十，世祖纪，第206页。
② 胡太初纂、赵与沐：开庆《临汀志》，福建人民出版社1990年点校本，第21－22页。
③ 梁方仲：《中国历代户口、田地、田赋统计》，第55、76、92页。
④ 梁方仲：《中国历代户口、田地、田赋统计》，第147页。
⑤ 梁方仲：《中国历代户口、田地、田赋统计》，第164页。
⑥ 杨万里：《诚斋集》卷六十九，甲辰以尚左郎官召还上殿第一札子，文渊阁四库全书本，第9页。

马,敛谷食之,乃去。"①《宋史·食货志》记载潮州的贡品,仅是蕉布、甲香、鲛鱼皮之类的产品。不过,潮州的土地肥沃,很适宜发展农业。南宋时期,在潮州任官的许应龙说:"潮之为郡,土旷人稀,地有遗利。""窃知地多鱼盐,民易为生,力穑服田,罕务蓄积。时和岁丰,固无乏绝,年或不登,仰给循海。"②这种情况对人多地少的福建而言,具有很大的吸引力。于是,宋代的福建人大量移民潮州。海阳大姓林氏的祖先自闽迁入。"林从周……七世祖自南安徙居潮州,宗族盘互,为海阳着姓。"③"王大宝,字符龟。其先居温陵,徙潮。以舍选试礼部,建炎戊申登龙飞榜第二名。"④自宋以来闽人多迁潮,饶先生根据族谱的调查,获知南安林氏、晋江陈氏、莆田黄氏、莆田郑氏、福州林氏、莆田方氏、莆田陈氏、龙溪萧氏、莆田魏氏、兴化蔡氏、莆田丘氏、晋江洪氏、宁化张氏、上杭郑氏、宁化刘氏等等姓氏于宋代播迁入潮⑤。《永乐大典》引宋代的潮州《图经》:"潮之分域,隶于唐,实古闽越也。其言语嗜欲与闽之下四州颇类。广、惠、梅、循操土音以与语,则大半不能译。惟惠之海丰于潮为近,语音不殊。至潮梅之间,其声习俗,又与梅阳之人等。州人之知书者,或以为自文公始。"⑥《图经》的记载表明,当地民众与闽南关系很深,语言相似。南宋的潮州大有变化。杨万里的《揭阳道中》一诗:"地平如掌树成行,野有邮亭浦有梁。旧日潮州底处所? 如今风物冠南方。"⑦许多人认为它已经赶上福建:"虽境土有闽广之异,而风俗无潮漳之分。"⑧"初入五岭,首称一潮。土俗熙熙,有广南福建之语。""实广右之奥区。"⑨"迄用康年,家给人足,田里熙熙。"⑩按,以上史料表明,宋代潮州发展很快。其原因在于:宋代福建移民大量进入潮州。分析潮州人的语言,主要属于闽南话。其次,潮州人的闽南话带有浓重的莆田人口音,这是因为,自宋以来,莆田人进入潮州的数量不少。潮州许多大族发源于莆田。按,福建莆田、仙游二县唐代隶属泉州,是广义上的闽南人。这都说明潮州人以闽南移民为主。⑪

---

① 《宋史》卷六十六,五行四,第20页。
② 许应龙:《东涧集》卷十三,初至潮州劝农文,文渊阁四库全书本,第5-6页。
③ 吴道镕等:光绪《海阳县志》卷二八,古迹略三,林从周墓,清光绪二十六年刊本,第1页。
④ 李幼武纂:《宋名臣言行录别集》卷四,文渊阁四库全书本,第13页。
⑤ 饶宗颐:《潮汕地方史论集》,汕头大学出版社1996年,第148-149页。
⑥ 解缙等编:《永乐大典》卷五三四三,潮州府。北京,中华书局1959年影印本。
⑦ 杨万里:《诚斋集》卷十七,揭阳道中,第21页。
⑧ 祝穆:《方舆胜览》卷三六,潮州事要,第6页。
⑨ 王象之:《舆地纪胜》卷一百,广南东路,潮州四六,第3120页。
⑩ 许应龙:《东涧集》卷十三,初至潮州劝农文,第6页。
⑪ 徐晓望:《宋元莆仙人与妈祖信仰广东的传播》,澳门妈祖文化研究中心编:《妈祖信仰与华人的海洋世界》,澳门基金会2015年。

但是,南宋后期,畲民的反抗活动越来越多。赵汝愚论当时的汀州山民:"其民皆十百为群,依山据险而居,散居田野者绝少,其道路间,旅行稀阔,亦难得邸店,其人不能蚕桑,除耕田、织布外,皆别无生业。"①南宋初,漳浦境内已有畲民武装进行反抗:"魏郁宁周文,南平人,少游学京师中上庠,及登第建炎中补漳浦尉。适洞蛮窃发,朝命招抚之。郁被檄先往数日,朝命不至,亦以为诳己,使立雨中,窘辱之。毅然不少屈,后洞蛮得命悦,甚厚宴之。馈以白金五百,良马二,郁不受。"②畲民武装被招安后,与地方官府相安无事,"畲田不税,其来久矣"。

迨至宋末,情况发生变化:"厥后贵家辟产,稍侵其疆,豪干诛货,稍笼其利,官吏又征求土物,蜜腊、虎革、猿皮之类,畲人不堪,诉于郡弗省,遂怙众据险剽掠省地,壬戌腊也"③。壬戌年即为宋理宗景定三年(1262年)当时上距晏头陀败亡仅33年,下距宋朝灭亡也仅17年,其时,蒙古军南下攻宋,宋朝穷于应付,因此,畲民起兵,对宋朝打击颇大。这次起义,汀州、梅州、虔州的许多地方都被暴动武装占领。潮州也受到威胁。"许应龙,字共甫,福州人。绍定五年知潮州,时赣盗发逼境上,应龙乃亟调兵分扼要害。明间谍、谨关隘,断桥开堑,区画有方。盗不敢犯。"④这次叛乱后被陈韡平定。刘克庄评价畲民武装:"在漳者曰畲,隶龙溪,犹是龙溪人也,南畲隶漳浦,其地西通潮梅,北通汀赣,奸人亡命之所窟穴。畲长技止于机毒矣,汀赣贼人畲者教以短兵接战,故南畲之祸尤烈"。畲民武装最盛时,逼近漳州城仅有20里。福建官府只好调驻扎在漳州与泉州的左翼军反击,侥幸胜了二仗。但是,畲民武装在漳州附近出没不已,漳南数百里路无法通行。宋朝只好派出官员招安,"令下五日,畲长李德纳款",随后,"西畲三十余所酋长各籍户口三十余家,愿为版籍民"⑤。宋朝终于结束了这一次动乱。不过,宋代的漳浦县地方辽阔,后日的南靖县、诏安县、东山县、平和都从这里分出,所以,漳浦县的几名官员根本无法管理漳南广大地区。总之,宋代的漳州,朝廷只能控制城市附近的地区,漳南大片山区,都是畲民武装活跃的地区,他们与逃亡此地的汉族流民相结合,依山就势,建立寨堡,朝廷号令在此无法实行。宋朝对此干脆"以不治而治之"。

---

① 何竹淇编:《两宋农民战争史料汇编》第4册,北京,中华书局1976年,第449-450页。
② 沈定均等:光绪《漳州府志》卷二四,魏郁传,上海书店2000年影印光绪刻本,第493页。
③ 刘克庄:《后村居士大全集》卷九三,漳州谕畲,商务印书馆四部丛刊本,第801页。
④ 郭春震:嘉靖《潮州府志》卷五,官师志,第5页。
⑤ 刘克庄:《后村居士大全集》卷九三,漳州谕畲,第801页。

三、宋末元初闽粤赣边的畲军

宋元之际,畲民在福建分布很广,至元十六年,"诏谕漳、泉、汀、邵武等处暨八十四畲官吏军民,若能举众来降,官吏例加迁赏,军民按堵如故"。① 可见,在上述福建四州境内,至少有八十四支畲族武装。宋末,潮州一带也有畲军陈懿部活动。林大春记载宋末山盗的崛起:"初陈懿兄弟五人,号五虎,与刘兴俱为潮剧盗,丞相张世杰招之攻闽,遂据潮州。而刘兴跋扈,杀掠尤甚。"②

元军略宋下江南,临安的宋王室降元,《牧庵集》记载"陈宜中、文天祥挟益、卫两王逃之闽广,爵人号年,东南大蠢,觊幸之徒相煽以动,大或数万小或千数,在在为群。"③其时,闽粤赣边的畲军摇摆于双方势力之间。宋末,陈吊眼及许夫人的畲军一度出山协同张世杰进攻泉州,但又接受泉州的蒲寿庚的贿赂,在城下不认真作战,导致张世杰功败垂成。元将张弘范于至元十五年(1278 年)经过漳州时,陈吊眼部投降,所以,《元史》称"张弘范攻漳州,得山寨百五十,户百万。"④这一数量大大超过宋代漳州政府所掌握的人口数,也说明漳州畲民力量之盛,出人意料。

广东境内呈现土著与畲军的混战。至元十三年元军易正部进入潮州。然而,宋末二帝进入涯山之后,号令抵达潮州,易正率元军退往梅州。潮州民间武装蜂起,"四郊多垒"。"郡人马发为摧锋寨正将",后被推为安抚使。至元十四年正月,马发率潮州人与元军作战取胜,元军再次退走。⑤ 其时,潮州的畲军相当强大。他们在陈懿五兄弟的率领下在宋元之际投机。"初陈懿兄弟皆为剧盗,世杰招之,叛附不常,潮人苦之。"张世杰招陈懿合攻福建,陈懿进入潮州。至元十五年,唆都部元军从福建南下围攻潮州。陈懿引元军入城,马发战死。其后,听从张世杰指挥的陈吊眼一度攻占潮州。不久失利退去。⑥ 元军进入潮州时,城内军民伤亡很大。潮州民请文天祥入潮,"十一月进潮阳县,戮懿党刘与。"陈懿退往山区。文天祥围攻陈懿多日,陈懿与元军勾结。"时张弘范为都元帅,以大军自明秀下海,以步骑自全漳入潮。……弘范步骑尚隔海港,陈懿为迎遵具海舟以济。"⑦遂大败文天祥。元军入潮之时,"宋都统陈懿等兄弟五人以畲兵七千人降。""南恩

① 宋濂等:《元史》卷十,世祖纪,第 211 页。
② 林弼:《林登州集》卷八,送张以仁言事闽省序,文渊阁四库全书本,第 6 页。
③ 姚燧:《牧庵集》卷十九,参知政事贾公神道碑,文渊阁四库全书本,第 4 页。
④ 宋濂等:《元史》卷十,世祖纪,第 206 页。
⑤ 马蓉:《永乐大典方志辑佚》三阳图志,中华书局 2004 年,第 2759 页。
⑥ 马蓉:《永乐大典方志辑佚》三阳图志,第 2760 页。
⑦ [元]刘岳申:《申斋集》卷十三,文丞相传,文渊阁四库全书本,第 12 页。

州宋合门宣赞舍人梁国杰以畲军万人降。”①

然而潮州一时并未获得安宁。《元史》记载：“元至元十五年归附，十六年改为总管府，以孟招讨镇守。未几移镇漳州，土豪各据其地。二十一年广东道宣慰使月的迷失以兵来招谕，二十三年复为江西等处行枢密院使副使兼广东道宣慰使以镇之，始定。”②

元代潮州路则是另一种情况。因边界诸州动乱，而潮州相对安静，漳汀二州的民众移民广东的潮州、梅州，导致潮州路人口大增。《元史·地理志》记载当地人口为 63650 户、445550 人，其时，泉州路为 89060 户、455545 口，漳州路为 21695 户、101306 口。仅从人口看，元代的潮州已经超过漳州且赶上的泉州。当时人提到潮州郡县，已经有另一种态度。“揭阳海陬郡，溪谷藏雾毒。贾区乃在城，积居跨南服。凡今仕者往，喜气溢僮仆。非轻万里途，盖善千金蓄。于行携束书，言就韩山读。”③潮州在明清时代号称富庶，似在元代奠定了基础。不过，元代的潮州内部矛盾很深。元代的周伯琦在其《肃正箴》中说：“岸海界闽，舶通瓯吴，及诸番国。人物辐集，而又地平土沃，饶鱼盐，以故殷给甲邻郡。然贾杂岛蜑，农错洞獠，寇孽荐蠢，狱犴独滋。”④在其人看来，潮州表面太平，实际上隐藏着许多问题，随时会爆发。不久，闽粤赣三省边爆发了反元大起义。

元朝统一南方之后，与畲民发生矛盾。畲民很快掀起了反元大起义。至元十七年八月十五中秋，漳州百姓以过中秋节为名，每家每户都大摆酒宴，灌醉元军士兵，大开城门，将潜入城下的陈吊眼军队放入城中，然后全城百姓大杀元军，剽悍善战的元军猝不及防，官兵“死者十八九”，只有个别人逃回泉州。这就是著名的“八月十五杀鞑子”的事件⑤。这一事件很可能是中国历史上流传的“八月十五杀鞑子”传说来源。陈吊眼攻克漳州事件，立刻轰动了全国。当时天下无敌的元军横扫世界没有对手，整个亚欧大陆都在蒙古骑兵的铁蹄下呻吟，然而，毫不起眼的山民陈吊眼却敢向大元帝国挑战，极大地鼓励了反元力量。当时汀漳各地畲民武装云起响应，纷纷纠兵结寨，竖起反元的旗帜。元人记载“漳州盗陈吊眼，聚众十万，连五十余寨。”⑥这些山寨声息相通，“据险相维，内可出，外不可入，以一当百，

---

① 宋濂等：《元史》卷一三二，哈剌䚟传，第 3216 页。

② 宋濂等：《元史》卷六二，地理志，第 1516 页。

③ [元]柳贯：《送刘叔谠赴潮州韩山山长》，顾嗣立编《元诗选初集》卷三十二，文渊阁四库全书本，第 15 页。

④ [元]周伯琦：《肃正箴》，马蓉：《永乐大典方志辑佚》，第 2634 页。

⑤ [元]揭奚斯：《双节庙记》，载吴宜燮等：乾隆《龙溪县志》卷二四，艺文志，清光绪五年增刊本，第 13 页。

⑥ 徐乾学：《资治通鉴后编》卷一五三，至元十八年十月癸丑，文渊阁四库全书本，第 23 页。

剿馘无算。"①陈吊眼主力所在的高安寨,受到元朝调集的闽、浙、赣、粤四省大军的围攻一年,最后失败。为时不久,闽北又爆发了黄华率领的畲军起义。

反元运动的重心还是在闽粤赣边境。此地境内的畲民起义此伏彼起,其中最为著名的是钟明亮起义。元人刘埙所著的《汀寇钟明亮事略》云:"初明亮之首乱也,汀州草间匹夫尔。"②他又说:"至元二十有五年,畲寇钟明亮起临汀,拥众十万"③。刘埙是江西人,钟明亮的部队曾到过他的家乡,所以,刘埙关于钟明亮的记载当然是可信的。可见,钟明亮起义最初发生于汀州。④ 钟明亮于至元二十五年(1288 年)三月,率部众"万余人,寇漳浦。"其时,闽粤赣三省的畲军纷纷响应。"泉州贼二千人寇长泰,汀赣畲贼千余人寇龙溪"⑤。四月,"广东贼董贤举等七人皆称大老,聚众反。剽掠吉、赣、瑞、抚、龙兴、南安、韶、雄、汀诸郡"。元军"连岁击之不能平。"⑥其时,广东的梅州等地都有畲汉义军活动,他们相互呼应,此起彼伏,元朝十分头痛。次年五月,钟明亮率部18573 人降于广东宣慰使月的迷失,条件是元朝廷封"钟明亮为循州知州,宋士贤为梅州判官,丘应祥等十八人为县尹、巡尉"⑦。忽必烈对这批"反正"的畲军领袖极不信任,他指示广东地方官设法将刚刚投降的几个义军首领押解至京,调虎离山。忽必烈的命令下达广东,所产生的效应是钟明亮重又起兵,当时广东韶、雄二州共有 20 余支义军响应,广东全境大乱。

至元二十七年(1290 年),钟明亮又转入江西境内,在雩都、石城、瑞金等地与元军反复争夺,元朝调动闽粤赣三省官兵围攻,其结果是:"贵臣重将,裨校士马,因是物故者众"。五月,钟明亮再次降于元朝廷,不久,重又叛去,率众进攻赣州。

至元二十八年(1291 年)之后,元朝着力招抚畲军,罢免了许多南方的苛政。将来自北方的汉军调走,允许畲军在当地屯田,而后畲军起义渐趋低潮。元人刘埙的《汀寇钟明亮事略》,文中记载钟明亮"竟偃然得保首领以殁"⑧,看来,钟明亮是老死于家乡的。

---

① 郑所南:《心史》卷上,元鞑攻日本败北歌并序,明崇祯十二年张国维刻本,四库禁毁书丛刊本,集部,第 30 册,第 46 页。

② 刘埙:《水云村稿》卷十三,汀寇钟明亮事略,文渊阁四库全书本,第 2 页。

③ 刘埙:《水云村稿》卷二,参政陇西公平寇碑,第 1 页。

④ 按,关于钟明亮的籍贯,史册有不同说法。《元史纪事本末》称其为"循州贼"。我倾向于刘埙的说法。相关考证可见我的《福建通史·宋元卷》第 122 页。

⑤ 宋濂等:《元史》卷十五,世祖纪,第 311 页。

⑥ 宋濂等:《元史》卷十五,世祖纪,第 311 页。

⑦ 宋濂等:《元史》卷十五,世祖纪,第 323 页。

⑧ 刘埙:《水云村稿》卷十三,汀寇钟明亮事略,第 3 页。

在钟明亮起义前后,福建还爆发了多次农民起义,陈寿祺道光《福建通志》第266卷"元外纪"的记载如下:

至元二十四年冬十一月,湖头贼张治围掠泉州,官军讨获之;

二十五年,泰宁贼江海犯将乐县,军民总管吴林清率兵平之;

二十六年春正月畲民丘大老等寇长泰县,福州达鲁花赤脱欢同漳州总管高杰讨平之;

冬闰十月广东贼江罗等寇漳州;

十一月,漳州民陈机察等寇龙岩县,执千户张武义,福建行省遣兵大破之。机及丘泰老等以其党降;建宁路黄福等谋乱伏诛;

冬十二月,仙游县贼朱三十五集众寇青山,万户李纲讨平之;

二十八年,漳州盗欧狗作乱,福建行省平章彻里讨之。

由此可见,当时闽粤赣各地动荡不安,到处都有农民起义,起义烽火遍及三省边界,对元朝统治构成极大的威胁。经历了近20年的大乱之后,闽粤赣三省遭受极大的破坏,各地人口下降许多。漳州在南宋有112014户、160566人,迄至元代却只有21695户、101306人,总人口减少了6万余人。① 人口下降最厉害的是汀州,据《临汀志》,宋末汀州有223433户、534890人,人口之多不亚于福建北部人口密集区。然而在元代至顺年间,汀州人口降到41423户、238127人。损失了一半以上的人口。战争对漳汀二州的破坏不难想象。当时诗人咏漳汀二州:"荒山无寸木,古道少人行。地势西连广,方音北异闽。间阎参卒伍,城垒半荆榛。万里瞻天远,常嗟梗化民。"②这是一幅凄凉的景象。此外,邵武人口数的下降也是很明显的,宋末邵武军四县有558846人,平均每县有14万人,迄至元代,邵武路人口下降到248761人,平均每县只有6.2万人。以上仅以宋元二代的数字相比较,便可知元代的邵武路、汀州路、漳州路至少减少了666108人。这些人除了一部分死于战乱外,多数人应是流向广东各地,造成广东各地讲闽南语和客家方言的人口增长。至今为止,讲这二种方言的人占广东人口的三分之一以上。所以说,元代福建西部人口外流量是很大的。③

四、元末三省边的反元大起义

元代后期,南中国灾害不断。以潮州为例。元文宗至顺四年,"秋七月,大雨

---

① 梁方仲:《中国历代户口、田地、田赋统计》,第182页。
② 折臂翁:《漫游集·过汀州》解缙等:《永乐大典》卷七八九五,引元一统志。北京,中华书局1986年,影印永乐大典本,第四册,第3675页。
③ 徐晓望:《福建通史·宋元卷》第199页、204页。

水。先是泰定以来,潮州五路大饥,至至顺后元至正之间,复水旱相继,星变屡作,山崩川溢,不可胜记。盖自此义兵四起,而土崩瓦解之势成矣。"①

元末大起义的爆发,人们较熟悉的是黄河流域的刘福通起义。但在此前数年,南方畲军就发动起义了。最早的起义发生于漳州的南胜县和广东的增城县。元顺帝后至元三年(1337年),"畲民黄二使逆命,郡兵追破之,余党李志甫结聚南胜不能拔。"②广东则有朱光卿、钟大明等人起义。元朝急调浙闽、江西、广东三省兵围剿。《漳州府志》记载:

至元三年,畲寇李胜等作乱,杀长史晏只哥、同知郑晟、府判喜春。会万户张哇哇讨之不利。③

李志甫率漳州畲军打破元军重围。次年六月,李志甫率军北上围攻漳州,声势浩大。④ "朝廷命重臣征发四省兵以讨之,历四载,经百余战,兵老民疲。"⑤"当李寇乱漳,朝廷命大臣提兵讨之。部使者督师海上久无功",林弼称赞张以仁为元军献策:"君时避寇温陵,画平寇之策以干部使者。左公世臣公采而施行之,动中事机无失。公曰,张寔吾左军也。凡军事悉谘之。既而师压境,寇遁穴,君亦还家海上。"⑥可见,其时元军对李志甫十分头痛。由于元朝的大军被吸引在漳州,中原的反元势力乘机而起,逐步形成强大的反元浪潮,李志甫对这一高潮的出现是有独特贡献的。

在漳州境内,对李志甫构成最大威胁的不是元朝腐朽的军队,而是漳州一带的乡族武装。自李志甫起事后,漳州各地的豪族往往"结寨以自保",他们为了自身的利益与义军拼死作战,多次挫败李志甫军队。如漳州人陈君用,被元朝称为"义士",他于后至元六年(1340年)三月率乡族武装设伏袭杀李志甫。这一事件反映了漳州人中的一部分在向朝廷靠拢。

李志甫失败后,漳州境内的局势仍然长期不能平静,贡师泰说:"南靖在漳南一百二十里,自李志甫、魏梅寿相继反,其民习战斗,操强弓毒矢,出没山谷无时,尤难治。况比年强暴各以力雄乡里,少不合意,辄啸呼杀掠,县令莫之谁何。"⑦罗良的墓志铭记载:"其后南胜畲寇陈角车、李国祥,安溪贼李大,同安贼吴肥,潮贼

---

① 林弼:《林登州集》卷八,送张以仁言事闽省序,第6页。
② 沈定均等:光绪《漳州府志》卷四六,陈君信墓志铭,清光绪三年刻本,第20页。
③ 陈洪谟修、周瑛纂:正德《漳州府志》卷一,史纪,第55页。
④ 宋濂等:《元史》卷三九,顺帝纪,第845页。
⑤ 沈定均等:光绪《漳州府志》卷四六,陈君信墓志铭,第20页。
⑥ 林弼:《林登州集》卷八,送张以仁言事闽省序,第6页。
⑦ 贡师泰:《玩斋集》卷六,送朱元宾赴南靖县尹序,文渊阁四库全书本,第36页。

王猛虎,江西贼林国庸,先后窃发,西林贼陈世民攻陷南诏、长汀、龙岩、漳浦诸邑,公悉削平,降其众,复其邑"①。罗良是漳州地方势力中支持元朝的一个统治者,他在元代末年组织了一支乡族武装,击败了漳州、汀州境内多支反抗元朝统治的起义军。然而,潮州又有反抗力量兴起。漳州人林弼说:"迩年潮寇屡警,濒海乡落苦之。"②为了抵御潮寇,罗良支持陈君用在紧邻潮州的漳州诏安设立据点,陈君用与潮州境内各大势力联络,巩固了元朝的统治。而其人终因争夺一名女子和罗良发生冲突。罗良袭杀陈君用之后,曾经率兵入潮并向元朝奏奉王翰为潮州路总管。元末,罗良被陈友定消灭后,陈友定势力一度进入潮州,但无力控制。因此,不论是漳州、汀州还是潮州,都在元末大乱中遭受破坏,直到明朝统一。《潮州志》记载:"潮自至正壬辰,下岭海寇起,与山峒徭獠相扇攻破潮、揭二县,人民依险防守自保,豪强各据其县十有余年。后有江西、福建两陈氏攻敛不一。丁未冬,大兵下七闽,潮之守土者往泉州迎大兵纳款。洪武元年三月,朝廷始调兵守御,潮民得以安其生矣。"③《元史·地理志》记载潮州人口为63650户、445550人,明代初年,梅州已经划拨潮州,洪武十年(1377年)潮州的人口仅有:60097户,214404口。④ 人口减少一半多。战争对潮州的破坏由此可见。迄至洪武二十四年,潮州人口为80970户,296784口。⑤ 人口数量稍有恢复。明初,林弼叙及他的家乡:"长泰在漳邑为小,其民则视他民为哗。元政既衰,令非其人,民不堪其虐,辄且挺而起。比寇平,则民以残矣。既内附,邓侯廉首来作县,较其户,则死而徙者十二三;视其民,则刀痕箭瘢,肤体弗完,不能业其业者又一二也。"⑥战争伤亡于此可见。

　　畲人接受明朝统治也经历了一段时间。明初大将蓝玉是否畲人? 一直是个疑问。潮州畲人以凤凰山为主要据点。一直到永乐五年十一月辛酉,"广东畲蛮雷纹用等来朝。初潮州卫卒谢辅言:海阳县凤皇山诸处畲蛮遁入山谷中,不供徭赋,乞与耆老陈晚往招之。于是畲长雷纹用等凡四十九户俱欲复业。至是辅率纹

①　陈志方:《元右丞晋国罗公墓志铭》;沈定均等:光绪《漳州府志》卷四六,艺文,第18－19页。

②　林弼:《林登州集》卷八,送张以仁言事闽省序,第6页。

③　解缙等:《永乐大典》五九册,卷五三四三,第11页。马蓉:《永乐大典方志辑佚》,第2609页。

④　解缙等:《永乐大典》五九册,卷五三四三,第21页。马蓉:《永乐大典方志辑佚》,第2611页。

⑤　周硕勋:乾隆《潮州府志》卷二一,赋役,第9－10页。

⑥　林弼:《林登州集》卷十二,赠长泰令邓侯新政序,第12页。

用等来,朝命各赐钞三十锭、彩币一表里。紬绢衣一袭赐辅,晚亦如之。"①潮州凤凰山一直是畲人心中的圣地,一直到清末,浙南畲人说到自己的起源,都会提到凤凰山。凤凰山畲人向明朝纳款,虽说人数只有 49 户,但是,它的象征意义非同寻常。

总结唐宋元三代闽粤赣边历史的发展,大约有以下几个要点:其一,闽粤赣边的主体民族曾是畲瑶,他们与汉族混居。迄至元代,闽粤赣边的畲民与当地汉族融为一体;其二,畲瑶的风格强悍,由于生活方式的关系,他们与统治政权经常发生冲突,在元代,这种冲突几度发展为震动全中国的起义。尽管畲民为此付出了巨大的牺牲,但他们的桀骜不驯闻名于世。总之他们是一批敢向任何统治者挑战的山民。他们的多次起义,使官府对闽粤赣一带的统治很不稳固。这对未来的统治者是一个潜在的挑战。

第二节　明代前期破坏海禁的漳州人

明代漳州人对海洋影响极大,在很大程度上是他们左右了明朝的海洋政策。因此,有必要对漳州的历史做深入的研究。

一、明代漳州的民风与反抗

国际学术界对漳泉海商的研究取得较多的成绩,不过,这些研究多集中于明代后期。我对漳州商人的研究,更重视他们在明代前期构建东亚贸易圈中的作用。拙文《明代漳州商人与中琉贸易》提出:"早在明代初年,漳州人已是海上走私的主要从事者。……在其他地区奉行海禁止的同时,明代漳州一带的海上贸易却十分活跃。""漳州人是明初海上走私的主力军。"②我的《严启盛与澳门史事考》一文,考证明代前期漳州海盗商人严启盛在广东香山澳一带的贸易。③ 总的来说,我认为明代嘉靖年间出现的漳州海盗不是偶然的,它是明初以来漳州人从事海上活动的发展。拙著《早期台湾海峡史研究》一书,最早提出了明代中叶即有"漳寇"的活动,"倭寇"活动实际上是"漳寇"的发展。④

---

① 《明太宗实录》卷七三,永乐五年十一月辛酉。
② 徐晓望:《明代漳州商人与中琉贸易》,泉州,《海交史研究》1998 年 2 期,第 52－53 页。
③ 徐晓望:《严启盛与澳门史事考》,澳门文化司署《文化杂志》2006 年春季刊总 58 期。
④ 徐晓望:《早期台湾海峡史研究》,海风出版社 2006 年,第 73 页。

明正德八年(1513年),福建按察副使姚镆在为《漳州府志》写序时说:"其地多崇岗绝壑,负滇渤而控岭峤,其民务耕稼,其俗喜健斗。市而居者,工雕刻组绘以相高,其士君子敦书史而励操尚,此漳之大略也。"①这段精彩的论断令人回味无穷,它也说明:漳州在明代的历史肯定是丰富多彩的。

和宋元相比,明代前期漳州人口大增。弘治《八闽通志》记载的漳州人口是:"49254户","317650口"②,约为宋代的一倍,或为元代的三倍。人口增多的原因应是山区的畲民大量融入汉族,成为官府统治下的良民,因而增加了人口数量。我们注意到明代漳州举兵反抗政府的武装虽多,从来不自称为畲军,元代的许多畲姓都与汉族相似,畲民著名的领袖陈吊眼、许夫人、李志甫等人的姓氏,仅从姓名是看不出他们是畲民的。进入明朝之后,如果他们不强调自己是畲民,别人也就将他们当成汉族了。二十世纪50年代,厦门大学的教师在社会活动中找到了漳浦的陈吊眼家族,这一家族自称为汉族,仅是历史上曾与畲民通婚而已。傅衣凌先生研究元代的畲民,发现他们有陈、黄、李、吴、谢、刘、邱、罗、晏、许、张、余、袁、聂、辜、张、何等17个与汉族类似的姓。③但在明代,他们与汉族混同,民众并不把他们当作畲民。明代福建人承认的畲民仅是少数姓氏,如林希元说:

又有畲民,巢居崖处,射猎其业,耕山而食。二三岁一徙。嗜好食饮,与人殊别。男子丫髻,女子无裤。通无鞋履。嫁女以刀斧资送。人死刣木纳尸,少年群集而歌,擘木相击为节,主者一人,盘旋回舞。乃焚木拾骨,浮葬之。将徙,取以去。云:先世狗头王,尝有功,许自食,无徭役。赐姓三,曰盘、曰蓝、曰雷。考之史,其盘瓠、莫徭之裔也欤?④

陈全之说:

闽中有流民余种,潘、蓝、吕三姓,旧为一祖,所分不入编户,凡荒崖弃地居之,耕猎以自食,不供贱役,椎髻跣足,各统于酋长。酋长名为老人,具巾网长服,诸府游处不常。⑤

(漳浦)大枋山,在县南大溪社,去县二百四十里。是山岩穴深阻,林木荫翳。上有畲洞,盖潘、蓝、雷三种苗种畲于此。今苗散处他处,而豺鼠辈窃居焉,时为民

①　陈洪谟修、周瑛纂:正德《漳州府志》姚镆序,第12页。
②　陈道修、黄仲昭纂:弘治《八闽通志》卷二十,食货志,第394页。
③　傅衣凌:《福建畲姓考》,《福建文化》第2卷第1期,1944年。又载:傅衣凌《傅衣凌治史五十年文编》,北京,中华书局2007年。
④　林希元:嘉靖《永春县志》卷一,舆地志,风气习尚,明刊本胶卷,页码不明。
⑤　陈全之:《蓬窗日录》卷一,第39页。

患。此地通潮阳县,治南至此极矣。①

这些史料表明明代福建畲民有盘、蓝、雷、钟、潘、吕诸姓。这些姓氏比之元代的畲民 17 姓,已经少了很多。然而,到了晚明之后,畲姓进一步减少。以畲民六姓来说,盘姓和潘姓音同,仅是声调有差异;吕姓和雷姓、蓝姓接近,福建话中不易区别。而潘吕诸姓一般被认为是汉族,来自畲姓的潘吕二姓逐渐淡化于汉姓中。明清之际,公认的畲民只有三姓:"蓝、雷、钟"。

从明代的史料看,畲人的衣食及丧葬习俗与汉人有很大区别,肯定是与汉族不同的民族。其次,我们看到:明代福建畲族是一个游动为特点的民族,二三年便一易其处,这与农业民族以定居为主的生活方式有很大的区别。畲族成为游农的关键原因在于他们赖以为生的畲稻具有特殊的种植方式,林希元说"又有畲稻,畲人种之山,然地有肥瘦,率二三年一易其处,非农家所能以。"②可见,主要是畲民对肥沃土地的要求迫使他们不断地寻找新的定居点,这就使他们的生活具有很大的流动性。在唐代的史料中,人们提到湖南的山区有莫徭氏之民开山种番,所以,林希元便认为明代闽中的畲民应为莫徭氏之遗民。这一观点也为现代的人类学家所继承,迄今为止,中国人类学家的多数都认为畲族是唐宋时代进入福建的一个南方少数民族。从畲族的生活方式看,他们二三年一易其处,而福建距湖南不过数百公里,畲族进入福建应是迟早的事。不过,我们必须注意的一点是:畲族进入福建后,并不是马上散布于福建全省,而在很长的一段时间内,畲族主要分布于福建南方的漳州、汀州境内。关于这一点,我们以后还要说到。

漳州畲族的大量汉化,使朝廷对漳州的统治从沿海延展到内地,这是明代漳州人口大增的原因。但是,人多的另一个问题是人际矛盾复杂,因而动乱也多。漳州的贪官较多。黄淮在永乐年间福建参政杨景衡的传记中说:"公按行郡邑,廉知漳州知府李诚候官知县佗振等十余人,汗滥无检,列奏正其罪而黜之,由是部属官僚肃然惩劝。"③中国自古有"官逼民反"之说,某地区贪官太多,往往是该地民众反抗的原因。

明代前期漳州设县较少也是动乱频发的原因之一。尤其是漳州沿海,明初沿袭旧制,仅设龙溪、漳浦二县,两县辖地辽阔,对许多地方鞭长难及。林希元评曰:

龙溪,漳首邑,其地负山而襟海,山居之不逞者,或阻岩谷林菁,时出剽掠,为

---

① 陈洪谟修修、周瑛纂:正德《漳州府志》卷三十四,外纪,第 2034 页。
② 林希元:嘉靖《永春县志》卷二,舆地志,物产,第 6 页。
③ 黄淮:《介庵集》卷九,参政致仕杨公墓志铭(福建左参政杨南,字景衡),四库全书存目丛书,集部第 27 册,第 47 页。

民患;海居之不逞者,或挟舟楫,犯风涛,交通岛夷。甚者为盗贼,流毒四方。故漳州称难治莫龙溪者也。①

漳浦玄钟、徐渡诸澳,绵亘数百里,东际大海、南密诸番,仓卒有变,请计台府,动经旬月。逮至扑灭,流毒已深。②

漳西北枕山,东南距海,民负风气劲悍自常性,法如蔑,赋役多不应。持之,则逸。③

桂萼的《福建图叙》说:

海物互市,妖孽荐兴(通番海贼,不时出没),则漳浦、龙溪之民居多。④

明代的漳州在国内是"有名"的地区,张瀚论述福建各地:"福州会城及建宁(府)、福宁(州),以江浙为藩篱,东南抱海,西北联山,山川秀美,土沃人稠……故其民贱啬而贵侈;汀(州府)、漳(州府)人悍嗜利,不若邵(武府)、延(平府)淳简。而兴(化府)、泉(州府)地产尤丰,若文物之盛,则甲于海内矣。"⑤张瀚评福建各地多有好话,却给漳州人加上了"悍嗜利"这样的评语。但这不只是张瀚一个人这样说,又如郑晓:"汀漳山广人稀,外寇内逋,南赣声势联络。海物利市,时起兵端。人悍嗜利,喜争,大抵漳州为劣。"⑥由此看来,明代的漳州人与中国人一向"温、良、恭、俭、让"的风格有所不同,他们从事海外贸易,好利争赢,表现出很突出的个性。如果从历史演变的角度来看漳州人的个性,我们并不奇怪他们的表现。因为,在历史上,漳州南部为畲民居住的区域,他们屡屡掀起反抗斗争,反对压迫。元代,以畲民为核心的反元大起义,数次震撼了全国。不过,经过元代的民族大融合,漳州南部的畲民大都与汉族融为一体,多数山地畲民也从游农成为定居农,他们的生活方式已与汉族没有大的区别,而明朝也不再称漳州境内的反叛者为"畲寇"。但是,他们反抗压迫的天性仍然延续,因而影响了漳州人的性格。林希远说:"漳西北枕山,东南距海,民负风气劲悍自常性,法如蔑,赋役多不应。持之,则逸。"⑦《漳州府志》说:"漳为郡介于闽广之交,山海之会,恶少出没,水陆腹背之患,盖屡有之矣。宋以来分兵屯守。"⑧

---

① 林希元:《同安林次崖先生文集》卷十,《金沙书院记》,乾隆十八年诒燕堂刻本,四库全书存目丛书·集部,第75册,第631页。
② 林魁:《安边馆记》,邓来祚等:乾隆《海澄县志》卷二十二,乾隆二十七年刊本,第13页。
③ 林希元:《同安林次崖先生文集》卷十,《黄氏公田记》,第647页。
④ 黄训编:《名臣经济录》卷二十,户部图志,田土赋役,第15页。
⑤ 张瀚:《松窗梦语》卷四,商贾纪,北京,中华书局1985年,第84页。
⑥ 张萱:《西园闻见录》职方典,卷六二,福建,第21页。
⑦ 林希元:《同安林次崖先生文集》卷十,《黄氏公田记》,第647页。
⑧ 陈洪谟修、周瑛纂:正德《漳州府志》卷二八,兵纪,第1703页。

在这一背景下,如果明朝的统治者是明智的,应当对民众采取怀柔为主的策略。然而,明初强硬的海禁政策,迫使漳州民众与官府对抗。

二、明代前期漳州民众的反抗斗争

明代前期漳州民众的反抗斗争屡屡发生。宋廉记载洪武初年的漳浦知县张某履任之后:"海寇林仲明、郑惟明、郑君长恃能出入海涛,先后为背叛。漳州卫兵虽尝剪除,而渠魁逸不可捕。府君悉用谋致之磔裂以徇。民畏威不复敢为乱。"①查福建方志,此人应为张理。

张理,字玉文,鄱阳人。洪武初知漳浦。时诏征屯田军入京,万户吴世策乘机以众叛。理集民兵攻世策,戮之。具奏,免屯军征。又磔海寇林仲明等,徙土豪,建文庙及群祀坛。身没,橐无一文。②

《明实录》记载明初漳州多次动乱:

洪武十四年十月丙辰,漳州府南靖县民为乱,南雄赵庸遣兵讨平之。

洪武十四年十二己卯,漳府龙岩县民作乱,自立官属,侵略龙溪县。

洪武十五年二月甲寅,漳州府龙岩县群盗作乱。

洪武二十年九月戊午,漳州府龙岩县民江志贤作乱,聚众数千人,据雷公、狮子、天柱等寨。③

叛乱引起社会动乱。"徐恭,永丰人。洪武中知漳州。时官军收捕龙岩叛贼,系其男女三百余人,请置于狱。恭曰此非先王罪人不孥意也。上其事,诏释之。"④

永乐年间,漳州仍然是战乱频生。

黄淮为永乐年间在福建任官的杨景衡传记中说:"漳州盗发,逮捕诬服者众。公辩析奏闻廷议,斩其渠魁,而流其党与。下台宪覆谳,众莫能决。公乃阅旧牍,原情辩论,讵误者咸得释免。"⑤

永乐十五年八月己酉,福建沙县贼陈添保等……与县人杜孙、李乌嘴及龙溪余马郎、龙岩樊承受、永春林九十、德化张五官等,聚众作乱,挠劫龙溪银场,杀中

---

① 宋濂:《文宪集》卷二十三,故承事郎漳州府漳浦县知县张府君新墓碣铭并序,文渊阁四库全书本,第14页。

② 郝玉麟等:雍正《福建通志》卷三十,名宦,漳州府,第43页。

③ 转引自李国祥、杨昹主编,薛国忠、韦洪编:《明实录类纂》,福建台湾卷,武汉出版社1993年,第414—418页。

④ 郝玉麟等:雍正《福建通志》卷三十,名宦,漳州府,第43页。

⑤ 黄淮:《介庵集》卷九,参政致仕杨公墓志铭,录自四库全书存目丛书·集部第27册,第47页。

官及土民三十余人。

宣德九年三月，漳州府龙溪县有强贼六十余人，往来龙溪、南靖两县，杀人劫财。

正统十二年闰四月辛未，漳州府龙溪县强贼池田海等数百人，四出抄掠。①

正统十四年，爆发于福建延平府沙县的邓茂七起义席卷全省多数地区。在福建南部，邓茂七的部下从沙县、尤溪直指漳州的龙岩县。"岩民有为之响导者，遂大求贿于岩，且令协众，不尔，且屠邑。邑人骚动，时王源、刘口谋薄贿，以缓其锋，而急求救于郡。茂七怒，遣贼将杨福、姜京五以数万众压岩。时府卫官兵亦至，遂迎战于铁石洋，我师败绩。福等乘胜追至岩山之阳，官民死者甚众。贼遂入城，官民居储焚掠殆尽"②。这是明朝官府的记载。其后，杨福率暴动队伍连下漳浦、南靖、长泰，又围攻漳州府城。当时漳州大部已落入义军手里，城内官兵人心惶惶，几有崩溃之势。《漳州府志》记载："正统十四年邓寇乱，漳寇乘之，作云车以临城。时(顾)斌海上备倭，领将士入，尽散家财，招募死士出与贼战，并用长斧砍其车，城内外大喊，贼奔口口，死者甚众。"③这一次战，双方死亡甚众。因漳州卫大将顾斌及时率精锐部队赶到，经过一番苦战，击败了义军。然而，义军余部围攻南诏镇(今诏安)八个月，直到外省官军赶来后才溃败④。

从洪武至正统年间，正是明朝甲兵最盛的时候，然而，漳州地区却暴发了多次农民起义，这与宋代初年漳州较为稳定是不同的。也反映了明朝廷的失策。其后，漳州仍是很难稳定，当地的地方官难免要与山寇海盗打交道。

"张本，余干人，举人。成化间知南靖。始至，县堂、吏舍、幕库，悉捐俸以次修葺。上杭溪南寇至本团，集民快、招募客客扼险隘，贼不敢犯。"

"汪凤，字天瑞。弋阳人。举进士。弘治初知漳州。时境内盗起，凤捧檄莅任，不过家门。至之日，揭榜谕贼祸福，乃引兵麾之。贼皆就擒。"

"钟湘，字用秀，兴国人。举进士。正德间知漳州。时南靖贼詹师富等聚众劫掠，骚动三省。朝命台官之长督重兵进剿。湘率死士捣贼巢，缚首恶，诸胁从者，给牛粟遣之。贼皆感激，帖然听命。海寇闻之，亦皆就降，兵遂罢。因奏设平和县。岁饥，赈济有方，活人数万。"

"周期雍，字汝和，宁州人。正德进士。以佥事饬兵汀漳。时漳寇负隅，期雍

---

① 转引自李国祥等重编：《明实录类纂》，福建台湾卷，第414—418页。

② 汤相等：嘉靖《龙岩县志》卷下，外志，明嘉靖三十七年刊本胶卷，第92页。

③ 陈洪谟修、周瑛纂：正德《漳州府志》卷二八，兵纪，第1738页。

④ 参见：黄仲昭等：弘治《八闽通志》卷三八，顾斌传，第809页；陈寿祺等：道光《福建通志》卷二六七，明外纪，第7—8页。

用间离其党,复整众厚阵以临之,察其可抚者,单骑扣垒,谕以祸福,贼皆感泣就抚。数年梗孽悉平。因奏立巡检盘诘,溪洞晏然。"

"曾鹏,琼州人。正德十一年以进士知龙溪,时贼方平,鹏一镇以静,民赖安堵。"

"覃桓,沔阳人。袭漳州卫指挥佥事。谙韬钤,习弓马。正德中征捕南靖金山大溪诸贼,计擒贼首杨宗寿,钦赏帛钞。后把总铜山水寨,设策招抚海寇马宗实等。十一年流贼詹师富屯结卢溪河头之大伞山,委桓会剿,擒获贼首张显福蓝三等四十余人。又擒张高村贼首罗定亮。余众奔象湖山拒守,南靖县请添兵。调桓出哨,会同粤兵夹攻。未至,猝与贼遇,与战,射其渠魁。贼佯走,桓乘胜追逐,贼丛戟刺之,中咽喉死。"①

"正德五年,广东盗起,掠安溪、南安、晋江诸县。"

"正德八年,芦溪贼反。南赣汀漳军门王守仁合二省兵讨平之。"②

从大范围来看,明代初年,漳州附近的几个府州都是反政府力量出没的地区,明代人说:"广东惠潮与福建汀漳、江西南赣接壤,万山盘错,为盗贼渊薮"③。嘉靖时大学士桂萼曾这样评价福建:"汀漳之山尤广,人迹罕到。独与赣州声势相通,提督兵备实交治之……盖简僻莫如邵武,嚣讼莫如漳州。"④正如张萱的《西园闻见录》引用沈昌世的话:"汀漳山广人少,与南赣声势联络。时苦寇盗"⑤。由于长期性的反政府斗争,逐步在漳州山区形成了强大的反政府势力,如漳平的百家畲洞,"在县南永福里,界龙岩、安溪、龙溪、南靖、漳平五县之间,而本县正当其北,为要冲。万山环抱,四面阻塞,洞口陡隘,仅通人行,其中宽广,可容百家,畲田播种,足以自给。四方亡命者,遽聚其间,凭以为乱。宣德、正统间,有江志贤、李乌嘴、卢赤鬐、罗兴进者,乌合跳梁,至动方岳守臣连年剿捕,始得宁息。"⑥

洪朝选记载:

龙岩为邑,在万山之中,其外提封百里。山穷崖绝,聚落乃建,易为盗薮。……邻南(靖)上(杭)、连(连城)、永(安)、漳(平),咸岩邑也。尤产盗魁,势能号召役属,则相与交臂为一。其所居层楼碉寨,鹳鹤之所栖也;仄径陡崖,猿猱之所缘也。其所置甲伍副长,虎豹之猛厉也。利矢焱弩,风雨之飘骤也。介意不慊,建

---

① 郝玉麟等:雍正《福建通志》卷三十,名宦,漳州府,第45–47页。
② 郝玉麟等:雍正《福建通志》卷六五,泉州府,祥异志,第45页。
③ 转引自李国祥等重编:《明实录类纂》,福建台湾卷,第452页。
④ 桂萼:《福建图序》,《明经世文编》卷一八二,第1865页。
⑤ 张萱:《西园闻见录》职方典卷六二,福建,第21页。
⑥ 袁业泗等修、刘庭蕙等纂:万历《漳州府志》卷三,舆地志,下,第3页。

旗鸣钲，四出攻剽，汀漳廷之间骚然；或偃旗卧钲，休林谷间，则武断乡曲，刻盐纸利以自封。时平俗革，上下相鬃，疆以边索，犹租赋不事，公匿亡命；若巨盗窃发，连合响应，首为乱区。其天性如此。加以保险负阻，虽健吏武将相属，岂易治哉。①

这些豪强在深山结寨自守，并屡屡出山攻掠，造成使明朝头痛三百年的山寇问题。从使用武器来看，他们常用畲民擅长的毒箭。《漳州府志》梁统传记载：梁统在攻击漳寇温文进的巢穴时："贼用劲弩傅药以射"。② 很明显：山寇问题是唐宋元以来漳州畲瑶及山民反抗斗争的延续。这样看来，虽说明代漳州的畲民与汉族融为一体，但是，畲民强悍的民风也深深地影响了漳州汉族，使漳州人在明代政治中扮演了一个特殊的角色。

三、明初漳州海盗对海禁的破坏

明代厉行海禁，这是一个学术界探讨已久的热门话题，海禁导致东方第一大港泉州的衰落，这也是前辈学者早已揭示的史实。应当说，明代的海禁在全国多数地区都得到严格地贯彻，这也是明代长江以北海洋文化彻底衰落的直接原因。但在长江以南的沿海地区，随着朝廷统治的力度不同，各地海禁贯彻程度也不同，而漳州人则扮演了破坏海禁的主力军。

明代的海上走私贸易与海盗活动是分不开的。明代福建民众的反抗斗争一是上山，二是下海，如《明实录》记载；"福建地方，西北有山，东南有海，而啸聚山林、作寇海道者往往有之。"③也有人进行海上走私，例如："漳州海门口居民八十余户，计三百九十余口，旧种田地三百余亩，递年为海潮冲塌，且别无产业，惟倚海为势，或持兵驾船兴贩私盐，或四散登岸劫掠为害。"④由于海洋辽阔无边，朝廷无力对其全面控制，海洋逐渐成为盗贼渊薮，一些上山失败的造反者，最终也转移到海洋。例如洪武十二年龙岩县江志贤之乱，他们失败后，被杀"几三千人，余党遁入海"。⑤ 其时，明朝的军队主要是陆军，水师力量不强，而且，海盗出没不常，明朝军队无从稽查，所以，明代的海盗活动是十分频繁的。《明实录》记载：

永乐元年十月丙寅：先是，海寇至福建海洋，福州中卫百户孙瑛领兵御之，贼直犯官军，瑛与贼联舰接战，贼势盛，瑛及所部皆战没，贼遂以坏舟易瑛舟，开洋去。而福建巡海指挥李彝，望瑛受敌不援，贼去，乃挽贼空舟为己功，至是彝下人

---

① 洪朝选：《芳洲先生文集》，龙邑汤侯平寇碑，香港，华星出版社2002年，第250－251页。
② 陈洪谟修、周瑛纂：正德《漳州府志》卷一，吏纪，第175页。
③ 转引自李国祥等重编：《明实录类纂》福建台湾卷，第10页。
④ 转引自李国样等重编：《明实录类纂》福建台湾卷，第417页。
⑤ 转引自李国样等重编：《明实录类纂》福建台湾卷，第414页。

发其事。①

永乐元年十一月辛酉:福建都指挥司言,比者海寇至牛岭海,遣金门所正千户王斌、巡检解迪督众追捕。斌等生擒贼首八人,斩首十一级,贼被伤溺死者十三人。就遣斌等献俘京师。

永乐二年六月己亥,福建永宁卫千户张谏及军民捕获海贼有功,命兵部给赏捕获者人钞四十锭。②

宣德五年八月癸巳,漳州府龙溪县海寇登岸,杀人掠财。巡海指挥杨全领军不救。③

正统十四年三月癸巳,海贼驾船十余艘迫福建镇海卫玄钟千户所,攻围城池,官军射却之。

正统十四年五月癸酉,福建海贼陈万宁攻广东潮阳县,劫官库银钞,杀主簿邓选。

景泰三年九月癸巳,福建漳州府贼首郑孔目等,通番为寇,故杀官军,掳去署都指挥全事王雄。④

景泰七年正月丁亥,"福建都指挥佥事桂福率兵入海捕贼。"⑤

成化十五年姜谅出知漳州府之时:

海上有陈理通、剪毛五者,皆盗魁也。谅召捕盗者来议相与捕之之法,既而二魁皆获。一时海宇为之肃清。⑥

《福建通志》记载:"姜谅,字用贞,嘉兴人,举进士。成化间知漳州。值岁歉,海盗蠭起。谅发廪赈乏,简练丁壮授以方略,擒渠贼斩之。"⑦

成化十六年林荣任福建按察副使,"巡视海道,俘海寇四百余人"。⑧

弘治中,海寇苏孟凯作乱,潮州知府叶元玉讨平之。苏孟凯,饶平人。弘治间,聚众山林,至有千余名,因而劫掠海阳村落,民罹其害者数年。知府叶元玉讨平。⑨

① 《明太宗实录》卷二四,永乐元年十月丙寅,第8页。

② 李国祥等重编:《明实录类纂》福建台湾卷,第373－374页。

③ 李国祥等重编:《明实录类纂》福建台湾卷,第488页。

④ 李国祥等重编:《明实录类纂》福建台湾卷,第488—489页。

⑤ 李国祥等重编:《明实录类纂》福建台湾卷,第380页。

⑥ 陈洪谟修、周瑛纂:正德《漳州府志》卷十四,纪传,第812页。

⑦ 转引自李国祥等重编:《明实录类纂》,福建台湾卷,第414—418页。

⑧ 郝玉麟等:乾隆《广东通志》卷四十五,人物志二,广州府,第65页。

⑨ 郭棐:《粤大记》卷三,事纪类,海岛澄波,黄国声、邓贵忠点校,广东,中山大学出版社1998年重印本,第56－57页。

正德元年广东盗寇漳州。始至,不满九十人,后依附日众,自南靖流劫长泰、安溪、永春地方。长泰尤被其害。①

正德八年,"芦溪贼反,南赣汀漳军门王守仁合二省兵讨平之。"②

可见,从洪武到正德期间,漳州的海盗几乎没有断绝过。他们自由行走在海上,根本不把明朝水师看在眼里。他们不仅敌杀官军,而且主动进攻明军要塞,甚至攻城略地,而明朝官军竟有不敢与其对垒的。在这一背景下可知,明朝的海禁在漳州境内根本无法贯彻执行。

所以,嘉靖初年的重臣桂萼在其《福建图叙》一文中论福建形势:"滨海上下,外遏倭寇之流,近通琉球之贡,不为要害,而海物互市,妖孽荐兴(通番海贼,不时出没)则漳浦、龙溪之民居多。"③

明代前期这些海盗未能造成大的祸患,应与明朝有一支水师有关。以福建为例,明朝在福建设立了三个水寨:闽东的烽火寨、福建中部的南日岛水寨以及漳州沿海的浯屿寨。这些水寨各辖数千人的水师,经常在海上巡逻,大大限制了海盗的活动。三个水寨中,尤其以浯屿水寨最为重要。浯屿位于厦门湾出海口漳州一侧的海面,恰好堵住漳州海盗出海的路口,使漳州内港的海上走私变得十分困难。然而,因这些水寨设置在边远海岛上,粮食供应困难,而明代中叶倭寇的袭击很少发生,所以,明朝官员逐渐将这些水寨迁入内地。例如,烽火寨迁到福宁府海口的松山港;南日寨水师迁到兴化府的吉了港,而隶属于漳州的浯屿寨水师,也在成化年间被迁入泉州府管辖的厦门岛。浯屿寨被放弃后,漳州内港与漳州沿海的海上道路打通,漳州内海五澳的不逞之徒,多有从事海盗活动的,这就是著名的海沧海盗。

明代中叶的海沧人口较多,民俗强悍,著名的"海沧打手"便出产于此地。明朝常从这里雇佣职业兵,王守仁与宁王交战时,曾想调漳州海沧之兵,"为此牌仰福建布政司,即行选募海沧打手一万名,动支官库,不拘何项银两,从厚给与衣装、行粮,各备锋利器械,就仰左布政使席书兵备金事。"④如果海沧人当不成水师,其中一些人就会去当海盗。成化年间,姜谅任职漳州时,"值岁歉,海盗蜂起。"⑤邝文接任漳州知府后,发现当地:"民多通夷,缘而劫掠,文严禁之,鲜敢犯者。"⑥陈

---

① 罗青霄等:万历元年《漳州府志》卷十二,漳州府,万历元年刊本,第12-13页。
② 郝玉麟等:雍正《福建通志》卷六五,泉州府,祥异志,第45页。
③ 黄驯编:《名臣经济录》卷二十,户部图志田土赋役,第15页。
④ 王守仁:《王文成全书》卷十七,预备水战牌案,文渊阁四库全书本,第9页。
⑤ 何乔远:《闽书》卷六十四,文莅志,漳州府,第1855页。
⑥ 何乔远:《闽书》卷六十四,文莅志,漳州府,第1856页。

洪谟正德时任漳州知府,"郡有巨寇林广明,负海啸聚,设策尽平之。"①钟湘接任后,平定山寇詹师富之乱,"海寇闻之,亦皆就降。"②除了五澳之外,漳州南部的诏安及铜山岛都有海盗在活动。他们便是与五澳海盗齐名的"漳浦玄钟、徐渡诸澳"。③ 漳浦的玄钟,今位于诏安县玄钟半岛之上。该地原为明朝水军驻地,此时却成为海盗产地。为了控制当地的海盗,明朝于嘉靖九年设立了诏安县。当的漳州通判聂仕亦为正德时任职,"平海上巨寇,所获金帛悉籍于官。"④可见,明代前期,不论谁到漳州做官,都要处理当地的通海事件。当地民众不是出海贸易,就是当海盗,以抢劫为生。梁纵于弘治三年十一月任漳州通判之时,有"漳寇温文进"在沿海活动。⑤ "弘治四年漳平盗温文进寇安溪陷县治副使司马瑆讨平之。"⑥林希元在"上巡按弭盗书"中说:"夫海沧盗所以相寻不已者,招抚启之也。自官府招抚之策行,海沧寇盗更相仿效,遂不可止。今日之林益成,即前日之李昭卒、李益进、马宗实辈也。夫李周贤者亦见:吾往时之跋扈,既卒苟免,今日之林益成又得宽宥。吾弟之罪,未至于益成,吾力足以鼓乱,而又过之。吾再观兵,官府必复惮。而我释此其所以敢为叛乱,轻兴趣而不顾也。今不大加创惩、大肆诛灭,不足以折奸雄之心。"⑦以上表明,自明中叶以来,明朝官府多次招抚海盗。这使海沧人先当海盗后当水师成为一条致富捷径,所以,当海盗的人越来越多。林希元提到的海盗,大都不见于其他史籍记载,时代不明。翻遍多种史籍,我终于在《漳州府志》中找到相关记载。据万历《漳州府志》,覃桓于正德三年任铜山水寨时,"设策招抚海寇马宗实等"。⑧ 可见,这名"海沧海盗"在正德年间即有海上活动。从林希元为海沧海盗排名来看,在马宗实之前,海沧海盗中的著名人物还有李昭卒和李益进,但还未找到相关史料。

总的来说,明朝对漳州的统治一直浮在面上,而不能深入漳州社会的基层。明代初年,漳州海盗就下海为生,视明朝军队如同废物。实际上,明朝军队在与他们的作战过程中常常失利,因而整个明代,漳州海面上都活跃着一批海盗,他们与朝廷作战,抢劫中外商人。他们同时也进行对外贸易,在东南亚各港口,常可见到漳州人及潮州人的活动。这种情况使我想到,虽说明朝实行海禁政策,但其效用

---

① 何乔远:《闽书》卷六十四,文莅志,漳州府,第 1856 – 1857 页。
② 何乔远:《闽书》卷六十四,文莅志,漳州府,第 1857 页。
③ 林魁:《安边馆记》,邓来祚等:乾隆《海澄县志》卷二十二,第 13 页。
④ 何乔远:《闽书》卷六十四,文莅志,漳州府,第 1865 页。
⑤ 陈洪谟修、周瑛纂:正德《漳州府志》卷四,吏纪,第 174 页。
⑥ 郝玉麟等:雍正《福建通志》卷六五,泉州府,祥异志,第 33 页。
⑦ 林希元:《同安林次崖先生文集》卷六,上巡按弭盗书,第 545 页。
⑧ 袁业泗等修、刘庭蕙等纂:万历《漳州府志》卷十五,覃桓传,第 43 页。

却是值得怀疑的。像漳州、潮州水域，海盗横行，官军根本无法实现海禁。所以说，虽有明代前期严厉的海禁，但官府的压制并没有消灭民间的海上力量。

第三节　明代前期破坏海禁的潮州人

潮州是广东的闽语区之一，"潮人言语侏离，多与闽同"。① 潮州距离省会广州很远，官府对潮州的管理一向不到位，因此，潮州的动乱一向较多。

一、明代前期潮州的动乱

潮州发展有个很特殊的地方，那就是一边发展，一边动荡，经济文化繁荣的另一面是战乱频生。明代文献涉及潮州人都说当地民风强悍。

嘉靖《广东通志初稿》评论潮州："其阻山濒海而居者性尤劲悍，出入则佩刀剑，挟弩矢，耕渔之暇，辄习击刺，或时肆劫掠相仇杀。其言语侏离不可以字辨。"②

桂萼的《广东图序》评论广东沿海："广东，古百粤地……滨海一带，岛夷之国数十，虽时时出没，要其志在贸易，非盗边也。然诸郡之民，恃山海之利，四体不勤，惟务剽掠，有力则私通番船（记名通番，因而行劫海上），无事则挺身为盗，桴鼓之警，弥满山谷。"③

"澄海士多秀而文，渔海之民多悍戾，昔为边海患。"④

"论曰：潮郡十县，皆阻山带海，而最为险害者，程乡之径，饶平、惠来、澄海之澳港，平远之隘，山峒葱郁，海涛喷薄，或连闽越，或通广惠琼崖及外夷之属，号为水国，最霸胜矣。山川之气代有凭依，故治则贤哲藉以兴，乱则鲸鲵薮之，狐兔穴之。"⑤

对这样的区域，朝廷要实现自己的统治，应当轻徭薄赋，但事实是：官府在潮州的税收较多。《潮阳县志》记载："吾邑方隆盛时，财赋甲于东广，而财赋之所自

---

① 周硕勋：乾隆《潮州府志》卷一二，风俗志，第 11 页。
② 戴璟、张岳等纂修：嘉靖《广东通志初稿》卷十八，风俗，第 335 页。
③ 桂萼：《广东图序》，《明经世文编》卷一八二，桂襄公奏议四，第 1865 页。
④ 郭棐纂修：万历《广东通志》卷三九，潮州府，风俗，第 80 页。
⑤ 郭棐纂修：万历《广东通志》卷四一，潮州府，兵防，第 109 页。

出,又多在西南"①。在嘉靖以前,潮州一直是广东的财赋之区,土地税、盐税、铁税,都为当地官府带来较多的收入。然而,因为潮州富裕,官府的税收也重,郭春震说:"粤东为用武之地,民苦于供亿,始兴盐筴以佐之。天顺以前,岁不过三百余两,历成化弘治正德已增至四千两,嘉靖十五年以前,又增至八千两,又数年盈万,今一万六千两矣。始商赴惧不先,而后则耗而转徙,必籍姓名,必追呼,必械系乃始投单。甚者依附势豪以幸免。此岂人情哉! 大率司权者、拙者利侵渔,洁者远嫌微,势必取盈;刻削者,又从而低昂铢两于商。视代者必盈数倍以要名。上之人乃礼待其倍盈者,而并疑其代者。以此人怀自危,不得不取盈,不得不岁增月益。然不知商病则民亦病,而至于耗徙计免,吾不知其终矣。况潮商与淮浙不同,又生盐粗重,转运不能多,商富者不能逾百金,食盐又不逾数县,以此商愈困,斯其故亦易晓,而权者不以闻,岂别有疑惧耶? 上下相信,贵在去疑,是在司国计者主之。"②可见,不断加码的税收给当地带来许多问题。

有权有势的人家侵占土地也成为问题。潮州豪强自古强盛。揭扬县的玉窖溪"先年为势室豪民侵占官路,又塞其流为铺。"③这些势要之家公然侵占公有地,竟无人管辖。潮州的军屯也毁于势家的占地。潮州自洪武年间设置卫所即有屯田,共计23处,共计5600亩,上纳粮米数量为3623石余。然而,屯田后被豪强所占。"潮屯田最号沃壤,近多为卫所官隐据,又为势室占夺。督屯官索屯丁例金,又多侵渔,军士安得不枵腹以待耶? 以此人不乐于屯种,往往以其田贸易于富室,富室亦利其不徭编,遂为故物而屯丁又鬻于势豪,为私人矣。法至此不尽坏耶? 伤哉,伤哉!"④

由于天高皇帝远,在潮州做官的官员经常胡作非为。"黄玘,苏州人,以人材举,景泰六年任。贪黩悍狠,莅任初,询州之豪右数十家,籍记之。无何起大狱,连坐五六百人。皆下狱,命胥卒夜格杀之。民有犯就逮,事无大小,必与家人诀别,既而多以赂释。潮人因目之曰蛮黄。"⑤细读这段史料,这个黄玘的作为令人吃惊,在其诬陷之下,潮州竟然有五六百富豪被杀! 在这一背景下,人们将怎样看待官府可想而知。潮州官府的另一面是无能。洪武八年九月癸巳(初八),"诛潮州卫指挥佥事李德等。先是,潮州濒海居民,屡为倭寇劫掠,诏德等率舟师沿海捕

---

① 黄一龙修、林大春纂:隆庆《潮阳县志》卷二,县事纪,1963 年天一阁藏明代方志本,第 19 页。

② 郭春震:嘉靖《潮州府志》卷二,建置志,第 6 - 7 页。

③ 郭春震:嘉靖《潮州府志》卷一,地理志,第 24 页。

④ 郭春震:嘉靖《潮州府志》卷二,建置志,第 7 页。

⑤ 郭春震:嘉靖《潮州府志》卷二,建置志,第 8 页。

之,德等逗留不出兵巡御,贼遂登岸大肆劫掠。上闻而怒逮德等,至京师诛之。"①

潮州卫所有一些官员胡作非为:

> 广东潮州卫奏:指挥同知赖启以荫得官,滋肆酷虐,累犯遇赦,怙终不悛。近无故杖杀总旗,擅受民讼,肆意诛求。又擅调官军下乡扰民。其恶日深,请治其罪。上命行在都察院追逮鞫治。②

这表明明代潮州卫所军有很多问题。

明代天顺年间有关潮州知府周瑄的传记是这样写的:

> 升潮州知府。宣下车之初,修文庙,葺韩江桥,筑海堤。有土豪卢姓者,暴横乡里,宣擒获,不即加刑,谕以道义而遣之。皆倾口如风偃草。潮州环海为区,海寇黄于一等为乱口劫揭阳,县治而下夏岭等二十四村,皆被胁从。当道檄宣捕贼。宣亲督兵据险,扎营凡七所,与贼相距四十余日,擒杀黄于一等,余贼不敢出。宣谓盗魁既得,余可抚而下也。乃出榜令乡儒陈骥等入贼中,ポ挂而自诣贼营抚谕,各贼皆释甲罗拜乞降。且诉从贼非本心,皆出于被胁,不得已。因遍历各村,放回被掳男妇黄乌宁等五十三名口,拘收大海船一百五十艘,抚过从良民户庄皮林亨等一千二百三十七户,共男女三千八百六十三人,旗鼓枪刀牌铳等器械二千件。继而山贼罗列宁、张福通、陈聪、马信、欧琼等复集众为乱,烧劫惠州府兴宁、长乐等县,当道复檄宣捕贼,宣潜起从良人黄伯良等出贼不意,捣其巢穴,大破贼众,擒罗法娘、罗列宁母妻,与其男真千等共六百六十名,夺得各贼马五十匹,取回各府被掳男妇杨呵孙等一百二十一口。时汤田黄寨等处皆从贼,省臣欲乘胜尽灭之,宣谓胁从罔治,乞赏免,共得复业户七千,全活命数万。贼平,当道以宣漳人,漳潮相密迩,遁逃互相藏匿,难以行事。奏改调整宣。宣闻命,即日引道,民遮留不得相与涕泣,乃集二百余人赴阙,上疏乞还宣。疏未上,而新注太守出京矣。顷而海寇复大乱,攻围县治,劫掠居民,杀死指挥刘琛、通判刘恭,又掘破海堤,淹没军民房屋万余区,城门昼闭,官吏束手无策。乡儒陈骥等白当道曰:"事亟矣,必周守复来,其事乃定。"因令具书请宣,宣慨然为来。入境,军民胥庆。宣白当道,开城门纳逃难诸良民。时府县学舍寺观及宫廊旷闲处所,皆听栖宿,病者给医药,死者给棺椁,贫乏不能自存者,皆设法赈济之,潮人大悦。当道欲遽发兵,宣曰:"彼虽为贼,良心犹存,况未窥其虚实,万一损吾威重,则事去矣。不如选择招之,不服,发兵未晚也。"乃出榜约日招降,至期各贼驾船数百数来,皆披坚执锐,魁渠服色僭拟侯王。宣谓曰:"若等既欲从良,何为乃尔!"于是,皆投戈释甲、去僭服,相与罗拜。

---

① 《明太祖实录》卷一〇二,洪武八年九月癸巳。
② 《明宣宗实录》卷六八,宣德五年秋七月甲寅。

宣为痛哭,众亦哭,声振海岳。当日单骑亲诣贼巢,因而遍历二十四村,且慰且谕,归被掳男妇林真英等七百余人,贼船三百余艘,送当道处,悉烧毁之。具有口毁者,皆凿沉之。……遂出兵,一鼓而灭之,潮地悉平。①

这篇周瑄的传记如实反映了明代前期潮州的政局和地方官的困境。

二、明代潮州民众的反抗斗争

潮州位于"天高皇帝远"的地区,历来不太搭理官府的命令。明代初年,潮州境内的反抗起义事例很多。

洪武十二年三月戊寅,"潮州海阳县民朱得原借号太子,聚众作乱,潮州卫指挥崔延领兵讨之,得原伏诛。"②

洪武十四年十一月庚戌,"广州海寇曹真自称万户,苏文卿自称元帅,合山贼单志道、李子文、李平天,于湛菜、大步、小亨、鹿步、石滩、铁场、清远、大罗山等处据险立寨,攻掠东筦、南海及肇庆、翁源诸县,南雄侯赵庸率步骑舟师一万五千余人分道击之。"③

洪武十四年十月,"潮州揭阳民作乱,南雄侯赵庸讨平之。擒贼千余人,并其家属二千七十人至京。"④

洪武十四年十一月,"程乡县群盗窃发,赵庸率兵擒贼首伪万户饶陆海等一百五十人,平之"。⑤

洪武十六年之后,广东与江西交界之处爆发了多次"徭乱"。"洪武十九年五月乙亥,广东潮州府程乡县民钟文远作乱,捕至京,伏诛。"⑥"时广东徭贼作乱,剽掠旁近,由是江西永新、龙泉山互相扇动,结聚徒党,自称顺天王,势甚猖獗。"于是,粤赣官军出动夹击。洪武三十一年,广东仁化县又有"贼钟均道寇南韶肇庆"。景泰四年后,广东泷水徭作乱。⑦ 这类徭民暴动,看来是宋元间粤赣两省之间畲民暴动的延续。只不过他们在明代多被称为"徭民"。整个明代,赣南、粤北的徭民暴动此起彼伏,很少有安定过。凤凰山的畲徭人,是在永乐年间被招安的。广东畲蛮雷纹用等来朝。初,潮州卫卒谢辅言,海阳县凤凰山诸处畲蛮,遁入山谷

---

① 陈洪谟、周瑛:正德《漳州府志》卷二六,周宣传,第 1598－1603 页。
② 《明太祖实录》卷一三九,洪武十二年三月戊寅。
③ 《明太祖实录》卷一四一,洪武十四年十一月庚戌。
④ 阮元等:道光《广东通志》卷一八七,前事略七,第 3421 页。
⑤ 阮元等:道光《广东通志》卷一八七,前事略七,第 3421 页。
⑥ 《明太祖实录》卷一七八,洪武十九年五月乙亥。
⑦ 郭棐:《粤大记》卷三,事纪类,山箐聚啸,第 39 页。

中,不供徭赋。乞与耆老陈晚往招之。于是畲长雷纹用等凡四十九户俱欲复业。至是辅率纹用等来朝,命各赐钞三十锭、彩币一表里,绅绢衣一袭。赐辅、晚亦如之。①

同时被招安的还有潮州外海白屿洋的居民。永乐五年春正月壬申,"白屿洋都总管林来等来归。初来逃居海岛中,自称总管。潮州卫卒周狗儿尝至其地,得其情,诣阙,请奉命往招之。至是以来等来朝,凡户三百六十五、口八百有奇。命隶籍潮州。赐来及狗儿等钞币遣还。"②可见,明代初年,不论山区还是沿海岛屿,都有许多不服官府管辖的鄙野之民,一直到永乐初年才被朝廷招安。

扰乱潮州治安的还有外省的因素。在福建、广东两省边界,海盗山寇此去彼来,隔省作案的例子不少。

嘉靖《潮州府志》的刘湛传记载:"正统间任时有漳寇林乌铁等拥众扰(潮州)郡之三饶,势甚狷獗。湛躬统民兵剿捕殆尽。"③

"国朝正统十一年,饶贼千余,流劫市镇,四月十九日,突至月港,焚掠甚炽,义士陈孔叶率众拒之。歼其渠魁,贼为遁走"④。此处的饶贼即为潮州饶平的海盗。他们袭击漳州月港。而漳州一带的海寇也曾袭击潮州。

正统十四年四月癸酉,"福建海贼陈万宁攻广东潮阳县,劫官库银钞,杀主簿邓选。"⑤

可见,早在明代前期,漳潮之间就有大股海盗了。

天顺年间,潮州又有海寇发生。

揭阳夏岭村民以渔为业,出入风波岛屿间。素不受有司约束。邻境恒罹其害。寻有豪猾互争田土,讼于官,连年不决。有司动遣巡司官兵勾摄之。侵扰弗堪,乃相率舟入大海,大集无赖、饥民,攻剽城邑。潮揭受害尤甚。⑥

周瑄:"漳州人,进士,天顺二年任。公勤爱民,时海寇数百啸聚下岭,瑄设方略剪之,海滨赖以安堵。"⑦揭阳夏岭的海盗,于天顺七年被官府平定。周宣是漳州龙溪人,正统十年(1445年)进士。《漳州府志》中有周宣的传记。周宣于天顺

---

① 《明太宗实录》卷七十三,永乐五年十一月辛酉。
② 《明太宗实录》卷六三,永乐五年春正月壬申。
③ 郭春震:嘉靖《潮州府志》卷五,刘湛传,第8页。
④ 梁兆阳修,蔡国桢、张燮等纂:崇祯《海澄县志》卷十五,灾祥志,寇乱,崇祯五年刊本,北京,书目文献出版社1990年《日本藏中国稀见方志丛刊》影印本,第473页。
⑤ 郭棐:《粤大记》卷三,事纪类,海岛澄波,第56-57页。
⑥ 陈天资纂修:万历《东里志》卷二,境事志,潮州市地方志办公室2004年据民国三十二年抄本影印,第49页。
⑦ 郭春震:嘉靖《潮州府志》卷五,周瑄传,第8页。

年间任潮州知府期间,潮州海寇四起,拥有大船二三百艘,潮州四郊村落,有不少人加入海寇,这种局面是很罕见的。慑于海寇的势力,周宣不是一味子镇压,而是采取先抚后剿的策略,三次平定海寇,这反映了明代天顺年间,潮州海上武装力量强大。

例如:

天顺七年,剿夏岭,平之。

关于天顺年间的海寇,揭阳县知县的陈爵也被认为是平定海寇的关键人物。《粤大记》记载:

天顺四年(1460 年),"海寇魏崇辉作乱,金事毛吉、知县陈爵奉命讨平。魏崇辉、许万七,天顺四年窃据海阳下岭等村,与程乡山寇罗刘宁、黄阿山声势相倚,民罹其害。金事毛吉、知县陈爵奉命讨平。"[1]

黄仲昭记载陈爵的事迹:"侯之有祠,从民欲也。侯讳爵,字良贵。漳之南靖人。登天顺丁丑进士。第拜潮之揭阳知县,为人沈深有智略。岁庚辰,岭南山海之寇并起,贼酋魏崇辉、罗刘宁各据要害,剽掠诸村落,杀越人于货。侯既请兵戍守,复躬诣贼舸,谕以祸福,贼虽稍却,然其势尚炽未能遽殄也。民心惶惶,将空邑而逸。侯亟下令曰:'敢有弃乡井而逃者死!乃撤民庐舍,而以其材木围匝于外,然后筑城浚池,为守备计。不旬日而成,民遂有固志。未几海寇大至,守御者欲舍而避之。侯奋曰:朝廷以百里之民付吾,吾不能守,乃挈妻子以图幸生,不忠甚矣。其何以自立于天地间哉! 于是益募民兵,备器械、严号令约束,誓死守之。寇屡薄城,侯躬擐甲胄,冒矢石,为士卒先。相持弥月不少挫。贼度不可犯,遂遁去。既而朝廷敕藩闽督诸军讨贼,侯复率民兵应之,贼酋相继授首,余党悉平。揭阳之民所以得保其父母妻子而不为鱼肉者,皆侯力也。"[2]可见,当时潮州海寇在潮州攻城略地,引来闽粤二省军队围剿。

其后潮州海寇屡屡发生。

"弘治中,海寇苏孟凯作乱,潮州知府叶元玉讨平之。苏孟凯,饶平人。弘治间,聚众山林,至有千余名,因而劫掠海阳村落,民罹其害者数年。知府叶元玉讨平。"[3]

正德二年,海寇朱秉英作乱,官军灭之。丁卯年潮州上漳溪贼首朱秉英、林传

---

[1] 郭棐:《粤大记》卷三,事纪类,海岛澄波,第56－57页。

[2] 黄仲昭:《未轩文集》卷三,高州郡守前揭阳知县陈侯祠堂记,文渊阁四库全书本,第48－49页。

[3] 郭棐:《粤大记》卷三,事纪类,海岛澄波,第56～57页。

聚众劫掠大埔县乡村,烧毁神泉市,奏闻,总督府檄胡佥事、黄指挥、张知府等官征剿殄灭。地方稍宁。

正德五年,海寇陈玉良等作乱,安远侯柳文讨平之。贼首陈玉良、梁世昌、张仕锦等啸聚山林。程乡县义化石窑等都扰害乡邑,总兵官安远侯柳文讨平之。

正德六年,海寇李四仔等乱。都御史林廷选讨平之。贼首李四仔黄镛、张时旺啸聚石窟,义化、松源等都,寇乱汀漳惠潮。正德七年,总督右都御史林廷选、安远侯柳文、总镇太监潘忠等督兵讨平。①

正德十四年,"海寇金章,贼艘百余,作乱海上。"

嘉靖元年,"吴清入海为盗,人以吴大王称之……为东里害者百余年。"②

可见,明代前期漳潮海寇的活动是相当活跃的,他们不仅敌杀官军,而且主动进攻明军要塞,甚至攻城略地,而明朝官军竟有不敢与其对垒的。

迄至正德及嘉靖初年,东南沿海的形势相当混乱。顾清说:

今天下负海之邦,自青齐至于交广,惟江浙闽去海最近。其间负海而州,控接蕃夷者,闽又最近。出谯门弥望巨浸,鲸窝蜃居,倭奴、爪哇、流求、毛昌、赤王之蛮,风乘涛凌,不旬日可致几席下。顽狙之氓,逃征避辜,驾长舟,飙巨桅,挟群不逞之徒,出没于洪波,时登岸公肆劫剽。急则踔汗澜走荒外,吏无所踪迹。盖濒海之邦,率有是,而闽与广为特甚。其一二人著名字者,海壖之民日惴惴虞其至。有司者侦其它适图旬月之安则幸,矧敢与之角?③

以上事实表明,明代初年漳潮二州很不平静,境内常有农民起义发生。由于地理形势的影响,自古以来,漳潮民众的反抗斗争不是上山就是下海。所以,漳潮历史上不仅多有占山为王的强盗,也有不少海盗。海洋辽阔无边,岛屿零落星散,朝廷无力对其全面控制,尤其是明朝将边远海岛的民众迁至大陆后,这些海岛更成为盗贼渊薮,一些上山失败的造反者,最终也转移到海洋。

小结

明朝的政令向来有个执行力的问题,不是所有的政策都会得到政府基层的有力执行,通常越到基层,越容易被忽视,越是边远区域,执行政令越难。就海禁之令而言,在长江以北的区域,海禁政策执行较好,在长江以南区域,在苏州和浙江执行较好,而在福建、广东执行较差。另外,由于海禁侵犯传统渔业商贸区的利

---

① 郭棐:《粤大记》卷三,事纪类,海岛澄波,第57页。
② 陈天资纂修:万历《东里志》卷二,境事志,第51页。
③ 顾清:《东江家藏集》卷十七,观海诗序,文渊阁四库全书本,第10页。

益,官府的海禁政策在许多地区被置而不问。尤其是在闽粤边境的漳州、潮州一带,成为明朝万里海禁线的断点。

从东南沿海的地理形势看,朝廷主要统治据点是宁波、福州、泉州、广州等著名城市,这些城市附近的海岸,是朝廷控制较严的地区;但在四大城市之间漫长的海岸线,则是朝廷控制的弱点。如果将四大城市之间的海岸以福州为中心分为两段,北段距离明朝的统治中心南直隶较近,朝廷的控制稍严,在历史上,这些地区的民众很少与朝廷采取对抗态度,所以,明初虽然有海寇活动,但以后渐渐削弱,其能量明显不如南段;而福州以南的南段海岸线,真正处于"天高皇帝远"的区域,尤其是在福建与广东交界的漳州、汀州与潮州,自唐宋元以来,官府的统治力量一向偏弱。闽粤赣三省边界原来是畲瑶等族生活的地方,他们以山地游农为特点的生活方式与定居农民发生激烈的冲突,因此,自唐宋以来,闽粤赣三省交界处一直动荡不安。元明之际,畲瑶二族的生活方式逐渐向汉族看齐,种植水稻成为他们的主业,但是,闽粤赣山区群山赞簇,可耕地极少,过剩的山地人口必须向外地发展。元明之际,来自闽粤赣山区的非法武装不断袭击沿海,从而引起沿海的不安。为了平定闽粤赣山区的反政府力量,明朝设置了南赣巡抚这一官职,专门负责镇压这一带的非法武装。担任该职的名臣有王守仁等人。然而,尽管他们会取得一定的成绩,王守仁并以此出名,可是,这些反政府武装如野火烧不尽的春草,一茬又一茬出现。这股力量一直影响南中国数百年,时强时弱,却一直存在。

闽粤赣山区的动乱波及沿海,这是潮州和漳州历史上一直动荡的原因。当地的反政府武装在失利的时候,不是下海,就是上山。仔细思考当时漳州与潮州的情况,就可知道明朝的海禁在这里无法执行。这是因为,明代前期的闽粤赣的反政府势力相当强大,在漳州和潮州境内保持着一支强大的海上力量,与官府格格不入。每当他们发动海上暴动,动不动就有数百艘海船参加,经常击败官府的水师。明朝所谓海禁,在这里形同虚设。事实上,明朝的海禁只能迫使遵守法纪的一些地区放弃海洋利益,例如泉州、福州。而漳州、潮州这类反官府力量强大的区域,官府的海禁命令如同虚文。这些区域的民众不把官府禁令当一回事,无视朝廷海禁之令下海贸易,华人在东南亚商业贸易的火种,因而得以保存。其实,宋元时期中国的海洋事业从闽粤二省向江浙二省发展,按照正常的发展逻辑,明代的江浙沿海地区会成为中国海洋贸易中心。然而,由于明朝的海禁,中国海洋历史发生了转弯,明初江浙的海上力量遭受重创,私人海上贸易在闽粤边境发展起来。所以说,正是明朝的海禁,导致闽粤边民对海洋事业的垄断。明代前期、中期,漳州人与潮州人成为南中国海的主人,他们的海洋力量超过了泉州、福州等传统海上贸易发达的地区,中国海洋因而进入漳潮人的时代。

第八章

明代中叶私人海上贸易的发展

明代前期,朝廷严控私人海上贸易,导致泉州之类传统海贸发达的城市衰落,市舶司所在地私人贸易减少,这反而给了传统的边缘区域私人海上贸易发展的机会,东南一带,以漳州区域为核心海上私人贸易就是在这一背景下发展起来的。应当说,它延续了宋元以来中国人在东南亚的商业网络,具有重要意义。

第一节　明代前期东南的私人海上贸易

下南洋贸易是东南民众自唐宋以来形成的传统,明代虽有海禁之令,但是,东南民众并不将其当一回事。他们私自下海贸易,官府无法禁绝。

一、明代前期东南海上私人贸易的发展

明朝初年厉行海禁,但东南沿海区域的私人海上贸易一直存在。"洪武四年十二月丙戌,仍禁濒海民不得私出海。"这一禁令也许在明朝管辖力较强的江浙区域执行较好,但是,闽粤沿海一带民众经常不将其当回事,常有些官员带头走私。该年,朱元璋对大都督府官员说:"朕以海道可通外邦,故尝禁其往来。近闻福建兴化卫指挥李兴、李春,私遣人出海行贾,则滨海军卫岂无知彼所为者乎?"①洪武十四年(1381年),朱元璋重申,"禁濒海民私通海外诸国"②。洪武十六年夏四月乙未,明朝"遣使赍勘合文册赐暹罗、占城、真腊诸国。凡中国使至,必验勘合相同,否则为伪者,许擒之以闻。"③这条史料表明,当时有一些大胆的商人竟然冒充大明的使者到暹罗、占城等国进行赏赐贸易,被明朝发现后,朝廷觉得有必要限制

---

① 《明太祖实录》卷七十,洪武四年十二月乙未,第7页。
② 《明太祖实录》卷一三九,洪武十四年十月己巳,第7页。
③ 《明太祖实录》卷一五三,洪武十六年夏四月乙未。

这类贸易,便想出了给进贡国勘合的办法,以让进贡国辨明真假使者。洪武二十三年十月,朱元璋"诏户部严申交通外(番)之禁。上以中国金银、铜钱、缎匹、兵器等物,自前代以来,不许出番,今两广、浙江、福建愚民无知,往往交通外番,私易货物,故严禁之。沿海军民官司纵令私相交易者,悉治以罪。"①洪武二十七年春正月甲寅,朱元璋下诏:"禁民间用番香、番货。先是,上以海外诸夷多诈,绝其往来,唯琉球、真腊、暹罗许入贡。而缘海之人往往私下诸番贸易香货,因诱蛮夷为盗。命礼部严禁绝之,敢有私下诸番互市者,必寘之重法。凡番香、番货,皆不许贩鬻。其见有者,限以三月销尽"②。一直到洪武三十五年(即建文四年),朝廷仍然重申:"缘海军民人等近年以来往往私自下番交通外国,今后不许。所司一遵洪武事例禁治"。③ "使臣有还自东南夷者言,诸番夷多遁居海岛,中国军民无赖者潜与相结为寇。"④以上材料表明,早在洪武时期,明朝便多次颁布禁令,不准民众私自出海,它从另一个方面反映了民间私人海上贸易之盛,而且,以闽广地区最为兴盛。

如前所述,闽粤边境一直有非法的海上武装在活动,海盗武装经常击败官军,因此,官军无法严密封锁福建沿海。闽粤交界处漳潮一带的民众,对朝廷的禁令不太当回事,照旧在海外活动。⑤ 他们的活动波及东南亚国家。爪哇国的杜阪,"其间多广东、漳州流户"。⑥ 永乐二年,"时福建濒海居民私载海船交通外国,因而为寇"。⑦ 谈迁的《国榷》第十三卷,永乐二年二月辛酉,"禁民下海,时闽人私市外国,致寇。"据《明史·郑和传》,旧港的陈祖义试图率闽粤海盗三千人,袭击郑和的舰队。可见,当时海外的闽粤海盗集团人数众多。总的来说,明朝的海禁政令在明朝管辖力较强的区域执行较好,例如泉州,原来是私人海上贸易最盛的地方,明初朝廷的严禁导致当地海上贸易衰落,很难找到一例明中叶以前泉州人经营海外贸易的例子。浙江、山东地区的海禁也执行得不错,明代中期,浙江人出海贸易相当少见。当时的对外贸易主要集中于福建与广东地区。

二、郑和航海与海上私人贸易

以上史实的回溯使我有一个想法,过去,一般认为明代海上私人贸易是在郑

---

① 《明太祖实录》卷二百五,洪武二十三年十月乙酉。
② 《明太祖实录》卷二三一,洪武二十七年春正月甲寅,第 2 页。
③ 《明太宗实录》卷十,洪武三十五年秋七月壬午。
④ 《明太宗实录》卷十二,洪武三十五年九月戊子。
⑤ 徐晓望:《明代漳州商人与中琉贸易》,《海交史研究》(泉州),1998 年 2 期。
⑥ 黄省曾:《西洋朝贡录》,北京,中华书局 2000 年,第 22 页。
⑦ 《明太宗实录》卷二七,永乐二年正月辛酉。

和七下西洋后兴盛起来的。因为,郑和下西洋之时,福建民众可以搭船贸易,海上私人贸易逐渐减少。但换一种观念看问题,会觉得明代初年闽粤的海上走私贸易就相当兴盛。永乐四年(1406年)明成祖有一段诏书:

> 遣敕招谕海岛流人。曰:尔等本皆良民,为有司虐害,不得已逃移海岛,劫掠苟活,流离失业,积有岁年。天理良心,未尝泯灭,思还故乡,畏罪未敢。朕比闻之,良用恻然。兹特遣人赍敕谕尔,凡前所犯,悉经赦宥,譬之春冰,涣然消释。宜即还乡复业,毋怀疑虑,以取后悔。①

永乐四年是郑和第一次航海尚未回归本土的时代,明成祖发出这一条诏令,应是发现海外有较多的华人,所以,想招他们回家。然而,因海外生活对漳潮民众有独特的魅力,他们并没有停止对海外的探索。有时还会利用郑和航海的空档,到海外做一些非法贸易。

郑和第六次下西洋是在永乐十九年,他们于永乐二十年(1422年)回归。其后,在杨士奇等人主持下,明仁宗暂停下海。迨至郑和第七次下海,大约于宣德七年出现在满剌加等东南亚港口,前后约有十年之久不见明朝正规的使船。其时明朝在海外的威望很高,便有些明朝官吏或是冒险家,冒充明朝使者到海外去。郑和到海外,肯定知道这些消息。他的使团回南京后,应是将这些消息上报朝廷。宣德八年七月己未,朝廷下旨:"命行在都察院严私通番国之禁。上谕右都御史顾佐等曰:私通外夷,已有禁例。近岁官员、军民不知遵守,往往私造海舟,假朝廷干办为名,擅自下番,扰害外夷,或诱引为寇。比者已有擒获,各真重罪。尔宜申明前禁榜,谕缘海军民有犯者许诸人首告,得实者给犯人家赀之半。知而不告,及军卫有司纵之弗禁者,一体治罪。"②然而,此后明朝不再举行郑和下西洋之类的大规模行动,人们冒充明朝使者似乎更为方便。由于给郑和引航的水手多来自漳州卫,所以,漳州一带的官员经常下海通商。为此,皇帝于宣德八年八月,"敕漳州卫指挥同知石宣等严通番之禁。"③然而,仍有官员通番的事例发生。宣德九年三月,"巡按福建监察御史黄振奏:漳州卫指挥覃庸等私通番国,巡海都指挥张翥、都可都指挥金瑛、署都指挥佥事陶旺等,及左布政使周克敬,俱尝受庸金银帽带等物。"④可见,覃庸等人的通番,是得到上级官员支持的。此事暴露后,中枢所给的处分也只是罚俸三个月。官员如此,民众的行为更为大胆。《明英宗实录》有以下

---

① 《明太宗实录》卷五二,永乐四年三月丁巳。
② 《明宣宗实录》卷一〇三,宣德八年七月己未,第8页。
③ 《明宣宗实录》卷一百四,宣德八年八月丁未。
④ 《明宣宗实录》卷一百九,宣德九年三月庚寅。

记载:正统十年(1445年)三月,"福建缘海民有伪称行人正使官,潜通爪哇国者"①。

私人海上贸易的人也多了起来。正统五年,"福建永宁卫指挥金事高璿,尝役所督海舟贾利,致军士溺死。又纵焚所忿者宅,延毁兵甲库。"②正统十年九月,"福建福州府民有私下海通番者"③。正统年间任职福建的董应轸说:"旧例濒海居民贸易番物,泄漏事情,及引海贼劫掠边地者,正犯极刑,家人戍边,知情故纵者罪同。比年民往往嗜利忘禁",私通外国。④ 李颙于景泰年间接任福建参政提督海道,"捕兴化豪强寘于法。"⑤林荣于天顺十六年"擢福建按察副使,巡视海道,俘海寇四百余人"。⑥ 刘乔于成化十八年"擢福建按察副使,发匿摘伏,属吏畏服。有大侠私番射利,盘结下上,莫能制。亟断遣之。"⑦郑岳说:"闽东南际大海,国初倭寇内侵,环海要害地立卫若所若水寨,棋错星列,所以备御之者,其制甚严。厥后倭寇寝息,滨海恶少驾大舶出入风涛中,远通番国,近掠商舟"⑧。明成化年间,福建按察副使辛某"奉敕巡视海道,濒海大姓私造海舰,岁出诸番市易"⑨。何乔新咏福建诗:"危樯巨舶昼纵横,海上时闻鼓角鸣"。⑩ 这都说明当时福建的海上贸易逐渐兴盛。

潮州的情况类似漳州。正统九年二月己亥,"广东潮州府民滨海者,纠诱傍郡亡赖五十五人,私下海通货爪哇国,因而叛附爪哇者二十二人,其余俱归,复具舟,将发。知府王源获其四人以闻。上命巡按御史同按察司官并收未获者户长鞫状,果有踪迹,严锢之。具奏处置。"⑪

有时这类商船的贸易规模颇大。陈天资的《东里志》记载:

明宣宗章皇帝宣德元年,倭夷犯上里,者老陈彝率众击走之。

通事刘秀勾引倭舟入泊湾港,威召各村各里之保长,赴舟领货,名曰"放苏"。邻村皆靡然从之。遂以肆掠。⑫

---

① 《明英宗实录》卷一二七,正统十年三月乙未,第7页。
② 《明英宗实录》卷七四,正统五年十二月癸酉。
③ 《明英宗实录》卷一三三,正统十年九月戊戌,第10页。
④ 陈寿祺等:道光《福建通志》卷二七〇,洋市,第6页。
⑤ 郝玉麟等:雍正《福建通志》卷二九,名宦,福州府,第35页。
⑥ 郝玉麟等:乾隆《广东通志》卷四十五,人物志二,广州府,第65页。
⑦ 李东阳:《怀麓堂集》卷八十,明故湖广布政使司左布政使刘公神道碑铭,第12页。
⑧ 郑岳:《郑山斋先生文集》卷一二,建巡海道碑记,文渊阁四库全书本,第11页。
⑨ 何乔新:《椒丘文集》卷二五,福安书事,第2页。
⑩ 何乔新:《椒丘文集》卷二五,福安书事,第2页。
⑪ 《明英宗实录》卷一一三,正统九年二月己亥。
⑫ 陈天资纂修:万历《东里志》卷二,境事志,第49页。

上文中的"倭夷"不一定是真正的日本人,也有可能是来自东南亚的海盗商人,他们带来东南亚的商货,所以引起潮州民间商贩竞相购买。成化二十年十二月"有通番巨舟三十七艘泊广东潮州府界,备倭都指挥佥事姚英、巡视海道按察副使赵弘、分巡佥事翁晏领官军捕之,生擒三十余人,斩首八十五级。"①

潮州人主动到海外贸易的例子也不少见。

成化十四年,江西饶州浮梁县商人方敏、方祥、方洪兄弟,共凑银六百两,购买景德镇出产的青白碗、碟、盆等项瓷器共二千八百件运到广州。在广州"遇有熟识广东揭阳县民陈佑、陈荣,海阳县民吴孟,各带青白苎麻等布,亦在本处货卖。敏等访南海外洋有私番舡一只出没,为因上司严禁,无人换货,各不合于陈佑、陈荣、吴孟谋久,雇到广东东莞县梁大英,亦不合依听将自造违式双桅槽船一只,装载前项瓷器并布货,于本年二十口开船,超过缘边官府等处巡检司,远出外洋。"②

他们向番船换回胡椒　百　十二包,黄蜡一包,乌木八条,沉香一百箱,锡二十块。③

总之,虽然有官府的海禁,但是,东南沿海以福建漳州和广东潮州为核心的地区,一直有海上私人贸易存在。此外,浙江也有人到海外贸易,宣德五年十二月丁亥,官府有人说起一个案件:"初浙江临海县民告土豪一家父子叔侄同恶下海通番及杀人等罪。"④曾任福建巡海都指挥的张翥,因纵容覃庸等人下海贸易被处分,但其人不接受教训。调任浙江后,正统三年十一月己亥,"巡按浙江监察御史俞本劾奏备倭都指挥同知张翥提督不严,致官军泛海通番贸易。及既觉,又狗嘱不究治。乞惩其罪。上命翥具实以闻。"⑤不过,浙江民间走私情况不如漳州、潮州厉害。

三、明代前期发展海上贸易的主张

有些官员主张恢复海上贸易。成化年间出身于海南岛的大儒邱浚在其名著《大学衍义补》一书中说:

臣按互市之法,自汉遇南越始。历代皆行之。然置司而以市,兼舶为名,则始于宋焉。盖前此互市兼通西北,至此始专于航海也。元因宋制,每岁招集舶商于蕃邦博易珠翠香货等物,及次年回帆验货抽解,然后听其货卖。其抽分之数,细色

①　《明宪宗实录》卷二五九,成化二十年十二月辛未,第5页。
②　原出《皇明条法事类纂》卷二十,把持行事。
③　林仁川:《明末清初私人海上贸易》,第348页。
④　《明宣宗实录》卷七三,宣德五年十二月丁亥。
⑤　《明英宗实录》卷四八,正统三年十一月。

于二十五分中取一,粗色于三十分中取一。漏税者断没。仍禁金、银、铜、铁、男、女,不许溢出。本朝市舶司之名,虽沿其旧,而无抽分之法。惟于浙闽广三处置司,以待海外诸蕃之进贡者。盖用以怀柔远人,实无所利其入也。臣惟国家富有万国,故无待于海岛之利。然中国之物自足,其用固无待于外夷。而外夷所用,则不可无中国物也。私通溢出之患,断不能绝,虽律有明禁,但利之所在,民不畏死。民犯法而罪之,罪之而又有犯者,乃因之。以罪其应禁之官吏。如此则吾非徒无其利而又有其害焉。臣考大明律于户律有舶商匿货之条,则是本朝固许人泛海为商,不知何时始禁?窃以为当如前代互市之法,庶几置司之名,与事相称,或者若谓恐其招惹边患,臣请以前代史册考之。海上诸蕃,自古未有为吾边寇者,且暹罗、爪哇诸番,隔越涨海,地势不接,非西北戎狄比也。惟日本一国,号为倭奴,人工巧而国贫窭,屡为沿海之寇。当遵祖训,不与之通。傥以臣言为可采,乞下有司详议以闻,然后制下滨海去处。有欲经贩者,俾其先期赴舶司告知,行下所司审勘。果无违碍,许其自陈,自造舶舟若干料数,收贩货物若干种数,经行某处等国,于何年月回还。并不敢私带违禁物件,及回之日,不致透漏。待其回帆,差官封检,抽分之余,方许变卖。如此,则岁计常赋之外,未必不得其助。矧今朝廷,每岁恒以蕃夷所贡椒木折支京官常俸,夫然不扰中国之民,而得外邦之助,是亦足国用之一端也。其视前代,算间架经总制钱之类,滥取于民者,岂不犹贤乎哉![①]

邱浚的主张也得到一些下级官员的支持,章懋任福建佥事时,"招通番货以便商"。[②]《明史·章懋传》说其人"建议番货互通,贸易以裕商民,政绩甚著。"但是,他的上级按察副使何乔新,却主张严行海禁。最后章懋被调走。

在广东及朝廷官员中,时常发生两派的争议。曾在广东任职、后在刑部做官的林俊主张严禁,不轻饶走私番货之人。"查得见行条例,通番下海、买卖劫掠,有正犯处死全家边卫充军之条。收买苏木胡椒千斤以上,有边卫充军,货物入官之条。所以严中外之辨,谨祸乱之萌。"[③]身为广东人的邱浚却主张宽以待之。

要注意的是,邱浚的主张虽然一时未得实行,但在后世产生很大的影响。隆庆年间福建月港通商,就是实行只许商人到南海国家贸易,不许他们到日本贸易。

弘治、正德年间,私人海上贸易更为兴盛。弘治六年,"南京锦衣卫指挥使王锐言……又有贪利之徒,治巨舰出海与夷人交易,以私货为官物,沿途影射。今后

①　邱浚:《大学衍义补》卷二五,市籴之令,文渊阁四库全书本,第 15 - 17 页。
②　项笃寿:《今献备遗》卷二十五,章懋,文渊阁四库全书本,第 1 页。
③　林俊:《见素集·奏议》卷六,正违禁番货夤缘给主疏,文渊阁四库全书本,第 6 页。

商货下海者,请即以私通外国之罪罪之。都察院覆奏从之。"①不过,到了正德年间,多数官员都主张市舶司抽税,市舶抽税制度就此恢复。大约抽取商人货物的二至三成。②

广州市舶司恢复市舶抽税制度,引起了民间的轰动。正德九年六月丁酉"广东布政司参议陈伯献奏:岭南诸货,出于满剌加、暹罗、爪哇诸夷,计其产不过胡椒、苏木、象牙、玳瑁之类,非若布帛菽粟,民生一日不可缺者。近许官府抽分,公为贸易。遂使奸民数千驾造巨舶,私置兵器,纵横海上"③这条史料反映抽分制实行后,民间海上贸易的发达。而朝廷后来也恢复了抽分制。正德十五年左右,"布政使吴廷举首倡缺少上供香料及军门取给之议,不拘年份,至即抽货。以致番舶不绝于海澳,蛮夷杂沓于州城。法防既疏,道路益熟。"④可见,正德年间,虽说朝廷的政策在宽严之间摇摆,但总体上是宽松的,因此,海上私人贸易逐渐兴盛,其中又以漳州的海上贸易最为发达。

第二节　明代中叶漳州的海上贸易港口

明代前期,进行海上私人贸易最多的是漳州海商,他们主要来自漳州南部的诏安及漳州附近九龙江的"五澳",其中又以海沧、月港最为出名。⑤ 他们进行海上私人贸易,也有其不得已的经济原因。

一、漳州民众发展私人海上贸易的经济背景

明代前期的漳州是一个典型的农业区域,当地农业以稻米种植与麦子种植为主。明人咏漳州:"田稻春秋种"⑥,《漳州府志》记载:"早稻三月种六月熟,晚稻六月种十月熟,大冬稻春种冬熟"⑦。由于漳州位于福建最南部,已接近北回归线,所以,漳州府的山区也可以种双季稻,漳州的南靖县"其地气候多燠,田一岁两

---

① 《明孝宗实录》卷八二,弘治六年十一月乙卯。
② 晁中辰:《明代海禁与海外贸易》人民出版社 2005 年,第 153 页。
③ 《明武宗实录》卷一一三,正德九年六月丁酉。台北,中研院历史语言研究所影印本。
④ 《明武宗实录》卷之一九四,正德十五年十二月己丑。
⑤ 关于海沧、月港的地理形势,我在以往的著作中有所考订。见拙著《明代前期福建史》第 287－296 页。
⑥ 黄仲昭等:弘治《八闽通志》卷八三,词翰,第 952 页。
⑦ 陈洪谟修、周瑛纂:正德《漳州府志》卷十,诸课杂志,第 595 页。

熟"①。又如漳平县,"早稻熟于六月,晚稻熟于九月"②。又如《龙岩县志》记载:"其米咸有白赤,其获咸有早晚,岁咸再登"③。可见,漳州府普遍种双季稻。因此,漳州的亩产量是较高的。林俊的《江公陂记》说:当地的江公陂筑成后,"可田十万亩,亩收谷一钟而余"④。一钟相当于六斛四斗,也就是6.4石。

漳州沿海旱地较多。除了水稻外,民众还种植大麦、小麦以及许多来自北方的旱作物。陈洪谟说:"黍、稷、粱、粟皆北产,漳人亦种之,人多未识。故为辨说如此。"⑤其中麦类作物种于大田,每每和稻构成复种。如龙溪县:"麦有大麦、小麦,海方多莳大麦,早者仲春即熟。大抵冬稻不登,春多艰食,故预种早麦以济之;谓岁获三稔者,冬治田种早麦,仲春又种早稻,秋又种冬稻,粪多力勤,亦可无饥。其颇足之家,多种小麦"⑥。杂粮则种于缺少泉水灌溉的旱地,亦可发挥一定作用。

漳州的农田。如上所述,漳州肥沃的田地粮食产量很高,不过,那只是沿江冲积平原上的粮食产量,漳州的主要地貌是丘陵区域,当地的农田有五种,如龙岩县,"田之在野,其名有五,其等不一。一曰洋田,平畴沃衍,厥土多白壤,得水最先者其值上上;二曰泷田,岩人以坪田下陷者曰泷,厥土惟涂泥,下流不壅者其直上次;三曰山田,高原峻垄,凿山通圳,厥土多赤,填而忧旱,得活水者中中;四曰坑田,山径之间,因泉垦地而种,厥土多坟庐,而忧潦,过涝不决者中;五曰塘田,野水所钟,曰筑之以备旱。厥土涂泥,或青黎,旱涝之患兼焉,斯为下。若有源之塘则亚于泷。在坊多洋田,塘与泷居十三,在里则多山田、坑田云"⑦。以上将山区的田地分为五等,所谓洋田即是山谷中的河流冲积平原,这些冲积平原上面覆盖着河流带来的腐朽质,若能修好水利,便能成为上好的"洋田";而灌溉不能保证的,在这里称为泷田。如果拥有较多的洋田与泷田,这个县的粮食生产使十分可观了。因此,明代前期,当地人为了发展农业,兴修水利成为一股风气。例如,明初,陈炯筑鹿石陂,使近海潮田一十万亩化为良田。又有曾氏"开三闸水利,灌三千顷田,惠洽三都,增万家产业,活万人躯命,功垂万世"⑧。漳州月港著名的姜公陂,由漳州知府姜谅于成化年间主持修造,"开山伐石,日运百船,填而筑之……横亘

---

① 黄仲昭等:弘治《八闽通志》卷三,地理,第46页。
② 曾汝檀:嘉靖《漳平县志》卷四,物产,第6页。
③ 汤相修、莫元纂:嘉靖《龙岩县志》卷上,物产,第54页。
④ 林俊:《江公陂记》,邓来祚等:乾隆《海澄县志》,卷二二,艺文志,第11页。
⑤ 陈洪谟修、周瑛纂:正德《漳州府志》卷十,诸课杂志,第596页。
⑥ 刘天授等:嘉靖《龙溪县志》卷一,物产,第29-30页。
⑦ 汤相修、莫元纂:嘉靖《龙岩县志》卷上,土田,第46页。
⑧ 林汀水:《九龙江下游的围垦与影响》,《中国社会经济史研究》1984年第4期。

千三百尺,基广三十丈,上广五丈,高六丈。陂成,限川回流,溉田五万亩"①。除了姜公陂之外,姜谅任职时,漳州其他地方也大兴水利。"漳属县龙溪、漳浦田多傍海,海溢,田多洿卤。谅为筑长堤,凡一百八十六所,共为丈六万八千七百有奇。又,龙溪县南陂横溪故有石堤,久坏,谅补筑之,为丈一百五十有奇。"②在九龙江流域之外,明永乐间,平和县筑"湖潭陂","灌田千余亩",诏安县在洪武时筑溪东陂,"溉田千余顷"③。这些工程标志着漳州南部的开发。

明代前期漳州的人口不算多,弘治二年漳州府的统计数据是49254户,317650人④。当地的市镇经济较为一般。弘治修成的《八闽通志》记载:其时漳州府有6个县,共11个墟市,其中龙溪县是漳州首县,拥有南市、北桥市、草市、乌屿桥市、华峰市、石马路头市、月港市、翰林市等8个市镇;其他各县拥有的市镇数量就很少了,漳浦县仅有一个西街市,长泰县也只有一个南市,漳平县有一个桃源市,"每月以一六日集",除此之外,南靖县与龙岩县都没有市镇⑤。可见,明代前期漳州的城镇化主要表现于北部的龙溪县,同时期南部及内地的市镇不够发达。究其原因,应与明代的海禁有关。

明代漳州人走上造反之路与海洋交通被切断有关。漳州在宋元时期,并不是一个以海上活动闻名的地区,但是,民间仍然存在着海上贸易,如南宋臣僚言:"漳、泉、福、兴化,凡滨海之民所造舟船,乃自备财力,兴贩牟利而已。"⑥元末罗良占据漳州,曾从这里向北京运粮,可见,元代漳州的海运是相当发达的。对漳州这样一个三面皆山、一面是海的区域来说:海路实际上是唯一有效的对外通道。明代有人说:"愚闻漳泉人运货至省城,海行者每百斤脚价银不过三分,陆行者价增二十倍。觅利甚难。其地所产鱼盐比浙(江)又贱,盖肩挑度岭,无从发卖故也。"⑦因此,一旦切断海运,对漳州的影响实甚于其他地区。事实上,进入明代以后,朝廷实行海禁,切断了海上贸易线,漳州的商品经济发展规模倒退,徐溥说:"闽为南服,漳州又为闽之南郡,可谓远矣。其地介乎山海之间,商贾不通,市鲜货物,民务稼穑,以为生业。故天时不常,水利不修,则无以尽力乎田亩,而寇难乃

---

① 苏殷《姜公陂碑记》,引自邓来祚等:乾隆《海澄县志》卷十二,艺文志,第8页。
② 陈洪谟修、周瑛纂:正德《漳州府志》卷十四,纪传,第817页。
③ 陈寿祺等:道光《福建通志》卷三六,水利,第11页。
④ 黄仲昭:弘治《八闽通志》卷二十,食货,第394页。
⑤ 黄仲昭等:弘治《八闽通志》卷十四,地理,第272—273页。
⑥ 徐松辑:《宋会要辑稿》刑法二之一三七,第七册,北京,中华书局1957年,第6564页。
⑦ 郑若曾、胡宗宪:《筹海图编》卷四,福建事宜,第33页。

作,郡号难治久矣"①。徐溥是明代中叶的人,从其记录中可知,当时漳州的内地没有什么商业,以农业为主,漳州老百姓的生活十分艰难。总之,明代的海禁政策使漳州赖以生存的海上运输线被切断,使漳州人的生活日益艰难。由于生活所迫,自明朝实行海禁政策以来,无法忍受专制统治的漳州民众,不断起事造反,使漳州成为朝廷一直头痛的"治安之癌"。②

二、明代前期海上私人贸易最盛的漳州

福建的漳州位于中国东南部,属于闽南语区域。明代的闽南语区域以泉州、漳州、潮州为核心。吴朴说:"泉、漳二州,唇齿之势也,上达兴(兴化府)、福(福州),下通潮(潮州)、惠(惠州)。漳州实居其中,水陆利便,堪首尾之援。"③如其所云,漳州实为闽南的重要地区。

漳州沿海多港湾,从九龙江畔的月港到漳浦的镇海港、东山港、玄钟港、走马溪,到处都是吃水较深的良港,沿海村寨都可拥有自己的港口,他们自行造船藏于港湾深处,外人很难寻找。当地民众很早就形成了下海为生的习俗。由他们来带头突破毫无理由的海禁,具有多方面的有利条件。景泰三年九月,漳州发生了一个类似《水浒传》宋孔目与强盗勾结的案件:"福建漳州府贼首郑孔目等,通番为寇,敌杀官军,掳去署都指挥佥事王雄。"④下海通商在漳州是常见的现象。正统年间多次到明朝进贡的爪哇国使者"亚烈马用良,通事良殷、南文旦奏,臣等本皆福建龙溪县人。"⑤成化八年四月,"福建龙溪民二十九人泛海通番,官军追之,拒捕,为风所破。其舟浮水登陆,被获下狱,多瘐死,伏诛者十四人。"⑥漳州的对外贸易逐渐将当地大姓卷入,张燮说:"成弘之际,豪门巨室,间有乘巨舰贸易海外者。奸人阴开其窦,而官人不得显收其利权,初亦渐享奇赢,久乃勾引为乱。至嘉靖而弊极矣。"⑦因漳州常有人下海通番,明代中叶福建省的按察副使常驻漳州,他们也常到月港海沧一带巡视。成化年间有福建按察副使辛某"奉敕巡视海道,濒海大姓私造海舰,岁出诸番市易"。⑧魏元在福建任官时也有类似遭遇。

---

① 徐溥:《徐文靖公谦斋文录》卷二,漳州府知府姜侯惠政记,明人文集丛刊本,台湾,文海出版社 1970 年第 262 页。
② 徐晓望:《明代漳州商人与中琉贸易》,泉州,《海交史研究》1998 年 2 期。
③ 吴朴:《龙飞纪略》,陈佳荣、朱鉴秋编著:《渡海方程辑注》,第 199 - 200 页。
④ 《明英宗实录》卷二二○,景泰三年九月癸巳,第 3 页。
⑤ 《明英宗实录》卷四三,正统三年六月戊午,第 2 页。
⑥ 《明宪宗实录》卷一○三,成化八年四月癸酉,第 2 页。
⑦ 张燮:《东西洋考》卷七,饷税考,第 131 页。
⑧ 何乔新:《椒丘文集》卷三一,明故中顺大夫福建按察司副使辛公墓表,第 6 页。

"元屡迁都给事中,出为福建右参政,巡视海道,严禁越海私贩。巨商以重宝赂,元怒叱出之。"①刘宪吉"成化丙戌登进士,壬寅擢福建按察副使,发愿摘伏,属吏畏服。有大侠私番射利,盘结下上,莫能制,亟断遣之。"②

有些通海大案发生。成化七年(1471年),"福建龙溪民邱弘敏,与其党泛海通番,至满刺加及各国贸易,复至暹罗国,诈称朝使,谒见番王,并令其妻冯氏谒见番王夫人,受珍宝等物。还至福建,泊船海汊,官军往捕,多为杀死。已而被获。巡按御史洪性拟其罪以奏。命弘敏等二十九人依律斩之。又三人以年幼可矜,发戍广西边卫。冯氏给功臣之家为奴。弘敏所买番人爱没心等四人,解京处治。皆如性所拟。时性又奏弘敏同县人康启道等二十六人通番并行劫海上,亦命重审无冤决之。"③以上两案,下海贸易的龙溪人达58人,有些人还带着妻子出海。

弘治正德年间漳州下海通番的事件更多。正德《漳州府志》说:"今巨舸危樯横行海上,非内地之民耶?而水寨月帅削弱,不足以制之。"④龙溪人张绰于弘治六年中进士,"正德六年奉敕两广审录。顺道过家,宗党有造大舟欲货番者,绰入骂曰:吾当白诸官!事乃寝。"⑤许多有关海难的民间故事涉及漳州人。黄衷子的《海语》:"昔漳人有贩舶者,偕伴数十薪于山中"。他们遇到灾难,有人像鲁宾孙一样独居岛上达五年之久,才遇到过路的漳州船回到家乡。⑥《龙溪县志》说:"明正德间豪民私造巨舶扬帆外国,交易射利。"⑦事实上,多数官员都承认:"盖闽以南为海国,而漳最剧。以海为生者,大半皆漳人云。"⑧"而我民盗海者,漳则为甚。"⑨换一个角度看,这说明明代海上私人贸易最多的是漳州人,否则他们不可能有较好的造船技术和航海技术。应当说,漳州人早在明代前期就形成了这一习俗。拙文《明代漳州商人与中琉贸易》提出:"早在明代初年,漳州人已是海上走私的主要从事者。……在其他地区奉行海禁止的同时,明代漳州一带的海上贸易却十分活跃。""漳州人是明初海上走私的主力军。"⑩

---

① 张廷玉等:《明史》卷一百八十,魏元传,第4774页。
② 李东阳《怀麓堂集·后稿》卷八十,明故湖广布政使司左布政使刘公神道碑铭,第12页。
③ 《明宪宗实录》卷九七,成化七年十月乙酉,台北,中研院刊本,第7页。
④ 陈洪谟、周瑛:正德《漳州府志》卷三十,兵纪,第1828页。
⑤ 陈洪谟、周瑛:正德《漳州府志》卷十五,礼纪,张绰,第927页。
⑥ 黄衷:《海语》卷下,石妖,第12页。
⑦ 邓来祚等:乾隆《海澄县志》卷一,建置,第1页。
⑧ 张燮:《霏云居续集》卷三十一,赠卢郡丞奏绩褒封序,第6页。
⑨ 陈全之:《蓬窗日录》卷一,第40页。
⑩ 徐晓望:《明代漳州商人与中琉贸易》,泉州,《海交史研究》1998年2期,第52-53页。

三、从海门港到海沧、月港

九龙江对外贸易港口最早出名的是海门港。海门是九龙江下游漳州所辖各岛中最接近海洋的一个港口,它原是一座小岛。《明实录》记载:"漳州海门口居民八十余户,计三百九十余口,旧种田地三百余亩,递年为海潮冲塌,且别无产业,惟倚海为势,或持兵驾船兴贩私盐,或四散登岸劫掠为害。"①《清一统志》记载:"海门镇,在海澄县东二十里。旧有海门社,在县东北海门山。明正统六年太守甘瑛以其地险民悍,奏设巡司。七年徙其民于内地,因移司于青浦社。"②正统七年四月丙午:"巡按福建监察御史郑颙奏,臣奉敕会同三司亲诣龙溪县,勘得龙门山六十一户已移居附郭地方,拨与田地三十余顷,以海门社巡检司迁于青浦山,其原报冲塌亩数就令本县豁除。从之。"③如上所记,在正统七年,漳州太守甘瑛将海门岛民众迁于内陆,海门岛因而被放弃。其后,海门岛成为走私者往来的地方之一。"据报道,有一漳州渔民在九龙江口捡到过一个陶罐,里有五枚西班牙金币。"④

从厦门海口看九龙江出海口诸岛,最外面的是浯屿,然后是北侧的厦门岛和鼓浪屿。厦门岛西南就是海门岛,海门岛内侧九龙江沿江港口,则是海沧和月港。其中,北岸的海沧比月港更接近海口。

海门岛的民众被内迁后,漳州海盗并未断绝。其后是海门港内侧的一些港口成为海盗及海商产地,"月港、海沧诸处居民多货番,且善盗。"⑤明代前期漳州私人海上贸易最盛的区域是海沧(今为厦门海沧区),早先它的名气更大于海沧西南侧的月港。海沧一带是九龙江的入海处,江面辽阔,水道复杂,江中有许多沙洲。茂密的芦苇荡里到处是可以藏匿船只的河港。《明世宗实录》记载:"龙溪嵩屿等处,地险民犷,素以航海通番为生,其间豪势之家,往往藏匿无赖,私造巨舟,接济器食,相倚为利。"⑥其中嵩屿便是海沧五澳中的一个港口。关于九龙江口的其他村镇,《粤闽巡视纪略》一书是这样记载的:"嵩屿,相传宋幼主泊舟于此,适遇诞节,群臣呼嵩遂以名。石马镇,亦名石码镇,在邑之西。其北支海,亦名锦江,龙江之所委也。许茂、乌礁、紫泥三洲,星列迤逦而东。其支海之北,则为桥尾、嵩屿、长屿、海沧、许林头诸境,濠门巡检司在焉。即所割龙溪一二三都之地也。今皆在

---

① 转引自李国样等重编:《明实录类纂》福建台湾卷,第417页。
② 和珅等:《清一统志》卷三百二十九,漳州府,文渊阁四库全书本,第23页。
③ 《明英宗实录》卷九一,正统七年四月丙午。
④ 佚名:《海门岛的地理位置》,网上文章,2007年1月26日。
⑤ 何乔远:《闽书》卷六十四,文莅志,漳州府,谢骞传,第三册,第1855页。
⑥ 《明世宗实录》卷一八九,嘉靖十五年七月壬午条,第9页。

界外。支海之尾,分南北流,南流循邑治,而东北流历白石、青礁、石美,自北岸东出,合于南海。"①了解以上地形,有利于我们的进一步研究。

明代海沧的地位相当重要。海沧位于漳州以东,北可通同安县与泉州,隔江与月港相望。而月港的水道可通镇海卫及漳浦县。海沧与月港之间的河段有船摆渡。在漳州近处柳营江的江东桥修成之前,它是泉州通向漳州南部的主要渡口之一。宋末漳州江东桥建成后,泉州人去漳南多从柳营江走江东桥,但是,仍然有一些人贪近,在海沧与月港之间摆渡往来。元末陈友定与罗良交战于江东桥,陈友定派出一支部队在海沧偷渡,因而绕到江东桥罗良主力之背后,从而轻易地击败了罗良的主力。由于这一渡口重要,明初在海沧一带设立巡检司。《漳州府志》记载:"濠门巡检司,城在郡东一二三都濠门山。洪武二十年,江夏侯周德兴创。周围一百五十丈六尺,城北辟一门建楼其上。"②由于朝廷逐渐加强对海沧的控制,与海沧隔江相望的月港逐渐兴起。

月港是九龙江入海口处的一个港口:"在郡(漳州)东南五十里,本龙溪八九都地,旧名月港,唐宋以来为海滨一大聚落。"③月港原为漳州府城与镇海卫之间的重要市镇。"东路至镇海,驿行四日,并行三日。若水行,一潮可至月港,月港登岸,一日至镇海,其路不甚艰阻。"④又如谢彬所说:"漳郡之东,迤四十里,有地一区,是名月港。乃海陆之要冲,实东南之门户。当其盛,则云帆烟楫,辐辏于江皋,市肆街廛,显罗于岸畔。"⑤当地商业集中于月港桥。"月港桥,路通镇海,潮汐吞吐,商贾贸易,荟萃于此。在八九都。"⑥"潮汐吞吐,气象豪雄,舟楫流通,商贾辐辏。"⑦

月港位于九龙江下游。月港的上游,九龙江水道分为二支,其中一支为西溪,西溪上源为船场溪,船场溪发源于平和县与南靖县的山区,下游进入漳州平原,溪畔即为漳州府城。平和、南靖的各物产,都可以通过水路运到漳州。月港在漳州下游。漳州的商船从漳州出发,顺水五十里路程,即可以到达月港。九龙江的又一上源北溪直上漳平、龙岩二县,而漳平所在位置,已是延平府、汀州府的分水岭,在九龙江的上源翻过大山,即可进入闽江流域与汀江流域。因此,在九龙江的上

---

① 杜臻《粤闽巡视纪略》卷四,第 30 页。

② 陈洪谟修、周瑛纂:正德《漳州府志》卷二八,兵纪,第 1709 页。

③ 梁兆阳修,蔡国桢、张燮等纂:崇祯《海澄县志》卷一,舆地志,第 318 页。

④ 陈洪谟修、周瑛纂:正德《漳州府志》卷三三,工纪,第 1968 页。

⑤ 谢彬:《邓公抚澄德政碑记》,蔡国桢、张燮等纂:崇祯《海澄县志》卷一七,艺文志,第 503 页。

⑥ 陈洪谟修、周瑛纂:正德《漳州府志》卷三三,工纪,第 1982 页。

⑦ 梁兆阳修,蔡国桢、张燮等纂:崇祯《海澄县志》卷一,形胜,第 321 页。

游,翻越漳平县的分水岭,有一条商道可通闽北山区的闽江流域商道,《漳平县志》记载:"以东南溪河由月港溯回而来者,曰有番货,则历华口诸隘,以达建延,率皆奸人要射,滋为乱耳"。① 可见,这是一条走私月港番货的商路。当年月港所需物资,多从九龙江上游运来,其中包括造船所需的木材等商品。

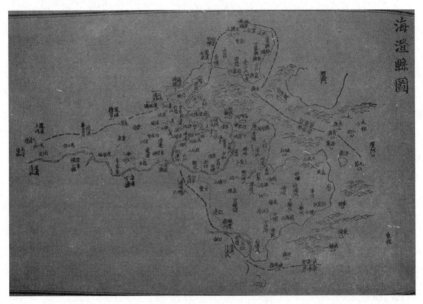

图8-1　光绪三年(1877)《漳州府志》所附海澄县图,江水以北是海沧。

月港的发展有一个过程,明宣德年间,当地已开始出现走私贸易,②正德《漳州府志·谢骞传》记载:"谢骞,直隶当涂人,正统乙丑进士。历监察御史,景泰四年出知漳州府。政尚严明,务锄奸恶,植良善,漳人畏而爱之。近海诸处,如月港,如海沧,居民多货番,且善为盗。骞下令随地编甲,随甲置总,每总各置牌,以联属本地方人户。约五日赍牌赴府一点校。其近海违式船只皆令拆卸,以五六尺为度,官为印烙,听其生理。每船朝出暮归,每总各照牌面约束。本地方人户朝出暮归,暮不归,即便赴府呈告;有不告者,事发联坐。骞令出不二,莫之敢违。一时盗息民安,各水寨把总官皆蒙其庇。"③《闽书》记载:"月港、海沧诸处居民多货番,且善盗。骞编甲置总,联属人户,约五日口牌赴府点验,近海违式大船,悉令毁之,度

---

① 曾汝檀:嘉靖《漳平县志》卷九,武备志,第4页。
② 林仁川:《明末清初的私人海上贸易》,上海:华东师范大学出版社,1987年,第147页。
③ 陈洪谟修、周瑛纂:正德《漳州府志》卷十四,谢骞传,第815页。

可五尺、六尺,烙以官印,许朝出暮归,不归者甲总以告,不告连坐之,一时盗息民安。"①研究《漳州府志》《闽书》的谢骞传记,可知早在明代前期的景泰年间,月港与海沧就成为海上私人港口,从这里出发的漳州商人,或是在海外做生意,或是当海盗,他们的风俗与同时代的欧洲人颇为相似。他们的活动屡屡破坏了明朝的海禁。因此,谢骞这位漳州知府才会想尽一切办法来控制他们。②但谢骞的策略有其问题,他要求海沧和月港的市民每隔五天都要到龙溪县去报到,这是典型的扰民,后任知府肯定无法坚持下去。所以,他走后,海沧、月港等地的对外贸易依然很发达。成化年间,姜谅任职漳州时,"值岁歉,海盗蜂起。"③邝文接任漳州知府后,发现当地:"民多通夷,缘而劫掠,文严禁之,鲜敢犯者。"④明孝宗弘治年间(1465-1505年),月港已是"货物通商旅,资财聚富商"⑤。"至明生齿益繁,正德间豪民私造巨舰,扬帆他国,以与夷市。"⑥当地有许多人进行对外贸易,"弘治间有舶欲贩]占城者,舶中二十人。"⑦因此有人说:"成(化)弘(治)之际(1465—1505)称'小苏杭'者,非月港乎?"⑧可见,当时的月港已是南方一个有名的市镇。陈洪谟修、周瑛编纂的正德《漳州府志》山川部分提到:"月溪,在县东南五十里,俗呼月港,相传谓溪形如月得名。人烟繁盛,商贾辐辏,海艘溪舶,皆集于此,为漳南一大市镇。"⑨因正德《漳州府志》原刊于正德八年,所以,这条史料证明,早在正德八年,月港即为漳州的重要港市。陈洪谟于正德时任漳州知府,"郡有巨寇林广明,负海啸聚,设策尽平之。"⑩钟湘接任后,平定山寇詹师富之乱,"海寇闻之,亦皆就降。"⑪漳州通判聂仕亦为正德时任职,"平海上巨寇,所获金帛悉籍于官。"⑫可见,明代前期,不论谁到漳州做官,都要处理当地的通海事件。《龙溪县志》说:"明正德间豪民私造巨舶扬帆外国,交易射利。"⑬可见,对外贸易使漳州人逐渐富裕起来。

①　何乔远:《闽书》卷六十四,文莅志,漳州府,谢骞传,第 1855 页。
②　徐晓望:《严启盛与澳门史事考》,《文化杂志》(澳门)总第 58 期,2006 年。
③　何乔远:《闽书》卷六十四,文莅志,漳州府,第 1855 页。
④　何乔远:《闽书》卷六十四,文莅志,漳州府,第 1856 页。
⑤　徐燉:《海澄书事寄曹能始》,邓来祚等:乾隆《海澄县志》卷二十,艺文,第 6 页。
⑥　梁兆阳修,蔡国桢、张燮等纂:崇祯《海澄县志》卷一,舆地志,第 318 页。
⑦　黄衷:《海语》卷下,蛇异,第 9 页。
⑧　邓来祚等:乾隆《海澄县志》卷一五,风土,第 2 页。
⑨　陈洪谟修、周瑛纂:正德《漳州府志》卷七,山川志,第 383 页。
⑩　何乔远:《闽书》卷六十四,文莅志,漳州府,第 1856-1857 页。
⑪　何乔远:《闽书》卷六十四,文莅志,漳州府,第 1857 页。
⑫　何乔远:《闽书》卷六十四,文莅志,漳州府,第 1865 页。
⑬　邓来祚等:乾隆《海澄县志》卷一,建置,第 1 页。

以上史料表明:漳潮人的对外贸易相当兴盛。他们亦商亦盗,往往引起了各地的治安问题,导致各地民众的不满。但从海商发展的历史来看,亦商亦盗几乎是世界各国海商发展的必经阶段,早期欧洲诸国经营对外贸易,也是亦商亦盗,他们不论到世界的任何角落,都给该地带来海盗问题。不过,随着商业的发展,有头脑的海盗会更重视商业机会,从而逐渐转向以商业活动为主。

四、葡萄牙人地图上的"Chincheo"

明武宗正德十三年(1518 年),马喀兰夏(JórgeMascarenhas)率葡萄牙船队从广东的上川岛北上,他们的目标是中国东南的琉球。然而这支船队抵达福建沿海的"Chincheo"之后,在那里进行了极为有利的走私贸易,然后返回广东与主舰队汇合。① 从此,"Chincheo"之名经常出现在葡萄牙人的文献中。直到嘉靖二十八年(1548 年)漳州走马溪事件发生,葡萄牙人离开"Chincheo",将其经营的重点转向澳门,葡萄牙人在"Chincheo"的活动时间前后达 30 年之久。"Chincheo"在中西贸易中的地位由此可见。日本学者小叶田淳在《明代漳泉人の海外通商発展》中指出,当时在闽南一带定居的葡萄牙人达 500 人之多,这些观点在国际上产生较大影响。②

对于"Chincheo"的方位,一般认为它是福建南部沿海的一个港口,葡萄牙人的地图将其画在厦门岛之西、九龙江之北,早期研究者一度猜测它是泉州,何高济等人翻译的伯来拉、克路士等人所著《南明行纪》即是如此。持谨慎态度的张增信研究葡萄牙人古图与部分中国资料后认为:葡萄牙人在漳州的贸易港口有:"厦门湾内的浯屿,烈屿,古浪屿和走马溪,梅岭一带"。③ 张增信所提到的厦门湾内港口,或属于泉州,或属于漳州。其后,金国平通过对葡萄牙古文献的研究,坐实了Chincheo 即为漳州之译名。④ 台湾学者翁佳音亦认为,"Chincheo"应为漳州之地。⑤ 金国平及翁佳音的观点,使学界对"Chincheo"的认识逐渐清晰起来。

---

① 伯来拉、克路士等:《南明行纪》,何高济等译,北京:中国工人出版社,2000 年,第 5 页。
② 小叶田淳:《明代漳泉人の海外通商発展》,台北:野山书房,1942 年。
③ 张增信:《十六世纪前期葡萄牙人在中国沿海的贸易据点》,中国海洋发展史论文集编辑委员会编:《中国海洋发展史论文集》第 2 辑,台北:中研院三民主义研究所,1986 年,第 94 页。
④ 平托(F. M. Pinto):《远游记》,金国平译,澳门:澳门基金会,1999 年。
⑤ 翁佳音:《十七世纪的福佬海商》,汤熙勇主编:《中国海洋发展史论文集》第 7 辑,上册,台北:中研院中山人文社会科学研究所,1999 年;亦参见翁佳音:《荷兰时代——台湾史的连续性问题》,台北:稻乡出版社,2008 年,第 153 页。

图8-2　澳门旅游娱乐有限公司藏埃布尔拉汗·奥地利斯(Abraham Orteli-us)据葡萄牙人的材料绘制的"东亚及东南亚地图"局部,此图约绘于1570—1584年之间。"Chincheo"位于九龙江口。本图转引自中国第一历史档案馆、澳门一国两制研究中心合编:《澳门历史地图精选》,北京:华文出版社,2000年,第12页。

　　对于"Chincheo"的研究,厦门大学的学者有地利之便。自从傅衣凌先生于1947年著《明代福建海商》一文以来,①明代漳州月港的对外贸易就引起了大家的兴趣。福建省历史学会厦门分会曾组织以月港为主题的学术讨论会,后有1983年的《月港研究论文集》问世。1987年林仁川教授的《明末清初的私人海上贸易》出版,②月港的走私贸易是该书的一个热点。其后,廖大珂、李金明、徐晓望等都

---

① 　傅衣凌:《明代福建海商》,《明清时代商人及商业资本》,北京:中华书局,2007年,第108页。
② 　林仁川:《明末清初的私人海上贸易》,第147页。

对漳州商人及葡萄牙人关系展开研究。① 杨国桢教授在2004年发表了《葡萄牙人ChinCheo贸易居留地探寻》一文,②对明代厦门湾对外贸易诸岛进行了考证,纠正了人们常将浯屿混同于浯洲(金门)之类的错误,对于葡萄牙人抵达的Chin-Cheo,杨教授指出Chineheo不可能是漳州,而应是漳州的对外贸易口岸,当然最有可能是月港。

　　海沧是与月港伴生的城市,在经济上是一体的,明代中叶,人们常将海沧和月港并称。前述史料表明,当年海沧与月港齐名,同为对外走私贸易的重要港口。在正德《漳州府志》上,海沧被称为镇,而月港是一个市,二者功能是不同的。海沧是漳州沿海民众北上的一个重要港口,官府派兵驻扎,所以,海沧成为一个镇。月港扮演角色的是纯粹的市场。它历来是漳州东部贸易的一个中心,是漳州通向沿海卫所镇海的必经之地。月港和海沧构成漳州东部的十字路口,是漳州东部的商业中心。至于漳州民间的对外贸易港口,因港口的演变,一直从外围向内迁徙。最早是海门,而后是海沧,再后是月港,月港之后是石码。明代中叶,漳州的对外贸易港口,正从海沧转向月港。海沧更接近海外航道,它的对外贸易更早兴盛,因而受到官府的注意,很早就设立了镇。而月港在海沧的内侧,只要海沧守住了,月港就没有问题了。所以,早期的月港是民间市镇,无人管辖,这是走私贸易渐渐集中于月港的原因。葡萄牙人于正德年间抵达漳州,那时的漳州人将葡萄牙人当作很好的贸易对象,便让葡萄牙人深入内港,在海沧与月港一带贸易。因此,葡萄牙人所说的Chineheo,一定是海沧和月港,不会是漳州城。因为,按照当时的制度,葡萄牙人要进入防守严密的漳州城是不可能的。他们只能在海沧和月港活动。海沧今为厦门市的一个区,在历史上,它最早是漳州龙溪县的三都,与海澄县隔海相望。明末海澄县成立后,海沧划归海澄,共和国时期,海沧又划归厦门市。明代此地人多地少,明代梁兆阳《三都建义仓记》记载:"三都者,厥壤下错,祈年少稔。惟是浙米广粟,航海而至,则三时无虞。又惟是东西洋贩仰事俯给,故地虽斥卤,民有固志"。③ 可见,这是一个依靠对外贸易的市镇。不过,因明代后期漳州外贸主要集中于月港,人们往往忽略了海沧的重要性。海沧位于九龙江的北岸,又是

① 廖大珂:《早期葡萄牙人在福建的通商与冲突》,《东南学术》(福州),2000年第4期;李金明:《明朝中叶漳州月港的兴起与福建的海外移民》,汤熙勇主编:《中国海洋发展史论文集》第10辑,台北:中研院中山人文社会科学研究所,第65—100页;徐晓望:《明代漳州商人与中琉贸易》,《海交史研究》(泉州),1998年2期。

② 杨国桢:《葡萄牙人ChinCheo贸易居留地探寻》,《中国社会经济史研究》(厦门),2004年第1期。

③ 梁兆阳:《三都建义仓记》,邓来祚等:乾隆《海澄县志》卷二一,艺文志,第16页。

重要海港,由此可知,葡萄牙人绘于地图上的 Chineheo,应当是和月港齐名的海沧。该镇位于月港北岸,在明朝尚未设置安边馆之前,它是主要对外贸易港口之一。葡萄牙人最早抵达的 Chineheo,应当就是海沧。① 就葡萄牙人的记载看,葡萄牙人驻扎的 Chincheo 设有葡萄牙商馆,此地离府城较远,漳州官员可以放心地让他们住这里,发生一些事情不会对府城造成危害。"地方官员为了自己的私利,对这些长期居留的外国人视而不见,这些人有的拥有自己的船只。"②

可见,明代中叶,漳州的海沧和月港已经是东亚著名的港口,这里不仅有出外贸易的漳州商人,也有来自东南亚港口的外籍商人。葡萄牙人也曾踏足漳州的海港。

第三节　明代广州港周边的私人海上贸易

广州是中国南海周边最大的港口,汉唐以来,一直有海外番商前来贸易。唐代,朝廷在广州设立市舶司,并设置市舶使管理。迄至南宋元代,泉州港崛起,中国外贸中心转到福建的泉州港。明代初年,郑和七下西洋是以福建为根据地,广州市舶司的活动似不如福建。然而,郑和航海结束后,中国对外贸易的中心逐渐转到广州,这一变化是怎么发生的? 发生变化的原因是什么?

一、明中叶广东市舶司的崛起

尽管当代的广东是大陆经济最发达的区域,但在清朝以前,广东长期是中国较落后的省份。宋朝统一岭南之初,得二广(含广东与广西)户口为:170263 户。两广地域辽阔,而其总户口不到 20 万! 可见,宋初的广东是中国人口最稀少的区域之一;宋朝以后,广东人口缓慢增长,南宋绍兴年间,广南东路户口为:513711户、784774 口;元代广东为 443906 户、775638 人,其户口总数尚不足 100 万;迄至明洪武二十六年,广东省总人口也只有 675599 户、3007932 人,每年田赋约 305 万石稻麦。③ 其开发程度远远落后于相邻的闽赣等省。

明代初年的广东诸府,以广州府最发达,潮州府、琼州府次之。广州府 10 余

---

① 徐晓望:《海沧和月港——葡萄牙人地图上的"Chincheo"》原刊于姚金明、郝雨凡主编:《罗明坚中国地图集学术研讨会论文集》,澳门文化局 2014 年。

② [瑞典]龙思泰:《早期澳门史》,吴义雄等译,第 7 页。

③ [清]阮元修,陈昌齐刘彬华纂:道光《广东通志》卷九十,舆地略八,户口,第 1753 页。

县共有 210995 户,608450 口①,约占广东户数的三分之一,口数的五分之一。当时广州的人口多分布于农村,广州城市人口据说只有 27500 人。② 不过,广州历来是中国对外贸易的主要口岸,只要形势稳定,就会有海外番商前来贸易。《广东通志》记载:

明洪武初通使诸番,定例三年一贡。世见来王,许以互市,立市舶提举司以主之。旧制应入贡番邦,先给与符簿,凡使至,三司与合符验视表文方物,无伪乃津送入京。若国王、王妃、陪臣等附至,货物抽其十分之五,其余官给之直。暹逻、爪哇二国免抽。其番商私赍货物入为易市者,舟至水次悉封籍之,抽其十二,乃听贸易。③

明朝会给经常进来进贡的国家颁给勘合簿:

凡勘合号簿,洪武十六年始给暹罗国。以后渐入诸国。每国勘合二百道号,簿四扇,如暹罗国暹字号勘合一百道,及暹字号底簿各一扇,俱送内府。罗字勘合一百道及暹字号簿一扇,发本国收填。罗字号簿一扇,发广东布政司收。比余国亦如之。每改元则更造换给。④

据《礼部志稿》一书,明代得到勘合的国家有:"暹罗、日本、占城、爪哇、满剌加、真腊、苏禄国东王、苏禄国峒王、柯枝、浡泥、锡兰王、古里、苏门答剌、木麻剌。"⑤共 14 个。其中地理位置靠近广东的有:暹罗、占城、爪哇、满剌加、真腊、柯枝、锡兰、古里、苏门答剌等 9 个,地理位置靠近福建的有:苏禄国东王、苏禄国峒王、浡泥、木麻剌等 4 个,地理位置靠近宁波的有日本。然而,明初海外诸国虽然得到准许到中国进贡的堪合,并非就近到相应的中国港口贸易。以暹罗来说,按就近原则,它应到广州口岸进贡。但在明洪武、永乐年间,它经常跑到宁波港进贡,明朝对此睁一只眼,闭一只眼,并不太计较。当然,直接到福建和广东进贡的国家会多一些。洪武二十六年明朝规定:"凡进苏木、胡椒、香蜡、药材等物万数以上者,船至福建、广东等处,所在布政司随即会同都司按察司官检视物货。"⑥可见,当时广东和福建都是南洋商品主要进口港。

明初到中国进贡的一些使者是由下西洋舰队带来的。虽说郑和七下西洋,他

---

① [清]郝玉麟等:乾隆《广东通志》卷十九,贡赋志,第 2 页。
② 中国对外友协广州分会编:《广州》,中国对外友协广州分会 1959 年。转引自黄启臣:《黄启臣文集——明清经济及中外关系》香港天马有限公司 2003 年,第 79 页。
③ 郝玉麟等:乾隆《广东通志》卷五八,外番志,第 7 页。
④ 俞汝楫编:《礼部志稿》卷三六,第 10 页。
⑤ 俞汝楫编:《礼部志稿》卷三六,第 10 页。
⑥ 俞汝楫编:《礼部志稿》卷三六,第 8 页。

的舰队主力都是从福建五虎门出发,可是,他们回归时,往往是直航长江口的太仓刘家港。例如,永乐九年(1411 年)六月戊午,"上以官军从郑和自番国还者,远涉艰苦,且有劳效,遣内官赵惟善、礼部郎中李至刚宴劳于太仓。己巳,赏官军使番还国者人钞十锭,凡二十万锭。"①从皇帝派人到太仓抚慰下西洋军人来看,当时的下西洋舰队回归后,停泊在太仓。又如宣德八年下西洋船队抵达占城之后,一直向长江口航行。据《前闻记》一书记载:"六月一日开舡,三日到外罗山,九日见南澳山,十日晚望见望郎回山,六月十四日到崎头洋,十五日到碗碟屿,二十日过大小赤,二十一日进太仓。"②其中南澳山位于闽粤交界处,过了南澳山,下西洋船队仅用 11 天就进入太仓港,可谓归心似箭。由于他们带来进贡的使臣,当然是直接到南京了。总之,郑和下西洋打乱了明朝原有的朝贡布局,原来到广东、福建进贡的一些国家,有时直接被郑和、王景弘带到南京了。

二、明代前期东南三省市舶司的起落

明代初年建立了三大市舶司,其中浙江市舶司位于宁波,福建市舶司位于泉州,广东市舶司位于广州。三大市舶司各有利弊。浙江市舶司的优点是离南京较近,福建市舶司的优点是福建人有航海传统,宋元之际的泉州市舶司名闻天下。广州的特点则是距离"西洋"国家较近,西洋诸国前来进贡,最先抵达广州。明代前期,三大市舶司起落不常,最后以广州市舶司最为兴旺。

郑和航海被称为"郑和下西洋",那么,它去不去位于东洋的国家?学者不太关注这个问题,其实,这是有故事的。"郑和下西洋"的提法都表明郑和的主要目的港是分布于西洋的那些国家和港口。那么,当时的东洋国家由谁负责呢?主要是由福建市舶司管辖。明初福建市舶司设于泉州,泉州港在宋元时期对外联系广泛。早在洪武年间,由福建市舶司出发的使者,就到了东洋诸国,劝说日本、琉球、浡泥、麻剌等国家进贡。永乐年间,从福建出发的使者径到东洋诸国。相关部分已经在第二章叙述。很奇怪的是,前来进贡的东洋三个国王:如浡泥国王麻那惹加那死于南京,麻剌国王干剌义亦奔敦死于福建,后来葬在福州;"苏禄国东王巴都葛叭答剌归次德州病卒"。这都打击了福建与东南诸国的关系。永乐后期,东洋诸国前来进贡的就很少了。不过,福建与东洋国家的关系建立后,福建民间船舶常到东洋诸国贸易。

由于历史的原因,明初最受重视的是福建市舶司。官方文件提到三个市舶

---

① 《明太宗实录》卷七七,永乐九年六月戊午。

② 祝允明:《前闻记·下西洋》,巩珍:《西洋番国志》附录,向达校注本,第 57 页。

司,经常将福建市舶司排在第一位。例如,"永乐三年九月甲午,上以海外诸番朝贡之使益多,命于福建、浙江、广东市舶提举司各设以馆之。福建曰来远,浙江曰安远,广东曰怀远。各置驿丞一员。"①注意以上排列,福建居第一位,浙江第二位,广东仅位于第三位。这与宋元以来福建长期位于对外贸易第一位的位置相适应。洪武年间,许多国家进贡是从福建登陆。明初朝廷派往日本的使者杨载,是从福建出发的。因此,洪武八年二月癸巳,朝廷让边疆各省祭祀海外诸国山神,"福建则宜附祭日本、琉球、渤泥(即浡泥)"。② 这说明日本早期进贡是到福建市舶司的。除了日本之外,东南亚许多国家的进贡都是在泉州登陆。但从明朝三个市舶司的地理位置来看,宁波市舶司的优势在于:离明朝首都南京较近,广州的优势在于:离东南亚国家较近。福建夹于浙江、广东之间,都不占优势。渐渐地,许多国家改到宁波或是广州进贡。明代早期三个市舶司的分工不是太严格。各国来进贡,要看季风的强度和方向,贡船到了哪个市舶司,就在哪里贸易。高宇泰的《敬止录》引用了永乐《鄞县志》,而此书中有明初宁波贡市商品,分为日本、暹罗两大类。这证明了明初日本、暹罗这两个较大的国家都在宁波进贡。暹罗进贡的商品有36种。③ 永乐四年三月甲寅,"命浙江、福建、广东市舶提举司,凡外国朝贡使臣往来皆宴劳之。"④此处浙江已经排在福建之前了。

在三大口岸中,广东的地理位置最好,从西洋前来进贡的国家,多选择广州口岸。例如满剌加国,郑和于永乐七年到其国家,封赐国王,九年回程,还路过满剌加,于六月抵达南京。满剌加国王在郑和离开之后发船,于七月抵达广州。广州驿将此事上报,永乐帝派出使者前去迎接。其他能够独立进贡的国家,如真腊等国,大都选择从广东登陆。又如爪哇国。宣德四年五月壬戌,"爪哇国使臣亚烈麻抹等将还国,诉于行在礼部云:来时舟为海风所坏,乞令广东都司布政司造舟与归。"⑤宣德四年秋七月乙丑,"赐其国王及妃,命行在礼部遣人护送赴广东,就赐海船二艘,以便其往来。"⑥正统五年八月己卯,"爪哇国通事八致昭阳等,回国遇飓风,船毁。头目曾奇等五十六人溺死。惟昭阳等八十三人仍留广东。命市舶提举司与廪给口粮抚养住坐,候有本国便船附之以归。"⑦可见,爪哇国的进贡选择

---

① 《明太宗实录》卷四六,永乐三年九月甲午。

② 《明太祖实录》卷九九,洪武八年二月癸巳。

③ 万明:《明初贡市新证——以<敬止录>引<皇明永乐志>佚文外国物品清单为中心》,氏著《明代中外关系论稿》,第221页。

④ 《明太宗实录》卷五二,永乐四年三月甲寅。

⑤ 《明宣宗实录》卷五四,宣德四年五月壬戌。

⑥ 《明宣宗实录》卷五六,宣德四年秋七月乙丑。

⑦ 《明英宗实录》卷七十,正统五年八月己卯。

了广东的港口。

宣德年间,广东的位置明显移前。例如,宣德五年六月庚午朔,"上谕行在礼部臣曰:闻西南诸番进贡,海舟初到有司封识,遣人入奏,俟有命,然后开封起运。使人留彼,动经数月。供给皆出于民,所费多矣。其令广东、福建、浙江三司,今后番舡至,有司遣人驰奏,不必待报三司官,即同市舶司称盘,明注文籍,遣官同使人运送至京。庶省民间供馈。"①这条史料中,广东市舶司已经排在福建、浙江之前了。

至于西洋诸国进贡,经过永乐初年较混乱的阶段之后,多数选择广州港。据《礼部志稿》第三十五卷的记载,真腊、暹罗、占城、满刺加等四国的贡道"由广东"。正统元年,明朝廷派船送满刺加国王回国,"今已敕广东都司布政司厚具廪饩,驾八大橹船送王还国。并遣古里真腊等十一国使臣附载同回。"②正统十一年秋七月己巳,占城国王派人进贡,明朝要求占城国使者进贡,"自今宜每三年一次,遣使臣来贡,务令使臣于广东市舶提举司河下或琼州府海口港次湾泊,庶官司开闸接取便当,亦免盗贼侵扰之患。"③又如满刺加国,"筵宴二次。使臣回至广东布政司管待一次,永乐间使臣回经过府州管待。正统间济宁、江西布政司、广东布政司管待。"④可见,满刺加国使者从北京回国,其间路过山东济宁、江西,最后由广东布政司接待。

总的来说,永乐年间明朝建立了"四方来朝"的朝贡体系,但这些远方来贡的国家,位于东洋的较少,位于西洋的较多。其时,明朝开放的港口主要有三个,西洋贸易分摊给广州港,东洋贸易分为两个部分,一部分由宁波港承担,如日本进贡和时来时不来的暹罗;另一部分由泉州港承担,如琉球、苏禄等。其时,日本被限制十年一贡,而苏禄等国在永乐之后基本不来进贡,所以,正统以后朝贡贸易真正兴盛的地区是广州港。另外要注意的是,明初设置市舶司的三个港口之间,没有固定的分工,外来的贡船,不论到哪里,都会得到接待。以琉球来说,后人回忆:宣德七年四月,"行在礼部言,永乐年间琉球舡至,或泊福建,或宁波,或瑞安,今其国贡使之舟,允三二泊福建,一泊瑞安,询之盖因风势使然,非有意也。"⑤如其所言,琉球进贡船的目标虽然是泉州,但该船漂到浙江瑞安,也会得到接待。看来,明朝三个市舶司比较严格的分工,应是在宣德以后。因广州面对的西洋国家较多,广

① 《明宣宗实录》卷六七,宣德五年六月庚午。
② 俞汝楫编:《礼部志稿》卷四,圣训,第13页。
③ 《明英宗实录》卷一四三,正统十一年秋七月己巳。
④ 俞汝楫编:《礼部志稿》卷三九,精膳司职掌,第14页。
⑤ 《明宣宗实录》卷八九,宣德七年四月甲寅。

州港在三大市舶司中较为繁荣。

由于广东日益重要,修路提到议事课程上来。永乐三年六月癸酉,"广东保昌县言:梅岭南通交广,北出江西,实为要路。旧有桥三处,年久圮坏,兹欲重修,工费浩繁,乞令江西南安府同修。从之。"①按,梅岭联通广东与江西,是珠江流域通向赣江流域最重要的通道,广东方面倡修此路是可以理解的。同时,以上这条史料也反映了当时广东财政的窘境,不过修三座桥而已,保昌县财政无力承担,想请江西的南安府同修,而南安府也就答应了。当时的江西是有名的富省,觉得"扶贫"无可推辞吧!

广东官府对怎样运输进贡物品也有了安排。永乐四年六月丙子,"广东布政司奏:每岁海外番夷入贡方物,水路以舟楫运载,惟南雄至南安限隔梅岭,舟楫不通。自今请用民力接用。上曰:为君务养民,今番贡无定期,而农民少暇日。假令是春至秋,番夷入贡,如值农务之时,其方物并于南雄收贮。俟十一月农隙,却令运赴南安。著为令。"②永乐九年六月戊午,著名文学家解缙提议:"请用数万人凿赣江以便往来"。③ 但遭到永乐皇帝的批驳。

宣德九年八月丁丑,"广东市舶提举司奏:怀远驿乃永乐初所置,以馆海外番国贡使。今厅堂门庑颓坏,使臣往来,皆无所寓。命军卫有司协同缮治。"④这条史料表明,广东还是重视驿馆建设的。

明英宗之后,郑和下西洋行动停止,能够自行前来进贡的国家越来越少。宁波港接待的日本;福建市舶司接待的是琉球、吕宋二国。琉球"二年一贡,每船百人,多不过百五十人,贡道由福建闽县。"⑤吕宋国,洪武五年与琐里诸国同贡方物。永乐三年,遣使朝贡。万历四年助讨逋贼有功,来贡。贡道由福建。⑥ 晚明吕宋国真实的面目是西班牙殖民者,他们是在明代后期抵达吕宋,偶尔冒充吕宋进贡。所以,常到福建市舶司进贡的只有琉球一国。广东市舶司可接待的国家尚有暹罗、爪哇、占城、满剌加等。真腊的贡船因遭到占城的骚扰,曾停顿很长一段时期,一直到明后期才恢复进贡。除了真腊外,在广东布政使司接待的回国贵宾还有:占城、爪哇、暹罗、锡兰山、苏门答剌等五国,共六个国家。⑦

---

① 《明太宗实录》卷四三,永乐三年六月癸酉。
② 《明太宗实录》卷五五,永乐四年六月丙子。
③ 《明太宗实录》卷一一六,永乐九年六月戊午。
④ 《明宣宗实录》卷一一二,宣德九年八月丁丑。
⑤ 俞汝楫编:《礼部志稿》卷三五,主客司职掌,第6页。
⑥ 俞汝楫编:《礼部志稿》卷三五,主客司职掌,第21页。
⑦ 俞汝楫编:《礼部志稿》卷三九,精膳司职掌,第14页。

明代中叶,日本进贡次数较少。正统元年八月甲申,"浙江右布政使石执中等言,近年日本诸国来贡者少,其市舶提举司官吏人等冗旷,乞裁减三之二。从之。"①明中叶,三大市舶司的分工较明确。"凡外夷贡者,我朝皆设市舶司以领之。在广东者专为占城、暹罗诸番而设。在福建者专为琉球而设,在浙江者专为日本而设。"②嘉靖年间唐顺之说:"在广东者,则西洋番船之辏,许其交易而抽分之。若福建既不通贡,又不通舶,而国初设立市舶之意,漫不可考矣。"按,嘉靖时期,东洋的琉球仍然向明朝进贡,唐顺之疏于考证,可能不知其事。不过,明代中叶的福建市舶司不如广东市舶司兴盛,则是肯定的。嘉靖时期官员黄元恭说:"中国繁华之盛,四裔慕之。……广中岁通市舶,百姓安堵,足明征矣。"③总之,明代中叶中国对外贸易中心已经转到广州了。

三、明代前期广州口岸的私商贸易与官府政策

明代前期的广州是东南亚国家进贡明朝的主要口岸。明代前期,朝廷实行厚往薄来的政策,为的是吸引更多的国家前来进贡。所以,每次朝贡,明朝开销巨大。随着朝贡贸易的支出越来越大,明朝不堪重负。各地市舶司开始对朝贡来客斤斤计较,限定来贡次数和来船数量,是最为普遍的做法,甚至限制进贡商品数量,以免朝廷回赐太多。如果贡船带来超出明朝需要的贡品怎么办?明朝允许贡船多出来的商品出售于市场。"其来也,许带番物,官设牙行,与民贸易,谓之互市。是有贡船,即有互市,非入贡,即不许其互市,明矣。西番、琉球,从来未尝寇边,其通贡有不待言者。"④

然而,由官府控制的牙行贸易,其价格未必让进贡者满意,于是,有些南洋来的贡船便在广东沿海一带进行私人贸易,将未能销售的商品带到广州南面的珠江出海口岛屿出售给私商。"广东市舶司太监牛荣与家人蒋义山等探听暹罗、占城等海船番货到岸,私下收买苏木、胡椒并乳香、白蜡等货,装至南京,匿税,致被盘出问罪。"其贩卖数量惊人:"贵州司追问犯人蒋义山等浙江司追问犯人黄麒等:违禁私贩番货,例该入官苏木共三十九万九千五百八十九斤,胡椒一万一千七百四十五斤,可值银三万余两。"⑤成化元年,"爪哇国遣使臣梁文宣入贡方物,舶至广东广海卫,有段镇者常泛海为奸利,识文宣,因诱出其附余货物,干没之,且导其泊

---

① 《明英宗实录》卷二一,正统元年八月甲申。
② 郑若曾、胡宗宪:《筹海图编》卷十二,开互市,第852页。
③ 郑若曾、胡宗宪:《筹海图编》卷十二,开互市,第850页。
④ 郑若曾、胡宗宪:《筹海图编》卷十二,开互市,第852页。
⑤ 林俊:《见素集》卷六,正违禁番货夤缘给主疏,第5页。

潮州港。指挥周岳受委封盘，又私留其玳瑁百余斤。巡按御史以闻。命追问岳，以镇为奸利日久，发充大同威远卫军。"①《大明会典》卷第一七五卷·刑部·罪名三："如今广东近海的百姓，内有等不畏公法，专一为非，将带违禁物货，私自下海，潜往外国买卖。那沿海卫所巡守官军，不行用心，设法巡拿，以致诱贼，不时出没，劫掠良民。该府便出榜文，着沿海卫所，今后不问军民，但私自下海的人，问他往何外国买卖，通透消息，若拿有实迹可验的，就全家解来，赏原拿人大银两个，钞一百锭。若把守官军不肯用心巡拿，与犯人同罪。有能首告，一体给赏。"又如："国初仁声，极天渐被，修贡来庭，犹为慕义；迩来番舶，以利煦驱，在我帛分，固为琐尾，维广多事，迎备鼛鼓，狡虏频来，恐生不轨。济以奸民，秉心蝮虿，东家掠男，西家诱女，父母悲号，怨声凄楚。"②如其所说，其时有一些番船在广州沿海抢劫，引起了民间的怨恨。香山一带一向有海盗活动。永乐初年的香山"海寇常劫掠民妇女赀货，出没倏忽，不可踪迹。民苦之。公为方略教民掩捕，讫公去，寇无入境者。"③景泰年间"广东地方，内则海寇，有腹心之患。"④广东"南海上群寇，华夷毕集，袭珠、摘商货，间则采海为生，甚猛悍。"⑤

弘治四年，朝廷讨论广东蕃舶问题。礼部的意见是："据本部所见，则自弘治元年以来，番舶自广东入贡者，惟占城、暹罗各一次。意者私舶以禁驰而转多，番舶以禁严而不至。今欲揭榜禁约，无乃益阻向化之心，而反资私舶之利。"⑥可见，当时南洋国家流行的方式是直接到广州沿海贸易，反而不向明朝进贡。这让官府十分愤怒。为了与民间竞争，官府开始招揽番舶前来贸易。弘治六年三月，"广东沿海地方多私通番舶，络绎不绝，不待比号，先行货卖。意者私舶以禁弛而转多，番舶以禁严而不至。今欲榜禁约，无乃益沮向化之心，而反资私舶之利，今后番舶至广，审无违碍，即以礼馆待，速与闻奏。如有违碍即阻回，而治交通者罪。送迎有节，则诸番咸有所劝，而偕来私舶，复有所惩，而不敢至。柔远之道于是乎在。从之。"⑦这条政策实行后，广东沿海番船贸易兴盛。李龙潜认为："明初一百多年来，广东沿海的民间对外贸易活动一直没有停止过。"⑧

---

① 《明宪宗实录》卷一九，成化元年七月戊申，第2页。
② 戴璟、张岳等纂修：嘉靖《广东通志初稿》卷三五，外夷志，第579页。
③ 杨士奇：《东里集》卷十五，明撰墓表香山县丞彭公墓表，第2页。
④ 于谦：《忠肃集》卷三，南征类，文渊阁四库全书本，第80页。
⑤ 陈全之：《蓬窗日录》卷一，第43页。
⑥ 俞汝楫编：《礼部志稿》卷九十，朝贡备考，第31页。
⑦ 《明孝宗实录》卷七三，弘治六年三月丁丑，第3页。
⑧ 李龙潜：《明代广东对外贸易及其对社会经济的影响》(1982年原作)，李龙潜：《明清广东社会经济研究》上海古籍出版社2006年，第180页。

正德年间,广东官府开始对外来番船征税。《天下郡国利病书》记载,"布政司案,查得正统年间,以迄宏治,节年俱无抽分。为正德四年后,镇巡等官都御史陈金等题,要将暹罗、满剌加国、年结阐国夷船等物,俱以十分抽三,该部将贵细解京,粗重变卖,留备军饷。"①这一政策引得海外番船纷纷来广。

对于番船的征税,广东各个主管部门发生争议。"正德四年三月,暹罗国船有为风飘泊至广东境者。镇巡官会议税其货以备军需。市舶司太监熊宣计得预其事以要利乃奏请于上。礼部议阻之,诏以宣妄揽事权,令回南京管事。以内官监太监毕真代之。"②按,按照明代官府惯例,广东市舶太监主管各国贡船,暹罗商船因风飘到广东,是否对其征税,本不是市舶太监所管的事,然而,贪利的太监熊宣想将这事也纳入自己管理,所以为此事上奏。结果碰了个钉子。然而,宦官并不罢休。此时的宦官在中枢有大太监刘瑾为其靠山。继熊宣上任的广东市舶太监毕真与刘瑾关系较好,他继续上奏。正德五年七月壬午。"广东市舶司太监毕真奏:旧例泛海诸船俱市舶司专理,迩者许镇巡及三司官兼管。乞如旧便。礼部议市舶职司进贡方物,其泛海客商及风泊番船非敕书非载,例不当预。奏入,诏如熊宣旧例行。宣先任市舶太监也,常以不预满剌加等国番船抽分,奏请兼理。为礼部所劾而罢。刘瑾私真,谬以为例云。"③可见,由于毕真与刘瑾关系,宦官主持下的广东市舶司将广东对番船的征税权纳入市舶司管理。

广东对外来番船征税的政策,实际上意味着对外来番船贸易的许可。这违反了明初以来的官府政策。于是,事情又有反复。正德九年"广东布政司参议陈伯献奏:'近许官府抽分,公为贸易,遂使奸民数千,驾造巨舶,私买兵器,纵横海上,勾引诸夷为地方害,宜亟杜绝。'事下礼部议,令抚按等官禁约番船,非贡期而至者,即阻回,不得抽分,以启事端,奸民仍前勾引者,治之。报可。"④以上政策的实行,与前面的命令矛盾。究竟实行什么政策,广东官府有了更多的选择。实际上历任官员的执行都有不同。但在弘治、正德年间,广东总体氛围是宽松的,东南亚各国番船乐于到广东贸易。总之,明代中叶,在沿海的私人海上贸易的推动下,官府的海禁有所放松,许多番船取得到中国贸易的许可。不过,由于官府政策的不确定性,许多番船并不向官府纳税,而是在珠江口的香山一带自行贸易。

正德年间到广东贸易的葡萄牙人看到有不少船只穿梭于满剌加与广州屯门

① 顾炎武:《天下郡国利病书》卷一二〇,武英殿本,第16 – 17 页。余定邦、黄重言等编:《中国古籍中有关新加坡、马来西亚资料汇编》北京,中华书局 2002 年,第132 – 133 页。

② 《明武宗实录》卷之四十八,正德四年三月乙未。

③ 《明武宗实录》卷六五,正德五年七月壬午。

④ 《明武宗实录》卷一一三,正德九年六月丁酉,第 2 页。

海面做生意。1514年(正德九年)1月6日,安德鲁葛沙列斯(Andrew Corsalis)致鲁伦初美德旗公爵(Duke Lorenzo de Medici)书,谓"中国商人,亦涉大海湾,载运麝香、大黄、珍珠、锡、磁器、生丝及各种纺织品……至满刺加贸易。……客岁葡萄牙人有航海至中国者,其国官吏禁止上岸,谓许多外国人入居其国,违背其风俗常例。然诸商人皆得售出其货,获大利而归。"①当时经营这些贸易的中国船只多由漳州人控制,他们受到广州沿海民众的欢迎。嘉靖年间"广东隔海,不五里而近,乡名游鱼洲,其民专驾多橹船只接济番货,每番船一到,则通同濠畔街外省富商搬磁器、丝绵、私钱、火药违禁等物,满载而去,满载而还,追星趁月,习以为常,官兵无敢谁何。比抽分官到,则番舶中之货无几矣。"②这种情况极为混乱。

从方言分布来看,广东沿海多为闽语区。从潮州到惠州、雷州,都有闽语流行。"廉州人作闽语,福宁人作四明语,海上相距不远,风气相关耳。"③这种情况的出现,是因为宋元明时期,来自福建泉州府、漳州府、兴化府的沿海移民纷纷到广东寻找生存机会,最后定居广东沿海。

总的来说,明初虽设三大市舶司,但广州的地理位置明显胜于其他两大市舶司。所以,明初合法的对外贸易渐渐转到广州港。因当时进贡使者多有一些私人贸易,各国到广州进贡,带动当地的私人海上贸易兴起,常有来自各国的商船在这些港口与华商贸易。

第四节 严启盛与粤海的漳州人

严启盛是明代前期在广东沿海活动的海盗商人,他曾在香山县沙尾外洋一带活动。这一带海洋港湾,后来就是澳门。事实上,关于严启盛的研究是从澳门早期史展开的,而其争论的焦点是:最早开发澳门港的是葡萄牙人还是华人? 学术界对此争议很大。

一、研究严启盛相关历史的缘起
在澳门学术界对澳门的开港一直有两种说法,其一认为澳门的开港者是葡萄

---

① 亨利王尔:《古代中国闻见录》第一卷,第180页,原出张星烺《中西交通史料汇编》第一册,第356页。中国硅酸盐学会编:《中国陶瓷史》,北京:文物出版社1982年,第409页。
② 霍与瑕:《上潘大巡广州事宜》,《明经世文编》卷三六八,霍勉斋集,第3976页。
③ 陈全之:《蓬窗日录》卷一,第39页。

牙人,在葡萄牙统治澳门时期,这一说法风靡一时。但澳门民众对这一说法不以为然,澳门当地人传说,最早是福建人到澳门进行贸易,在这里建立了妈阁庙,所以,先有妈阁庙,后有澳门。这是有关澳门开港的第二种说法。1984年,主管澳门妈阁庙的漳泉潮三州理事会请当地的文史界的前辈人物撰写庙宇碑记,其承担者为汪考博与曹思健二位先生,二位先生反复商榷,六易其稿,最后由曹思健先生执笔撰写了《澳门妈祖阁五百年纪念碑记》,在这篇文章中,曹思健先生谈到澳门妈阁庙的起源:"澳门初为渔港,泉漳人莅止戀迁,聚居成落,明成化间创建妈祖阁,与九龙北佛堂门天妃庙、东莞赤湾大庙鼎足,辉映日月。居诸香火滋盛,舳舻密凑,货殖繁增,澳门遂成中西交通枢要"①。此碑现存于澳门妈祖阁正觉禅寺前。此碑刊出后,"明成化间创建妈祖阁"一句引起了相当广泛的争议,许多人肯定这一观点,也有人认为这一观点是错误的。有的人说,妈阁庙实际上是万历年间由广东人建立的,后来被福建人篡夺,所以编造了一番福建人创建妈阁庙的神话②。

我接触澳门史以后,看到了一些福建人开拓澳门的史料,于1997年撰写了《论福建人与澳门妈祖文化的起源》一文,发表在1997年第7期的《学术研究》上,后得澳门《文化杂志》转载。本文关键之点是从《香山县乡土志》中找到一条明代前期福建人到澳门的史料:

天顺二年(1458年)七月,海贼严启盛来犯。先是,启盛坐死,囚漳州府。越狱聚徒,下海为盗,故杀官军。至广东招引蕃舶,驾至邑沙尾外洋。③

沙尾是珠海的古村落,可能是澳门一带最古老的村落,今为珠海市的南屏④,离澳门很近了。⑤ 当明代前期,澳门一带望厦之类的村庄都未出现,也没有澳门,所以,明朝官府提到这一带的海盗船,只好说其在"沙尾外洋"。这条史料表明在明代前期的天顺二年,即有漳州籍海盗严启盛到过香山县的沙尾外洋,毫无疑问,"香山县的沙尾外洋"即是"濠镜澳",或是"十字门"。严启盛不是一个简单的海盗,他曾在广东"招引蕃舶",并将其引至濠镜澳、十字门海域,从而成为澳门真正的开港者!可见,他是澳门历史上第一个值得纪念的人物,没有严启盛引来蕃客贸易,不会有濠镜澳日后的大发展。

本文发表后引起学术界的关注,陈树荣先生对此评论:

---

① 此碑现存于澳门妈祖阁正觉禅寺前。
② 谭世宝:《澳门妈祖阁的历史考古新发现》,《学术研究》,广州,1996年第9期。
③ 无名氏:《香山县乡土志》卷三,兵事录。手抄孤本,北京中国科学院图书馆藏,1988年中山县方志委影印本。
④ 关于沙尾与南屏,请参见:《南方都市报》2009年11月3日,
⑤ 杜臻:《闽粤巡视纪略》卷二,第22页。

《香山县乡土志》为清光绪末年无名氏著作,无著撰人,乃由旧志汇编而成,传世的手抄孤本,藏于北京中国科学院图书馆,1988 年才由中山市方志辨影印出版面世,估计曹、汪二老可能未用过甚至未见过此志书。上述有关严启盛的记述,是罕有的珍贵的澳门史料,为徐晓望教授开发引用并加深入研究论证,是对妈祖文化和澳门妈阁庙创立以及澳门海港的开发研究做出贡献。今后如再发现此类史料,将更为充实此项澳门妈祖文化研究的深入,贡献会更大。上述史料所载的严启盛于明"天顺二年(1458)已招引蕃船,驾至邑沙尾外洋",确是重要的史料。其中的'邑沙尾外洋',就是指古代香山的澳门古地区,外洋是指'沙尾'一带的古老海域。昔人将古澳门(香山岙)一带称为"沙尾"。而"天顺二年"距今已有540 多年,倘若此期间严启盛已开发澳门并创立妈阁庙,妈祖信仰、妈祖文化在澳门的萌生,将可延伸至540 多年前,其意义及影响会更大。①

我的文章也引起了石奕龙教授的评析,在引用有关澳门妈阁庙的起源的几种观点后,他说:"就上述史料而言,笔者以为徐先生的分析有几点是中肯的,其一是严启盛是澳门这个小地方开埠的第一人,其二是澳门的妈阁庙应该是由严启盛及其部下们创建的。但遗憾的是徐先生没有看到《粤大记》关于同一事件的记载,因此在年代问题上有些错误,并因此没有能够把问题阐释得更清楚。例如徐先生认为严启盛是天顺二年来到澳门这个地方的,所以,天顺二年就创建了妈阁庙,然而根据《粤大记》的记载,严启盛是在天顺二年被官府镇压的。于是,这里就出现一个问题,在同一年份的短短时间中,严启盛来到广东,然后很快就被明代官军镇压,那他们又怎么会在岸上建立起妈阁庙"?石教授认为:妈祖阁的建立应是在严启盛来到广东的景泰三年,这样,澳门开埠的历史还可上推到景泰三年,即1452 年②。

学术界同仁的赞弹对我是一鞭策,作为澳门的开港者,严启盛此人也值得进一步研究,他是一个漳州人,为什么会跑到澳门去做"招引蕃船"这类事?他为什么被关进监狱?为什么敌杀官军?这都有必要进行历史学的分析。后来,我撰写了《严启盛与澳门史事考》一文③,运用《香山县乡土志》《明实录》《广东通志》《粤大记》等书的史料,对严启盛的相关史实进行分析,说明严启盛进入广东沿海是景

---

① 陈树荣:《澳门妈祖文化的形成及发展——从妈阁庙石殿神龛'万历乙巳四街重修'碑记谈起》,《妈祖文化研究——第一届妈祖文化研究得奖作品集》,澳门中华妈祖基金会 2005 年,第 46 – 47 页。

② 石奕龙:《澳门妈祖信仰形成问题的辨识》,《文化杂志》中文版第 49 期,澳门特别行政区政府文化局 2003 年,第 180、182 页。

③ 徐晓望:《严启盛与澳门史事考》,澳门文化司署:《文化杂志》2006 年春季号。

泰三年,而进入香山沿海是天顺二年,在此驻扎八个月之久,因而会有天妃香火的引进。其后,张侃于2013年发表了他的论文:《从月港到十字门:明代漳州海商严启盛史事补论》①一文。该文特点是发现了于谦《忠肃集》、叶盛的《叶文庄公奏议》二书中有关官军剿杀严启盛的记载。这使学界对严启盛的研究更为完整了。

如前所述,明代前期虽有海禁,但漳州人仍然下海航行如故,他们追逐利润,逐渐来到广东沿海,出没于珠江海口的香山岛一带。如前所述,漳州人常常成为东南亚国家进贡的使者,因此,他们经常代表东南亚国家进贡。后来,明朝因财政日益紧张,无力支付太多的报酬,所以,明朝廷开始限制前来进贡船只的规模,对他们带来的货物限量采购,这就使代替东南亚诸国前来进贡的漳州人处于很尴尬的位置上。因为,他们若无法出售货物,便会破产。当时东南亚到中国进贡的主要港口是广州,既然在广州无法出售自己的货物,这些漳州人便将船只开到广州外海,与当地商人进行私下贸易。再后,那些并不参与进贡的东南亚船只也到广东沿海,和漳州人进行贸易。这种贸易是非法的,经常受到朝廷军队的驱赶,于是,一些大胆的漳州人便与官军进行捉迷藏的游戏,你来我走,你走我来。有时不可避免地与官军相遇,他们便抽刀反抗,所以,明代初年的广东沿海有不少漳州人的船队,严启盛就是在这一背景下走上了历史舞台。

二、严启盛下海的过程

明代郭棐的《粤大记》记载严启盛的史实:

> 先是,启盛坐死,囚漳州府,越狱,聚徒下海为患,敌杀官军。拘留都指挥王雄;至广东,复杀总督备倭都指挥杜信。②

以上史料表明严启盛在袭杀都指挥杜信之前,还曾经俘虏过另一位都指挥王雄,都指挥王雄是福建方面的官员,《明实录》中有关于王雄被俘的记载:

> 景泰三年九月癸巳,福建漳州府贼首郑孔目等,通番为寇,敌杀官军,掳去署都指挥佥事王雄。③

首先,以上史料记载的时序有些问题,据广东方面的史料记载,俘虏王雄的那一伙海盗(也就是严启盛的海盗队伍),至少在景泰三年四月就已经出现于广东海面,而《明实录》记载这伙海盗在漳州破狱却是在九月,其原因应与明朝的消息传

---

① 张侃:《从月港到十字门:明代漳州海商严启盛史事补论》,《厦大史学》第四辑,厦门大学出版社2013年。

② 郭棐:《粤大记》卷三,事纪类,海岛澄波,第56页。

③ 转引自李国祥等重编:《明实录类纂》福建台湾卷,第488 – 489页。

递制度有关,福建与广东距离北京有数千里之路,官吏在发生事件后又往往隐瞒不报,到了不得不报时,往往误了时间。所以,明朝廷得到消息较迟,他们了解情况后做出处分就更迟了。

其次,以上史料使我们知道严启盛为什么可以从漳州监狱越狱,因为,他们的首脑是"郑孔目",孔目是掌管刑狱的官员,这位郑孔目顶着"通番为寇"的罪名,这足以说明他为什么舍弃官职去当海盗。明朝对"通番"的罪名处理极严,许多通番的人都被处以死刑,所以,郑孔目不得不破釜沉舟,干出劫狱的大事。从其劫狱救出严启盛等人来看,他们之间的关系很深。他应是与严启盛共同犯下了通番的"罪行",所以在严启盛入狱后,他不得不采取极端的手段。否则,严启盛等人被捕,迟早会牵涉到他,所以,他干脆与囚犯们沆瀣一气,攻破漳州监狱,下海为盗。从这一点来看严启盛,他也是一个不简单的人物。明代漳州的通番,也不是人人可以做的,首先,主事者要是当地的豪强,周边的乡党不敢与其对抗,也不敢揭发他;其次,他们要在官府有背景,一旦出了事,可以有人保护。郑孔目应当就是扮演保护者的角色,严启盛下海通商,所得利润分一部分给郑孔目,郑孔目在官府想尽办法给严启盛通消息,并保护他的党羽。不过,到了事情无法掩盖之时,郑孔目就只好以劫狱的方式来救严启盛了。郑孔目与严启盛的关系,就像是《水浒传》中宋江与晁盖的关系。由于郑孔目的地位,所以,在官府的史册上,这伙强盗的头目是郑孔目,实际上,这支海盗队伍的真正头目是严启盛这位"大哥大"。在广东境内官府的记载中,这支海盗队伍的首领一直是严启盛而不是郑孔目。这足以说明郑孔目的地位不如严启盛。

回顾这段历史让人感慨再三,严启盛等人的罪名不过是进行私人海上贸易而已,换一个朝代,进行海上贸易都是合法的,唯独在明代前期,通番是非法的。若明朝允许百姓海外贸易,严启盛等人应是功臣而不是罪人。严启盛下海为盗后,他的一个伙伴被官军俘虏。于谦在《忠肃集》中提到:"又为海贼登岸事会问得:蔡佛保系福建漳州府龙溪县八都人。招称有本都贼严二总即严凯晟积年下番劫掠海道事,发送本府司狱司监候脱逃。纠集原下番贼首郑礼谟与佛保等一百八十余徒,抢得福州地面大海船二只,小船四只,节次劫杀官军人等,及到广东海丰乡村打劫,蒙官军缉捕,各贼奔走上船,将佛保捉获等因。"[1]

此处的"严凯晟"与"严启盛"之名相近,闽人的方言只有十五个声母,"启"的读音和"凯"相近。所以,严凯晟应当就是严启盛。可见,严启盛等人下海之后成为海盗,抢劫海船,与官军为敌。因此,官军四处追踪严启盛。这条史料使我们知

---

[1] 于谦:《忠肃集》卷四,南征类,景泰三年八月初八日,第47页。

道:严启盛往年下海通番经商,经常的合作同伴有180多人。其时漳州人下海通商的情况于此可见。由于他手中有两条大海船及小船四只,因此,他可以组成一支颇具规模的船队。官军遇到他往往失败。

都察院奏,福建备倭署都指挥佥事王雄,追贼至东海黑水洋中,被贼拘执,求免而归。①

黑水洋在澎湖群岛与台湾之间,这里有一条巨大的海流从南向北流行,水色深黑,所以被称为黑水洋。可见,当时严启盛一伙下海后,一直向东行驶,已经接近台湾海面。然而,都指挥王雄竟然也跟踪而来,双方决战不可避免了。由于轻敌与失去地利等有利条件,王雄最终被俘。景泰三年九月的官方文献记载了王雄被俘过程:

敕福建都指挥佥事王雄招抚海洋强贼。初,雄为贼所执,仍复放回,兵部议雄未知何由不被杀害,又得生还,恐怀奸诈,交通贼情,乞移文巡按御史究问。至是镇守等官言,雄轻率先进,贼众军寨,反为所执。贼云,汝是吃菜王都司,姑贳汝死,杖之三十,桎梏三日,而后放回。贼又云:我罪深重,难以复业,今放公回,可言于三司,具奏朝廷,曲赐矜宥,只须分坐一小舟来,我辈皆服。至是以闻,故有是命。②

如上所记,严启盛与福建官军之间,即有交战,又有招抚一事,这也可以在福建史籍中得到验证。《八闽通志》记载福建都指挥使司钱辂:"字廷用,滁之全椒人。初为永宁卫指挥同知,有才略,以荐协辅都指挥王胜总督军务。时海寇严启盛恃险为乱。辂躬率舟师追七日夜,至黑水洋及之。大小十一战,贼败走。"王胜的传记中也有记载此事:"王胜,字子奇,庐州合肥人。正统间为福建都指挥佥事,奉敕提督海道。景泰初,贼首陈宽让聚众千四五百人,寇海上,胜悉招抚复业。未几,贼首严启盛复聚众寇海上,杀掠官军,胜又奉宣朝廷威德谕之,亦皆纳款。事闻,俱有织金文绮之赐。"③

如其所记,当时严启盛还答应了官府的招抚。不过,实际上在景泰三年九月,严启盛等人已经进入广东海域,可知官府对严启盛的招安不会有效果。最后,王雄被处以降职的处分。

由于海盗的活动,当时福建沿海的戒备越来越深严,漳州知府谢骞,"当涂人,景泰间知府事。为政以锄奸恶、翼善良为务。海民通番舶为盗,骞下令随地编甲

---

① 《明英宗实录》卷二三三,景泰四年九月甲子,第3页。
② 《明英宗实录》卷二百二十,景泰三年九月丙辰,第13页。
③ 黄仲昭:弘治《八闽通志》卷三十六,秩官,第777页。

置牌,而设长以统之,复印烙其船,以五六尺为度,听其生理。一时境内盗息民安。"①从谢骞的措施来看,当时漳州一带放松了海禁,允许宽五六尺的海船下海捕鱼,所以,老百姓化盗为商,而且官府加强了保甲制度,这都对严启盛形成压力,看来,严启盛是被迫进入广东活动的。

三、严启盛在广东的活动

严启盛进入广东海域后并非马上就到香山外海驻扎,最初他们是在邻近福建的海丰水面活动,官方文献记载:"及到广东海丰乡村打劫,蒙官军缉捕,各贼奔走上船,将佛保捉获等因。除将蔡佛保问拟斩罪监候招出严凯晟郑礼谟并贼徒一百八十余名。"②其后,严启盛向珠江口发展,而广东官府出动大批官军船只捕捉。景泰间名臣于谦主持兵部,接到报告:"臣又据广东都司呈为走报海贼登岸事行准备倭都指挥佥事杜信等会案。咨称照得本职先往香山新会二处及与副使项忠前在广海选取守城并备倭官军民壮人等共一千五百员名,除小样哨船不算外,操船二十一只,及右参政谢佑调到南海东莞卫所官军民壮人等一千八十余名,除小样哨船不算外操船二十五只,会同指挥使欧信等分投各往外洋大溪山、清水湾、溮州等处缉捕,并无贼船踪迹。"③

但是,这场战斗因备倭指挥佥事王俊的逗留,明军最终失败。于谦说:"贼船在于广海卫该管地方清水湾住经一个月余,其本卫备倭指挥佥事王俊统领千户冯意、百户毛俊、沈祯共一千员名,在彼与贼船对札,不行剿捕,任其劫掠,若罔闻知。先称奋勇包围贼船,后称并无贼船,显是王俊等与贼交通,透漏消息,纵贼开洋,卒难擒捕,以致杀死都指挥杜信。非惟失机误事,抑且重贻边患,合将指挥等官王俊、冯意、毛俊、沈祯挐问,明正典刑,以警将来。"④《粤大记》总结:"景泰三年夏四月,海寇寇掠海丰、新会,备倭都指挥佥事王俊有罪伏诛。时海贼寇海丰、新会,甚猖獗。总兵董兴使都指挥佥事杜信往剿之,被杀。"⑤

《粤大记》对严启盛的记载要比《香山县乡土志》更为详细,这是由于《香山县乡土志》只记载本土的事,对严启盛在外地的活动记载不详,而《粤大记》一书则记载了严启盛在广东的全部活动。以上史料表明:严启盛入粤早期是在海丰的海面活动,然而又驶到千里之外的新会海面,可见,严启盛初到广东,并没有在某地驻

---

① 黄仲昭:弘治《八闽通志》卷三十八,秩官,第808页。
② 于谦:《忠肃集》卷四,南征类,景泰三年,第47页。
③ 于谦:《忠肃集》卷四,南征类,景泰三年,第49－50页。
④ 于谦:《忠肃集》卷四,南征类,景泰三年,第51页。
⑤ 郭棐:《粤大记》卷三二,政事类,海防,第891页。

扎的打算,而是在海上打游击战,他的船队倏忽千里,明军疲于奔命,最后被严启盛抓住机会,一举击毙都指挥佥事杜信。

严启盛在广东仍以海上贸易为主,在杜信被杀之后,广东官军大举出动,"备倭指挥佥事王俊追至清水澳,不及。还全荔枝湾海面,获白船一只,俊取其槟榔、苏木。"①这只白船显然是严启盛船队的,作为官军指挥,王俊本应将其人船俱获,但王俊收其财物,却"纵贼开洋而遁",于是受到朝廷的处分,最后被杀。②此事《忠肃集》的记载较详细:"王俊等统领官军职专备倭,却乃怀奸不忠,交通贼寇,将获到船所载槟榔苏木等物,约有三百余石,竹笼十个,尽行般载回家,止留白船一只,槟榔六篓送官。及至官军到彼要行追捕,反行透漏消息,纵贼开洋,卒难追捕,以致官军失利,将都指挥杜信被贼杀死。与贼寇以相通,陷士将十非命,异时海寇得志未必不由于斯。"③从这所船只所载苏木与槟榔来看,这些都是东南亚向中国出口的传统物资,这表明严启盛在广东沿海也是做海外生意,这个人最终成为海盗,实在是时代的悲剧。

应当说,早期的海上活动者大都是亦商亦盗,如葡萄牙人、西班牙人、荷兰人到东方的贸易也是这样行事,他们在海外能够抢劫时,都是以抢劫为生,只有在不能抢劫时,才进行贸易活动。与他们相比,严启盛似乎更重视贸易。当时并无私人商船贸易于海上,只有东南亚前来广东沿海贸易的船只,从严启盛的行为中可知,他并不是抢劫这些番商,而是与这些番商进行贸易,只有官军前来干涉时,他们才敌杀官军。所以说,他本质上不是海盗,因为当时的海上没有可劫的船,而载有货物的商船,都是可与严启盛做生意的对象,严启盛只有保护他们,不会侵害他们。可惜的是:严启盛与官军的仇根却越结越深,一开始,他们捉到官府的官员还会将其释放,但到了新会水面一战后,严启盛部杀死了官军的重要人物——备倭都指挥佥事杜胜,双方的对立已不可化解。

备倭指挥佥事杜信战死之后,朝廷震动,严启盛感受到来自朝廷的更大压力,《广东通志》记载:"(景泰)三年四月,海贼寇掠海丰、新会,总捕都指挥佥事杜信,与战死之。参政谢佑、副使项忠,遣指挥张通等往剿。贼遂遁去。"④

---

① 郭棐:《粤大记》卷三二,政事类,海防,第891页。
② 关于王俊之事,阮元等人的道光《广东通志》卷一八七前事略七记载:"备倭指挥佥事王俊有罪伏诛。镇守广东左监丞阮能左副总兵董兴使杜信往剿海贼被杀,复遣指挥欧信等分路追之,惟王俊追至清水澳,不获,还至荔枝湾海面,获白船一只,俊取其槟榔、苏木等物,纵贼开洋而遁。为中监锦衣百户许升告发,佑、忠等追得俊赃,阮能等奏闻。俊当斩。有旨,就彼处决号令。于是,诛俊"。
③ 于谦:《忠肃集》卷四,南征类,景泰三年八月初八日,第52页。
④ 阮元等:道光《广东通志》卷一八七,前事略七,第3426页。

可见,严启盛此后的对手是新任备倭指挥张通。从景泰三年开始,严启盛在广东的活动一直持续到天顺二年,其间共有六年。在此期间,张通对严启盛一点办法都没有,由此可知严启盛此人的厉害。不过,严启盛能在广东沿海活动多年,与当时广东的形势有关。在正统与景泰年间,广东发生了黄萧养叛乱,起义的队伍有数万人,一度围困广州城。后来,黄萧养战败被杀,但广东境内仍不平安,"景泰时,新会阳江有贼数万",①他们与海上的严启盛相互呼应,使明军应付为艰。自景泰三年严启盛袭杀杜信之后,官方簿籍上多年不见他的踪影,他应是向西航行到阳江一带,借当地农民军掩护自己,一边进行他的海上贸易。不过,迄至天顺年间,新会、阳江等地起义农民失败,官军开始将海盗作为主要清剿对象,而严启盛与官军的战斗也日益激烈。天顺二年二月,"海寇犯宁川守御千户所"。"宁川守御千户所,在吴川县东南,隶神电卫,洪武二十七年设。官五员,旗军四百五十七名。"②吴川县位于广东西部的高州府,这里邻近越南,是海防要地之一。严启盛能攻克有四百多名士兵防守的宁川千户所,说明他的实力颇为雄厚。他的行动大大震惊了明朝官府,张通受到责备,"巡按广东监察御史吕益奏:副总兵都督同知翁信总督备倭都指挥张通等不严督各卫所守哨,致贼流劫宁川守御千户所,杀虏人财,其哨守地方都指挥佥事林清不行策应,俱宜究治。上曰:翁信等姑记其罪,都察院录状以示,俾急擒贼。林清,令益执鞫之。"③其后,明军将更大的压力施加在严启盛之上。

严启盛的末路。在明朝大军出动之际,严启盛来到香山沿海活动:

"(天顺二年)三月,翁信奏海贼四百余徒犯香山守御千户所,烧毁备边大船。上命张通杀贼赎罪。……十月,海寇平。"④

这条史料表明:严启盛来到香山外海是在天顺二年三月,他率四百余众海盗攻下了香山守御千户所,"香山守御千户所,在香山县城,隶广海卫,洪武二十六年设。官三员,旗军四百二十八名"⑤。严启盛能够攻克设置在县城中的守御千户所,说明他的实力不可小视。其次,严启盛将香山县守御千户所的大船烧掉,很明显是为了控制香山县海域的制海权,剿灭官军的水师,他就可以香山县外海顺利地进行招商贸易了。香山外海就在这时成为海上私人贸易的重要场所,但是,好景不长,到了十月份,严启盛失败于香山沿海。

---

① 阮元等:道光《广东通志》卷一八七,前事略七,第 3426 页。
② 郭棐:《粤大记》卷二七,政事类,第 777 页。
③ 阮元等:道光《广东通志》卷一八七,前事略七,第 3426 – 3427 页。
④ 阮元等:道光《广东通志》卷一八七,前事略七,第 3427 页。
⑤ 郭棐:《粤大记》卷二七,政事类,第 774 页。

关于严启盛的失败,《粤大记》的记载:

"天顺二年(1458 年),海贼严启盛寇香山、东莞等处,巡抚右佥都御史叶盛过平之。先是,启盛坐死,囚漳州府,越狱,聚徒下海为患,敌杀官军。拘留都指挥王雄;至广东,复杀总督备倭都指挥杜信。至是,招引番船,驾至香山沙尾外洋。盛廉其实,会同镇守广东左少监阮能、巡按御史吕益,命官军驾大船冲之,遂生擒启盛,余党悉平。"①叶盛也强调大船的作用:"严启盛寇香山、东莞,我是以有大船之冲。"②此后,广东水师造大船成风,每遇海战,多以大船冲之,广东水师遂为天下劲旅。

"严启盛被擒后,官军纷纷弹冠相庆,天顺二年十二月,海寇平。论功,升备倭都指挥张通按察司佥事,谢巘及官军各赏有差,俱以斩获海贼故也。"③

以上可见,在叶盛的督促下,张通部官军用大船冲击严启盛的小船,终于击败了严启盛。各级官员都获得朝廷的赏赐。严启盛的活动在此画上一个句号。④其后,广东海面的反抗运动渐趋低潮。叶盛《两广军事疏》说:"海贼则无如严启盛……自前年杀获严启盛以来,四远商民,通蕃小人,皆知鉴戒。海中强寇几至绝迹。"⑤

四、严启盛活动的意义

从严启盛的主要活动来看,他原来只是一个豪商,带着下属进行通番的私人海上贸易,不幸被官府发现被捕,只好采取激烈的破狱行动。他到了广东沿海,仍然是以对外贸易为主,为了扫清对外贸易的障碍,他发动了对沿海卫所的两次攻击,曾经攻破宁州千户所与香山千户所。他也曾经大破官军,俘虏一个明军的都指挥佥事,杀死一个都指挥佥事。这都表明他的"海盗"队伍相当能战斗。不过,在经过六年的贸易与战争之后,他终于被官府击败。从严启盛的事迹来看,他应当是一个值得纪念的英雄人物。

严启盛对澳门的最大贡献是将对外贸易带到濠镜澳一带,严启盛在广东沿海招引"番商",最初并非在香山沿海。从当时形势来看,新会与阳江二县境内都有大股农民起义队伍,他在阳江与新会的时间应当更多些。此时的香山,因为有香山县中驻扎的守御千户所,而且这所千户所拥有大船,严启盛在这里的活动很不

① 郭棐:《粤大记》卷三,事纪类,海岛澄波,第 56 页。
② 章潢:《图书编》卷四一,制御山猺,第 5 — 6 页。
③ 郭棐:《粤大记》卷三,事纪类,第 56 页。
④ 徐晓望:《严启盛与澳门史事考》,澳门文化司署:《文化杂志》2006 年春季号。
⑤ 叶盛:《两广军事疏》,《御选明臣奏议》卷三,文渊阁四库全书本,第 23 页。

方便。直到天顺二年,阳江、新会等地的农民军大都失败,严启盛失去他们的掩护,只好另寻根据地,天顺二年二月,他突袭广东西部的宁川千户所,将明军的注意力转向西部,而后,他突然向东航行,攻击香山千户所,烧毁官军的大船,从而控制香山水域达八个月之久。他在这里招引"番商",进行贸易,却不料张通部官军在叶盛的督促下,乘大船突袭严启盛,严启盛失利被俘。不过,严启盛在"香山沙尾外洋"的八个月活动,已使该地成为一个初步繁荣的港口。奠定了澳门兴起的根源。①

从1997年的《论福建人与澳门妈祖文化的起源》到2006年的《严启盛与澳门史事考》,我一直坚持一个观点:天顺二年在香山外海活动的严启盛才是澳门真正的开港者。这里也遇到过一些问题。例如,张侃引用黄佐《广州通志》卷六六"外志"的一段文字:"正统十年(1445年),按察副使章格巡视海道,时流求使臣蔡璇等率数人,以方物贡卖邻国。风漂至香山港,守备尝以海寇,欲戮之以为功。格不可,为之辨奏,还其赀而遣之,番夷颂其德。"②按,黄佐是广州本地人,写过《广州志》和《广东通志》,流传较广的是嘉靖《广东通志》,黄佐的《广州志》似已失传,无缘一见。张侃所用黄佐《广州通志》,似为《广东通志》? 不过,《广东通志》这条史料似来自严从简《殊域周知录》一书。《殊域周知录》记载:正统(成化?)十年,"琉球国陪臣蔡璇等数人以方物贸迁于邻国,漂至广东香山港被获。守备军官当以海寇,欲尽戮之。巡视海道副使章格不可,为之辨奏,还其赀而遣之。国人颂德。"③如果以上两条史料可靠,则说明早在正统十年已经有了"香山港"的说法。这个年代比严启盛抵达香山的时间要早。然而详细考察这两条史料,会知其有年代之误。明朝设海道副使是在明中叶,正统年间应没有"海道副使"之职。查章格的原始资料,他是"景泰辛未柯潜榜"进士。④《姑苏志》载有章格的传记:

> 章格,字韶凤,章珪之次子也。由进士授南京工部主事,升南京刑部郎中。用刑不苛,狱囚怀之。升广东按察副使,巡视海道。时琉球使臣蔡璇等率数十人以方物买邻国,风漂至广之香山港,守臣当以海寇,欲戮之为功。格为之辨奏,还其资而遣之。再升云南按察使。会缅甸诸夷叛服不常,格善于抚绥,莫不畏服。升福建左布政使。入为南京光禄寺卿。未几升南京大理寺卿,自陈致仕,诏许驰驿归。格历中外几五十年,所在以清谨闻,为人尤号长者。⑤

---

① 徐晓望:《严启盛与澳门史事考》,澳门文化司署《文化杂志》2006年春季刊总58期。
② 张侃、水海刚:《闽商发展史·澳门卷》,厦门大学出版社2016年,第19页。
③ 严从简:《殊域周知录》卷四,琉球国,第130页。
④ 赵宏恩等:乾隆《江南通志》卷一百二十一选举志,进士三,第42页。
⑤ 王鏊:《姑苏志》卷五十二,明人物十,名臣,文渊阁四库全书本,第51页。

《江南通志》记载：

> 章格，字韶凤，常熟人。父珪，字孟瑞，正统中官御史，有直声。格举景泰辛未进士，历广东按察副使巡视海道。时琉球使臣以货转贩他境，遭风漂至香山，守臣欲尽戮之以为功，格为奏辩还其资而遣之。迁云南按察使，抚绥得宜，边徼畏服，终大理寺卿。弟律，字鸣凤，由进士历广西布政，平荔浦獞贼，终南副都御史。①

以上史料表明：《殊域周知录》有关章格救助琉球蔡氏的事件，是作者从《姑苏志》中摘录的，并搞错了年代。因为，章格之父是在正统年间官致御史，其子不可能在同一时代仕至同等级别的高官。事实上，章格是景泰年间的进士。《广东通志》记载："按察司副使……章格，江南常熟人，进士，（成化）七年任。"②可见，他是在成化十年才担任广东按察司副使！

明确有关蔡璇的史料是成化十年的，再来看这条史料就有了新的意义。它表明成化十年（1474 年），已经有了一个名为"香山澳"的香山县港口，它应当就是名为蚝镜的澳门港。它也说明：若以严启盛到达香山沙尾外洋的明代天顺二年（1458 年）起算，仅仅 16 年之后，已经有一个"香山港"出现在珠江口！从严启盛开港到成化年间，澳门一带已经形成了一定规模的贸易。这表明严启盛开港一事有其延续性，不是偶发的事件。③

值得注意的是，严启盛失败之后，福建海盗商人仍在濠镜澳一带活动。崇祯年间葡萄牙人委黎多的《报效始末疏》回顾葡萄牙人抵达澳门的历史：

> 迨至嘉靖三十六年（1554 年），历岁既久，广东抚按乡绅悉知多等心迹，因阿妈等贼窃据香山县濠镜吞，出没海洋，乡村震恐，遂宣调多等，捣贼巢穴，始准侨寓濠镜。比作外藩子民，授廛资粮。虽海际穷崓，长不过五里，阔仅里余，祖骸孙喘，咸沐皇恩。④

这段文字中，最引人注目的是"阿妈等贼"这句话，以意料之，这应是一伙信奉"阿妈"的福建海盗⑤。文中明确指出：濠镜澳原被"阿妈贼"盘踞。考虑到天顺年

---

① 赵宏恩等：乾隆《江南通志》卷一百四十，人物志，宦绩，苏州府二，第 26 页。

② 郝玉麟等：乾隆《广东通志》卷二十七，职官志，明二，第 38 页。

③ 关于章格是什么年代涉及香山港的讨论，我在 2012 年澳门"妈祖信仰与华人的海洋世界"发表了《关于澳门开港与妈阁庙起源的再认识》一文，其中最早提出章格涉及的香山港是在成化十年。此文后发表于：澳门妈祖文化研究中心编：《妈祖信仰与华人的海洋世界》，澳门基金会 2015 年。

④ ［葡萄牙］委黎多：《报效始末疏》（崇祯元年稿），原载韩霖：《守圉全书》卷三，制器篇，崇祯八年刊本。转引自汤开建：《委多黎〈报效始末疏〉笺正》，广东人民出版社 2004 年，第 2 页。

⑤ 汤开建：《委多黎〈报效始末疏〉笺正》，第 50 页。

间漳州海盗严启盛就到达了香山外海,应当承认:濠镜澳自天顺二年(1458年)以来一直是福建海盗控制的地方,他们在这里一面与官军作战,一面与东南亚番船贸易,将濠镜澳发展为一个重要的港口。嘉靖《广东通志》记载:"布政司案:查得递年暹罗国并该国管下甘莆洢、六坤州,与满剌加、顺搭、占城各国夷船,或湾泊新宁广海、望峒;或新会奇潭,香山浪白、蚝镜、十字门;或东莞鸡栖、屯门、虎头门等处海澳,湾泊不一。"①其中蚝镜、十字门,今都属于澳门。可见,自严启盛开港后,来自东南亚的海船到澳门一带停泊贸易是常见的现象。而番船到广州沿海贸易的情况也更加兴盛。正德九年"广东布政司参议陈伯献奏:'岭南诸货出于满剌加、暹罗、爪哇诸夷……近许官府抽分,公为贸易,遂使奸民数千,驾造巨舶,私置兵器,纵横海上,勾引诸夷为地方害,宜亟杜绝。'"②这种情况一直到葡萄牙人的进入。

以上事实表明,明代前期,海上私人贸易有一定的发展。

小结

明代中叶,海禁松弛,沿海贸易及对外贸易渐渐发展起来。漳州取代泉州成为福建对外贸易的中心。从造船业的角度看,福建的漳州和广东的潮州森林密布,港湾众多,适于造船下海。宋元时代中国的外贸中心,原来是在福建的泉州、福州和广东的广州。明代前期,这三个城市都遇到不同的问题。泉州在宋元时期是造船中心,对木材需求量很大,产于泉州沿海的森林渐渐采伐殆尽,当地民众造船遇到很大困难。所以,明代前期的泉州不太适于私人海上贸易。广州和福州则在官府的严密控制下,要在这里私自造船也不容易。在这一背景下,闽粤私人海上贸易转到漳州与潮州也就不难理解了,尤其是漳州能够生长造船不可缺的木材——杉木。明代前期,这里是南方主要的木材产地,连浙江所需的木材,都从漳州进口。老百姓在某个港湾伐木造船,官府很难侦知。经过一段时间的斗争后,明代漳州卫所军队遭到很大的削弱,无法、无力也无心阻挡海上私人贸易。于是,海上走私逐渐转向漳州的核心区——九龙江下游区域,也就是漳州"五澳"。最早的五澳是龙溪月港、海沧、沙阪、崧屿、长屿,月港与海沧南北相望,而沙阪、崧屿、长屿三地,都在海沧的周边,其中长屿和沙阪后来都淤成陆地,与海沧连在一起。所以,在明代中期,海沧的重要性更胜于月港。不过,由于海沧的地位突出,嘉靖

---

① 黄佐:嘉靖《广东通志》卷六六,外志三,广东省地方志办公室1997年影印明嘉靖刊本。此段亦见顾炎武:《天下郡国利病书》卷一二〇,湾泊有定所,武英殿聚珍版,第16页。
② 《明武宗实录》卷一一三,正德九年六月丁酉,第2页。

之后,朝廷在海沧设立了安边馆、海道副使馆等不少官府机构,这些机构妨碍了海沧的对外贸易,于是,漳州外贸中心不可阻挡地移到南面的月港。当然,月港也无法永远占有这一地位,它的对外地位最终在明末被九龙江入海口的厦门取代,而其在九龙江水系的地位,也被其上游的石码取代。这都是后话了。

从历史的高度回溯明代前期的漳州,可知明代的海禁只是阻止了其他省份的私人对外贸易,反而让敢于冒险的漳州人垄断了私人海上贸易。不过,从积极一面来说,漳州人的私人海上贸易保存和延续了中国人的海外贸易传统,一旦条件合适,它就会从漳州向其他地区传播。明代有人说:"盖本朝海防,经始于洪武二十一年信国公汤和,继葺于永乐间都指挥谷祥张翥,正统间又特命侍郎焦宏复为整理严密,货道不通。天顺以后,市舶权重,市者私行,虽公法荡然,而海上晏然百年,此乃通商明验。"①

漳州、潮州一带的海上私人贸易逐渐向广州口岸周边发展。在郑和航海建立朝贡体系之后,从西洋前来进贡的国家,大都选择广州口岸为其登陆之地。这使中国对外贸易中心从宋元时期的泉州转到广州。这些进贡使者除了与官府贸易之外,还私下与广东沿海的民众贸易。这种贸易形成一种习惯后,有些来自南海的船舶不再以进贡为目的,而是悄悄地到珠江口一带的香山岛周边贸易。更有些来自漳州的商船,长年在广东沿海进行贸易,官府对此想管也管不了。所以说,到了明代中叶,明朝的海禁渐渐成为一条空话。私人海上贸易已经有一定程度的发展,它主要表现为两个方面,其一,漳州、潮州的民众到海外贸易;其二,漳州商船及东南亚各国的商船到广州沿海贸易,漳州海商严启盛在广州的活动说明了这一点。明代的海洋交响乐已经奏响最初的序曲。

---

① 唐枢:《复胡梅林论处王直》,《明经世文编》卷二七〇,御倭杂著,第 2853 页。

第九章

明代中叶华商在南海的商业网络

明代前期,漳潮商人的活动范围东达琉球,南至东南亚国家。在郑和之后,是他们的活动维持了华商在东南亚和琉球的商业网络。

图 9-1　16 世纪的东南亚①

---

① 引自:巩珍《西洋番国志》向达校注本,中华书局 1961 年,第 61 页。

第一节 闽粤人与南海岛屿国家

严从简的《殊域周知录》论前来进贡的东南亚诸国使团:"四夷使臣多非本国人,皆我华无耻之士,易名窜身,窃其禄位者。"①由于明代前期以福建人出国最多,所以,这些使者多由福建人担任。台湾学者邱炫煜评论:来自爪哇等国家的华人使者,"尤以福建漳州龙溪人为多。"②这是东南亚诸国闽粤私商较多的反映。

一、在爪哇活动的闽粤私商

爪哇是南洋积极向明朝进贡的国家之一。爪哇原名阇婆等,该国于宋元时代就向中国王朝进贡。元末,爪哇使臣来元大都进贡。"述至福建而元亡,因入居京师。"洪武二年,朱元璋"遣使送之还"。其后,爪哇国派人进贡。"洪武三年遣使贡方物,并纳元所授宣谕。十四年上金叶表来贡及黑奴三百人。后绝其贡。永乐二年,其国东王遣使朝贡,且请印章。命铸镀金银印,遣使赐之。正统八年定每三年一贡,自后朝贡无常。"③在当地居住的华人较多。郑和航海期间便发现爪哇国的杜阪,"其间多有中国广东及漳州人流居此地"。④《瀛涯胜览》云:"至今财主广东人也,约有千余家,各处番人,多到此买卖"。当地的厮材村,"财主,广东人也,约有千余家。各处番人多到此处买卖。其金子诸般宝石一应番货多有卖者。民甚殷富。"距厮材二十多里的村庄,也有一千多户人家,"其间亦有中国人"。⑤爪哇的国都满者伯夷,"一等唐人,皆是广东漳泉等处人窜居此地,食用亦美洁。"⑥《明史·爪哇传》记载:"其国有新村最号饶富,中华及诸番商舶辐辏其地,宝货填溢。其村主即广东人。永乐九年自遣使表贡方物。"在《明太宗实录》中可以找到相关记载:"爪哇国新村村主八第的蛮各遣人奉表贡方物。"⑦在郑和航海时期,土卒王周镇等人所乘船只遭遇海难,"风漂其舟至班卒儿国。几为番人所羁。爪哇村主珍班闻之,以金赎周镇等送之千所。王付惟叔来归。上嘉之,命礼部宴贲惟

---

① 严从简:《殊域周知录》卷八,暹罗,第281页。

② 邱炫煜:《明帝国与南海诸蕃国关系的演变》,台北,兰台出版社1995年,第268页。

③ 李东阳等:弘治《明会典》卷九七,礼部五十六,朝贡二,第9页。

④ 马欢:《瀛涯胜览》爪哇国,第8页。

⑤ 马欢:《瀛涯胜览》爪哇国,第9页。

⑥ 马欢:《瀛涯胜览》爪哇国,第10页。

⑦ 《明太宗实录》卷一一七,永乐九年七月乙亥。

叔等,而赐敕奖劳国王,并赐之金织文绮纱罗凡五十五疋,赐珍班文绮罗二十四疋。"①

闽粤民众在爪哇的影响较大。由于长期与中国交往,爪哇的货币向中国靠近。《瀛涯胜览》云:"番人殷富者甚多,买卖交易,行使中国历代铜钱"。双方计量单位虽然不同,但有普遍认可的折换率"每两该官秤一两四钱。"爪哇国经常向中国进贡。为了方便与明朝廷沟通,爪哇的使者中常有闽粤人的名字。例如,洪熙元年夏四月,"爪哇国王杨惟西沙遣头目亚烈黄扶信贡方物"。② 其中亚烈是爪哇的官名,而黄扶信,应当是一个华人。宣德年间,亚烈郭信六次出现在爪哇进贡人员的名单中。当时明朝与南海藩国的关系,渐渐沦为一种生意,而寄居南海的闽粤商人擅长经商,所以,他们往往成为爪哇国进贡的使者。郭信与明朝的关系良好,宣德帝赐给许多财物,也曾下令为郭信修船,对其极为信任。③

明英宗上台后,国家政策变化。宣德十年四月,掌权的杨士奇、杨荣等人下令送南海十一国使者回国。次年,也就是正统元年六月癸巳,明朝廷将这一任务交给爪哇国使者郭信。

遣古里、苏门答剌、锡兰山、柯枝、天方、加异勒、阿丹、忽鲁谟斯、祖法儿、甘巴里、真腊十一国使臣葛卜满都鲁牙等同爪哇使臣郭信等回国。敕爪哇国王杨惟西沙曰:王自我先朝修职弗怠,朕今即位,王复遣使朝贡,诚意具悉。宣德时有古里及真腊等十一国,各遣使朝贡未回。今王使回,特赐海船与各使同还。王其加意抚恤,分遣还各国。庶副朕怀远之心。仍命葛卜满都鲁牙等十一使赍敕谕其王。④

文中反映明朝对爪哇国及郭信的信任。

黄扶信和郭信的籍贯不明,应当是闽粤人士。后来,有一些漳州人成为爪哇国的使者。明英宗正统元年(1436年)发生漳州人成为外国使者前来进贡的事件:"爪哇国使臣财富八致满荣,自陈初姓洪,名茂仔,福建龙溪县民,取鱼为业,被番倭掳去,脱走于爪哇,改今名,遣进方物来京,愿乞复业。上命有司给脚力口粮,送还本家。"⑤洪茂仔的事件很感人,明朝文武官员应是被他感动了,所以让其返回本籍。然而,爪哇的使者中还有漳州人,例如马用良。

正统元年闰六月"爪哇国使臣马用良自陈,先任八谛来朝,蒙赐银带,今为亚

<hr>

① 《明太宗实录》卷一百九十九,永乐十六年五月丙辰。
② 《明仁宗实录》卷十三,洪熙元年夏四月庚子。
③ 邱炫煜:《明帝国与南海诸蕃国关系的演变》,第268页。
④ 《明英宗实录》卷之十九,正统元年闰六月癸巳。
⑤ 《明英宗实录》卷十九,正统元年闰六月壬辰,第9页。

烈,乞赐金带。其八谛南巫等,乞赐银带。上以爪哇国恪修贡职久而弗怠,悉与之。"①

正统三年,来进贡马用良亮明身份:"爪哇国使者亚烈马用良,通事良殷、南文旦奏,臣等本皆福建龙溪县人,因渔于海,飘堕其国。今殷欲与家属同来者还其乡,用良、文旦欲归祭祖造祠堂,仍回本国。上命殷还乡,冠带闲住,用良、文旦但许祭祖,有司给口粮、脚力。"②可见,这个爪哇使者团中,多为漳州人。马用良以后多次来到中国进贡。

正统七年十二月己丑,"爪哇国王杨惟西沙使臣马用良……捧表庆贺贡方物。赐宴并赐彩币等物有差。"③

正统十一年冬十月乙未:"爪哇国遣使臣马用良等……各来朝贡方物赐宴并彩币表里等物有差。"④

正统十二年八月庚申,"爪吐国使臣亚烈马用良等朝贡至京,奏所驾海舟被风荡石破,乞行广东都布二司量给物料,金拨夫匠造舟,领驾回国。从之。"⑤

马用良是个比较有心机的人,正统元年进贡时,他便以身任亚烈为借口,向明朝廷讨要金腰带,正统十二年八月,他在广东因船只破损,又向明朝要求拨给物料修理。九月,他遇到了一个案件。

正统十二年九月壬寅:"礼部奏暹罗国使臣坤普论直等告:本国正统九年进贡通事奈霭,负国王财本不肯回国。将家属附爪哇国使臣马用良船逃去。今又跟随爪哇使来在于广东。上命广东三司拘马用良并奈霭审实,以奈霭付坤普论直领回。"⑥这条史料表明,马用良曾经掩护暹罗国通事奈霭的家属逃出暹罗国,奈霭亏欠暹罗王的本钱不还,使暹罗王遭受损失。然而,公然加入马用良使团的奈霭,终于被暹罗的使者揭发,因而遭到审讯,并被打发回暹罗。马用良自然遭到牵连。

因马用良这次到中国,是代表爪哇前来进贡的,明朝仍然接受他完成使命。不过,明朝回爪哇的信件中,对马用良提出了异议。

景泰四年冬十月辛卯,"爪哇国贡使马用良等升辞,赐宴并彩币有差。仍命赍敕并金织文绮等物归赐其国王及妃。敕曰:'王敬天事大,频岁遣使来庭。然念道里辽远,人使过多,彼此烦劳,易生嫌隙。今后宜择谙晓大体一二人为正副使,量

---

①　《明英宗实录》卷十九,正统元年闰六月戊寅。

②　《明英宗实录》卷四三,正统三年六月戊午,第2页。

③　《明英宗实录》卷之九十九,正统七年十二月己丑。

④　《明英宗实录》卷之一百四十六,正统十一年冬十月乙未。

⑤　《明英宗实录》卷之一百五十七,正统十二年八月庚申。

⑥　《明英宗实录》卷一五八,正统十二年九月壬寅。

带从人,至广东听彼官司存留起送。仍须戒饬使臣当守礼法,毋肆非为。其贡物亦不必珍禽异兽,但以土物致诚足矣。且不许以细软宝物私与外洋交易。王其钦承朕命毋违。'"①

分析明朝的敕书,虽然写得客气,但明朝对马用良的不满已经很清楚了。以后,马用良不再担任爪哇的进贡使。

在这种背景下,爪哇不得不派出老一代的使者郭信来修复关系。

天顺四年八月辛亥,"爪哇国王都马班遣陪臣亚列郭信等奉表来朝贡方物,赐宴并钞彩币表里纻丝袭衣等物,仍命郭信等赍敕并彩币表里归赐其王及妃。"②

郭信得到明朝特别的尊重。但郭信之后,成化年间爪哇使者梁文宣半途走私,在驿站欺侮驿臣,让明朝十分不满意。明朝与爪哇的关系陷入低谷。

弘治十四年发生华人冒充爪哇使者一案。

江西信丰县民李招贴与邑人李廷方、福建人周程等私往海外诸番贸易。至爪哇诱其国人哽亦宿等赍番物来广东市之。哽亦宿父八褅乌信者,其国中头目也。招贴又令其子诱之,得爪字三号勘合底簿故纸藏之,以备缓急。舟经乌州洋遭风飘至电白县境,因伪称爪哇国贡使秦何哒亚木,而以所得底簿故纸填写一行番汉人姓名,凡百有九人,及所货椒木沉香等物,谓为入贡。所司传送至广州给官廪食之,守臣以闻。③

从总体而言,爪哇长期聘用闽粤人士为出使明朝的使者,他们的目的也只是借进贡之名做生意,所以会发生一些不理想的事。这也是明代中叶朝廷倦于外事的原因吧。不过,闽粤人士长期担任爪哇进贡使者一事,也表明闽粤私商在爪哇国很有影响,有利于他们做生意。

二、在旧港与其他岛屿的闽粤商人

旧港的古名是三佛齐,它位于马六甲海峡南岸苏门答剌岛的东侧。旧港地位十分重要,卡住东西往来的咽喉。宋元时期,三佛齐的海上武装经常在海上拦截往来两地的商船,迫使它们进入三佛齐贸易。明代初年,这里又有陈祖义海盗的活动,后被郑和平定。旧港为什么会有以陈祖义为道的海盗活动? 这是因为,明初海禁时,其他地方的民众都无出海。但潮州人漳州人仍然不顾禁令出海无忌。旧港,"国人多是广东漳泉州人,迯居此地。人甚富饶,地土甚肥。""洪武年间,广

---

① 《明英宗实录》卷二三四,景泰四年冬十月辛卯。

② 《明英宗实录》卷三一八,天顺四年八月辛亥。

③ 《明孝宗实录》卷一七二,弘治十四年三月壬子。

东人陈祖善等全家逃于此处,充为头目,甚是豪横。凡有经过客人船只,辄便劫夺财物。"①明代初年,三佛齐发生动乱,"时爪哇已破三佛齐,据其国,改其名曰旧港。三佛齐遂亡。国中大乱,爪哇亦不能尽有其地。华人流寓者往往起而据之。有梁道明者,广州南海县人,久居其国。闽粤军民泛海从之者数千家,推道明为首,雄视一方。会指挥孙铉使海外,遇其子,挟与俱来。"②其后,明朝"遣行人谭胜受、千户杨信等往旧港招抚逃民。"梁道明因此与明朝建立关系。③ 永乐三年九月,明朝"赐西洋、爪哇、车里、元江朝贡使臣及旧港等处头目宴。"④旧港头目已经成为进贡者了。

据《殊域周咨录》第八卷的记载,"南海梁道明贸易于爪哇国,久而情熟,挈家住居,积有年岁。"他在当地威望很高,在三佛齐被爪哇国灭亡之际,流亡当地的闽粤军民都来依附于他。造成他割据旧港的局面。梁道明手段灵活,他一方面承认爪哇的宗主权,另一面向明朝进贡,成常年迈贡的南洋藩士之一。在他的治理下,当地华人发展较好。梁道明的助手有施进卿等人。永乐五年,郑和船队路过旧港,施进卿向郑和透露:当地海盗陈祖义想袭击郑和舰队。于是,郑和有了准备。"祖义诈降,而潜谋邀劫。和勒兵与战,杀其党五千余人。俘祖义,京师伏法。进卿遣其胥彦诚贡谢,诏设旧港宣慰司,命进卿填之。"

在当时的旧港,梁道明、施进卿代表旧港合法商人的利益,陈祖义等人代表海盗的利益。郑和舰队路过旧港,给旧港带来重要的贸易机会,陈祖义仍然想以劫夺为生,难怪被处置了。其后,梁道明、施进卿家族长期统治旧港,施进卿死后,又是他的女儿施二姐主持当地事务。其时,明朝在旧港设置宣慰司,这是将旧港当作直辖地了。

明代前期,旧港是从爪哇到满剌加的中间港口,郑和七下西洋必到之处。迄至宣德、正统年间,旧港仍然能吸引多地外来商船。据琉球《历代宝案》的记载,宣德年间,琉球曾派一艘商船到旧港贸易,正统年间派过两艘船到旧港贸易。正统以后,旧港北侧的满剌加港大发展,琉球商船不再到旧港,而是到满剌加贸易。其中天顺年间2次,成化年间8次,正德年间3次。⑤ 这反映了明代中叶马六甲海峡贸易重心的转移。

苏门答腊位于马六甲海峡南岸,其西部城市亚齐是东南亚通向印度、孟加拉

---

① 马欢:《瀛涯胜览》,第10页。
② 张廷玉等:《明史》卷三二四,三佛齐,第8408页。
③ 《明太宗实录》卷三八,永乐三年春正月戊午。
④ 《明太宗实录》卷四六,永乐三年九月癸巳。
⑤ 谢必震:《中国与琉球》,厦门大学出版社1996年,第225页。

等地的咽喉。其时,伊斯兰教在孟加拉和印度沿海港口传播,印度西部的波斯和阿拉伯国家都信奉伊斯兰教,亚齐和这些国家的贸易往来频繁,受到伊斯兰教影响是不可避免的。在伊斯兰世界,信奉真主有较多的优惠,应是在这一因素的诱惑下,当地从事商业的华人开始加入伊斯兰教。对于印度尼西亚的伊斯兰教,当地部分宗教人士认为,印度尼西亚信奉的伊斯兰教来自中国。其实,还可以有另一种解释:苏门答腊等地的商人多为华人,他们因贸易的关系经常往来于伊斯兰国家,后来改信伊斯兰教,但是,因血缘的关系,他们仍然尊奉中华,所以有苏门答腊伊斯兰教来自中国的传说。当代印度尼西亚的亚齐省民众,仍然对中国人抱有较多的好感,这与他们的血缘有关。明代前期,苏门答腊与明朝的官府关系较为密切,因进贡困难,明中叶以后,双方往来不多。但是,华人在当地仍然有较大的影响。1508 年前后,一名葡萄牙人访问亚齐,他看到亚齐港有一口中国式的大铁钟,于是有了他的评价:"中国国王置钟海滨为碑,犹如葡萄牙国王竖石以界势力范围。"按,明代前期曾在苏门答腊的旧港设置"旧港宣慰司",旧港与亚齐分别位于苏门答腊岛的东西两头,当时的旧港宣慰司是否将苏门答腊纳入行政管理之下,是未知数。这口钟约略反映了明朝将行政势力伸及苏门答腊岛的事实。亚齐的这口钟,法国历史学家苏尔梦称之为"梵钟",可能与当地尚存的佛教寺院有关。该钟现存"班达亚齐博物馆",高 1.25 米,钟口呈喇叭形,口径 0.75 米。铭文有中文与阿拉伯文。中文曰:"成化五年冬月吉旦造"。它的造型与成化二十二年广东佛山的一座铁钟十分相似,所以,它应是铸造于佛山。该钟的存在,表明当地华商与广州之间的密切关系。①

东南亚的岛屿国家还有苏禄、三岛、浡泥、古麻剌国等。这些国家大都积极是向明朝进贡的国家。因此,明朝与这些国家的关系也很好。漳州区域很早就和东洋国家有联系,苏禄国生产的珍珠等商品,一直吸引他们。漳州的商船从漳州的港口出发,经过澎湖、台湾南部、三岛,再抵达苏禄等国。明代华商中传说:"若要富,须往猫里雾。"猫里雾即为苏禄附近的一个港市。

漳州人赴浡泥则较为简单,从漳州沿海港口出发,顺冬季季风,便可直达浡泥的港口。浡泥的主港是文莱,文莱强盛时管辖北婆罗洲的十四个州,相当强盛。传说早年的文莱国王是中国人,他是郑和的部下,因船舶失事流落当地,后来成为因缘际会,成就一番事业。浡泥一直是闽人活跃的区域。

---

① 苏尔梦:《从梵钟铭文看中国与东南亚的贸易往来》,郑德华、李庆新编:《海洋史研究》第三辑,社会科学文献出版社 2012 年,第 16 页。

第二节 闽粤人与中南半岛国家

明代前期,位于中南半岛的古国有马六甲、暹罗、柬埔寨、占城等,这些国家与闽粤商人有较为密切的商业往来。

一、闽粤私商与满剌加国的关系

中国商人与满剌加的关系十分密切。满剌加,又译马六甲。位于马来半岛的最南端。此地原为暹罗属国,每年向暹罗进贡40两黄金。永乐三年,满剌加国王向明朝进贡,永乐七年,郑和受明成祖派遣,封满剌加国王。明成祖为此事写信给暹罗国王,调解双方矛盾,使满剌加获得独立地位。永乐九年七月甲申,"满剌加国王拜里迷苏剌率其妻子及陪臣五百四十余人入朝。"①国王到京后,永乐皇帝亲自到奉天门迎接,当年满剌加国王辞别,永乐皇帝又在奉天饯别。此后,满剌加屡屡进贡,双方建立了密切的关系。"其地在中国西南大海之外,旧属于暹罗斛国。永乐初命中贵驾巨舰,自福唐之长乐五虎门航大海,西南行,抵林邑,又自林邑正南行八昼夜,抵其地。由是而达西洋古里大国。八艘遍往支,阿舟、榜葛剌、忽鲁谟斯等处。逮其回也,咸至于是聚齐焉。"②当时的满剌加,"诸番之会也"。③"中国下西洋舡以此为外府,立摆栅墙垣,设四门更鼓楼,内又立重城,盖造库藏完备。大艘宝舡已往占城、爪哇等国,并先艘暹罗等国回还舡只,俱于此国海滨驻泊,一应钱粮皆入库内□贮。又分□次前后诸番买卖。"④可见,当时的满剌加就是郑和舰队的补充基地。明代前期满剌加国王加冕,都要从明朝请封。明朝也常派使者到满剌加。天顺年间,"礼部尚书石瑁奏:'先是,遣礼科给事中陈嘉猷、行人司行人彭盛为正副使,往满剌加国行册封礼,于广东布政司造船。浮海行二日,至乌猪等洋,遇飓风,船破。漂荡六日,至海南卫清澜守御千户所地方,得船来救。'"⑤可见,其时明朝与满剌加的关系,就像和琉球的关系一样,当地的统治者要取得明朝皇帝的认可,才能使其统治合法化。

满剌加原是一个风俗淳朴的国家。费信的《星槎胜览》记载其国:"风俗淳厚,

---

① 《明太宗实录》卷一一七,永乐九年七月甲申。
② 邱浚:《重编琼台志》卷十一,送林黄门使满剌加国序,文渊阁四库全书本,第3页。
③ 何乔远:《名山藏》卷一○七,王享记三,第3010页。
④ 巩珍:《西洋番国志》,第16页。
⑤ 《明英宗实录》卷三二六,天顺五年三月戊午。第4页。

民唯以淘锡网鱼为业。屋如楼阁,而不铺板,但用木高低层布。连床就榻,箕踞而坐。"郑和驻扎此地后,满剌加渐成南海贸易中心,以富裕闻名。"其国为诸夷辐辏之地,亦海上一小都会也。""民多饶裕,南和达一家,胡椒有至数千斛,象牙、犀角、西洋布、珠具、香品若他止蓄无算。""鸡犬鹅鹜,常仰贩于他国,故一物之价,五倍于华也。"①所以,闽粤民众争到满剌加贸易,当地有华人定居。

满剌加的使者经常到中国来进贡,早期是搭乘郑和的船队。在郑和七下西洋停止后,满剌加常常自行进贡。《明史·满剌加传》记载,正统四年、九年、十年,景泰六年,天顺三年,成化四年、五年、十一年、十七年,正德三年、五年,满剌加共有11次进贡。

明朝与满剌加的关系在明宪宗时遭到挫折。黄衷的《海语》记载了这样一个事件:

> 铁板沙。成化二十一年乙巳,宪庙遣给事中林荣、行人黄乾亨备封册之礼,以如占城。官治大舶一艘。凡大舶之行,用小艔船一,选熟于洋道者数十人,驾而前,谓之头领。大舶之后,系二小船,以便樵汲,且以防虞,谓之快马,亦谓脚艇。是役也军民之在行者千人,物货太重,而火长又昧于经路。次交趾之占壁啰,误触铁板沙,舶坏,二使溺焉。军民死者十九。予里中有麦福者,同七十余人夺一脚艇,棹至崖侧,巨浪箕荡,众惧,舍舟而登山。回望大舶覆处,近如席前,洪涛澜汗,惟败篚破甑出没于其间,数百人者,沤灭无迹。众皆长恸。②

此文有个错误:谓林荣与黄乾亨到占城册封。其实,林荣与黄乾亨是准备到满剌加册封新任国王。《明史·满剌加传》:

> 成化十年,给事中陈峻册封占城王,遇安南兵据占城,不得入。以所赍物至满剌加,谕其王入贡。其使者至,帝喜,赐敕嘉奖。十七年九月,贡使言成化五年,贡使还飘抵安南境,多被杀,余黥为奴。幼者加宫刑。今已据占城地,又欲吞本国。本国以皆为王臣,未敢与战,适安南贡使亦至,满剌加使臣请与廷辩。兵部言,事属既往,不足深较。帝乃因安南使还,敕责其王。并谕满剌加,安南复侵陵,即整兵待战。寻遣给事中林荣、行人黄乾亨册封王子马哈木沙为王。二人溺死。赠官赐祭,予荫恤其家。余敕有司,海滨招魂。祭亦恤其家,复遣给事中张晟、行人左辅往。晟卒于广东。命守臣择一官为辅副,以终封事。

可见,林荣与黄乾亨实际上是到满剌加册封新任国王,只是在占城海面出事而已。这事在《明宪宗实录》内有记载:成化十七年秋七月辛丑,"遣礼科给事中林

---

① 黄衷:《海语》卷上,风俗,第5页。
② [明]黄衷《海语》卷下,畏途,第3页。

荣充正使、行人司行人黄乾亨充副使,封满剌加国故王苏丹速沙子马哈术沙为国王"。①《明宪宗实录》又载:成化十九年十二月乙丑,"赠故礼科给事中林荣为本科都给事中,行人司行人黄乾亨为本司司副,赐祭。并各录其子一人为国子监生。荣充正使、乾亨充副使,往满剌加国封王,航海遇风溺死,同行者亦多死焉。巡抚两广都御史朱英以闻且乞加恩典。事下礼部覆奏,故有是命。其官军人等死者,令有司于海边设位招魂以祭,给其家,官各绢四疋、米三石,军民人等各布二疋、米一石。生还者各布一疋米五斗。"②

这件事负面影响很大,明朝"以此遂罢遣其国"。③ 此外,由于黄乾亨来自天妃故乡的兴化府,一向有天妃特别保佑其家乡之人的说法,按这些传说,黄乾亨出海有天妃保佑,不该出事,却真实地出事了! 这对士大夫的天妃信仰打击很大。《福建通志》记载:

> 莆田黄乾亨,成化甲午解元,乙未进士。授行人,奉命册封满剌加国。便道归别其母,谓其叔仲昭曰:天涯万里,不可无骨肉相依。仲昭命其子乾刚偕行。舟坏,乾刚免,且登岸,顾乾亨,不忍独全。遂同溺死。乾亨子如金解元、进士,官提学副使;乾刚子希英,与如金同举进士。人谓孝友之报。旧志。④

黄乾亨为天妃的同乡人,明朝大概是因为这个原因,才派遣他和林荣出使吧? 然而,事故仍然找上门来。这件事在其他文献中也有记载,不过,经常将林荣、黄乾亨出使国家误为占城。谢肇淛说:"往琉球海道之险倍于占城,然琉球从来无失事者,占城则成化二十一年给事中林荣、行人黄乾亨皆往而不返,千余人得还者麦福等二十四人耳。盖亦物货太多,而不能择人故也。"⑤谢肇淛这一评论使我们知道,林荣、黄嘉亨等人出使满剌加的使船之所以遇难,是因为携带的商人与商品过多,一艘船竟然装载了一千来人,还有相当的货物! 这次事故死人之多,令人感叹。这也使我们知道,当时出外的使船大都在做生意。一次出使,就是一次大生意。

明朝因其二使溺死,深感不安。后来,黄乾亨之子黄如金、黄乾刚之子希英能同时考中进士,黄如金并和其父亲一样获得解元的地位,应当和明朝的照顾有关。明朝还给黄家两个进士。这个赠予虽然令人感动,但只要有可能,谁也不愿因这个原因被赠予吧。

---

① 《明宪宗实录》卷二一七,成化十七年七月辛丑。
② 《明宪宗实录》卷二四七,成化十九年十二月乙丑。
③ 何乔远:《名山藏》卷一〇七,王享记,第 3012 页。
④ 郝玉麟等:雍正《福建通志》卷六十六,杂记,福州府丛谈二,第 64 页。
⑤ 谢肇淛:《五杂组》卷四,地部二,上海古籍社点校本 2011 年,第 85 页。

　　林荣、黄乾亨事件之后,明朝的礼部官员都不太愿意赴满剌加出使。然而,满剌加的进贡仍在持续。正德三年十二月辛未,"满剌加国王遣副使端亚智等来朝贡方物,回赐国王蟒衣、彩缎、纱罗、文锦及赏使人彩缎衣服绢钞有差"。① 不过,满剌加的使者往往由中国侨民当任。江西人萧明举两度担任通事到中国,正德三年十二月,"满剌加国贡使火者亚刘等回,以船为飓风所坏,请令广东布政司代造。礼部言:宜令镇巡官验实,俾自修理。果须重造,其材亦宜令自备,所司但量给力役副之。诏可。"②正德五年春正月:"满剌加国王所遣使有亚刘者,本江西万安人萧明举也。以罪叛入其国,为通事。至是与国人端亚智等来朝,并受厚赏。因略大通事王永、序班张宇,谋往浡泥国索宝。而礼部吏侯永等亦受略,伪造符印,扰害驿递。"③看来,华人在满剌加同样活跃。

　　从《明史·满剌加传》的记载来看,满剌加与明朝的关系在明代中期仍然是十分友好的。中国商船经常到满剌加贸易。葡萄牙人初到满剌加时看到:"大宗货物为胡椒。每年若有 10 条船中国式帆船满载而至,也会一售而空。丁香、肉豆蔻的需求量不大,木香、儿茶、稍有需求。香料购买量极大。华人抢购象牙、锡器、沉香,婆罗洲樟脑、红念珠、白檀香、红木及大量产于新加坡的乌木、坎贝的光玉髓、羽纱、洋红绒及染色呢料亦畅销。胡椒之外,样样货物保证赚钱。"④

　　满剌加于明代前期逐渐成长为东南亚的贸易中心,其地位大致相当于今日的新加坡。明中叶葡萄牙人抵达马六甲之时,说其已经成为印度洋与南海诸国的贸易集市。"马六甲有四个沙班达尔,他们是市政官员。由他们负责接待船长们,每条船舶都在他们的权限下听从安排……其中最主要的一个沙班达尔负责从古吉拉特来的船舶,另一个负责管理从科罗曼德尔海岸、孟加拉国、勃固和帕塞来的商人。第三个负责管理从爪哇、马古鲁群岛和班达群岛、巨港和吕宋等地来的商人。第四个负责管理来自中国、占城等地来的商人。每个商人带着货物或者商品信息来到马六甲,需要向沙班达尔申请进入他的国家。"⑤可见,中国方向来的船是其接待的重要内容。一位葡萄牙人于 1514 年 1 月(正德九年末)记载,前不久有四条中国帆船到满剌加贸易,带头的崔哪哒愿意和葡萄牙人做生意。⑥ 葡萄牙人描

---

① 《明武宗实录》卷四五,正德三年十二月辛未。

② 《明武宗实录》卷四五,正德三年十二月乙亥。

③ 《明武宗实录》卷五十九,正德五年春正月己卯。

④ 金国平编译:《西方澳门史料选萃(15－16 世纪)》,广东人民出版社 2005 年,第 23 页。

⑤ 转引自:万明:《郑和与满剌加——一个世界文明互动中心的和平崛起》,《明代中外关系史论稿》北京,中国社会科学出版社 2011 年,第 325 页。

⑥ 金国平编译:《西方澳门史料选萃(15－16 世纪)》,第 34 页。

述他们在满剌加遇见的华人:"所有的华人食用猪、牛及其他动物肉。嗜酒成性,尤其将我们的葡萄酒视为上品,常酩酊大醉。华人体弱,无缚鸡之力。来满剌加者,为人无信,偷鸡摸狗,乃三教九流。他们以两根棍子进食。左手持碗,将嘴贴近碗边,用上述棍子将饭菜送入嘴内。此乃中餐方式。"①这些文字对华人颇有贬低之语,但其描写的确实是华人。明代前期在南洋一带的华人以闽人为多,他们多是漳州人。

综而述之,明代的满剌加原来是暹罗的属国,后来,明朝的使者调解暹罗及满剌加的关系,使其获得自立的地位。明朝与满剌加的关系相当密切,长期驻军于此,将满剌加港口当作主要基地。郑和率军往来南海诸港,都以满剌加为集散地。满剌加因而成为东南亚的交通枢纽,并在贸易中富裕起来。明代前期,中国的海船经常到满剌加贸易,除了进贡外,满剌加的走私船也常到珠江外岛香山港贸易,双方经济往来一直很密切。

成化年间之后,明朝与满剌加之间,只有满剌加继续派使者到朝廷来进贡,明朝不再派使者到满剌加。虽说双方仍然保持旧有的关系,但是,满剌加不再是中国海军防御南海的要塞。正德年间,葡萄牙势力东进,轻而易举地攻占满剌加海港,并掀开西方殖民者侵略东亚的历史。如果当时明朝水师像郑和时代一样驻扎满剌加,葡萄牙人就不可能攻克满剌加。可惜的是,明代中叶的中国尚未感到来自海上的威胁,轻率放弃位于马六甲海峡的满剌加要塞,从而使自己处于被动地位。葡萄牙人占据满剌加之后,垄断满剌加至印度的贸易线路,此后,中国船只很少到印度洋贸易。

二、闽粤私商与暹罗的关系

在中国史籍上,泰国境内原有两个古国,暹和罗斛,后来,这两个国家合并,始称暹罗斛,后简称暹罗。该国早在宋元时期就向中国进贡,1350 年暹罗的阿瑜陀耶王朝建立,该国按传统向中原朝廷进贡。明朝建立后,很重视与暹罗的关系,洪武三年八月庚申,明朝"遣吕宗俊等招谕暹罗国"。② 吕宗俊不辱使命,于次年带暹罗使者回国。③ 其后,暹罗国常年进贡。洪武五年春正月壬戌,"暹罗斛国遣其臣宝财赋等奉表贡黑熊、白猴、苏木、胡椒及丁香等物。诏赐国王织金纱罗文绮,

---

① 金国平编译:《西方澳门史料选萃(15-16 世纪)》,第 18 页。
② 《明太祖实录》卷五五,洪武三年八月庚申。
③ 《明太祖实录》卷六八,洪武四年九月辛未。

使者及通事李清以下各赐衣物有差。"①

双方建立关系之后,朝与暹罗斛国之间的贸易规模日益增大。暹罗进贡的苏木和胡椒常有数万斤。明朝的回赐往往是数十匹锦缎,数千个瓷器。例如,洪武十六年八月乙未,"遣使赐占城暹罗真腊国王织金文绮各三十二匹磁器一万九千事。"②有时直接给钱。"洪武十四年二月乙丑,暹罗斛国遣其臣陈子仁等表贡方物,命赐子仁钞二百四十锭。"③洪武二十年八月庚申,明朝派人出使暹罗,"赐暹罗斛国王文绮二十匹,王妃十四匹,余陪臣赐有差。"④其后,暹罗使者向明朝进贡。"暹罗国贡胡椒一万斤,苏木十万斤。其臣坤思利济刺试职替等献翠羽、香物。"⑤洪武二十年冬十月庚戌,"暹罗斛国使臣坤思利济刺替等还,诏赐其国王杂彩九十疋并药饵之物。坤思利济刺试职替等衣钞有差。"⑥暹罗斛的使臣会做一些私下贸易。洪武二十一年春正月甲午,发生了这么一件事。"温州永嘉县民因暹罗入贡,买其使臣沉香等物。时方严交通外夷之禁,里人讦之。按察司论当弃市。上曰永嘉乃暹罗所经之地,因其经过,与之贸易,此常情耳,非交通外夷之比也。释之。"⑦明朝出使暹罗的使者和官兵常在数百人。"洪武十一年十二月使暹罗斛国将士三百一十一人还京师,赐钞一千五百六十一锭。"⑧可见,明朝与暹罗关系相当火热。

洪武末年,朱元璋对外政策发生变化。洪武二十七年春正月癸丑,"上以海外诸夷多诈,绝其往来。唯琉球、真腊、暹罗许入贡。"⑨从明朝政策来看,明朝一直将暹罗当作最友好的国家,即使是海禁最严厉之时,仍然维持与暹罗的关系。洪武二十八年,暹罗老国王逝世,朱元璋"遣内使赵达、朱福等使暹罗斛国祭故王",并赐新王"文绮四疋、罗四疋、毻丝布四十疋;王妃文绮四疋、罗四疋、毻丝布十二疋。"⑩

"永乐元年,遣使乞量衡为国中式。自后定三年一朝贡,贡道由广东。"

永乐年间,双方朝贡贸易达到高潮。"洪熙宣德间至如常期。正统、景泰间,

---

① 《明太祖实录》卷七一,洪武五年春正月壬戌,

② 《明太祖实录》卷一五六,洪武十六年八月乙未。

③ 《明太祖实录》卷一三五,洪武十四年二月乙丑。

④ 《明太祖实录》卷之一八四,洪武二十年八月庚申。

⑤ 《明太祖实录》卷之一八三,洪武二十年秋七月壬寅。

⑥ 《明太祖实录》卷一八六,洪武二十年冬十月庚戌。

⑦ 《明太祖实录》卷一八八,洪武二十一年春正月甲午。

⑧ 《明太祖实录》卷一二一,洪武十一年十二月戊午。

⑨ 《明太祖实录》卷二三一,洪武二十七年春正月甲寅。

⑩ 《明太祖实录》卷二四三,洪武二十八年十二月戊午。

贡或不常,赐仍旧例。"①

早在洪武年间,就有华人充任暹罗的使者。据《明实录》的记载,洪武、永乐年间暹罗斛的华人使者有:洪武十四年的陈子仁;洪武十五年的班直三;洪武十七年的李霭观;洪武二十四年的李奈名;洪武十六年的李三、齐德;永乐三年和永乐八年的曾寿贤。闽粤商人很早就在泰国定居,永乐初年,"中国人何人观等流移海岛遂入暹罗"。② 黄衷的《海语》记载,"有奶街为华人流寓者之居",他们往往充当暹罗使者到明朝来进贡。

郑和之后,朝廷使者很少南下。于是,有一些漳州商人冒充明朝的使者去暹罗。成化七年(1471年),"福建龙溪民邱弘敏,与其党泛海通番,至满刺加及各国贸易,复至暹罗国,诈称朝使,谒见番王,并令其妻冯氏谒见番王夫人,受珍宝等物。"③这实际上也是一种贸易。

也有一些闽人充当暹罗的使者到中国讲帝。汀州谢文彬是一个典型。最早研究谢文彬是香港学者陈学霖④,邱炫煜在其著作中也有论及谢文彬。他是一个令人惊讶的人物。"成化十三年,主遣使群谢提、素英必美亚二人来贡方物。美亚本福建汀州士人谢文彬也。昔因贩盐下海,为大风飘入暹罗,遂仕其国。官至岳坤,岳坤,犹华言学士之类。至南京,其从子瓒相遇识之。为织殊色花样缎匹贸易番货。事觉下吏,始吐实焉。"⑤关于谢文彬的故事,《明史·外国传》也有记载:"先是汀州人谢文彬以贩盐下海,飘入其国,仕至坤岳,犹天朝学士也。后充使来朝,贸易禁物。事觉下吏。"⑥此处记载中的暹罗使者谢文彬,于成化年间到明朝进贡,是一个典型的敢于冒险的福建人。汀州人的食盐多来自潮州沿海,汀州商人每每携带山区产品,到潮州贸易,而后带回食盐于汀州出售。谢文彬可能是在潮州沿海遇到风暴,漂到暹罗。或者说,谢文彬是有意在潮州参加海上贸易,而后来到潮州。如其所说,谢文彬在暹罗仕至宰相之类的职务,这本身是一个传奇。按照明朝的制度,进贡之人不得私下交易,"舶商匿货。凡泛海客商,舶船到岸,即将物货尽实报官抽分。若停塌沿港土商牙侩之家不报者,杖一百。虽供报而不尽者,罪亦如之。物货并入官。停藏之人同罪。告获者,官给赏银二十两。"⑦因谢

---

① 章潢:《图书编》卷五十一,第21页。

② 《明太宗实录》卷九七,永乐七年冬十月己亥。

③ 《明宪宗实录》卷九七,成化七年十月乙酉,台北,中研院刊本,第7页。

④ 陈学霖:《暹罗贡使谢文彬事件剖析》,《明代人物与传说》,香港中文大学出版社1997年,第275-306页。

⑤ 严从简:《殊域周知录》卷八,暹罗,第281页。

⑥ 张廷玉等:《明史》卷三二四,外国传,暹罗,第8400页。

⑦ 李东阳等:弘治《明会典》卷一三五,刑部十仓库,第14页。

文彬是外国使者,所以,明朝最终没有对他制裁,谢文彬安全返回暹罗。不过,从今人的眼光来看,明朝的一些规定是不合理的。

成化年间,在南京受命审理谢文彬案件的王恕,在其著作中留下了有关谢文彬朝贡的故事。"有坤禄群谢提、奈英必美亚等状告:系暹罗国差来副使等职,于成化十二年四月内蒙本国王差来进贡。亦因本国为无出产段疋,因中领到国王银两前来买办回国应用。亚等坐驾海船一只在洋累遭风水,至本年八月初二日飘到雷州地方,将船打碎。"据王恕的审问,暹罗两个使者中的"奈英必美亚",或称"素英必美亚",即为汀州士子谢文彬,当时王恕因听不懂汀州话的缘故,将其译为"杜文斌"。他是一个士人,必在汀州府籍上留有名字,最终《明史》将其定名为谢文彬,应是看到底籍的了吧。谢文彬成为暹罗高官后,仍然奉命到明朝来进贡,不幸的是,他在海上遇到风暴,所乘船只在雷州沿海触礁,船上人员虽然被救起,但船只所载货物都被打碎,沉入海底。谢文彬雇人打捞,仅得"破片不堪进用小木三百五十余担,选退碎象牙俱有破裂痕损刀伤截断不堪进用碎牙二十余担。"广东官员本想烧掉这些破碎之物,在谢文彬等人哀告下,才还给他们。"众又思议,原领国王银两买段,其银船碎失水,虑回本国诚恐有累。亚等自雇船只装至广东。"谢文彬等人负有进贡之责,继续向南京前进,一路思考请人代售商品。恰在路上遇到来自汀州家乡武平的侄儿。"据杜林即杜瓛,供年二十八岁,系福建汀州卫武平守御千户所军余。成化十三年四月十六日是瓛告给本卫所文引,将带本钱置买铁货,装到赣州府河下,遇见亲人李德报说,有你房伯杜文彬,先年出外生理,不见回家。今在暹罗国,差来进贡。有广东三司盘过,捡下虚心不堪进贡苏木一百五十捆并截断象牙四包付托与我装载,前往南京上新河等处发卖。有瓛喜信,将自己铁货一同装载到于南京上新河,投托经纪陈质韩源。"在经纪人手下,这些商品共"卖过象牙、苏木银共银七百三十六两"。谢文彬又将这些银两托南京牙人购买丝绸,订购"织造各样大红黄并八宝闪色抹绒花样,遍地金花帏幔各样缎疋,共织一百一十五疋。"准备带回国,进贡暹罗国王。然而,他们的买卖被人揭发,于是有了王恕的审问。①《东西洋考》第二卷也有谢文彬的记载:"成化间汀州士人谢文彬者以贩盐下海飘入暹罗,因仕其国。后充贡使至留都,遇从子瓛于途,为织锦绮贸易。事觉下吏,竟遭归。"如其所述,谢文彬虽因私自采购商品受到明朝的处分,但其人最后还是安全返回暹罗。表明这是一个具有光明结尾的故事。

暹罗是一个富有活力的国家,它不仅向中国进贡,也和琉球等国往来。

---

① 王恕:《王端毅奏议》卷四,参奏南京经纪私与番使织造违禁纻丝奏状,文渊阁四库全书本,第12－26页。

永乐二年，福建布政司奏暹罗国遣使与琉球通好，其舟为风所漂至岸。官已籍记舟中之物，请命。上谓礼部臣曰：两国通好是番邦美事，其舟为风所漂，正宜矜恤，岂可利其物而籍之？乡有善人，犹能援人于危助人于善，况朝廷统御天下哉！其令布政司：舟坏者为之修理，人乏食者给之粟。俟风便，其人欲归，或往琉球，导之去。①

从总体而言，暹罗与明朝的关系较好，而且在中国具有较大的名声。明中叶华人到海外贸易，暹罗是首选。

三、闽粤人和榜葛剌国

榜葛剌国位于东印度，是一个富裕的大国，"富家造船往诸番国经营"②，在发展对外贸易方面很主动。明代有些史料记载榜葛剌很早就到明朝来进贡。《海国广记》："本朝永乐二年，国王霭牙思丁遣使来朝贡"。明朝的《礼部志稿》记载了明朝对榜葛剌国的赏赐："榜葛剌国，永乐三年赐国王纻丝纱罗各四疋，绢八疋，王妃纻丝纱罗各三疋，绢六疋。"③《明会典》的记载相同。这些史料说明早在永乐三年，明朝就与榜葛剌国有联系。其后，双方往来不已。不过，在《明太宗实录》和《明史·成祖纪》中，却找不到永乐三年榜葛剌进贡的资料。也许郑和于永乐三年第一次航海时，有一支分舰队到过榜葛剌吧。现有榜葛剌国进贡的资料，是从永乐六年开始的。《明史·外国传》记载：

榜葛剌，则东印度也。自苏门答剌顺风二十昼夜可至。永乐六年，其王霭牙思丁遣使来朝贡方物，宴赉有差。七年，其使凡再至。携从者二百三十余人。帝方招徕绝域，颁赐甚厚。自是比年入贡。十年贡使将至，遣官宴之于镇江，既将事，使者告其王之丧。遣官往祭封嗣子赛勿丁为王。十二年，嗣王遣使奉表来谢，贡麒麟及名马方物。礼官请表贺，帝勿许。明年遣侯显赍诏使其国，王与妃大臣皆有赐。正统三年贡麒麟，百官表贺。明年又入贡。自是不复至。其国地大物阜，城池街市，聚货通商，繁华类中国。

如上所记，榜葛剌国进贡十分主动。从永乐六年开始至永乐十年，年年进贡。值得注意的是：当时明成祖屡次派遣郑和出海，最频繁之时，也是两年一次。而榜葛剌国进贡最多时，是每年一次！这说明榜葛剌国的进贡与其他国家不同，其他多数国家的进贡是明朝使者将其带回，他们回国也是由明朝派船送回。只有榜葛

---

① 俞汝楫编《礼部志稿》卷二，圣谕，第25页。
② 马欢：《瀛涯胜览》第38页。
③ ［明］俞汝楫编《礼部志稿》卷三十七，主客司职掌，第28页。

刺等少数国家是自备使船。榜葛剌是南亚大国,经济发达,需要发展和中国的贸易,因此,双方往来颇多。明英宗正统三年冬十月壬子,"榜葛剌国遣使臣下儿耶眉等来朝贡麒麟、白鹦鹉、红鹦哥、白鸠等物,赐宴,并赐织金袭衣彩币有差"。① 正统四年三月戊午,榜葛剌国遣使臣那定来贡,献方物。丙寅辞归。明英宗赐给其国王礼物多种。朝廷的大臣曾为榜葛剌使团讴歌:"东南番夷职贡,骈臻榜葛剌国,复航万里海道,来献麒麟诸方物。"② 这两个使团到中国来,都有中国人居间,正统三年的使团有"通事陈得清",正统四年的使团,其副使为宋允。正统四年夏四月甲辰,"榜葛剌国左副使宋允奏:旧来番船遇险冲碎,乞造与新船,并赐敕护持。上以允中国人能招致外国俱从之"。③

榜葛剌国在历史上以生产棉布出名,马欢的《瀛涯胜览》记载当地有多种棉布,有的"匀细如粉笺",有的"紧密壮实",还有的"背面起绒",显示了高超的技术。④ 在大航海时代,来自印度的棉布畅销于东南亚国家,构成印度主要输出商品。榜葛剌国的银币也非常有名。马欢的《瀛涯胜览》记载:"国王以银铸钱,每个重官秤二钱,径官寸一寸二分,底面有纹,一应买卖,皆以此钱论价。"⑤

史载正统四年之后,榜葛剌国不再进贡,但两国商人之间的贸易仍在延续。广东考古工作者发掘主管广东市舶司宦官韦眷之墓,出土物中有三枚银币,其中两枚是榜葛剌银币,其时又称为"唐加"。⑥ 这表明直到明代中叶,榜葛剌国与明朝的贸易或是间接贸易仍然存在,所以,榜葛剌国的银币才会流通中国。韦眷墓还有一枚威尼斯银币,意大利人称为"格罗索",为威尼斯总督所铸。⑦ 该币问世仅20来年,便从威尼斯交易到孟加拉国,再从孟加拉国交易到广州,反映了当时亚洲与欧洲之间的互动。

总之,频繁的海上贸易活动,使郑和之后中国与西洋国家之间的贸易仍然持续。夏鼐介绍非洲的考古成果:中国宣德和成化年间的瓷器在东非出土甚多。例如在索马里、埃塞俄比亚交界处的三座古城遗址中,出土甚多。坦噶尼特的达累联拉姆博物馆也收藏了宣德时期的青花瓷器。⑧

---

① 《明英宗实录》卷四七,正统三年冬十月壬子。
② 刘球:《两溪文集》卷三,瑞应麒麟赋序,第14页。
③ 《明英宗实录》卷五四,正统四年夏四月甲辰。
④ 马欢:《瀛涯胜览》榜葛剌国,第39页。
⑤ 马欢:《瀛涯胜览》榜葛剌国,第38页。
⑥ 夏鼐:《扬州拉丁文墓碑和广州威尼斯银币》《考古》1979年第6期。
⑦ [意]毛·斯卡尔帕里(Maurizo Scarpari):《中国发现的十五世纪威尼斯银币》《考古》1979年第6期。
⑧ 夏鼐:《作为古代中非交通关系证据的瓷器》,《文物》1963年第7期。

第三节　闽粤人与中琉贸易

在东洋诸国中,琉球与明朝的关系最为悠久。从明朝到清朝,琉球每一任国王登基,都要请中国的使者前去封赐。最早开拓琉球进贡历史的是杨载。

图9-2　福建海防图的闽浙交界部分,远处绘有琉球本岛图。①

一、琉球国的进贡与赐封琉球的使者

琉球群岛位于东海大陆架边缘,距中国大陆港口海程上千里。明代初年,琉球本岛有三个雏形国家,被称为山北、中山、山南。其中中山国的历史较为悠久。当地人相传,最早的琉球王朝开创于1187年,开创者为舜天。迄至13世纪至14世纪之间,琉球国出现了国王英祖,他是这一传说时代的英雄人物。不过,由于大海限制了琉球的发展,在很长的时间内,琉球国都较为落后。

明洪武五年正月,朱元璋派遣杨载出使琉球,报知明朝建立的消息,并要求琉球进贡。同年十二月,琉球国中山王察度遣其弟入贡明朝,双方建立了贡封国的关系。明朝封琉球察度为中山王,并赐以王印,从此琉球诸岛的统治者频繁地向明朝进贡。郑若曾说:"明洪武初行人杨载使日本,归道琉球,遂招之。其王首先

① 佚名:《福建海防图》,纸本彩绘,约制于明万历后期。录自曹婉如、郑锡煌、黄盛璋、钮仲勋、任金城、秦国经、胡邦波编:《中国古代地图集·明代》,北京,文物出版社1995年,第76图。

归附,率子弟来朝。太祖嘉其忠顺,赐符印、章服,及闽人之善操舟者三十六姓,令往来朝贡。又许其遣子及陪臣之子来学于国学。其国中分为三,曰中山王,曰山南王,曰山北王。中山王察度、山南王承宗、山北王帕尼芝皆遣使朝贡。永乐以来,其国王嗣立,皆请于朝受册封。自后惟中山王朝贡不绝。其山南、山北二王俱为所并。"①

为了便于琉球国的进贡,洪武三十一年,"上赐王闽人之善操舟者三十六户,以使贡使、行人来往"。② 琉球的《那壩市史》汇集了一些从《历代宝案》中的资料:

永乐年间,赐永宁卫崇武千户所原百户所经掌勇字五十九号,四百料官船一只。

永乐十六年间,于福建拨与口口洪字号海船一只。

宣德五年间,拨给福建镇东卫安字号只。

宣德六年间,拨给永字卫金门千户所顺字号船。

宣德七年间,福建拨与海船一只。③

琉球诸国有了船只,才可能向明朝进贡。洪武年间,中山国共向明朝派出了26艘次贡船;山南国派出了12艘次,山北国11艘次,琉球三国共计49艘次。永乐年间,中山国派出了28艘次,山南国13艘次,山北国4艘次,共计45艘次。其后,山北国与山南国分别被中山国吞并,来自琉球的进贡都是由中山国承担的。琉球诸国乐于进贡是将进贡当作贸易的好机会。其时,明朝禁止私人海上贸易,日本国的进贡限制为十年一贡,而日本国对中国商品的需求量很大,琉球诸国便派出船只到南海贸易,采购南洋商品进贡明朝,而后购得中国商品出售于日本,在中国、日本、南洋的三角贸易中,琉球国得到很大的好处。当代的琉球学者认为:琉球国的经济文化是在与明朝的交往中发展起来的。赤岭诚纪据琉球古代文献研究,仅在洪武年间,琉球王察度、武宁先后派出的贡船达54艘次,使团人员达3510人次;永乐年间,琉球派出的贡船达64艘次,使团人员约为4480人次。详情见下表④:

①　郑若曾:《郑开阳杂著》卷七,明撰琉球图说,第4页。
②　严从简:《殊域周知录》,卷四,东夷,第127页。
③　以上史料转引自杨国桢:《闽在海中——追寻福建海洋发展史》,第74-75页。
④　赤岭诚纪:《大航海时代的琉球》,冲绳タィムス社1988年版。

表 9-1 明代琉球贡船数及搭乘人数

年代	贡船数	搭乘人数
洪武	54 艘次	3510 人
建文	无	无
永乐	64 艘次	4480 人次
洪熙	5 艘次	400 人次
宣德	40 艘次	约 4000 人次
正统	45 艘次	约 5400 人次
景泰	17 艘次	约 2380 人次
天顺	16 艘次	约 2400 人次
成化	47 艘次	11811 人次
弘治	26 艘次	6337 人次
正德	24 艘次	5586 人次
嘉靖	57 艘次	7456 人次
隆庆	10 艘次	1159 人次
万历	50 艘次	4378 人次
天启	7 艘次	644 人次
崇祯	31 艘次	2529 人次
合计	493 艘次	62452 人次

以上总计明代 276 年间,琉球共派出 493 艘次的贡船,搭乘的人员共计 62452 人次。平均每年派出 1.79 次贡船。不过,明代前期琉球的贡船密度明显高于明代后期,从洪武元年到弘治元年的 120 年间,琉球贡船共达 288 艘次,平均每年 2.4 艘次。

由于琉球方面的热情不减,明朝对琉球也格外优待。每一任新的国王登基,明朝都要派出册封使乘船到琉球,为琉球国王加冕。万历末年熊明遇统计赴琉球的使者:"宣德以后使臣以给事、行人往。名姓可考者,柴山、俞忭、刘逊、陈傅、万祥、陈谟、董守宏、李秉彝、刘俭、潘荣、蔡哲、管荣、韩德文、董旻、张祥、陈侃、高澄、郭汝霖、李际春、谢杰、夏子阳、王文迈。"①其实,宣以前赴琉球使者尚可找出数人。据《殊域周知录》《明史》等书记载,明朝出使琉球的使者如下:

---

① 熊明遇:《文直行书》卷十三,琉球,熊人霖顺治五年刊《文直行书诗文》本,第 30 页。

表 9 - 2 明朝前期出使琉球的使者

(1368 ~ 1521 年)

年　代	使者姓名	使者官职	使命简述
洪武五年(1372 年)	杨载	行人司行人	通报大明朝建立
洪武七年(1374 年)	路谦	尚佩监奉御	回报琉球进贡
洪武十五年(1382 年)	梁民	内使监臣	赐中山王察度镀金银印
洪武十八年(1385 年)	蔡英夫①	行人	赐中山三王金印
永乐元年(1403 年)	边信、刘亢	行人	回报琉球进贡
永乐二年(1404 年)	时中	行人	册封中山国王武宁
永乐五年(1407 年)	王思绍②	行人	册封某国王
永乐十三年(1415 年)	陈季若	行人	册封山南国王
洪熙元年(1425 年)	柴山、阮鼎	正使、副使	吊祭旧王,册封新王尚巴志
宣德二年(1427 年)	柴山	正使	通告宣德皇帝继位
宣德五年(1430 年)	柴山	正使	回报琉球进贡
宣德八年(1433 年)	柴山、阮鼎	正使、副使(?)	回报琉球进贡
正统八年(1443 年)	俞忭、刘逊	正使、副使	册封国王尚忠
正统十三年(1448 年)	陈傅、万祥	给事中、行人	册封国王尚思达
景泰三年(1452 年)	陈谟、董守宏	给事中、行人	册封国王尚金福
景泰七年(1456 年)	李秉彝、刘俭	给事中、行人	册封国王尚泰久
天顺七年(1463 年)	潘荣、蔡哲	给事中、行人	册封国王尚德
成化八年(1472 年)	管荣、韩文	给事中、行人	册封国王尚圆
成化十五年(1479 年)	董旻、张祥	给事中、行人司副	册封国王尚真

以上史料表明,明朝与琉球之间,常有使者来往,在嘉靖以前,明朝的使者至少有 19 次出使琉球。当然,该表的记载是不全的。

自郑和下西洋活动停止后,明朝派遣使者到外国的事例很少,但因琉球殷勤进贡,所以,明朝对琉球青眼有加。每一位新的琉球国王继位,明朝都要派出使者加封。这些使者中,宦官不少。他们是为皇帝做生意。章纶在温州任职时:"中贵官柴某以巨舟浮取宝西洋诸国,迨还,遇风,舟泊海港,入温江濒岸,将起其货还

---

① 胡新《嘉靖以前出使琉球使者略考》,曲金良、修斌主编:《第十二届中琉历史关系国际学术会议论文集》,北京图书出版社,2010 年版。

② 胡新《嘉靖以前出使琉球使者略考》,同上。

京。柴某声势熠熠,公处之裕如。"①按,郑和下西洋的副使中没有"柴某",说明这位宦官未必是下西洋的。不过,在洪熙、宣德年间,有一位名叫柴山的官员四次出使琉球。从琉球回来的明朝使船,常在台州到福州之间的海港靠岸入港,温州是浙南大港,历史上多次接纳琉球船只,所以,章纶接待的"中贵人"应是从琉球归来的柴山。

其次,琉球作为中国与日本之间的一个小国,明朝有时也利用琉球办理对日本外交。柴山于宣德八年赴琉球,便与开拓对日本关系有关。"宣德七年正月,帝念四方蕃国皆来朝,独日本久不贡,命中官柴山往琉球,令其王转谕日本,赐之敕。明年夏,王源义教遣使来。帝报之,赉白金、彩币。秋复至。"②在当时的技术条件下,远航琉球十分危险。例如,在宣德年间出使琉球回来后的柴山说:"东夷之地离闽南数万余里,舟行累日,山岸无分,茫茫之际,蛟龙涌万丈之波,巨鳞涨冯夷之水,风涛上下,卷雪翻云,险岬不可胜纪。天风 作,烟雾怨蒙,潮门澎湃,声振于宙,三军心骇。"③

福建长乐广石庙与天妃信仰。长乐广石庙是明代出使琉球的官员祭祀天妃的地方。它位于闽江出海口的南面,是明代使船出海的必经之处。在当时的技术条件下,远航琉球十分危险。柴山于洪熙元年第一次出使琉球,他说:"载神香火以行。至外洋,一夕,云雾晦暝,山方假寐,梦神抚其几曰:'若辈有水厄,当慎之!吾将为汝解'。及寤,不敢明言,只严戒舵工加谨。正扬帆而进,突阴霾蔽天,涛翻浪滚,咫尺不相辨,孤舟飘泊于洪波之中,桅樯颠倒,舟中坠水者数人。舵工急取大板乱掷水中,数人攀木而浮,随波上下,呼天求救,哀声震天。迨薄暮,见灯光自天而来,风倏静,浪倏平,舵工亟拨棹力救,堕水者争攀附登舟,感庆再生之赐。回京奏上,奉旨遣官致祭,拜答神功。"④每当风险降临,众多水手、火长都会高呼天妃求救,这种文化气氛感染了柴山,因此,柴山对天妃的信仰十分虔诚。他的记载反映了他的心理。宣德八年,柴山再次出使琉球,他又"重修弘仁、普济之宫"。⑤《明史考证》说:"章宗瀛按,洪熙改元、宣德二年、五年、八年,频遣柴山使琉球,因于福建海岸立庙作记,传中皆不载。柴山使事见《殊域周咨录》谨附考。"⑥以上史

---

① 章纶:《吏部尚书何公(文渊)行状》,徐纮:《明名臣琬琰续录》卷七,文渊阁四库全书本,第6页。
② 张廷玉等:《明史》卷三二二,外国三,日本,第8346页。
③ 严行简:《殊域周知录》,卷四,东夷,第128页。
④ 照乘等:《天妃显圣录》,台湾文献丛刊本第七十七种,第39页。
⑤ 严行简:《殊域周知录》,卷四,东夷,第129页。
⑥ 张廷玉等:《明史》卷三百二十三,考证,文渊阁四库全书本,第1页。

料说柴山在福建海口建立天妃庙,这应是长乐县闽江入海口的广石庙。关于广石之名的由来,《长乐县志》记载:"闽王禁石,在县治东四十里,大海之际,周围十余丈,岁产紫菜,纤而希,其味珍。闽王审知时供贡,禁民私采。今广石澳也。"①广石澳位于闽江口南岸,明代出海的船只多从广石澳出发,早在郑和航海时就是如此。郭汝霖的《广石庙碑文》写道:"广石庙,庙海神天妃者也。天妃生自五代,含真蕴化,殁为明神,历宋历元,迄我明显灵巨海,御灾捍患,拯溺扶危,每风涛紧急间,现光明身,着斡旋力,礼所谓有功于民,报崇祀典,而广石属长乐滨海地,登舟开洋,必此始。庙之宜。旧传自永乐内监下西洋时创焉。成化七年给事中董旻、行人张祥使琉球,新之。"②

按,郑和航海时,从长乐县的太平港出发。为了祈神方便,郑和在长乐县城中的三峰山盖了天妃宫,站在天妃宫阶前,可以望见太平港内的舰队,十分方便。但太平港只是闽江内港,从这里到海口还有数日的路程,而广石澳则是闽江口的港口,出海船只都要在这里候风,一旦有顺风,才会驶出港口。但郑和之后,出使琉球的使者是从福州城附近的河口出发,到太平港有一日的行程。从太平港向东行,经过几日水程,方能抵达闽江出海口的广石澳。一般地说,出使琉球的船只会在这里停靠几天,等待顺风起碇。因此,在广石澳盖一座天妃宫,对使者来说是十分有必要的。就其历史看,广石庙最早应是郑和所建,而后柴山等人也使用了这一庙宇。后来出使琉球的使者多在广石澳祈祷天妃,这应是受郑和及柴山的影响。郑和的事迹为众人所知,而柴山四次出使琉球,在明清两代使者中独一无二,而且,尽管海上风波险恶,但他都能安全回来,在后人眼里,他是成功的化身,因此,他开创的一些制度为后人所遵守,这是必然的结果。

二、琉球在明朝海外贸易中的地位

琉球是海外岛国,国土狭小,人民贫穷,她借助发展与中国的关系,积极吸取中国先进的文化与技术,走上发展的道路。由于琉球长期是中国少数的几个进贡国之一,而明朝又禁止非进贡的海外贸易,琉球利用这一有利的地位,在中国与东南亚国家及日本之间进行中介贸易。这一贸易,使琉球国的经济有了很大的发展③。

① 潘援等:弘治《长乐县志》卷一,长乐县档案馆1965年滕印本,第20页。
② 郭汝霖:《重编使琉球录》卷上,日本冲绳县宜野湾市,榕树书林2000年重版,第284页。
③ 按,在中琉关系研究方面,几十年来已有著作多部,此处主要参考谢必震《中国与琉球》,厦门大学1996年。

　　明代前期的琉球在东亚商业贸易上具有重要地位。琉球与明朝交往,最早显示出实用为上的倾向。"其国不贵纨绮,惟贵磁器、铁釜。自是赏赉多用诸物。"明朝曾用"陶器七万、铁器千就其国市马"。① 看其陶器的数量,应不是琉球人可以完全消费的。琉球人会将这些中国的陶瓷器、铁锅与其他国家贸易,毕竟,这些商品都是国际市场上最畅销的商品。到了后来,琉球人的生意做大了,就不拒绝中国的丝绸了,他们会将这些高价值的珍品换取其他商品。正统十四年,"礼部言:琉球国使臣蔡宁等朝贡至京,欲以所赐绢匹等物,往苏州府地方贸易沙罗纻丝回还服用。从之"。② 琉球人的生意越做越大,渐渐成为东亚海上的一个贸易中枢。朝鲜的《海行总载》一书评琉球:"国在南海中。国俗,地窄人多,以海舶行商为业。西迪南蛮、中国,东迪日本找国。日本、南蛮商舶,亦集其都海浦。国人为置酒肆浦边互市。"③这是说,有许多国家的船只都到琉球贸易,同时,琉球商船也到东南亚国家经商。琉球县立博物馆所藏一个明代前期尚泰久时期的铜钟,上刻有:"以舟楫为万国津梁,异产至宝充满十方。"可见,琉球为此十分自豪。按,据明代的《礼部志稿》,琉球向明朝进贡的商品有:"马、刀、金银酒海、金银粉匣、玛瑙、象牙、螺壳、海巴、折子扇、泥金扇、生红铜、锡、生熟夏布、牛皮、降香、木香、速香、檀香、黄熟香、丁香、苏木、乌木、胡椒、硫黄、磨刀石、象牙等物"④。嘉靖十三年出使琉球的使者陈侃说:"琉球货物,唯马及硫黄、螺壳、海巴、牛皮、磨刀石乃其土产。至于苏木、胡椒等物,皆经岁易自暹罗、日本者;所谓折子扇,即倭扇也。"⑤因明朝所需香料等物主要产自南洋国家,所以,琉球为了凑齐进贡商品,一定要到南洋诸国贸易。事实上,在明代的文献中也可看到各国通商琉球的例子。永乐二年九月壬寅福建布政使奏:"有番船漂泊海岸,询之,是暹国遣使琉球通好,因风漂至。"⑥其始,有个别不晓事的官员将其所带货物没收,朝廷下令归还。可见,当时暹罗与琉球之间有直接贸易。小叶田淳及安里延的统计,琉球在明代正德以前派船赴暹罗的贸易达44次,与满剌加的贸易达20次。⑦朱德兰统计15世纪琉球与诸国的贸易,其中与中国贸易206次,与朝鲜通商33次,与暹罗通商30次,与满剌加通商

① 张廷玉等:《明史》卷三二三,琉球传,第8361页。
② 《明英宗实录》卷一八二,正统十四年九月庚辰。
③ 朝鲜古书刊行会:《朝鲜郡书大系续第三辑》1984年,第82页。
④ 俞汝楫编:《礼部志稿》卷三十五,第5页。
⑤ 陈侃:《使琉球录》,录自《中国边疆研究资料文库·海疆文献初编·沿海形势及海防》第三辑,第213页。
⑥ 《明太宗实录》卷三四,永乐二年九月壬寅。
⑦ 高良仓吉据小叶田淳《中世南岛贸易交通史》及安里延:《冲绳海洋发展史》的资料统计,见高良仓吉:《琉球的时代》,第121页。

15 次。① 琉球与日本之间官方贸易不多，但因两国相邻，总有些私商往来于两国之间。早期琉球商船可到日本的京畿之地，后来，日本将外贸集中到九州岛的博多等地。但琉球与日本的贸易一直持续。②

琉球积极向明朝进贡，其实是在利用其独特的地位进行贸易。他们从东南亚及日本购入各种海外商品，到福建的泉州或福州换取中国商品，然后出售于日本及东南亚，他们从中获得一定的利润。例如，正统六年，"琉球国通事沈志良、使者阿普斯古驾船载瓷器等物往爪哇国买胡椒苏木等物。"③景泰元年五月"礼部奏，琉球国通事程鸿等言，朝贡回还，欲往暹罗国买苏木等物，不意中途遭风坏船。"④在广东海面，人们曾经看到失事的琉球船只。成化五年"广东市舶司奏：'有番舶被风吹至九星洋，审知是琉球国所遣使臣来贡者，告欲贸易土货往福建，造船回国。'"⑤这些船只都是下南洋贸易的。成化十四年四月发生这样一件事，"礼部奏，琉球国已准二年一贡，今其国王尚圆既故，而其世子尚真乃奏，欲一年一贡，辄引先朝之事。妄以控制诸夷为言，原其实情不过欲图市易而已。况近年都御史奏其使臣多系福建逋逃之徒，狡诈百端，杀人放火，亦欲贸中国之货，以专外夷之利。难从其请。止依前敕二年一贡"。⑥ 这段记录表明，因琉球国常到南洋贸易，明朝礼部对其有些怀疑：琉球是不是想借对华贸易中的优势地位控制南洋诸国？但朝廷中枢机构却知道他们不过是想图利并独占中国对外贸易而已。因此，明朝以琉球使臣多福建逃犯为由，拒绝新任琉球国王一年一贡的请求。琉球一直到明代中叶，仍然继续到南海做生意。"先是琉球国王遣使人吴诗等乘舟之满剌加国，遇风舟覆，诗等一百五十二人漂至海南登岸，为逻卒所获。广东守臣以闻。上命送诗等于福建守臣处，给粮养赡，候本国进贡使臣去日归之。"⑦明朝对琉球使臣的救济体现了明朝对琉球的爱护。

琉球在明朝朝贡体系中的地位是独特的。它是进贡最勤的国家，也是明朝最眷顾的国家。它的地位甚至引起朝鲜的忌妒，因为，明朝规定朝鲜三年一贡，而琉球早期是一年一贡，后期是两年一贡，贸易机会比朝鲜多。而且，琉球利用地理位置的优越性，常常下南洋采购明朝所需的各种商品，成为中国与南洋贸易的中介

---

① 朱德兰：《十五世纪琉球的亚洲外交贸易》，台北，中琉文化经济协会编：《第二届中琉历史关系国际学术论文集》，第 133 - 160 页。

② 米庆余：《琉球历史研究》天津人民出版社 1998 年，第 54 - 56 页。

③ 《明英宗实录》卷八六，正统六年闰十一月己丑。

④ 《明英宗实录》卷一九二，景泰元年五月丁卯。

⑤ 《明宪宗实录》卷六六，成化五年四月丙辰，第 1 页。

⑥ 《明宪宗实录》卷一七七，成化十四年四月己酉。

⑦ 《明孝宗实录》卷二〇四，弘治十六年十月辛丑。

商。在郑和下西洋之后,东南亚前来进贡的次数越来越少,明朝又禁对日本的私人贸易,但琉球却可利用自己独特的地位进行海上贸易。琉球的进贡无疑在明朝对外贸易中占一定地位。日本学界因而有明代前期琉球垄断对华贸易之说,并将这一时代称之为琉球人的大航海时代。这一事实对提出朝贡圈理论的滨下武志有明显的影响。因为,滨下武志对中国朝贡圈的形成,将中国朝廷的政治意图放在第一位。我想他是考虑到琉球在明代前期独特的地位,没有明朝给琉球的独特权利,琉球的大航海时代不会出现。不过,琉球的进贡,对琉球而言是大航海时代,但对明朝来说未必,因为,即使是在琉球进贡最频繁的明代前期,每年的进贡船不过2.4艘次,比之宋代每年有一二十艘商船到泉州贸易,其差距是明显的。很显然,这一贸易额不能满足中国对海上贸易的需求。明朝的许多海外商品需求,是通过其他途径得到的。如前所述,郑和之后中国对外贸易中心已经转移到广州。一直要到明嘉靖年间,中国外贸中心才再次转移到福建。

三、明代福建市舶司从泉州迁到福州的原因

明代福建与琉球往来的港口最早的泉州,后改到福州,对这一问题学术界的研究成果颇多。大致来说,自唐宋以来,福建的主要对外贸易港口从福州转到泉州,其原因应与福州港的弱点有关。福州港是闽江的内港,进入闽江口之后,还有一百多里布满礁石的航道,才能抵达福州港。所以,福州港历来被航海家称为最险的港口。除了本地人,外来的船只不敢随意进入。这就限制了自身的发展。事实上,当时从海外进入福建领水贸易的船只,大都愿意到泉州的港口,而不是到福州。其次,福建南部的闽南人,是中国海洋文化的主要承载者,唐宋时期从中国出发的船只,大都属于他们所有。在他们的经营下,泉州与亚洲多数港口都建立了联系。对外商来说,只要进入泉州港,就可与各国商船贸易,买到自己想买的商品。这是泉州港胜过福州港的原因,也是明朝将三大市舶司之一设于泉州的原因。在前述背景下,可知当时琉球与泉州之间的航路是二者之间的主要航路,闽南的民众也常私下到琉球贸易。如正统三年,"龙溪民私往琉球贩货"。[1] 可以证之历史的是,在琉球国度起到重要作用的明朝移民,如蔡、郑、林、梁、金等居住于琉球的久米村,他们多为闽南人的后裔。他们应是在琉球人到泉州进贡的时代结识了琉球人,而后有机会到琉球发展,并被奉为上宾。

然而,设置于泉州的福建市舶司,最终于明朝成化年间移到了福州,这与琉球人的选择有关。在明朝三大市舶司中,泉州市舶司的地理位置不如明州市舶司,

---

[1] 《明英宗实录》卷四七,第905页。

更不如广州市舶司。因为,泉州市舶司夹于明州和广州两大市舶司之间,从北方国家到中国贸易的船只,大多到明州的宁波港,而从南方国家来到中国的船只,大多到广州港进行贸易,不论是从北方来的船只还是从南方来的船只,到泉州的都不多。自宋元以来,泉州海外贸易的发展,主要得益于当地民众自行到海外贸易,官府因而得以抽税,所以要设市舶司。自明朝实行海禁制度后,民众去海外贸易成为非法行为,闽南人不能从泉州港到海外贸易,只好自行冒禁下海,他们大多集中于九龙江流域的漳州区域,泉州港在明代前期的私人海上贸易中,发挥的作用不大。而在官方的对外贸易中,泉州只能与来自东方的港口贸易。具体地说,当时自动来到泉州港贸易的,主要是东方的琉球和东南方向的三屿、苏禄等港口。三屿和苏禄应是分布于菲律宾群岛的小国,他们的经济较为落后,对中国商品的需求不大,所以,他们没有迫切的进贡要求,来到明朝的机会也不多。明代中叶以后,苏禄国不再向中国进贡。这样,泉州市有价值的贸易对象,实际上剩下了国家虽小,但对海外贸易十分积极的琉球国。琉球人从其海岛向中国航行,早期是沿着海岛向西南行驶,过了台湾之后,再由澎湖抵达泉州。这是一条曲折的海路,抵达台湾北部后,还得沿着台湾西部的岸线向南航行,然后在澎湖休整,择期向泉州航行。从清朝的记录看,这条水道一般要三到四天,全程要十多天。但琉球人很快发现:他们到了台湾北部之后,只要顺着东风向西航行,只要一天的时间就可到达福建的口岸,而且大都是到福州沿海的港口。由于他们使者的地位,一到福建登陆,就可受到官方的招待。官府会让他们从驿道南下到泉州。这一路上,所有人员的费用及货物运费,都由福建省担负。"发现"这一诀窍后,琉球人大都选择从台湾北部直航福州,毕竟,航海是十分危险的行动,只要在海上,都有可能遇到风暴。早一天登陆,就多一分安全。

　　琉球商人总到福州登陆,也让福建的官员头痛。因为,让琉球使团上百人乘传到泉州,要动员大量的人力和物力,这都要由沿途百姓负担。他们在泉州晋见市舶司官员,并验明货物之后,又要乘传北上南京,或是北京,这样,他们又要从泉州顺驿道抵达福州,然后才从福州北上两京。如果说从福州到北京的驿站开销是无法避免的,那么,琉球使团往来于泉州的费用就是浪费。节省的办法,是将位于泉州的市舶司迁到福州,这样,福建省就可减少一笔费用。当然,如果当时的泉州市舶司还要招待其他国家,为了琉球将市舶司迁到福州,则是行不通的。但明代中叶的泉州市舶司只有琉球一国的使者可以接待,认识到这一点,最明智的方法就是将福建市舶司迁到福州,这是成化年间福建市舶司从泉州搬到福州的原因。不过这里要说明的是,由于福州是省城,且是从泉州到北京驿道的必经之地,所以,早在洪武年间,琉球与福州之间,就结下了深厚的关系。这一关系,在福建市舶司迁到福州之后,进一步加强了。对琉球人来说,他们直接在琉球登岸,也节省了由福州到泉州的时间和精力。

四、漳潮人与中琉贸易

由于琉球在明代前期的地位重要,福建商人很早就渗透琉球的进贡队伍。在明代官书中,一直有明朝赐琉球三十六姓的传说。例如晚明的《礼部志稿》云:"(洪武)二十五年中山王遣子侄入国学,以其国往来朝贡,赐闽人三十六姓善操舟者。"①《明史·琉球传》:"(洪武二十九年)赐闽中舟工三十六户,以便贡使往来。"关于这三十六户舟工,历来有许多研究。由于早期史料的逸失,这三十六姓来自何处一直有争议。有的说他们来自福州的河口,有的说他们是泉州人,或是漳州人。《福建通志》记载:"洪永间二次赐琉球国闽人三十六姓,皆晋江、南安、龙溪、长乐人及福州河口人。"②而琉球方面,确实有一些大臣自认为其祖先来自中国。《明宪宗实录》记载,成化五年三月壬辰,"琉球国中山王长史蔡璟,以祖本福建南安县人,洪武初奉命于琉球国进贡,授通事。父袭通事,传至璟升长史,至是春已照例赐诰封赠其父母,下吏部,以无例而止。"③这说明长期在琉球袭任通事的蔡氏为福建南安人氏。蔡氏应为明朝赐琉球的三十六姓之一。据琉球现在家谱研究,位于琉球久米村的汉姓中,只有浙江的金氏、南安的蔡氏、长乐的郑氏自认其祖先自洪武年间来到琉球,而红氏、林氏、陈氏则来自洪武、永乐年间。其琉球开基祖分别是:金瑛、蔡崇、郑义才、红英、林喜、陈康。其中除了金瑛是流寓福州之外,其他都是福建人。六姓之外,其他19姓都是以后因各种机缘陆续来到琉球的。为什么最早去琉球的三十六姓后来在琉球只保存六姓? 明清时代许多人都觉得不可思议。我觉得要考虑的一个因素是:他们之中的一些人重返福建老家定居。学者的研究揭示多例:例如,长乐县十八都的潘仲孙,自洪武二十三年始就在为琉球贡船服务。宣德六年,已经八十一岁的老人要求回到故乡养老,琉球国工尚巴志为此事专疏上奏明朝,后获批准。又如的成化八年四月丁亥,"福建三司官奏,琉球国夷人,先因进贡,潜居内地,遂成家业,年久不还本国者,乞尽遣之。事下礼部,集议,如其人曾承户部勘合,许令入籍者仍旧,余如所奏。从之。"④可见,明朝曾经批准一些琉球人入籍中国,并有"户部勘合",也就是说,曾在户部登

---

① 俞汝楫编:《礼部志稿》卷三十五,第5页。
② 郝玉麟等:雍正《福建通志》卷六十四,外岛,第4页。
③ 《明宪宗实录》卷六五,成化五年三月壬辰,第2页。
④ 《明宪宗实录》卷一〇三,成化八年四月丁亥,第8页。

记过,他们留在中国应是合法的。这些人里面,我猜测其中有不少是洪武、永乐之时赴琉球的三十六姓。也就是说,三十六姓到琉球之后,他们的后裔多数还是找机会回到中国,仅有少数有发展机会的人才留在琉球,这是琉球三十六姓后来渐渐萧条的原因。

　　除了官府许可的贸易之外,琉球与闽潮之间也有海上私人贸易。漳潮商人经常前赴琉球贸易。据文献记载,早在宣德五年八月,即有人上告漳州巡海指挥杨全"受县人贿赂,纵往琉球贩鬻"。① 可见,当时的漳州人已经在与琉球贸易。这类事例史不绝书,正统三年十月壬子,"福建按察司副使杨勋鞫龙溪县民私往琉球贩货"②。由于他们海上私人贸易之多,最终引起了朝廷的不安,景泰三年六月,朝廷"命刑部出榜禁约福建沿海居民,毋得收贩中国货物,置造军器,驾海(船)交通琉球国,招引为寇"③。实际上,来中国进贡的琉球人中,许多人是中国人,他们与明朝官员相通,也做一些走私贸易。成化六年二月辛未:"福建按察司奏琉球国使臣程鹏进贡方物,至福州,与委官指挥刘玉私通货贿。俱当究治,诏隶玉治之而宥鹏。"④成化十年琉球国使者蔡璇"以方物贸迁于邻国,漂至广东香山港。"⑤这位琉球使者蔡璇即为泉州南安蔡氏的后裔。蔡氏在琉球发展很好,有多人出任琉球赴明朝的使者。其时琉球为了向明朝进贡,要到南洋去购取各类商品,而远航是非常艰苦的任务,久而久之,琉球人多聘请闽南人担任此事。所以,琉球的贸易船中多为闽南人。闽南人擅长经商,他们在南洋购得的商品肯定会超过进贡所需要数量,因此,他们需要出售这些商品以获得利润。蔡璇到广东香山港,多半是为了出售从南洋购进的商品。这是因为,明代前期的广东香山县,是珠江口西侧的一个岛屿,凡到明朝进贡的南洋国家的使船,都要路过香山岛的港口。自从明初以来,就有些使者在这里出售进贡之余的商品。如前所述,明代前期的海盗商人严启盛于天顺二年进入香山岛的"沙尾外洋"贸易,沙尾村即今日珠海市靠海的一个村落,它的外洋,当然是澳门一带的十字门了。其后广东官军虽然平定了严启盛的海盗商人队伍,但香山外岛港一直有商人贸易。蔡璇率琉球的船只到香山港,应是从南洋购得各种商品,除了部分用以进贡之外,多数商品还是出售于市场。但这种贸易是官府禁止的,所以,他们会遭到官军的拦截。但是,他们在被俘

---

① 《明宣宗实录》卷六九,宣德五年八月癸巳,第7页。
② 《明英宗实录》卷四七,正统三年十月壬子,第1页。
③ 《明英宗实录》卷二一七,景泰三年六月辛已,第5页。
④ 《明宪宗实录》卷七六,成化六年二月辛未。
⑤ 严从简:《殊域周知录》卷四,琉球国,第130页。

之后,立刻打出为明朝进贡购取商品的牌子,因而能得到明朝官员章格的原谅。①
总体来说,为琉球到南海贸易并到中国进贡的商人及使者,多为福建人。这表明
琉球实际上是福建人商业网络上的一个点。

和其对应的是:明朝出使琉球的使者也有漳州人。

潘荣,字尊用,别号疏庵,龙溪人也。为人长身玉立,器宇不凡。登正统彭时
榜进士。景泰元年拜吏科给事中。凡参驳弹劾务存大体。时朝廷以言事者多触
忌讳……天顺六年以吏科右给事中受一品服,充琉球国册封使。琉球在涨海中,
帆得风,东棹七昼夜,始至。初其国内附,我太祖高皇帝因命华人为其国长史,以
左右王。故其国颇读华书。至是嗣王立,荣往行册封礼,因宣布朝廷德威,嗣王以
下皆拜手稽首,称颂天子恩德不已。其国长史程文达即华人也。请记其所图中山
八景者。荣援经证义而成篇章。览者谓得体。及归,飓风大作,几覆舟。荣仓皇
拜祷,忽有二火星集桅杆而旋止。既复命,攉本科都给事中。②

《明分省人物考》记载潘荣在琉球:"至则奉宣德意,王以下皆竦息听命。陪臣
请为中山八景记,援笔立就。有用夏变夷语。国人为之刻石。甲申还朝。升吏科
都给事中。"③

以上有关潘荣出使琉球的记载,透露了许多消息。在琉球执政的长史是明朝
派去的华人。史载明初赐琉球 36 户闽人,而且多为闽南的泉州人和漳州人。身
任长史的程文达,应当也是闽籍吧。这样,他就可以与潘荣对话。琉球出使明朝
的使者多由华人后裔担任,这样,闽南人逐渐在琉球人的对外贸易中形成了很大
的势力,潘荣这类使者更加强了漳州人的影响。漳州人私下在琉球贸易,只怕还
得到这些使臣暗中的支持吧。可见,尽管有朝廷的严令,福建民间与琉球的贸易
一直很盛。从某种程度而言,琉球的进贡贸易及其与南洋国家的贸易,也是闽南
人贸易的一种形式。

在明朝中叶以前,中国人的海上贸易大都围绕着南海周边国家进行,所以,当
时就形成了环南海贸易圈。对印度洋的直接贸易是南海贸易的扩展,郑和之后,
这类贸易就少了。但是,华商在南海的贸易一直很繁荣。琉球进入环南海贸易
圈,是明代前期的一个变化,也是环南海贸易圈发展的体现。当时的琉球是东亚
贸易的枢纽,日本学者甚至称明代前期为琉球人的"大航海时代"。然而,若从琉

① 徐晓望:《关于澳门开港与妈阁庙起源的再认识》,澳门妈祖文化研究中心编:《妈祖信仰
　与华人的海洋世界》,澳门基金会 2015 年,第 405 – 407 页。

② 陈洪谟修、周瑛纂:正德《漳州府志》卷二六,礼纪,潘荣,第 1577 – 1578 页。

③ [明]过庭训:《明分省人物考》卷七五,福建漳州府,第 5 页。周骏富辑:《明代传记丛刊》
　第 137 册。明文书局影印本,第 16 页。

球的使者多为闽南人后裔来看,当时的琉球贸易,实际上是闽南人海上贸易圈的一环。换句话说,是闽南人借琉球的外壳进行中介性质的海上贸易。中国商人通过琉球得到一部分南海商品,还有一部分商品经琉球进入朝鲜、日本市场。明代后期,闽南人可以直接去海外贸易,琉球的中介贸易仅对日本有意义,琉球对华贸易的地位也就下降了。

第四节　明代前期的华商与环南海贸易圈

郑和远航结束之后,中国与印度洋的直接联系大幅度减弱,然而,闽粤民众与东南亚的关系却在加强,他们已经化为东南亚历史的一个组成部分。

一、闽粤民众与东南亚的贸易

中国因素是东南亚历史不可或缺的一个组成部分。在南海文化潮起潮落的历史长河中,元代和明代前期是中国文化影响最大的时期。此前的中国,由于北方的军事,很少有精力顾及南海政治的变化、文化的变迁。元明时期,是中国政府少有的关注南海的时期。元明现代为着建立周边的朝贡体系,都向南海周边国家派出使者,发展贸易,介入南海的文化传播。元朝的军队更是深入东南亚,曾经在爪哇、占城和安南作战。明代的郑和舰队,也曾在爪哇及印度半岛东南的海面使用武力,这是历史上从未有过的。不过,从总体而言,中国在南海的活动是相当谨慎的,通常不介入战争,着重于贸易和政治关系。它给东南亚的历史打上明显的中国烙印。

如果说东南亚历史上有过婆罗门时代、佛教时代,也有过中国时代和伊斯兰时代。中国人在唐宋时期较多地往东南亚谋生,有些留在当地不返,成为东南亚诸国人口来源之一。南宋时期,中国人在东南亚已经有一定的经济实力,可称之为东南亚中国时代的滥觞。经历元朝的扩张,中国人在东南亚的影响于明代前期达到高峰。明代中后期,欧洲诸国在东南亚建立殖民地,有人说,从此进入了东南亚的欧洲时期。很有意思的是,欧洲人殖民时期,也是中国人在东南亚大发展的时期。当然,这是后话。我这里要说的是:明代前期是东南亚的一个重要时代,这个时期末期,葡萄牙人才到达东亚,在这个时期的多数时代,中国人与东南亚国家发展和建设传统的商业网络,已经取得重大的成绩。在这一商业网络的建设过程中,闽粤商人发挥了他们的才华,并起了重要作用。

从物资消费角度而言,东南亚诸国的生活方式较为简单。他们的楼房是简陋的,用竹子搭成,全村民众动力,几个时辰就可以用毛竹搭成一座楼房。竹楼内的生活用品十分简易。以真腊来说,"寻常人家,别无桌凳盂桶之类。作饭用瓦釜,作羹用瓦铫,以椰子为杓,以树叶造小碗,盛羹不漏。"①在这一背景下,泉州一带生产的瓮罐碗碟等陶瓷器受到欢迎。最受东南亚家庭青睐的,应是中国出产的铁锅,和陶鼎相比,铁锅传热快,耐高温,不易破碎,以之煮饭烧菜,可节省很多时间。

在纺织品方面,富贵人家会用中国来的丝绸和印度来的棉布装饰他们的厅堂,但因气候炎热,普通百姓穿的衣服不多。例如元明之际的真腊是东南亚文化水平最高的国家,周达观的《真腊风土记》谓:"自国主以下,男女皆椎髻袒裼,止以布围腰。出入则加以大布一条,缠于小布之上。"所以,他们对纺织品的消费不多。另外要考虑的是,东南亚国家之间也有兴盛的贸易,如真腊:"其国中虽自织布,暹罗及占城皆有来者,往往以来自西洋者为上,以其精巧而细样。"②所以,从总体而言,他们虽然需要中国运来的丝绸、陶瓷器、铁锅,但所需的数量不会太多。尽管如此,这类贸易使中国人获利不少。追逐利润的华人在东南亚建立了许多贸易网点,遍及东南亚的每一个城镇,直到欧洲人来到东南亚,情况才有较大的变化。

陶瓷生产在东南亚有悠久的历史,但是,各地的生产技术不平衡。中南半岛的国家有较好的生产技术,海岛国家的陶器生产多为家庭副业,当地妇女具有制造陶器的传统,但其质量不高,因此,需要从外地输入瓷器。安东尼·瑞德认为:"上等的中国釉陶是长距离贸易的主要产品。中国的陶瓷装饰优美,用高温烧制而成,非本地瓷窑所能及。因此,中国进口的碗碟价值高昂,并成为身份地位的象征。在菲律宾、苏拉威西和马鲁古,它们被作为殉葬品放置在尸体周围,伴随死者到达极乐世界。在爪哇、巴厘和南苏拉威西,它们被作为装饰物镶入清真寺、陵墓和王宫的墙壁上。对最富有的东南亚人来说,它们取代陶器,作为饮水壶、洗手碗和盘碟。"③由此可见,东南亚需要从中国进口质量较好的陶瓷器。宋元之际,泰国从中国聘请一批制瓷匠,泰国的制瓷技术得以提高。就考古资料而言,南吕宋十五世纪卡塔拉干遗址出土的进口瓷器,大约17%产自泰国,2%产自越南,81%产自中国。④ 在南苏拉威西岛,考古队员发掘整理的14000多件瓷器中,约21%产自泰国,6%产自越南,其他应属于中国产品。⑤ 值得注意的是:南苏拉威西岛

① 严从简:《殊域周知录》卷八,真腊,第276页。

② 周达观:《真腊风土记》,文渊阁四库全书本,第5页。

③ [澳]安东尼·瑞德:《东南亚的贸易时代1450－1680年,第一卷,季风吹拂下的土地》吴小安、孙来臣译,第151页。

④ 傅振伦译:《东南亚出土的中国外销瓷器》,《中国古外销瓷研究资料》第一辑,中国古外销陶瓷研究会内刊本1981年,第74页。

⑤ 周鑫:《东南亚的贸易时代1450－1680年评介》,李庆新主编:《海洋史研究》第二辑,北京,社会科学文献出版社2011年,第358页。

出土的瓷器中,元代产品仅占1%,明代产品至少占54%! 这说明明代中国与该岛的贸易要多50倍以上。

许多学者都认为,当郑和远航停止后,加上明朝的海禁政策,明朝对外联系削减。例如《剑桥中国明代史1368-1644年》记载:

明朝绝对禁止中国私人进行海上贸易活动,将中国港口的对外贸易限制在与朝贡相关的贸易之内。其规模与次数均作限定。郑和远航最好被认为是例外,是对宋元时期积极进行海外贸易的朝贡体制框架内的国家指导海外贸易的复兴。官方远航的结束以及对中国私人远航的禁止,使中国在东南亚海上的活动急剧下降。在这一半真空状况下,以印度为中心的穆斯林海上贸易繁荣起来;东南亚诸国,主要是穆斯林国家,扩大了他们与朝贡使者联系的对华贸易;琉球人也从禁止中国人海上贸易和对日本来华使者的严厉限制中获利,成为中国人与日本人的中间商,其贸易远达满剌加。中国人从来没有过停止非法对外贸易和移居国外,有时在安排朝贡使者时,他们与东南亚的王公,尤其是暹罗的国王合作。①

然而,事实上明代东南民众对官府的禁令不太在意,他们往往私自下海贸易,保持与东南亚各国的联系。人们或以为郑和之后,东南亚的贸易主要是属于伊斯兰商人的,实际上,在东南亚伊斯兰商人集团固然强大,但是,在欧洲人抵达东亚之前,伊斯兰商团和华人商团之间从来不是相互敌视的。东方的文化精神是相互尊重,相互容忍,所以,明中叶以前,东南多种宗教并存,但没有宗教之间的战争。在这一前提下,尽管东南亚岛屿国家开始了伊斯兰化进程,但是,来自漳泉潮的商人仍然在各个港口获得发展。明中叶以前的东南亚已经有一个中国人的商业网络。

二、华人在东南亚的地位

自古以来,福建与广东是中国海外贸易最发达的省份。闽粤二省的历史从来不是单独的地方史,她既是中国史的一个组成部分,也是东南亚史的一个组成部分。任何东南亚史若将闽粤民众排除在外,就是不完整的。就东南亚诸国的近代史而言,东南亚诸国的城市进程,大都离不开华人的作用。不论是马尼拉、文莱、雅加达、吉隆坡、新加坡、宾城,它的发端的成长都与华人移民有关。可以说,华人是东南亚近代城市化的主力军之一。

其实,研究东南亚历史之时,我心中一直有个谜:东南亚诸国的文明史相当长,至少在唐宋时期,东南亚就有一些文化发达的国家,也有相当兴盛的工商业。例如,明初的真腊国都非常壮观。《星槎胜览》记载真腊:"其国门之南为都会之

---

① ［英］崔瑞德、［美］牟复礼编:《剑桥中国明代史1368-1644年》下卷,北京,中国社会科学出版社2006年版,第308页。

所,有城池周七十余里,石河广二十余丈。殿宇三十余所。凡岁时一会,则罗列玉猿、孔雀、白象、犀牛于前,名曰百塔洲。金碗、金盘盛食。谚云'富贵真腊'也。气候常热,田禾丰足,煮海为盐,风俗富饶。"①文中所说的真腊范围达70里的国都,应当就是吴哥吧?吴哥宏伟的建筑世所罕见,与长城并称世界四大奇迹。可见,真腊的富贵不亚于中国。按我们的理解,创造如此伟大文明的国家,应当有许多工商人口。为什么远来的华人能在东南亚经济中发挥那么大的作用?读完安东尼·瑞德之《东南亚的贸易时代:1450－1680》第一卷,我才有了深刻的体会。如安东尼·瑞德所揭示的,古代东南亚社会是一个流行依附制的社会。百姓要依附贵族才有生存的机会,贵族则要依附王室。由于依附制,百姓没有完整的产权,原则上,他们的财产属于贵族和王室,贵族可以随时取用依附百姓的财产。这样,财产对普通百姓而言,都有临时性的特征,他们辛辛苦苦积累的财富,有可能朝夕之间被贵族取走。既然财富无法持久,积累财富就没有太大意义。东南亚普通百姓流行"今朝有酒今朝醉"的生活方式。以暹罗来说,段立生认为:"泰国社会是一个封闭的自给自足的小农经济社会,几乎没有商品交换。由于实行萨克迪纳制,农民都成依附民,被牢牢地拴在土地上,没有迁徙自由,也不能去外地经商。华人成了这片国土上第一批自由民。"②在这一背景下,只有外来的中国人可以在当地社会取得较为独立的身份。作为外来者,他们往往要向王府缴纳一笔钱,王府取得这笔钱之后,不会多管他们的生涯。远来的华人可以尽情地展露自己的才华。我想,这才是东南亚国家的工商业逐步落入华商手中的原因。不过,华人挣钱挣到一定程度之后,大都会抽身返回中国老家,休养生息。当然,也有一些人因留恋物资丰富的东南亚诸国,或因种种原因而无法还乡,留于当地,成为华侨。例如费信的《星槎胜览》记载交栏山,"今居民有中国人杂处,盖元时病卒百余人留养不归,遂传育于此。"他们形成了华侨。

华人是近世以来东南亚城市化的开拓者。明代以前,东南亚曾经出现波罗浮屠、吴哥窟两大宗教城市,它的遗迹被称为世界四大奇迹之一。后来,这两座城市被民众抛弃,逐渐淹没在草莽之中。东南亚的城市化进程被打断,商品经济位于低潮。

郑和船队抵达爪哇时,爪哇的国都满者伯夷已经成为一个村庄,仅有数百人家。大名鼎鼎的三佛齐,也被西爪哇国王消灭,旧日领土上,只剩下华人开辟的几个市镇,被称为旧港。对东南亚相对的,是福建省的东南沿海及广东潮州,已经成为人多地少的地方。当地许多人口聚集于城市,大都以工商业为生。为了寻找原材料,闽粤人离开故乡,到东南亚各地去谋生。他们在异地仍然以手工业、商业为

---

①　费信:《星槎胜览》卷一,第8页。

②　段立生:《泰国通史》上海社会科学出版社2014年,第67页。

主,聚居之地,渐渐成了市镇,有一些市镇发展为城市。这些城市在当地经济中占有重要地位。可以说,是闽南人将中国东南的城镇化移植到东南亚了。不过,这些城镇的发展,离不开当地经济,这些城镇与本地经济结成一体,对东南亚国家的成长起了重要作用。东南亚许多城市的核心,都有一个华人定居区,或称这些华人区域为唐人街,唐人街的存在,是华人对这些城市发展的见证。

三、环南海经济圈视野下的中国南疆

我在研究中国东南历史的过程中,渐渐感到:在经济上,就像闽粤二省是中国经济圈的一个组成部分一样,我们还有必要将二省的历史看作是东南亚历史的一个组成部分,从唐宋以来,闽粤商人就在东南亚区域活动,参加这一区域的跨国贸易、港市兴建,建立商业网络。缺少对闽粤商人的研究,许多东南亚国家的历史是说不清的。

近代以来对南海的研究,往往将其分为两个大类:东南亚国家和中国。其中对东南亚历史的研究,往往将中国当作东南亚诸国交往的对象,而没有将中国南方省份看作是东南亚历史的一个组成部分。实际上,中国南方省份如福建、广东、海南、台湾以及近代以来成长起来的城市香港和澳门,从来就是南海经济圈的一个部分。在南海的远古时期,闽中、岭南的民众与南海周边区域就有着密切的关系,在南海活动的船民,多是从中国东南部出发,向南海周边区域扩散。汉唐以来,中国东南部与南海诸国之间一直有贸易关系。宋元以后,闽商崛起,在南海建立了遍及每一个港口的贸易网络。明清以后南海周边港市的建立和发展,都与闽粤移民的活动有关。闽粤移民参加了东南亚近代每一个城市的建设,每一个港市的兴起,都有闽粤移民的劳动果实,他们建立起城市核心的贸易点,并随着城市历史的延续而发展。近代东南亚城市拥有许多源于福建广东的移民,是历史造成的。或者说,他们为东南亚的城市化做出巨大的贡献,没有他们的早期的开拓,就不会有这些城市。总之,就东南亚而言,福建人和广东人从来就是东南亚历史中不可或缺的组成部分。

自古以来,福建与广东是中国海外贸易最发达的省份。闽粤二省的历史从来不是单独的地方史,她既是中国史的一个组成部分,也是东南亚史的一个组成部分。任何东南亚史若将闽粤民众排除在外,就是不完整的。就东南亚诸国的近代史而言,东南亚诸国的城市进程,大都离不开华人的作用。不论是马尼拉、文莱、雅加达、吉隆坡、新加坡、宾城,它的发端的成长都与华人移民有关。可以说,华人是东南亚近代城市化的主力军之一。

东南亚的华人以闽粤人为主体。为什么闽粤二省与东南亚的关系这么重要?这有地理上的因素。众所周知,古代帆船的运行主要靠季风。南海一带,冬季盛

行东北风,夏季盛行东南风。从福建和广东到东南亚诸国去,实在太方便了。这种季风决定了帆船的行驶方向,它有利于南海南北各港之间的贸易,但对东面和西面之间的港口贸易,则是一个障碍。具体地说,从越南海防的港口乘帆船到菲律宾的马尼拉比较困难,因为,不论冬季还是夏季,海防港的船只出海向正东行驶,都会遇到顶头风,不利于长距离航行。这是因为,海防港位于南海的西北角,风向不利。但是,对于南海东北角的广东、福建二省来说,情况就大不相同了。福建的泉州港、月港、厦门港,位于南海的东北角,当冬季东北风盛行之时,从福建出发的船只可以乘风下西洋,大约十天可到越南南部的占城,然后再从占城到西洋诸港。春夏回航之时,在东南亚港口的福建船,可以乘东南风回到中国大陆港口。不过,由于东南风会将船只吹向西面,所以,这些船只到广东更为方便,要回到福建的港口,船老大要将船只引向更远的东方。好在当时的福建船不仅可以顺风航行,而且可以利用斜帆技术,将船只驶向风向的侧面,有时还可逆行。所以,从福建的港口出发,当年内可以行驶到东南亚多数港口,但是,若从中南半岛的港口出发,会发现有些港口不易到达。

理解这一点就可知道,在帆船时代,福建的泉州、厦门诸港,广东的广州、澳门,其实是东南亚诸港运行的枢纽,明代南海的经济中心实际上是在闽粤沿海的港口。对中国而言,东南亚城市的崛起,是中国商业网络向东南亚伸展的体现,由东南亚诸港市构成的环南海贸易圈,和闽粤港市关系密切,中国商品通过这一商业网络行销于东南亚各地,东南亚所产各种香料也进入中国大陆的商业网络。可以说,中国经济圈与东南亚经济圈的互动,促进了双方的发展。闽粤二省的重要性在于:它暨属于中国经济圈,同时又属于东南亚贸易圈,因而成为两大贸易圈互动的枢纽,在历史上发挥重要作用。总之,研究东南亚的历史,一定要将来自闽粤二省的华人考虑进去。他们属于东南亚历史的一个部分,不是外人。离开对东南亚华人历史的考察,东南亚的历史就不是完整的。因此,研究东南亚的历史,不如引进环南海贸易圈的概念,只有这样,才能透彻理解将闽粤二省民众在东南亚历史中的作用。

闽粤二省在中国与东南亚的地位,象征中国经济圈与东南亚贸易圈相互楔入之深。

小结

在第九章中,我主要使用明代中前期的资料研究南海的商业网络。这些史料表明,郑和航海停止之后,华商在东南亚的地位并未下降,他们从福建与广东之交的漳潮港口出发,乘着帆船到南海诸港贸易,维持了南海广泛的商业网络。这说明郑和航海的成果为后人所继承,并非像一些西方学者说的那样:郑和航海停止后,中国人就不再向南海发展了。实际上,明中叶之际,华人在南海的商业网络十分发达。

　　自古以来，中国与海外的联系以福建、广东两省为多。这是因为，福建、广东的港口在东南亚的位置属于枢纽港，在帆船时代，从福建出发的商船一年内可以抵达东南亚的多数港口，而东南亚大多数帆船要到广州来，都十分方便。中国是一个巨大的市场，自然将海外的船只都吸引到自己的港口，通过闽粤港口的枢纽作用，又可将各类商品交流到亚洲多数港口。这是闽粤与东南亚联系十分密切的原因。至今东南亚的华人大都来自闽粤二省。在闽粤二省中，清以前以闽籍华侨为多。这是因为，在清以前，广东是个地多人少的省份，大片土地有待开发。因此，明代广东人向外发展的动力不及福建。福建东南沿海至广东潮州一带的情况相反，这一带自唐宋以来开发较快，福建的福州、莆田、泉州、龙溪一线，在明代前期就出现了城镇化的倾向。随着大片人口以工商为业，他们有向外发展的冲动。这是明代海外华侨多来自闽南与潮州的原因。迄至清代，随着广东人口的增加，赴海外谋生的广东人日益增多。驯至民国末年，在东南亚的华侨华人则以广东人略多一些。

　　闽粤人大举南下东南亚国家，因其属于外来人口的身份，使他们可以在流行依附制的东南亚社会中独立经营工商业，有些人发财致富，最后衣锦还乡。也有一些人从此在东南亚生活，成为当地人。当时的东南亚社会颇为欢迎华人，华人在当地娶妻生子，发财致富的不少。所以，早在明代前期，来自泉州、漳州、潮州的华人就深深地渗透东南亚社会，成为当地历史的一部分。

　　闽粤人在东南亚的经营，其经济意义在于将东南亚和中国融为一体。中国是一个广大的统一市场，或说贸易圈，东南亚是另一个广大的市场，可称之为环南海贸易圈，两大贸易圈的互动，双方各自获利，并向前发展。迄至明代中叶，东南亚每一个港口都有华人与当地人共建的商业网络，在这个意义上我认为，中国南部的福建、广东二省从来就是东南亚不可缺的组成部分。把他们当外来人是不对的。事实上，研究东南亚的经济史，须臾不可离开华人经济。

　　如果说宋代东南亚的网络主要是泉州人在经营，明代前期就成了漳州人的天下。他们编织的商业网络遍及东南亚及琉球各港，连广东对外贸易最发达的香山港等地，也是他们活动的地方。迨至晚明，漳州人的海洋文化引发泉州人、福州人对海洋的兴趣，于是，形成了福建人全面卷入海上私人贸易状况，那是一个新时代的崛起。